DICTIONNAIRE

DE LA

LEGISLATION ALGÉRIENNE.

PREMIER SUPPLÉMENT. — 1853–1854–1855.

Paris. — Imprimé par E. Thunot et Cᵢₑ, rue Racine, 26.

DICTIONNAIRE

DE LA

LÉGISLATION ALGÉRIENNE

PREMIER SUPPLÉMENT

MANUEL

DES

LOIS, ORDONNANCES, DÉCRETS, DÉCISIONS ET ARRÊTÉS

PUBLIÉS AU BULLETIN OFFICIEL DES ACTES DU GOUVERNEMENT

PENDANT LES ANNÉES 1853-1854-1855

SUIVI D'UNE TABLE CHRONOLOGIQUE

Par M. P. de MÉNERVILLE

Conseiller à la Cour impériale d'Alger

ALGER	PARIS
MADAME PHILIPPE, libraire	COSSE, imprimeur-éditeur, place Dauphine, 27
rue Bab-Azoun	A. DURAND, libraire-éditeur, rue des Grès, 7

1856

Trois années se sont écoulées depuis la publication du *Dictionnaire de la législation algérienne*, et l'accueil favorable fait à cet ouvrage, qui est aujourd'hui entre les mains de tous, imposait le devoir d'en faire paraître la continuation.

Dans le cours de ces trois années, en effet, l'Algérie a continué sa marche progressive. Des décrets importants sont venus modifier sur plusieurs points sa législation, réglementer ses intérêts nouveaux, et donner, par des institutions qui font la garantie de son avenir, une vive impulsion au développement de sa prospérité.

L'active sollicitude du gouvernement s'est étendue à toutes les questions qui intéressaient la colonie. Une administration civile spéciale a été créée pour la population indigène; la justice musulmane a reçu une complète organisation; de puissants encouragements ont été donnés à l'agriculture; la constitution des municipalités, l'établissement de douanes frontières, de nouveaux villages, d'un corps médical chargé de desservir tous les territoires livrés à la colonisation, la création de cours d'assises et de justices de paix, la promulgation de règlements concernant les concessions, l'exploitation des mines et carrières, la police du roulage, la presse périodique, les chambres de commerce, la propriété immobilière, sont autant de mesures qui consacrent de sérieuses et utiles améliorations, et dont le principal caractère est de remplacer progressivement le régime exceptionnel auquel l'Algérie avait dû, dans l'origine, être soumise, par une assimilation plus complète avec les lois qui régissent la métropole.

La reproduction et la mise en ordre de tous ces documents devenaient nécessaires au moment surtout où, sous la féconde influence d'une paix européenne et sous la main protectrice du chef de l'État, l'Algérie va entrer dans une ère nouvelle.

Les décrets rendus depuis 1853 sont trop récents pour que les tribunaux aient été appelés à statuer sur des difficultés d'application ou d'interprétation. Les seules notes de jurisprudence qui aient pu trouver place dans le supplément du *Dictionnaire* consistent donc principalement en deux décisions de la cour de cassation sur la légalité des peines édictées par les anciens arrêtés des gouverneurs généraux, décisions qui sont rapportées aux articles Marchés et Ouvriers.

Il y aurait eu, il est vrai, de nouvelles notes à ajouter à celles du premier volume, si une autre publication, faite en 1855, sous le titre de *Jurisprudence de la cour impériale d'Alger*, et où se trouvent recueillis avec soin les nombreux arrêts relatifs à la législation antérieure, n'avait point rendu cette reproduction inutile.

Le classement des matières et les divisions adoptées pour le premier volume ont été exactement suivis pour le supplément, afin d'éviter tout travail de recherche et d'étude nouvelle.

Cette publication vient donc utilement compléter jusqu'au 31 décembre 1855 un recueil qui remplace les collections officielles épuisées, et auquel l'autorité administrative a récemment accordé une haute et bienveillante sanction en ordonnant, par arrêté ministériel du 12 septembre 1855, que ce serait, avec le *Bulletin officiel des actes du gouvernement*, le seul ouvrage que les candidats aux emplois dépendant des services administratifs de l'Algérie, seraient autorisés à consulter pendant leurs examens.

Avril 1856.

EXPLICATION DES ABRÉVIATIONS.

AD.	Arrêté du directeur de l'intérieur.
AG.	— du gouverneur général ou du général en chef.
AI.	— de l'intendant civil.
AM.	— ministériel.
AP.	— du préfet.
DP.	Décret du président de la République.
DI.	— impérial.
L.	Loi.
SC.	Sénatus-consulte.
Circ. G.	Circulaire du gouverneur général.
Décis. M.	Décision ministérielle.
Inst. M.	Instruction ministérielle.

Arr.	arrêté.
Arr. min.	arrêté ministériel.
Art.	article.
B.	Bulletin officiel.
Cass.	Cassation.
C. Inst. cr.	code d'instruction criminelle.
C. Nap.	code Napoléon.
C. pén.	code pénal.
C. pr. civ.	code de procédure civile.
Ord. roy.	ordonnance royale.
V.	Voyez.

A partir du 20 octobre 1834, les actes du gouvernement portent deux dates : la première est celle du jour où ils ont été signés, la deuxième celle du jour de la promulgation à Alger.

EXEMPLE :

AG. — 28 juill.-20 sept. 1842. — B. 127.

Lisez : Arrêté du gouverneur général en date du **28 juillet 1842**, promulgué à Alger le **20 septembre 1842**, inséré au n° 127 du *Bulletin officiel des actes du gouvernement.*

DICTIONNAIRE

DE LA

LÉGISLATION ALGÉRIENNE.

PREMIER SUPPLÉMENT. — 1853-1854-1855.

A

Abatage.—Abattoir.

AG. — 6-20 sept. 1853.—B. 413.—*Les dispositions de l'arr. du 28 juill. 1842 concernant la perception des droits de marque sont rendues applicables à Sidi bel Abbès (approuvé par décis. min. du 30 sept. 1853).*

AG. — 22-29 déc. 1853. — B. 450. —*Même décision pour Aumale, relativement aux droits d'abatage (approuvé par décision minist. du 27 janv. 1854).*

AG. — 30 déc. 1854-18 janv. 1855. — B. 473. — *Même décision pour Bougie, relativement aux droits d'abatage (appr. par décis. min. du 29 janv. 1855).*

AG.—27 avril-30 mai 1855. — B. 480.—*Même décision pour Bouffarik relativement aux droits d'abatage (appr. par décis. minist. du 11 juin 1855).*

AG. — 23 juin-13 juillet 1855. — B. 482. — *Même décision pour Koleah, relativement aux droits de marque.*

AG. — 23 avril-8 août 1855. — B. 484. —*Autorisation à la commune de Bouffarik de faire construire un abattoir.*

AG. — 4-17 nov. 1855.—B. 487.—*Les dispositions de l'arr. du 28 juill. 1842 concernant la perception des droits de marque sont rendues applicables à Saint-Denis du Sig.*

AG. — 17 nov.-31 déc. 1855. — B. 490. — *Même décision pour Nemours relativement aux droits de marque.*

AG. — 12 déc. 1855. (V. Marchés, § 3.)— *Même décis. pour l'Arba, le Fondouk et Marengo relativement aux droits de marque.*

AG. — 28-31 déc. 1855. — B. 490. — *Même décision pour la commune de Douera, relativement aux droits de marque.*

Actes.

§ 1. — ACTES SOUS SEING PRIVÉ.

V. ENREGISTREMENT. (3 nov. 1851.) — Actes des cadis et rabbins.

Administration civile.

V. FONCTIONNAIRES (§ 1). — Personnel administratif.

Affaires arabes.

DIVISION.

SECT. I. — Organisation administrative.
   § 2. — Administration civile indigène.
SECT. II. — Organisation et commandement des tribus.
   § 1. — Province d'Alger.
SECT. IV. — Mesures politiques. — Impôts. — Séquestres de guerre.
   § 1. — Mesures de politique générale.— Impôts.
   § 2. — Séquestres dans la province d'Alger.
   § 3. — Séquestres dans la province de Constantine.
   § 4. — Séquestres dans la province d'Oran.

Section I.

Organisation administrative.

§ 2. — Administration civile indigène.

DI. — 8 août-20 sept. 1854. — B. 466. — *Création de bureaux arabes départementaux. — Attributions* (1).

---

(1)*Rapport à l'empereur.*

Sire, le décret du 12 sept. 1853, qui a augmenté d'une manière notable l'étendue des départements d'Oran et de Constantine, a eu pour effet de placer sous l'autorité des préfets un grand nombre d'Arabes qui se trouvaient précédemment sous la direction de l'autorité militaire.

Il est donc indispensable de déterminer promptement les bases de l'administration spéciale à laquelle doivent être soumis ces indigènes, et de mettre les préfets à même de satisfaire aux obligations nouvelles qui leur sont imposées par cet accroissement d'attributions, en leur donnant les instruments qui leur sont nécessaires à ce sujet.

Tel est, sire, l'objet des deux décrets que j'ai l'honneur de soumettre à Votre Majesté. — Le premier régularise l'institution des bureaux arabes départementaux ; — Le second fixe les bases de l'administration proprement dite des Arabes.

Si une institution a su réunir les suffrages de tous pour l'administration des indigènes de l'Algérie, c'est sans contredit celle des bureaux arabes, qui sont les conseils et les agents d'exécution de l'autorité militaire pour le gouvernement des indigènes placés sur le territoire militaire. N'est-il pas logique de donner aux préfets, pour l'administration des indigènes qui passent du territoire militaire sous l'autorité civile, des moyens d'action analogues à ceux dont disposent les commandants militaires placés à la tête des circonscriptions militaires? Cette solution m'a paru d'autant plus normale que les bureaux arabes départementaux, qui sont de véritables bureaux arabes civils, existent, et qu'il ne s'agit plus que d'étendre et de régulariser leur action, actuellement circonscrite aux chefs-lieux de département.

L'art. 1er du projet régularise l'institution des bureaux arabes départementaux, auprès et sous la direction des préfets, dont ils sont les délégués. Ces bureaux se composent d'un chef, d'adjoints et d'un personnel indigène.

L'art. 2 fixe les attributions qui en matière d'administration arabe sont réservées à l'autorité préfectorale, à l'exclusion des maires. Votre Majesté reconnaîtra par la nomenclature de ces attributions que j'ai eu soin de réserver aux préfets la connaissance de toutes les questions qui, de près ou de loin, ont un caractère politique.

Dans l'arrondissement chef-lieu, le préfet surveille et dirige, par l'intermédiaire du bureau arabe départemental, toutes les affaires indigènes énumérées dans l'art. 2. Dans les autres arrondissements, des adjoints au bureau arabe départemental peuvent être détachés auprès du sous-préfet pour exercer au même titre.

Il est évident que les préfets, pas plus que les commandants militaires, ne peuvent s'occuper de tous les détails de l'administration arabe. Pour les affaires d'un ordre inférieur, il est donc naturel qu'ils s'en rapportent au bureau arabe départemental, et il suffit, afin de maintenir l'unité de vues et de direction, que ces fonctionnaires se réservent la connaissance des plus importantes, et qu'il leur soit seulement rendu compte de celles qui rentrent dans la catégorie des affaires courantes. — Sans cette délégation, tous les moments des préfets seraient absorbés par les soins à donner à l'administration indigène, qui, bien différente de la nôtre, a peu d'affaires à traiter par écrit, mais en a, au contraire, une infinité à résoudre de vive voix.

L'art. 4 dispose donc que les préfets peuvent déléguer au chef du bureau arabe départemental une partie de leurs attributions en matière d'administration arabe ; par conséquent, cet agent supérieur ou ses adjoints n'agissent que comme représentants du préfet, à l'autorité duquel ils empruntent toute la leur.

L'art. 7 est la consécration d'une mesure qui a produit déjà les plus heureux résultats, parce qu'elle est essentiellement appropriée au caractère indigène. — L'Arabe

Art. 1. — Il y a dans chaque département de l'Algérie, auprès et sous la direction du préfet, un bureau chargé des affaires arabes placées dans les attributions de l'autorité préfectorale. — Ce bureau prend le titre de bureau arabe départemental ; il se compose d'un chef, d'adjoints et d'un personnel indigène.

Art. 2. — Les attributions en matière d'administration indigène qui sont réservées à l'auto-

---

n'admet pas les lenteurs de notre procédure, surtout dans les matières de peu d'importance ; il ne se rend pas compte que, une plainte exposée, il n'y soit pas fait droit immédiatement, si elle est reconnue fondée ; pour lui, ces lenteurs sont synonymes de faiblesse ; j'ajouterai que l'indigène éprouve une certaine sécurité lorsqu'il peut expliquer directement son affaire au fonctionnaire qui est appelé à y donner une solution.

L'art. 7 pose donc le chef du bureau arabe départemental, ou ses adjoints dans certains cas, comme des arbitres officiels pouvant prononcer à ce titre *entre musulmans* dans les affaires inférieures à 100 fr. Nul n'est forcé de venir s'adresser à eux, et par conséquent les parties sont libres de porter leur différend devant le cadi ou le juge de paix ; mais si elles viennent réclamer leur arbitrage, elles doivent en accepter les conséquences.

C'est là, sire, ce qui existe depuis plusieurs années en fait ; c'est là ce que j'ai l'honneur de proposer à Votre Majesté de vouloir bien consacrer par son approbation. En moyenne, deux cent cinquante affaires sont ainsi conciliées par trimestre dans la seule ville d'Alger.

L'expérience a fait toutefois reconnaître la nécessité d'une modification. — Lorsque la sentence arbitrale est rendue par le chef du bureau arabe départemental, l'exécution, dans l'état actuel des choses, ne peut avoir lieu que si la partie condamnée consent à s'y soumettre, puisque l'arbitre est privé de tout droit de punir. — Il convient qu'il en soit autrement. C'est pour ce motif que j'ai l'honneur de proposer à Votre Majesté d'accorder, au chef du bureau arabe départemental, agissant toujours par délégation du préfet, le pouvoir de punir de un à cinq jours de prison, et de 1 à 15 fr. d'amende, la partie qui refusera d'exécuter la sentence rendue.

Tel est l'ensemble du premier projet ; le second détermine l'application du principe posé, et règle l'administration des Arabes proprement dite.

Les trois premiers articles contiennent des dispositions générales qui ne sont de nature à soulever aucune difficulté, ou qui sont l'exécution de la loi du 16 juin 1851 sur la propriété.

L'art. 4 confie aux maires des communes auxquelles les agglomérations arabes seront rattachées toutes les attributions administratives autres que celles qui ont un caractère politique. — Pour leur faciliter cette tâche, les maires sont assistés d'un *cheik*, dont les attributions sont définies par l'art. 6. Ces *cheiks* sont en même temps placés sous l'autorité du préfet ; ils sont ses agents ; ils le renseignent. — Pour la surveillance spéciale des territoires habités principalement par les Arabes, des gardes champêtres montés peuvent être institués dans les principales fractions de tribu.

Une fois au moins par semaine, et plus souvent s'il se peut, le préfet et le sous-préfet font inspecter les communes de l'arrondissement sur lesquelles est établie une agglomération d'indigènes par le chef du bureau arabe départemental ou par ses adjoints. Ceux-ci se mettent en rapport avec les maires et avec les *cheiks*, tranchent les différends comme arbitres, surveillent l'exécution des ordres du préfet, entendent les réclamations et rendent compte, au retour de leur inspection, de la situation matérielle et des besoins des populations arabes.

Le titre 3 soumet les indigènes établis sous le régime civil à la constatation de l'état civil. Ces actes, reçus par les maires dans les villes et les villages, seront rédigés dans les tribus par les *cheiks*, d'après des formules arabes déterminées, et transcrits ensuite en français sur les registres de l'état civil de la commune.

Le titre 4 règle ce qui a trait aux réquisitions. Il dispose que les Arabes, même lorsqu'ils sont placés sous le régime civil, continuent, en cas de besoin, à fournir, sur

rité préfectorale sont les suivantes : Police politique des indigènes ; — Organisation et personnel du culte, de l'instruction publique et de la justice en ce qui touche les musulmans ; — Organisation et surveillance des corporations ; — Surveillance des sociétés religieuses connues sous le nom de khouans ; — Organisation et surveillance du bit-el-mâl, de concert avec le service des domaines ; — Organisation et surveillance des établissements de bienfaisance spéciaux aux musulmans ; — Secours politiques aux indigents arabes ; — Surveillance des marchés, avec le concours de l'autorité municipale ; — Surveillance des opérations de l'amin es sekkat, avec le concours du service des contributions diverses ; — Sages-femmes musulmanes ; — Dellals ou encanteurs ; — Surveillance des armuriers indigènes, et autorisation d'achat d'armes et de munitions de guerre par les indigènes ; — Préparation des rôles de l'impôt arabe. — Les autres attributions sont du ressort de l'autorité municipale.

Art. 3. — Dans les arrondissements où l'utilité en sera reconnue, un adjoint au bureau arabe départemental pourra être également placé sous les ordres du sous-préfet, pour concourir, sous sa direction, à l'administration des Arabes placés dans le ressort de la sous-préfecture.

Art. 4. — Dans l'arrondissement chef-lieu, le préfet peut déléguer au chef du bureau arabe départemental, ou à l'adjoint qui le remplace, partie de ses attributions en matière d'administration indigène, même celles donnant le droit de requérir la force armée. — En vertu de la même délégation le chef du bureau arabe départemental a le droit de faire arrêter préventivement les indigènes membres des corporations, pour être ensuite, à sa diligence et dans les vingt-quatre heures, traduits devant le tribunal des amins ou renvoyés devant les tribunaux suivant les cas.

Art. 5. — Par délégation du préfet, le chef du bureau arabe départemental ou l'adjoint qui le remplace a le droit, par mesure politique, d'infliger aux indigènes des amendes de 1 à 15 fr., et l'emprisonnement de un à cinq jours pour les infractions ci-après, lorsque d'ailleurs elles ne constituent ni crime ni délit : — 1° Refus d'obéissance aux ordres et règlements de l'autorité ; — 2° Rixes et querelles ; — 3° Négligence à payer l'impôt ; — 4° Asile ou moyens de fuite accordés à des agents de l'ennemi, aux déserteurs, aux criminels, et généralement à tous individus poursuivis pour crimes ou délits ; — 5° Négligence apportée dans les déclarations de naissance et de décès. — Ces décisions, dont il est journellement rendu compte au préfet, sont inscrites sur un registre spécial. — En aucun cas, elles ne peuvent être déférées à la justice ordinaire.

Art. 6. — Les amendes sont recouvrées dans les formes ordinaires et perçues au profit du budget local et municipal.

Art. 7. — Dans le ressort de leur arrondissement, les sous-préfets peuvent déléguer les mêmes attributions ci-dessus spécifiées, à l'adjoint au bureau arabe départemental chargé des affaires indigènes de la circonscription. — Dans le ressort des commissariats civils, les commis-

saires civils exercent par eux-mêmes ces attributions.

Art. 8. — Dans les contestations de musulman à musulman, dont la valeur n'excédera pas 100 fr., les parties intéressées pourront se présenter devant le chef du bureau arabe départemental, et dans le ressort des arrondissements devant l'adjoint au bureau arabe départemental chargé des affaires arabes de la circonscription, et dans le ressort des commissariats civils devant le commissaire civil, et lui déclarer qu'elles le prennent pour arbitre. — Le chef du bureau arabe départemental, l'adjoint au bureau arabe ou le commissaire civil, après avoir fait connaître aux parties les dispositions contenues dans le § 3 du présent article, et leur avoir demandé si elles entendent renoncer à la juridiction ordinaire et s'en rapporter à sa décision, prononcera entre elles, si d'ailleurs elles déclarent persévérer à réclamer son arbitrage. — La sentence ainsi rendue sera immédiatement exécutoire. En cas de refus d'exécution, la partie condamnée pourra être frappée d'une peine qui n'excédera pas cinq jours de prison et 15 fr. d'amende.

Art. 9. — Les arrêtés ou proclamations autres que les actes émanés de l'autorité militaire s'appliquant aux indigènes ne peuvent être publiés sans avoir été approuvés par le préfet ou le sous-préfet.   NAPOLÉON.

DI. — (Même date.) — *Mode d'administration des indigènes en territoire civil.*

Tit. 1. — *Dispositions générales.*

Art. 1. — La population musulmane établie dans les territoires civils est administrée conformément aux dispositions du présent décret.

Art. 2. — Les biens dont jouissent les Arabes fixés dans le territoire civil, et qui ne seront pas reconnus être propriétés individuelles ou indivises entre particuliers, restent soumis aux prescriptions du deuxième paragraphe de l'art. 14 de la loi du 10 juin 1851. — Sont également maintenues les dispositions de l'art. 17 de la loi précitée, en ce qui concerne les propriétés indivises.

Art. 3. — Les Arabes domiciliés en territoire civil supporteront les charges municipales imposées aux habitants européens de la commune. — Ils restent soumis à l'impôt arabe et aux réquisitions.

Tit. 2. — *Administration.*

Art. 4. — Les Arabes fixés dans le territoire civil sont administrés par le maire de leur commune, qui exerce à leur égard les attributions que lui confèrent les lois et règlements en vigueur, autres que celles réservées à l'autorité préfectorale par l'art. 2 du décret de ce jour sur l'organisation des bureaux arabes départementaux (1).

Art. 5. — Des chefs arabes désignés sous le nom de cheiks sont établis dans chaque commune rurale où se trouve une agglomération de population musulmane. Ils sont placés sous l'au-

---

la demande de l'autorité militaire, les moyens de transport nécessaires.

Tel est, sire, le résumé des mesures que je crois devoir vous proposer pour l'administration des Arabes placés sous l'autorité civile. En les soumettant à Votre Majesté, j'ai la confiance de lui présenter une organisation appropriée aux besoins de notre domination, et dont chaque jour vient démontrer de plus en plus l'urgence.

Ces projets dérivent de deux faits bien constatés : les services des bureaux arabes militaires, et ceux déjà rendus par les bureaux arabes départementaux ; ils n'en sont que le développement.

Le ministre de la guerre, VAILLANT.

(1) Dans les communes constituées, la police des cimetières musulmans appartient aux maires (décis. min. du 15 fév. 1855).

torité du préfet ou du sous-préfet, ainsi que sous celle de leurs délégués (1).

Art. 6. — Les cheiks sont en même temps chargés : 1° De fournir au maire les renseignements propres à maintenir la tranquillité et la police du pays ; — 2° De l'assister dans la répartition des réquisitions qu' seront ordonnées ; — 3° D'assister les agents du trésor dans les recensements et recouvrements en matière d'impôt ; — Et, en général, de toutes les attributions que l'autorité préfectorale ou le maire jugera convenable de leur déléguer.

Art. 7. — Des gardes champêtres arabes montés sont institués, s'il y a lieu, dans les tribus ou fractions de tribus annexées au territoire des communes. — Ils sont placés sous les ordres du préfet ou du sous-préfet et de leurs délégués, ainsi que sous les ordres du maire. — Ils prêtent serment devant le juge de paix de la circonscription. — Leurs rapports, reçus par le maire, font foi, jusqu'à preuve contraire. — Les gardes champêtres arabes sont tenus de prêter main-forte à la gendarmerie toutes les fois qu'ils en sont requis, et de faciliter l'exécution des ordres dont elle aura été chargée. — Ils notifient sans frais aux habitants arabes de la commune, verbalement ou par simple lettre, les citations émanant de l'autorité. — Ils sont nommés par le préfet.

Art. 8. — Une fois au moins par semaine, et plus souvent, s'il se peut, le préfet et le sous-préfet font inspecter les communes de l'arrondissement où une population musulmane est établie par le chef du bureau arabe départemental ou par les adjoints à ce même bureau. Ceux-ci, après s'être mis en rapport avec les maires et les cheiks, adressent, tous les quinze jours, un rapport à l'autorité de laquelle ils relèvent, sur la situation matérielle et les besoins des populations indigènes. — Pendant ces inspections, le chef du bureau arabe départemental ou ses adjoints, doivent être constamment revêtus de l'uniforme.

Art. 9. — Tous les mois le préfet rend compte au gouverneur général des faits qui sont de nature à intéresser la politique et la police générale du pays.

Tit. 3. — *État civil indigène.*

Art. 10. — Les actes de l'état civil concernant les naissances et décès des Arabes habitant en dehors des villes et villages sont reçus par les cheiks et rédigés en langue arabe, suivant les formules déterminées. — Ces actes sont immédiatement transmis au maire et transcrits en langue française sur le registre de l'état civil de la commune.

Art. 11. — Dans l'année qui suivra la promulgation du présent décret, il sera procédé dans chaque commune à la constitution de l'état-civil de la population musulmane. — L'âge et la filiation seront établis par communication de titres, et, à défaut, par commune renommée.

Tit. 4. — *Des réquisitions.*

Art. 12. — Les réquisitions faites par l'autorité militaire des bêtes de somme et autres moyens de transport nécessaires aux besoins de l'armée, sont réparties par les préfets entre les communes, proportionnellement aux ressources de la population indigène de chaque commune. — En cas d'urgence, l'autorité militaire se pourvoira auprès du maire pour la levée des réquisitions.

Art. 13. — Les individus qui, après en avoir

été requis dans les formes déterminées par l'article précédent, auront refusé de fournir leur quote-part des moyens de transport, seront déférés au préfet, qui pourra prononcer contre eux une amende de 16 à 200 fr.

Art. 14. — Tout indigène de vingt à quarante ans établi en territoire civil, sera tenu de faire les patrouilles de sûreté, de monter les gardes nécessaires pour les postes de surveillance, de fournir au besoin un makhzen et d'obtempérer à toute réquisition prescrite par l'autorité compétente, pour cause d'utilité publique.

Tit. 5. — *Dispositions transitoires.*

Art. 15. — Tout indigène sera libre de quitter le territoire militaire qu'il habite pour s'établir dans le territoire délimité ci-dessus, à la condition de justifier de l'acquittement de l'impôt et des amendes qu'il a pu encourir dans le territoire qu'il habitait.   NAPOLÉON.

Section II.

Organisation et commandement des tribus.

§ 1. — Province d'Alger.

AG. — 22 juill.-20 sept. 1853. — B. 443. — *Constitution définitive du cercle de Laghouat.*

Le cercle de Laghouat, créé à titre provisoire, par décision ministérielle du 26 janv. dernier, est définitivement constitué sur les bases qui avaient présidé à sa première organisation. — Le ressort de ce cercle comprendra :

Ksours. — Laghouat. — Aïn Madhi. — Tadjemont. — El Onata. — Assafia. — Mekhalif (El Azereg, Djemb). — Ksar El Atrane.

Aghalik des Larbâa. — Oulad Sidi Athallah. — Aghazlia. — Mamera (Oulad Sidi Cheïck, Skaska). — El Hadjadj (Oulad Onneïs, Oulad Ourgha). — Oulad Salad.

Bach Aghalik des Ouled Nayle. — Oulad Si Ahmed. — Oulad Ghouin. — Oulad Oumhamy. — El Abazig Cherf. — Oulad Dya. — Oulad Laouar. — Oulad Aïssa. — Oulad Sidi Yonnes. — Sahari Djebel. — *Ksours* (Zemina, Demed, Meçad, Zackar, Hamera, Moudjelara).

Kaïdat des Ouled Saad ben Salem. — Oulad Khennata. Oulad Reggad. — Oulad Yahia ben Salem.

Confédération de l'Oued Mezab. — Berryan. — Ghardaya. — Beni Isguen. — Melika. — Guerara. — Bennoura. — Attaf. (Ces villes ne sont placées que sous la surveillance politique du commandant supérieur de Laghouat.)

Le commandant supérieur du cercle de Laghouat jouira des prestations et allocations attribuées aux autres commandants supérieurs de cercles en Algérie. (Approuvé par décis. min. du 27 août 1853.)   Comte RANDON.

Section IV.

Mesures politiques. — Impôts. — Séquestres de guerre.

§ 1. — Mesures politiques. — Impôts.

AM. — 30. juill.-17 nov. 1855. — B. 487. — *Centimes additionnels ajoutés au principal de l'impôt arabe.*

Vu les art. 1 et 3 de l'ord. du 17 janv. 1845, portant que les impôts ordinaires et extraordinaires à payer par les Arabes sont établis par arrêtés ministériels (vol. I, p. 263) ; — Considérant qu'il importe de régulariser le mode de perception, d'emploi et de comptabilité des taxes supplémentaires que les Arabes s'imposent

---

(1) V. vol. I, 16 déc. 1848, art. 16, p. 525.

annuellement dans le but de pourvoir aux dépenses d'utilité commune dans les tribus;

Art. 1.—A partir du 1er janv. 1856, des centimes additionnels seront ajoutés au principal de l'impôt arabe et remplaceront les taxes et contributions supplémentaires que les tribus s'imposent pour faire face aux dépenses énumérées dans l'art. 4 du présent arrêté.

Art. 2. — La quotité des centimes additionnels sera fixée par le gouverneur général par délégation du ministre de la guerre, sans pouvoir dépasser, toutefois, le dixième de l'impôt principal.

Art. 3. — Les centimes additionnels seront recouvrés dans la même forme et aux mêmes époques que l'impôt principal. — Ils sont consacrés intégralement et exclusivement aux dépenses d'utilité commune spéciales aux tribus de chaque subdivision militaire.

Art. 4.— Les dépenses imputables sur les centimes additionnels des tribus sont les suivantes: — 1° Frais de bureau et indemnité au receveur comptable; — 2° Ouverture et entretien dans les tribus des voies de communication classées comme chemins vicinaux ou qui peuvent y être assimilés; — 3° Construction et entretien sur le territoire des tribus : Des maisons de commandement, des caravansérails, des mosquées et des écoles, des puits, fontaines, abreuvoirs, des maisons de cantonniers indigènes sur les chemins désignés au § 2, et généralement des établissements et édifices ayant un caractère communal; — 4° Instruction primaire, culte et justice (dépenses d'entretien; traitement du personnel inférieur et au besoin supplément de traitement au personnel supérieur); — 5° Traitement des cantonniers indigènes sur les voies dont l'entretien est à la charge des centimes additionnels; — 6° Traitement des agents employés à un service de surveillance ou de police; — 7° Entretien d'élèves dans les m'dersas (écoles supérieures), les cours de médecine, les pépinières et autres établissements d'instruction; — 8° Plantations et pépinières; — 9° Frais de distribution de médicaments et dépenses d'assistance publique; — 10° Enfin toutes dépenses d'utilité favorisant l'intérêt collectif des tribus dans chaque subdivision.

Art. 5. — Les recettes et les dépenses d'intérêt commun aux tribus arabes forment dans la comptabilité des receveurs des contributions diverses des chefs-lieux de subdivision, un service spécial dont ils comptent, quelle que soit son importance, à l'administration et à la cour des comptes.

Art. 6.— Les budgets des dépenses à la charge des centimes additionnels des tribus sont préparés chaque année, au mois de septembre au plus tard, pour l'exercice suivant, par les commandants supérieurs des subdivisions, en commission consultative. — Ils sont transmis par les généraux commandants les divisions au gouverneur général qui les arrête par délégation du ministre.

Art. 7. — Les dépenses imputées sur lesdits budgets sont acquittées sur mandats délivrés, savoir : — Par l'intendance militaire pour les dépenses administratives, — Par le service du génie pour les travaux.

Art. 8. — Les règles de la comptabilité des communes sont applicables à la comptabilité des centimes additionnels des tribus en ce qui touche la division et la durée des exercices, la justification, le contrôle, l'ordonnancement et le payement des dépenses, le maximum de l'encaisse des receveurs, et enfin le mode d'écritures et de comptabilité.

Art. 9. — Les comptes des receveurs des contributions en ce qui touche le recouvrement et l'emploi des centimes additionnels sont rendus dans le mois qui suit la clôture de chaque exercice. — Ils sont transmis à la cour des comptes par l'entremise du chef de service des contributions diverses de la province. — Les comptes administratifs des ordonnateurs sont réglés par le gouverneur général par délégation du ministre de la guerre. VAILLANT.

A'3. — 16-17 nov. 1855. — B. 487. — *Fixation de la quotité des centimes additionnels.*

Vu l'art. 2 de l'arrêté du 30 juillet dernier, sur les centimes additionnels à l'impôt arabe;

Art. 1. — La quotité des centimes additionnels à ajouter en 1856 à l'impôt arabe est fixée au dixième de l'impôt principal.

Comte RANDON.

AG. — (Même date.) — *Indemnité aux receveurs comptables pour frais de recouvrement.*

Art. 1. Les frais de bureau et indemnité à allouer aux receveurs-comptables sont fixés sur remise proportionnelle aux recouvrements effectués.

Les receveurs toucheront : Pour les premiers 50,000 fr., 3 p. 100; — De 50,000 fr. à 100,000 fr., 2 p. 100; — Au-dessus de 100,000 fr.; 1/2 p. 100.

Art. 2. — Les sommes dues aux receveurs-comptables seront liquidées et ordonnancées à la fin de chaque trimestre. Comte RANDON.

§ 2. — SÉQUESTRES DANS LA PROVINCE D'ALGER.

AG. — 5-25 janv. 1853. — B. 430. — *Séquestre sur la tribu des Nezlioua (Kabylie) supplément à l'arrêté du 4 oct. 1852 (vol. 1er, p. 38).*

Par application de l'arrêté du 4 oct. 1852, portant séquestre sur les biens du nommé Bech Char, de la tribu des Nezlioua (Kabylie), subdivision d'Alger, la terre dite Tatan Naceur, appartenant à cet indigène, est comprise au nombre des immeubles frappés de séquestre et réunis au domaine de l'État.

La présente publication est faite en exécution de l'art. 12 de l'ord. du 31 oct. 1845 et additionnellement à l'état publié au *Moniteur algérien* du 10 oct. 1852, n° 1217, et au *Bulletin officiel*, n° 423. Comte RANDON.

AG. — 25 janv.-15 fév. 1853. — B. 431. — *Séquestre sur les propriétés de Laghouat.*

Vu l'ord. du 31 oct. 1845, sur le séquestre (vol. 1er, p. 220);

Considérant que par suite des événements de guerre qui viennent de s'accomplir dans le sud de la province d'Alger, les habitants de la ville de Laghouat se sont placés dans les cas d'hostilité prévus par l'art. 10 de ladite ordonnance et qu'il y a lieu de sévir contre eux;

Art. 1. — Le séquestre est apposé sur la totalité des biens possédés par les indigènes de la ville de Laghouat. Il sera dressé, pour être publiés ultérieurement, des états nominatifs des indigènes atteints par le séquestre. Leurs biens sont réunis au domaine de l'État.

Art. 2. — Toutes les sommes principales échues, les intérêts desdites sommes, les loyers et fermages, et généralement tout ce qui serait dû à ces indigènes, sera versé dans la caisse du domaine. (Approuvé par décis. min. du 17 janv. 1853.) Comte RANDON.

AG. — 30 Juin-18 Juill, 1853 — D. 441 — *Séquestre sur le kaïd des Beni Hidjas (cercle de Tenès.)*

Vu l'ord. du 31 oct. 1845, sur le séquestre ; — Considérant que El Hadj Mohammed ben Henny, ex-kaïd des kaïds des Beni Hidjas, passa à l'ennemi en 1845, après avoir organisé la révolte en faveur de Bou-Maza, et qu'il fut tué le 26 janvier 1846, en combattant pour l'émir ; que les membres de sa famille, Mohammed ben Ahmed ben Henny, El Haoussin ben Henny et El Hassen ben Henny passèrent également à l'ennemi à la même époque ; — Considérant qu'à la suite de ces actes d'hostilité, le commandant supérieur du cercle de Tenès, agissant en vertu du § 3 de l'art. 11 de l'ord. du 31 oct. 1845 susvisée, a placé provisoirement sous le séquestre les propriétés que possédait la famille Ben Henny ;

Art. 1. Le séquestre apposé sur les biens de El Hadj Mohammed ben Henny, ex-kaïd des kaïds des Beni Hidjas, et des autres membres de sa famille, Mohammed ben Ahmed ben Henny, El Haoussin ben Henny et El Hassen ben Henny, est maintenu. — Les biens appartenant à ces indigènes sont définitivement réunis au domaine de l'État ; notamment deux parcelles de terre connues sous la dénomination de Blad ben Henny, présentant ensemble une contenance de 44 hect. 58 ares 38 cent. et se trouvant aujourd'hui comprise dans le territoire de la smala de Tenès.

Art. 2. — (Comme au précédent.) (Approuvé par décis. min. du 23 Juin 1853.)   CAMOU.

AG. — 30 sept.-20 déc. 1853. — B. 450. — *Publication de la liste des propriétaires de Laghouat atteints par le séquestre, en vertu de l'arrêté ci-dessus du 25 janv. 1853.*

AG. — 23 nov.-31 déc. 1855. — B. 490. — *Séquestre sur les biens de El Hadj Mohammed El Arbi bou Djemil (cercle de Tenès).*

Considérant que El Hadj Mohammed el Arbi bou Djemil a passé à l'ennemi en 1845, avec son père El Hadj Mohammed ben Henny, alors kaïd des kaïds des Beni Hidjas, après avoir organisé la révolte dans le cercle de Tenès, en faveur de Bou Maza ; qu'après la défaite de ce dernier, El Hadj Mohammed el Arbi bou Djemil parvint à se soustraire à l'action de notre autorité en se réfugiant dans la tribu des Ouled Jounès, du cercle d'Orléansville, alors insoumise, où il vécut de rapines jusqu'en 1849, époque à laquelle il fit sa soumission et fut interné au vieux Tenès, d'où il a dû être expulsé depuis par mesure de sûreté ;

Considérant qu'à la suite de ces actes d'hostilité, le commandant du cercle de Tenès, agissant en vertu du § 3 de l'art. 11 de l'ord. du 31 oct. 1845, a placé provisoirement sous le séquestre les propriétés que possédaient les membres de la famille Ben Henny, au nombre desquels se trouve El Hadj Mohammed el Arbi bou Djemil ;

Art. 1. — Le séquestre apposé sur les biens de El Hadj Mohammed el Arbi bou Djemil est maintenu.

Les biens appartenant à cet indigène sont définitivement réunis au domaine de l'État, notamment les immeubles ci-après désignés, savoir :

1° Une terre d'une contenance de 3 hect. environ, connue sous le nom de Boutriq, située sur le territoire de la Smala, près de Tenès ;

2° Une autre terre, située au même lieu, connue sous le nom de Bordj, et d'une contenance approximative de 3 hect. 50 cent. ;

3° La part pouvant lui revenir du chef de sa femme Fatma bent ben Allal, veuve de Mohammed ben Maml, et héritière, elle-même, des droits de celui-ci, dans divers terrains indivis, d'une contenance territoriale de 102 hect. environ, situés dans le cercle de Tenès, cédés par l'État en échange d'autres terrains pris pour le territoire du village de Montenotte.

Art. 2. — (Comme aux précédents.)
Comte RANDON.

AG. — 14-25 Janv. 1853. — B. 430. — *Séquestre sur les propriétés de la tribu des Beni Salah.*

Vu l'ord. du 31 oct. 1845 sur le séquestre ; — Considérant que, lors de la récente insurrection qui a éclaté au printemps dernier dans la province de Constantine, les Beni Salah ont pris une part active à la révolte ;

Art. 1. — Le séquestre est apposé sur la totalité des terres possédées par les indigènes de la tribu des Beni Salah dans la subdivision de Bône. Il sera dressé, pour être publiés ultérieurement, des états nominatifs des indigènes atteints par le séquestre. Leurs biens sont réunis au domaine de l'État.

Art. 2. — (Comme aux précédents.) (Approuvé par décis. min. du 7 Janv. 1853.)
Comte RANDON.

AG. — 13-21 fév. 1853. — B. 432. — *Publication de la liste nominative des propriétaires de la tribu des Ouled Dhan atteints par le séquestre, en vertu de l'arrêté du 23 oct. 1852 (inséré vol. I, p. 40).*

AG. — 20 Juill.-10 avril 1853. — B. 442. — *Publication de la liste nominative des propriétaires de la tribu des Beni Salah atteints par le séquestre, en vertu de l'arrêté du 14 janv. 1853 qui précède.*

AG. — 10 août-5 oct. 1853. — B. 444. — *Séquestre dans les cercles d'Oran, de Tlemcen, de Sebdou, de Lella Maghnia, et de Nemours.*

Vu l'ord. du 31 oct. 1845, sur le séquestre ; — Vu l'arrêté du gouverneur général en date du 18 avr. 1846, portant que toutes les propriétés appartenant à des tribus émigrées, soit dans le Maroc, soit dans le désert, seront déclarées propriétés de l'État, et que cette dépossession frappera à l'avenir toute tribu qui émigrera, si, dans un délai d'un mois, elle n'a pas obtenu l'aman du commandant de la division ou de la subdivision ; — Vu les états indicatifs des propriétés communes ou particulières abandonnées par des indigènes des cercles d'Oran, de Tlemcen, de Sebdou, de Lella Maghnia, de Nemours et séquestrées en vertu de l'arrêté du 18 avr. 1846 ;

Art. 1. — Le séquestre apposé, dans les cercles d'Oran, de Tlemcen, de Sebdou, de Lella Maghnia, de Nemours, sur les propriétés des indigènes émigrés compris dans les états annexés au présent arrêté, est maintenu. — Lesdites propriétés sont définitivement réunies au domaine de l'État.

Art. 2. — (Comme aux précédents.) — Suivent les états indicatifs des propriétés communes ou particulières abandonnées par les indigènes des cercles précités, et la liste nominative desdits indigènes. (Approuvé par décis. min. du 6 août 1853.)

AG. — 12 juil. 1854-18 janv. 1855. — B. 473. — *Même arrêté pour les cercles d'Aïn Temouchen et Mascara, approuvé par déc. min. du 30 juin 1854. — Suivent les états indicatifs et les listes nominatives.*

AG. — 15 janv.-8 fév. 1855 — B. 474. — *Même arrêté, pour la tribu des Ouled Mimoun (subdivision de Tlemcen), approuvé par déc. min. du 5 janv. 1855. — Suit la liste nominative des indigènes dont les biens ont été séquestrés.*

AG. — 27 janv.-1er mars 1855. — B. 475. — *Même arrêté pour le cercle de Saïda (division d'Oran), approuvé par déc. min. du 11 janv. 1855. — Suivent les états indicatifs et listes nominatives.*

AG. — 12 mars-7 avril 1855. — B. 477. — *Séquestre sur les propriétés des Hassinats (subdivision de Mascara).*

Considérant que les Hassinats, fraction des Harrars, dans la subdivision de Mascara, ont pris une participation coupable dans la tentative d'insurrection suscitée en 1854, par le faux chérif Mohammed el Gharnouck;

Art. 1. — Le séquestre est apposé sur la totalité des terres possédées par les indigènes de la tribu des Hassinats, fraction des Harrars, subdivision de Mascara, dénommées dans l'état ci-joint. — Ces biens sont réunis au domaine de l'Etat.

Art. 2. — Toutes les sommes principales échues, les intérêts desdites sommes, les loyers et fermages, et généralement tous ce qui serait dû à ces indigènes, sera versé dans la caisse du domaine. — Suit l'état des terrains séquestrés. (Approuvé par déc. min du 12 fév. 1855.)
Comte RANDON.

Agriculture.

DIVISION.

§ 1. — Chambres d'agriculture.
§ 2. — Mesures d'encouragement. — Culture du coton. — Expositions agricoles.

§ 1. — CHAMBRES D'AGRICULTURE.

AM. — 23 mai-20 sept. 1853. — B. 443. — *Circonscription et composition des chambres d'agriculture.*

---

(1) Rapport à l'empereur.

Paris, le 16 oct. 1853.

Sire, je viens, conformément aux ordres de Votre Majesté, lui soumettre des propositions en vue de développer énergiquement la culture du coton en Algérie. — Mais, avant tout, je crois indispensable d'entrer dans quelques détails sur l'état dans lequel cette question se présente aujourd'hui. — La France a le plus grand intérêt, au point de vue de son industrie manufacturière, à encourager la culture du coton en Algérie.

D'une part, en effet, la production des Etats-Unis, qui fournit à l'Europe la plus grande partie de cette matière première, ne suit qu'avec peine les progrès de la fabrication, et le moment n'est peut-être pas éloigné où le coton fera défaut aux manufactures du continent, surtout quand on voit les Américains mettre chaque année en œuvre des parties de plus en plus considérables de leurs propres produits. D'un autre côté, les autres pays qui pourraient fournir cette matière à l'Europe ne lui en livrent que des quantités tout à fait insuffisantes.

Aussi, l'Angleterre s'est-elle déjà préoccupée de cette situation. Depuis plusieurs années, elle encourage la culture du coton dans ses possessions de l'Inde et de l'Australie, les seules qui puissent le produire sur une grande

Vu l'art. 4 du décret du 22 avr. 1853, sur l'organisation des chambres consultatives d'agriculture, en Algérie (vol. I, p. 43);

Art. 1. — Les circonscriptions des arrondissements agricoles pour la nomination des chambres consultatives d'agriculture comprenant les territoires civil et militaire de chaque subdivision, et le nombre des membres à attribuer à chacune d'elles sont déterminés conformément au tableau ci-après :

Province d'Alger : Subdivision d'Alger, 12 membres; — De Blidah, 8 id.; — De Medeah, 3 id.; — De Milianah, 3 id.; — D'Orléansville, 3 id.; — D'Aumale, 1 id.; — Total, 30 membres.

Province d'Oran : Subdivision d'Oran, 9 membres; — De Mostaganem, 6 id.; — De Sidi bel Abbès, 1 id.; — De Mascara, 2 id.; — De Tlemcen, 2 id. : Total, 20 membres.

Province de Constantine : Subdivision de Constantine, 10 membres; — De Bône, 7 id.; — de Batna, 1 id. : — de Sétif, 2 id. : — Total, 20 membres.
A. DE SAINT-ARNAUD.

AG. — 6-20 sept. 1853. — B. 443. — *La première session ordinaire des chambres consultatives d'agriculture de l'Algérie est fixée pour l'année 1853 du 5 au 15 octobre.*

AG. — 11-20 sept. 1854. — B. 466. — *Fixation de l'époque de la session des chambres consultatives pour 1854.*

AG. — 17 sept. — 2 oct. 1855. — B. 488. — *Id. pour 1855.*

§ 2. — MESURES D'ENCOURAGEMENT. — CULTURE DU COTON. — EXPOSITIONS AGRICOLES.

DI. — 16 oct.-21 nov. 1853. — B. 447. — *Culture du coton. — Primes d'encouragement (1).*

Art. 1. — La culture du coton en Algérie sera désormais, de la part de l'Etat, l'objet des encouragements ci-après : — 1° Des graines continueront d'être fournies aux colons par l'administration; — 2° Pendant trois ans encore, à partir de 1854, l'Etat achètera pour son compte les cotons récoltés par les planteurs, à un prix fixé d'avance chaque année, en tenant compte de l'espèce et de la qualité des produits; — 3° A l'expiration de ce terme, et pendant deux autres années, des primes seront accordées à l'exportation en France des cotons récoltés en Algérie et réputés marchands; — 4° Pendant cinq ans, à

échelle, de manière à pouvoir s'exonérer un jour de la dépendance dans laquelle elle se trouve, sous ce rapport, vis-à-vis d'une nation rivale.

La France est aussi fort intéressée à ce que le coton ne manque pas à ses manufactures. Notre pays, on le sait, consomme chaque année pour environ 100 millions de francs de coton, qu'il tire principalement des Etats-Unis et de l'Egypte. Rien n'indique que cette matière première doive lui manquer; mais on comprend qu'il y ait prudence à se précautionner, nos colonies d'Amérique ne produisant que de faibles quantités de coton. Heureusement pour la France, l'Algérie est destinée à lui venir en aide sous ce rapport; peut-être même, avec son concours, lui sera-t-il permis de se passer un jour de l'étranger.

Les expériences faites en Algérie depuis plus de dix ans dans les pépinières du gouvernement, et dans les dernières années par quelques colons intelligents, ont prouvé que la culture du coton était non-seulement possible, mais profitable aux agriculteurs, et que les produits récoltés étaient susceptibles de rivaliser avec les meilleures qualités obtenues dans d'autres pays.

Parmi les nombreuses espèces de coton qui ont été expérimentées en Algérie, il a été reconnu que la culture de celles dites Géorgie longue soie, Jumel, Nankin et Louisiane blanc réussissent le mieux, et ce sont précisé-

partir de 1854, des primes seront allouées à l'introduction en Algérie de machines à égrener;

ment les espèces qui sont le plus recherchées par l'industrie. Les chambres de commerce de France auxquelles des échantillons de ces sortes ont été soumis à plusieurs reprises ont été unanimes pour témoigner de leur bonne qualité, et cette opinion a reçu une éclatante sanction de la part du jury international de l'exposition universelle de Londres, qui, en 1851, a accordé à ces cotons onze récompenses.

Mais c'est principalement vers la production du coton Géorgie longue soie (récolté aux Etats-Unis sur des îles et des terrains limitrophes de la mer, d'où lui est venu le nom de *Sea-Island*), que semblent devoir se porter dès à présent les efforts des colons algériens, sans toutefois négliger les autres espèces qui pourront aussi donner des résultats avantageux. La raison en est que cette espèce dite longue soie est celle dont le commerce et l'industrie offrent le prix le plus élevé, et qu'en outre la production américaine ne suffit pas aux demandes.

Au rapport d'un filateur distingué, M. Feray, la récolte des cotons Géorgie longue soie d'Amérique ne dépasserait pas trente mille balles par an, et on ne pourrait l'augmenter d'une manière notable en raison du peu d'étendue des terres propres à les produire. On ne pourrait davantage obtenir ce coton en Egypte. En Algérie, au contraire, il est facile de trouver, comme dans la Géorgie et la Caroline du Sud, des terrains à proximité de la mer ou naturellement saturés de sel, où la longue soie croîtrait parfaitement. Ainsi dans tout le Sahel de la province d'Alger et la plaine de la Mitidja, le littoral de la province d'Oran, principalement dans la partie comprise entre cette ville et Mostaganem, les plaines du Tlélat, de l'Habra et du Sig, celles de Bône et de Philippeville, dans la province de Constantine, sans compter beaucoup d'autres localités, sont susceptibles de produire le coton dans d'excellentes conditions. Il serait sans doute facile, sur ces terrains, de se procurer, indépendamment des autres espèces, les quantités de Géorgie longue soie qui manquent à l'industrie, et que M. Feray évalue à quinze mille balles. Or un pareil placement dans la métropole ou sur les autres marchés de l'Europe procurerait à lui seul un mouvement d'affaires de plus de 20 millions (a).

On peut par ce seul fait juger de l'avenir qui est réservé à l'Algérie.

Déjà des résultats remarquables ont été obtenus par les colons; la première récolte de Géorgie longue soie obtenue en Algérie en 1850, et soumise à un habile filateur du nord, M. Cox, a été estimée par lui au prix de 9 fr. le kilog.; elle a servi à faire des filés qui ont atteint facilement les nos 250 à 360 en fil simple, et 400 en fil retors. D'un autre côté, M. Feray, appelé à expérimenter les cotons de cette espèce provenant de la récolte de 1852, a reconnu qu'ils avaient conservé la bonne qualité des cotons américains, la finesse, la force, la longueur, et qu'ils se seraient vendus depuis 700 fr. jusqu'à 900 fr. les 100 kilog. sur le marché du Havre; ce qui, dans ces conditions, aurait assuré un beau bénéfice aux planteurs (b). Enfin, d'après les expériences faites à la pépinière centrale d'Alger en 1851, le rendement net à l'hectare de cette espèce serait de 4,400 fr., ce qui est un produit très-avantageux.

Dès à présent donc la culture de coton longue soie en Algérie est très-profitable au colon; elle le deviendra davantage encore quand les détails en seront plus généralement connus. Dans quelque temps, sans doute, quand la population aura augmenté et que la main-d'œuvre aura baissé, il n'est pas douteux que l'agriculteur trouvera des avantages à produire aussi le coton courte soie dans les parties du territoire qui ne seront pas reconnues propres à donner la longue soie; peut-être même aujourd'hui pourrait-on, en employant la main-d'œuvre indigène et en intéressant les Arabes aux cultures, se livrer avec fruit à cette production. L'expérience faite en grand, il y a quel-

— 5e Des prix provinciaux (trois par province : de 2,000 fr., 3,000 fr., et 5,000 fr.) seront

ques années, par Mehemed Ali avec les Fellahs de l'Egypte, autorise à le penser.

De ce qui précède, il résulte que le gouvernement a le plus grand intérêt à encourager la culture du coton en Algérie. Du reste, les colons commencent à pressentir les bénéfices qu'ils doivent retirer un jour de cette culture. Restés peu importants jusqu'en 1852, les essais se sont tout à coup multipliés dans ces derniers temps, et, d'après les renseignements parvenus à mon département, on peut évaluer à sept cents hectares les ensemencements qui ont été faits cette année par les colons dans les trois provinces. Ce chiffre est très-considérable, si on le rapproche des essais antérieurs (c). L'impulsion est donc donnée, et il semble qu'il n'y ait plus qu'à la développer énergiquement.

Reste à examiner quels sont les moyens les plus propres à obtenir ce résultat. — C'est ici le lieu de rappeler les mesures qu'a prises depuis quelques années le département de la guerre pour encourager la culture du coton en Algérie. — La première chose à faire était de procurer aux agriculteurs de bonnes graines de coton de *Sea-Island*. Aucun d'eux n'était en état de tirer en suffisante quantité cette graine des Etats américains, qui n'ont encore que peu de relations avec l'Algérie. Le gouvernement, par l'intermédiaire de ses agents, était seul en position de s'en procurer. Il n'a pas hésité à agir, et depuis 1850, des graines sont distribuées aux colons qui en font la demande. L'administration doit persévérer dans cette voie, et il importe qu'elle ne néglige rien pour mettre constamment à la disposition des planteurs algériens des graines d'excellente qualité.

En outre, des notices spéciales sur la culture du coton, rédigées tant à l'étranger qu'en Algérie, ont été mises entre les mains des colons.

Mais l'initiative de l'administration, ainsi bornée, eût été insuffisante pour encourager la production : le département de la guerre a fait plus.

Le principal obstacle qui arrêtait les agriculteurs était de trouver des acheteurs pour les minimes quantités de coton qu'ils pouvaient produire au début, et la crainte de ne pas obtenir de leur récolte un prix rémunérateur suffisant s'ils étaient obligés de s'abandonner à la concurrence naturelle et libre du commerce. Aucun colon n'était d'ailleurs en mesure de livrer dès l'abord du coton marchand, c'est-à-dire égrené et tout préparé.

L'administration s'est hâtée de lever cette difficulté en consentant à acheter elle-même aux colons le produit de leur récolte à un prix fixé d'avance, suivant la qualité et l'espèce de celle-ci, et suffisamment rémunérateur pour exciter la production. Le coton ainsi acheté non égrené est envoyé des divers points de l'Algérie à la pépinière centrale à Alger, où il est préparé au moyen des machines que possède cet établissement; il est ensuite emballé et expédié sur France aux frais de l'Etat, qui, en définitive, le cède à un industriel au prix du commerce. On comprend que cette double opération d'achat aux colons et de revente en France se résout finalement par une perte que le budget de la colonisation est appelé à supporter. Mais ce résultat était prévu. Si cette intervention de l'administration dans la création d'un produit agricole et son débouché est contraire aux principes, elle trouve sa justification dans la nécessité d'encourager une culture naissante du plus grand intérêt pour la France et qui doit faire un jour la richesse de l'Algérie.

Le temps n'est pas encore venu de renoncer à cette mesure de protection; mais il ne faut rien négliger pour hâter le moment où la culture pourra être abandonnée à elle-même.

Dans ce but, je pense qu'il conviendrait d'arrêter dès à présent les moyens d'encouragement suivants:

1e Le gouvernement continuerait de fournir des graines aux planteurs qui en feraient la demande.

2e Pendant trois années encore, à partir de 1854, les

<hr>

(a) La balle américaine de 150 kil. environ. — Le prix du kil évalué à 9 fr.

(b) Le prix du longue soie varie beaucoup suivant les qualités. En 1850, il y en avait sur les marchés de l'Angleterre, dans le prix de 7 fr., 10 fr. et jusqu'à 16 fr.

(c) Depuis l'année dernière, des cultures de coton ont été entreprises par les indigènes de l'oasis de Biskra, aidés des conseils et de l'expérience du directeur du jardin d'acclimatation.

le kilogramme pour les qualités tout à fait supérieures.

accordés aux colons qui seront jugés avoir récolté sur la plus grande échelle les meilleurs produits, et rempli les conditions d'un programme arrêté d'avance par l'administration pour chaque année.

Art. 2. — Il sera statué, par notre ministre de la guerre, après avis du gouverneur général, sur la fixation des prix d'achat aux colons, du taux des primes d'exportation des cotons marchands, sur le chiffre des primes à l'importation des machines à égrener en Algérie, enfin sur les conditions des programmes des prix provinciaux.

NAPOLÉON.

DI. — (Même date). — *Primes.*

Considérant qu'il est d'une haute importance pour la France d'encourager la culture du coton en Algérie; — Voulant, d'ailleurs, reconnaître les efforts des colons de l'Algérie, témoigner du vif intérêt que nous n'avons cessé de porter à leurs travaux et leur donner une preuve de notre bienveillance spéciale;

Art. 1. — Un fonds de 100,000 fr. est affecté sur les fonds de notre liste civile à titre d'encouragement pour la culture du coton en Algérie.

Art. 2. — Au moyen de ce fonds, toutes les années, pendant cinq ans, à partir de l'année 1854, un prix de 20,000 fr. dit prix de l'Empereur, sera délivré au planteur des trois provinces de l'Algérie qui sera jugé avoir récolté sur la plus large échelle les meilleurs produits en coton et rempli les conditions d'un programme qui sera arrêté d'avance chaque année par notre ministre de la guerre.

Art. 3. — Une commission spéciale sera instituée chaque année par le gouverneur général de l'Algérie pour apprécier les produits et désigner celui des concurrents qui aura mérité le prix.

Art. 4. — Dans le cas où aucun des concurrents ne serait reconnu avoir intégralement rempli les conditions du programme, le prix pourra être partagé entre ceux qui auront le plus approché.

NAPOLÉON.

AM. — 15 fév.-10 mars 1854. — B. 454. — *Règlement pour l'exécution des décrets du 16 oct. 1853.*

TIT. 1. — *Distribution des graines.*

Art. 1. — Dans la quinzaine qui suivra la publication du présent arrêté, les agriculteurs de l'Algérie qui désireront participer aux distributions gratuites de graines de coton, devront en adresser la demande au maire de leur commune ou à l'autorité qui en tient lieu. — Chaque demande indiquera la superficie que le pétitionnaire se propose de consacrer à cette culture et l'espèce de coton, longue soie ou courte soie, qu'il désire cultiver. — L'état résumé de ces do-

---

colons seraient avertis que l'administration continuerait à leur acheter leur récolte de coton à un prix fixé d'avance par espèce et par qualité. Le coton, après avoir été préparé ainsi qu'il a été dit, continuerait d'être vendu en France au compte de l'État.

3° Mais il faut prévoir le cas où le gouvernement, par suite de l'augmentation des produits, pendant ces trois années, éprouverait des difficultés à faire préparer le coton dans ses établissements, les agriculteurs continuant pour la plupart à le lui livrer non égrené. Pour obvier à cet inconvénient probable, il me paraîtrait nécessaire d'allouer des primes à l'introduction en Algérie de machines à égrener, dites *Roller-Gin* et *Saw-Gin* (a). Nul doute que des agriculteurs s'empresseront d'en faire venir du dehors, et, dans ce cas, l'administration traiterait avec eux pour l'égrenage des quantités qu'elle serait hors d'état de faire préparer dans ses pépinières (b). C'est ainsi que tout récemment un marché a été passé entre le préfet d'Oran et M. de Saint-Maur, propriétaire de la ferme d'Arbal, pour l'égrenage de tous les cotons qui seront récoltés cette année dans la province d'Oran. La nécessité de primer en Algérie, pendant quelques années, la possession de ces machines, est évidente. C'est par elles, en effet, que le pays pourra produire le coton susceptible d'être livré au commerce.

4° Ainsi que je l'ai dit, le but que doit se proposer l'administration est de mettre les colons à même de créer promptement un produit marchand, et qui trouve de lui-même ses débouchés. Sans doute, on peut espérer qu'à l'expiration des trois années pendant lesquelles l'administration continuerait à acheter les récoltes des planteurs, la production aurait déjà acquis assez de développement pour marcher à peu près seule. Toutefois, avant d'abandonner complétement l'industrie à elle-même, et pour ménager la transition, il me paraîtrait utile de pratiquer encore quelque temps un système d'encouragement vis-à-vis des colons, mais en modifiant le genre d'intervention de l'administration. Le mode auquel je me suis arrêté consisterait à accorder aux planteurs, pendant deux années, des primes à l'exportation en France des produits récoltés en Algérie et réputés marchands, quelle qu'en soit l'espèce, longue

soie ou courte soie, ces deux sortes ayant leur emploi dans l'industrie; une prime déterminée serait allouée par balle de coton d'un poids voulu.

Ainsi, dans le système que je viens d'exposer à Votre Majesté, les colons seraient assurés des encouragements de l'État pendant une durée de cinq années, et il est permis de penser qu'à l'expiration de cette époque, la production serait parvenue à se suffire à elle-même et à se procurer des débouchés dans la métropole.

5° Enfin, indépendamment de l'achat de leurs produits aux colons, l'administration est dans l'habitude, chaque année, lors des expositions agricoles des trois provinces, d'accorder des prix affectés à la culture de certaines plantes industrielles, au nombre desquelles figure le coton. Mais ces prix sont peu importants, et il est à présumer que l'augmentation de leur valeur serait un énergique stimulant pour développer la culture de ce produit. Je proposerais donc d'instituer dans ce but des prix provinciaux d'une valeur de 2,000 fr., 3,000 fr. et 5,000 fr., qui seraient accordés aux cultivateurs qui auraient convenablement rempli les conditions d'un programme arrêté d'avance par l'administration. L'étendue des cultures, le rendement par hectare, la qualité des produits seraient autant d'éléments d'appréciation. Ces prix seraient accordés concurremment avec les autres modes d'encouragement rappelés ci-dessus.

Quant aux détails d'exécution de ces mesures, en ce qui concerne la fixation du prix d'achat des cotons, le taux des primes d'exportation des cotons marchands, la valeur des primes à l'importation des machines en Algérie; enfin les conditions des programmes à arrêter pour les prix provinciaux à distribuer annuellement, il sera statué sur tous ces points par décision ministérielle.

Avec un pareil système de primes et d'encouragements, il n'est pas douteux pour moi qu'avant dix ans la culture de coton serait définitivement implantée en Algérie.

Telles sont les propositions que j'ai l'honneur de soumettre à Votre Majesté. Si elle daigne les approuver, je la prie de vouloir bien revêtir de sa signature le projet de décret ci-joint.

Le ministre de la guerre, A. DE SAINT-ARNAUD.

(a) *Roller-Gin*, machine à cylindre propre à l'égrenage des cotons longue soie.

Saw-Gin, moulin à soie usité pour le nettoyage du coton courte soie.

(b) L'opération, en y comprenant l'égrenage, la mise en

balle, l'achat de la toile et de la corde, l'intérêt du capital engagé et l'usure du matériel, revient, à la pépinière centrale, au prix de 50 c. par kilogramme. Les balles sont de 200 kilog., et, prêtes à être portées au port, reviennent chacune à 90 fr. 40 c. L'égrenage se fait par des enfants indigènes, en moyenne, à 60 c. par jour.

mandes, avec l'avis sur chacune du maire ou de l'autorité qui en tient lieu, sera adressé au plus tard, le 15 mars, au commandant de la subdivision ou au sous-préfet de l'arrondissement qui les feront parvenir dans la huitaine au général commandant la division ou au préfet du département, chacun pour ce qui le concerne. — Sur le vu de ces états, ces deux autorités régleront de concert la répartition des graines disponibles entre chaque arrondissement ou subdivision.

Tit. 2. — *Prix d'achat des cotons.*

Art. 2. — Les cotons de la récolte de 1854, après avoir été convenablement séchés par les soins des colons, seront achetés par l'administration aux prix suivants (1) :

		Brut, le kilo.		Egréné, le kilo.	
	1re qualité. . .	2f	»c	11f	»c
	2e —	1	75	0	75
Longue soie.	3e —	1	55	7	75
	4e —	»	75	4	75
	5e —	»	65	4	25
	1re —	»	00	9	00
Courte soie.	2e —	»	70	9	30
	3e —	»	50	1	70

Art. 3. — Le prix des livraisons sera payé comptant. — Le gouverneur général de l'Algérie désignera les agents de l'administration qui seront temporairement chargés, à cet effet, des fonctions de régisseurs-comptables.

Art. 4. — Les cotons seront reçus et classés dans chaque magasin par une commission à la nomination de l'autorité administrative locale.

Tit. 3. — *Concours pour les machines.*

Art. 5. — Trois prix spéciaux, un par province, sont institués pour 1854, à titre d'encouragement, à l'exploitation des trois grandes machines à égrener le coton, qui, importées, construites ou perfectionnées en Algérie, seront jugées les plus utiles au point de vue du prix de revient, de la qualité et de la quantité de leur rendement. — Le minimum de ce rendement pour l'admission au concours est fixé à 150 kilogr. de coton net par journée de douze heures. — Ces prix seront de 50 pour 100 de la valeur de la machine mise en place, le moteur non compris. — Une médaille sera attachée à chacun d'eux. — En outre, cent vingt primes (quarante par province), représentant chacune 30 pour 100 du prix de revient de chaque machine, seront accordées pour cent vingt petites machines exploitées sur les plantations et qui auront été reconnues les plus avantageuses et les plus utilement employées.

Art. 6. — Nul ne sera admis à concourir pour les trois prix spéciaux institués par l'article précédent, si la machine n'est en état de fonctionner, et s'il ne justifie qu'il est en mesure de la maintenir en exercice.

Art. 7. — L'agriculteur ou industriel exploitant une grande ou une petite machine qu'il désirera faire admettre au concours, en adressera, avant le 5 septembre, la déclaration par écrit au général commandant la division, pour les territoires militaires, ou au préfet, pour les territoires civils. — Ces déclarations seront remises aux jurys provinciaux qui feront les expériences nécessaires pour déterminer le rendement et le mérite des diverses machines présentées au con-

cours. — Il en sera dressé procès-verbal. — Les jurys constateront, sur pièces probantes, le prix de revient de chaque machine et remettront leur avis sur les conditions de durée et sur les frais d'entretien qu'elle exigera annuellement. — Les prix ou primes seront ensuite attribués par les jurys, sous la réserve de l'approbation du gouverneur général.

Tit. 4. — *Prix de l'empereur.*

Art. 8. — Les agriculteurs qui désireront concourir pour le prix de 20,000 fr. institué par S. M. l'empereur, seront tenus d'en adresser la déclaration avant le 15 août, à l'autorité administrative militaire ou civile de la circonscription à laquelle ils appartiennent. — L'état général des demandes d'admission au concours sera transmis au général et au préfet, au plus tard au 5 septembre.

Art. 9. — Nul ne sera admis au concours pour le prix de l'empereur, s'il n'a cultivé au minimum 10 hectares en coton, sur les terres dont il est propriétaire ou fermier.

Art. 10. — Les deux espèces de coton, longue soie ou courte soie sont admises à concourir au même titre et dans les mêmes conditions.

Tit. 5. — *Prix provinciaux.*

Art. 11. — Les dispositions des art. 8, 9 et 10 sont applicables aux prix provinciaux. — Ces prix seront au nombre de six, dans chaque province, savoir : — 1er prix, 5,000 fr. — 2e prix, 3,000 fr. — 3e prix, 2,000 fr. — 4e prix, 600 fr. — 5e prix, 400 fr. — 6e prix, 200 fr. Les minimums de superficies à cultiver pour être admis aux concours provinciaux, sont fixés ainsi qu'il suit : — Pour les prix de 200, 400 et 600 fr., 58 ares ; — Id. de 2,000 fr., 1 hect. ; — Id. de 3,000 fr., 2 hect. ; — Id. de 5,000 fr., 4 hect. — Les prix provinciaux pourront être partagés comme il est dit pour le prix de l'empereur en l'art. 4 du décret du 10 octobre 1853. — Les colons cultivant moins d'un hectare de coton seront seuls admis à participer aux prix de 200, 400 et 600 fr.

Tit. 6. — *Dispositions communes au prix de l'empereur et aux prix provinciaux.*

Art. 12. — Nul ne pourra concourir pour deux prix à la fois. — Le mérite des concurrents sera jugé sur l'étendue, l'aspect et le bon état de leurs plantations et sur la qualité des produits qu'ils exposeront.

Art. 13. — Les échantillons exposés devront être triés avec soin et classés par espèce, variété et qualité. — L'importance minima des échantillons pour chaque exposant est fixée ainsi qu'il suit : — Pour le prix de l'empereur, à 500 k, brut ; — Pour les prix provinciaux, de 5,000 fr. à 200 k. ; — Id. de 3,000 fr. à 100 k. ; — Id. de 2,000 fr. à 50 k. ; — Id. de 600 et au-dessous, à 25 kil. — Les cotons égrenés que les producteurs désireront exposer devront être en sus de ces quantités. — Les échantillons seront accompagnés de certificats d'origine délivrés par le maire de la commune, et certifiés par l'inspecteur de la colonisation.

Art. 14. — L'exposition pour le prix de l'empereur aura lieu à Alger, et le gouverneur général en déterminera l'époque et la durée. — Les expositions provinciales se feront aux chefs-lieux des départements, aux jours fixés par les préfets. — Les cotons primés dans les provinces seront envoyés à l'exposition centrale comme terme de comparaison. — Le transport gratuit

---

(1) Par décis. min. du 7 juill. 1856, cet article a été modifié par la suppression des quatrième et cinquième qualité longue soie, et de la troisième qualité courte soie.

des échantillons à l'aller et au retour est accordé sur les bâtiments à vapeur de l'État. Tous les transports par terre sont à la charge des exposants.

Art. 15. — Il sera délivré aux divers lauréats, indépendamment des récompenses pécuniaires indiquées par les art. 8 et 11 ci-dessus : — Une médaille en or pour le prix de l'empereur ; — Une médaille en argent pour chacun des quatre premiers prix provinciaux ; — Et une médaille en bronze pour chacun des deux derniers prix provinciaux.

Tit. 7. — *Des jurys.*

Art. 16. — Les plantations inscrites pour le prix de l'empereur et les échantillons en provenant seront comparés et jugés par un jury central dit du prix de l'empereur, composé de neuf membres ainsi qu'il suit : — Un conseiller de gouvernement, président ; — Un délégué de chacune des chambres consultatives non concurrent (elles présenteront chacune deux candidats au choix du gouverneur général) ; — Trois agents de l'administration (directeur de la pépinière, inspecteur de colonisation ou autre) ; — Deux industriels étrangers à la colonie. — (Ces industriels seront désignés par le ministre de la guerre, les autres membres du jury seront nommés par le gouverneur général.)

Art. 17. — Trois jurys spéciaux sont institués, un dans chaque province, pour les concours provinciaux. — Ils seront composés de cinq membres, dont un conseiller de préfecture, président, et un ingénieur. — Ces membres seront nommés par le gouverneur général, sur les propositions des préfets concertés avec les généraux commandant les divisions.

Art. 18. — Les jurys provinciaux procéderont dans leur tournée à une vérification préparatoire des plantations inscrites pour le prix de l'empereur, et signaleront celles qui ne comporteraient pas la superficie exigée, ou qui leur paraîtraient devoir être mises hors de concours à tout autre titre. — Le jury du prix de l'empereur statuera définitivement à cet égard.

Art. 19. — Les tournées des jurys provinciaux commenceront le 10 septembre. — Ils transmettront aux préfets, avant le 30 septembre, le travail préparatoire prescrit par l'art. 18. — Les tournées du jury central commenceront le 1er octobre. — Les unes et les autres seront poursuivies sans interruption. — Il sera adjoint à chaque jury le nombre de géomètres dont il aura besoin.

Art. 20. — Les frais de tournée dont le tarif sera arrêté à l'avance par le ministre de la guerre, sur les propositions du gouverneur général, seront accordés aux membres de ces jurys.

Art. 21. — Le rapport et les propositions du jury central seront mis par le ministre de la guerre, sous les yeux de Sa Majesté, pour l'attribution du prix de l'empereur. — Les autres prix seront attribués par les jurys provinciaux, sous la réserve de l'approbation du gouverneur général.

Tit. 8. — *Dispositions générales.*

Art. 22. — Les dispositions du présent arrêté sont applicables aux étrangers et indigènes producteurs de coton en Algérie au même titre et dans les mêmes conditions qu'aux nationaux. Elles sont également applicables aux congrégations propriétaires.

Art. 23. — Les primes à l'exportation en France des cotons algériens seront l'objet d'un règlement spécial et ultérieur.

A. DE SAINT-ARNAUD.

AM. — 2-10 mars 1855. — B. 476. — *Répartition des primes et règlement pour 1855.*

Tit. 1. — *Distribution des graines.*

Art. 1. — (Comme à l'arrêté du 15 fév. 1854.)

Tit. 2. — *Prix d'achat des cotons.*

Art. 2. — Les cotons de la récolte de 1855, en bon état de maturité, après avoir été convenablement séchés et classés par espèce et qualité par les soins des colons, seront achetés par l'administration, aux prix suivants :

		Brut, le kilo.	Egrené, le kilo.
Longue soie.	1re qualité. . .	2f » c	11f » c
	2e —	1 75	9 75
	3e —	1 55	7 75
Courte soie.	1re —	» 90	2 00
	2e —	» 70	2 50

Art. 3 et 4. — (Comme à l'arrêté du 15 fév. 1854.)

Tit. 3. — *Concours pour les machines.*

Art. 5. — Trois prix spéciaux sont institués, pour 1855, à titre d'encouragement, à l'exploitation des trois grandes machines à égrener le coton courte soie, qui, importées, construites ou perfectionnées en Algérie, seront jugées les plus utiles au point de vue du prix de revient, de la quantité et de la qualité de leur rendement. — Le minimum de ce rendement, pour l'admission au concours, est fixé à 150 kilog. de coton net par journée de douze heures.

Ces prix seront, le premier, de 60 p. 100 de la valeur de la machine mise en place, le moteur non compris ; le second de 50 p. 100, et le troisième de 40 p. 100 de cette valeur. — Une médaille d'argent sera attachée à chacun d'eux. — Le concours dont il vient d'être question est ouvert pour toute l'Algérie, sans affectation spéciale à l'une ou à l'autre province ; il sera soumis au jugement du jury central institué par l'art. 17 ci-après.

En outre, cent vingt primes (quarante par province), représentant chacune 30 p. 100 du prix de revient de chaque machine, seront accordées par les jurys provinciaux pour cent vingt petites machines exploitées sur les plantations, et qui auront été reconnues les plus avantageuses et les plus utilement employées pour l'égrenage du coton longue soie ou courte soie.

Art. 6 et 7. — (Comme à l'arrêté du 15 fév. 1854.)

Tit. 4. — *Prix de l'empereur.*

Art. 8. — Les agriculteurs qui désireront concourir pour le prix de 20,000 fr., institué par Sa Majesté l'empereur, seront tenus d'en adresser la déclaration, avant le 15 août, à l'autorité administrative militaire ou civile, de la circonscription à laquelle ils appartiennent. — L'état général des demandes d'admission au concours sera transmis au général ou au préfet, au plus tard le 5 septembre. — La déclaration exigée devra indiquer : — 1° La situation et la contenance des terrains ensemencés en cotonniers et présentés au concours ; — 2° Si le concurrent est propriétaire ou fermier de la terre, ou à quel autre titre il la détient ; — 3° S'il a des associés, et, dans ce cas, la nature de l'association et l'époque à laquelle cette association se sera formée : (aucune association ne sera admise au concours, si elle n'est formée pour l'exploitation même et n'embrasse ses risques et ses profits) ; — 4° S'il exploite à l'aide de domestiques, journaliers, ou métayers, et, en cas de métayage, si l'exploitation constitue une seule ou plusieurs métairies. — Les métairies peuvent être présentées au concours, soit par le propriétaire, soit par le métayer, soit par tous deux à titre d'associés. S'il y a concurrence entre eux, la question sera tranchée par le jury. Dans tous les cas, le propriétaire devra justifier d'une participation suffisante à la direction et aux risques de l'entreprise.

Art. 9. — Nul ne sera admis au concours pour le prix de l'empereur, s'il n'a cultivé au minimum 10 hect. en coton. (Les cotonniers vivaces pourront entrer jusqu'à concurrence d'un cinquième dans la composition de ce minimum.)

Art. 10. — (Comme à l'arrêté du 15 févr. 1854.)

TIT. 5. — *Prix provinciaux.*

Art. 11. — Les dispositions des art. 8, 9 et 10 sont applicables aux prix provinciaux. — Ces prix seront au nombre de six dans chaque province pour les cultures de l'année, savoir : 1ᵉʳ prix, 5,000 fr., — 2ᵉ prix, 3,000 fr. ; — 3ᵉ prix, 1,000 fr. ; — 4ᵉ prix, 600 fr. ; — 5ᵉ prix, 400 fr., — 6ᵉ prix, 200 fr. — Il est institué en outre deux nouveaux prix dans chaque province, l'un de 1,000 fr., l'autre de 200 fr., en faveur des cotonnières vivaces qui auront été conservées et conduites à la meilleure réussite, à l'aide des procédés les plus économiques.

Les minimum de superficie à cultiver pour être admis aux concours provinciaux sont fixés ainsi qu'il suit : — Pour les prix de 200 fr., 25 ares ; — Pour les prix de 400 et 600 fr., 50 ares ; — Pour les prix de 1,000 fr., 1 hect. ; — Pour le prix de 3,000 fr., 3 hect. ; — Pour le prix de 5,000 fr., 5 hect.

Les prix provinciaux pourront être partagés, comme il est dit pour le prix de l'empereur, à l'article 4 du décret du 16 oct. 1853, mais seulement en cas de mérite égal de la part de plusieurs concurrents, et par fractions toujours identiques. — Les colons cultivant moins d'un hectare de coton seront seuls admis à participer aux prix de 200, 400 et 600 fr.

TIT. 6. — *Dispositions communes au prix de l'empereur et aux prix provinciaux.*

Art. 12. — Les lauréats qui auront obtenu au concours de 1854 la totalité de l'un des prix portés dans le programme de ce concours, ne pourront concourir en 1855 que pour des prix supérieurs. — Ceux qui n'auront obtenu en 1854 que le partage d'un prix seront admis à concourir en 1855 pour l'intégralité du même prix.

Art. 13. — Nul ne pourra concourir pour deux prix à la fois. Chaque concurrent devra, en conséquence, indiquer dans sa déclaration le prix pour lequel il se présente au concours. — Néanmoins, il sera loisible de concourir en même temps pour l'un des prix accordés aux ensemencements de l'année et pour l'un de ceux offerts aux cotonniers vivaces. — Les planteurs cultivant moins d'un hectare seront dispensés de toute désignation de prix, leur classement sera opéré par les jurys.

Art. 14. — Le mérite des concurrents sera jugé sur l'étendue, l'aspect et le bon état de leurs plantations, et sur la quantité de produits qu'ils exposeront. — Les échantillons exposés devront être triés avec soin et classés par es-

pèce, variété et qualité. — L'importance minimum des échantillons pour chaque exposant est fixée ainsi qu'il suit : — Pour le prix de l'empereur, à 500 kil. brut et 1 kil. égrené à la main ; — Pour les prix provinciaux : — De 5,000 fr. à 200 kil. brut et 1 kil. égrené à la main ; — De 3,000 fr. à 100 kil. brut et 1 kil. égrené à la main ; — De 1,000 fr. à 50 kil. brut et un demi kil. égrené à la main ; — De 600 fr. et au-dessous, à 25 kil. brut et un demi kil. égrené à la main. — Les échantillons seront accompagnés de certificats d'origine, délivrés par le maire de la commune, et certifiés par l'inspecteur de la colonisation.

Art. 15. — L'exposition pour le prix de l'empereur aura lieu à Alger, et le gouverneur général en déterminera l'époque et la durée. — Les expositions provinciales se feront dans chaque département aux lieux et jours fixés par les préfets, de concert avec les généraux commandant les divisions. — Les cotons primés dans les provinces seront envoyés à l'exposition centrale, comme terme de comparaison. — Le transport gratuit des échantillons, à l'aller et au retour, est accordé sur les bâtiments à vapeur de la correspondance. Tous les transports par terre sont à la charge des exposants, pour l'exposition à laquelle leur participation est obligatoire. Ces frais seront supportés par l'État, pour l'envoi à l'exposition centrale des cotons primés dans les expositions provinciales.

Art. 16. — Il sera délivré aux divers lauréats, indépendamment des récompenses pécuniaires indiquées aux art. 8 et 11 ci-dessus : — Une médaille en or pour le prix de l'empereur ; — Une médaille en argent pour chacun des prix provinciaux de 5,000 fr., 3,000 fr., 1,000 fr., et 600 fr., — Et une médaille en bronze pour chacun des prix provinciaux de 400 fr. et de 200 fr. — En cas de partage d'un prix, chaque participant recevra une médaille.

TIT. 7. — *Des jurys.*

Art. 17. — Les plantations inscrites pour le prix de l'empereur et les échantillons en provenant, seront comparés et jugés par un jury central, dit du prix de l'empereur, nommé par le gouverneur général, et composé de sept membres, ainsi qu'il suit : — Un conseiller du gouvernement, président ; — Un délégué de chacune des chambres consultatives, non concurrent (elles présenteront chacune deux candidats au choix du gouverneur général) ; — Et trois agents de l'administration (directeur de pépinière, inspecteur de colonisation, ou autre).

Art. 18. — Un jury sera institué dans chaque province, pour le concours provincial. — Il sera composé de cinq membres, dont un conseiller de préfecture, président. — Ces membres seront nommés par le gouverneur général, sur les propositions des préfets, concertées avec les généraux commandant les divisions.

Art. 19. — Les jurys seront assistés, s'il y a lieu, d'experts spéciaux, pour l'appréciation, soit des cotons exposés, soit des machines présentées au concours. — Ces experts seront désignés par les jurys, sauf l'approbation du gouverneur général.

Art. 20. — Les tournées des jurys commenceront du 20 au 30 septembre, et seront poursuivies sans interruption. — Elles seront précédées de la vérification de la superficie de chaque cotonnière par les soins du service topographique. — Il sera en outre adjoint à chaque jury le nombre de géomètres dont il aura besoin ;

Art. 21, 22, 23 et 24. — (Comme aux art. 20, 21, 22 et 23 de l'arrêté du 15 fév. 1854.)

VAILLANT.

AM. — 9 juin-13 juill. 1854. — B. 462. — *Règlement concernant l'exposition agricole de 1854.*

Art. 1. — L'exposition publique et lo concours des produits de l'agriculture et des différentes industries agricoles dont le programme a été arrêté par décision ministérielle du 28 déc. 1853, aura lieu en 1854, dans chaque province, au chef-lieu du département, sous la direction du préfet, qui s'entendra à cet effet avec le général commandant la division.

Art. 2. — Les Européens et les indigènes résidant en territoire civil ou en territoire militaire seront indistinctement admis au concours.

Art. 3. — Des jurys spéciaux seront institués par le gouverneur général de l'Algérie, dans chacune des trois provinces.

Chaque jury sera composé comme suit : — Un conseiller de préfecture, président ; — Un officier du bureau arabe, — Un inspecteur de colonisation, — Un directeur de pépinière, — Un vétérinaire, — Quatre membres pris en totalité ou en partie dans la chambre consultative d'agriculture de la province, et présentés, moitié par le général commandant la division, moitié par le préfet du département. — Le secrétaire sera élu par les membres du jury.

Art. 4. — Les prix et les médailles seront décernés d'après la décision du jury, constatée dans un rapport écrit. — Le jugement sera prononcé à la majorité des voix. — En cas de partage, la voix du président sera prépondérante. — La présence de cinq membres sera nécessaire pour délibérer.

Art. 5. — Le jury aura le droit d'éliminer et d'exclure de l'exposition les produits qui lui paraîtront nuisibles ou incompatibles avec le but de l'exposition, et ceux qui auraient été envoyés au delà des exigences et des convenances de l'exposition.

Art. 6. — La police du concours appartiendra exclusivement à un commissaire général, membre du jury, désigné par le gouverneur général de l'Algérie. — Des commissaires désignés par le préfet du département seront placés sous sa direction pour recevoir, classer et surveiller les animaux et les produits exposés, enregistrer les déclarations des exposants, assister le jury dans ses travaux, veiller en un mot à la bonne et prompte exécution des opérations. — Des agents seront en outre placés sous les ordres du commissaire général. — Aucune personne ne pourra être admise dans l'enceinte du concours pendant les opérations du jury.

Art. 7. — Indépendamment du jury, une commission locale pourra être instituée dans chaque subdivision, de concert entre le général commandant la division et le préfet du département, pour vérifier l'état des plantations et des travaux agricoles admis au concours. — Ces commissions seront présidées par un membre du jury.

Art. 8. — Les membres du jury et des commissions locales, ainsi que les directeurs des pépinières du gouvernement, auront le droit d'exposer leurs produits, mais ils ne seront pas admis à concourir pour l'obtention des primes et des médailles accordées par le programme. Ils pourront néanmoins obtenir, s'il y a lieu, une mention honorable dans le compte rendu de l'exposition.

Art. 9. — Le concours durera huit jours, et il sera ouvert du 22 au 30 sept., dans la province d'Alger ; — Du 6 au 13 oct., dans les provinces d'Oran et de Constantine.

Art. 10. — Tous les instruments et produits devront être rendus au chef-lieu du département sur le lieu de l'exposition, le jour de l'ouverture du concours. Ils seront reçus ledit jour, de huit heures du matin à deux heures du soir. — Les animaux devront être amenés le lendemain de l'ouverture du concours. Ils seront reçus de huit heures du matin à deux heures du soir. — Après ces heures, aucun objet et aucun animal ne pourra être reçu. — Les prix seront proclamés le dernier jour de l'exposition.

Art. 11. — L'individualité des exposants et la justification de la provenance des produits seront constatées par un certificat émanant de l'autorité du lieu de la résidence de l'exposant, ou d'un inspecteur de colonisation.

Art. 12. — Les exposants qui auront obtenu des primes pour des graines ou semences quelconques seront tenus de laisser, à la disposition de l'administration, une partie de ces graines ou semences, pour être envoyée à l'exposition permanente du ministère de la guerre.

Art. 13. — Dans chaque province, les exposants devront adresser au préfet du département, dix jours avant l'ouverture du concours, une déclaration écrite.

Pour les animaux, la déclaration contiendra leur origine, leur race et leur âge, la durée de possession, conformément au modèle A, annexé au présent arrêté. — Pour les instruments, elle indiquera : — 1° La désignation, l'usage et le prix de vente ou de fabrication courante ; — 2° Le nom et la résidence de l'exposant ; — 3° Si celui-ci a inventé, importé ou perfectionné, ou enfin s'il a exécuté ou fait exécuter, sur des données antérieurement connues, l'instrument exposé ; — 4° S'il y a lieu, le nom et la résidence de l'ouvrier exécutant. (V. modèle B.)

Pour les produits agricoles, la déclaration portera leur nature, leur provenance et leur valeur vénale, conformément au modèle C.

Ces diverses déclarations seront adressées au secrétariat général des préfectures, aux époques suivantes : — A la préfecture d'Alger, jusqu'au 13 sept., au soir ; — Aux préfectures d'Oran et de Constantine, jusqu'au 26 sept., au soir. — Le lendemain desdits jours, le procès-verbal d'inscription sera clos, et aucun animal, instrument ou produit non inscrit ne pourra être admis au concours.

Art. 14. — Les exposants d'instruments, machines ou appareils seront tenus, sur la demande du jury, de les faire fonctionner autant que besoin sera. — Ils devront fournir tout ce qui sera nécessaire pour les expériences, et indiquer, sur chacun de leurs produits, le prix de vente.

Art. 15. — Les personnes qui voudront concourir pour les plantations d'arbres, les irrigations, les meilleures méthodes d'exploitation ou la construction des silos, devront en faire la déclaration par écrit, avant le 15 juill., au général commandant la division ou au préfet du département, selon que leurs propriétés seront situées en territoire militaire ou en territoire civil.

Les maires des communes adresseront, à la même époque, leurs propositions en faveur des gens à gages qui leur sembleraient avoir des droits à la récompense accordée par le programme.

Art. 16. — Les cultures non annuelles, ainsi que les exploitations ou travaux quelconques déjà primés dans une précédente exposition, ne pourront plus concourir que pour une mention honorable.

Art. 17. — Les animaux primés dans un précédent concours général ne pourront concourir de nouveau que pour les prix d'un degré supérieur à celui qu'ils auront précédemment obtenu. — Dans le cas où ils seraient désignés pour un prix d'un degré égal à celui qui leur aurait été antérieurement décerné, ils n'auront droit qu'au rappel de leur prix, sans médaille. S'ils ne sont désignés que pour un prix inférieur, ils ne doivent point être mentionnés. Afin de pouvoir être ultérieurement reconnus, les animaux primés devront être marqués.

Art. 18. — Un propriétaire ne pourra recevoir qu'un seul prix dans chaque catégorie et pour chaque sexe; mais il est autorisé à présenter autant d'animaux qu'il voudra dans chacune des catégories.

Art. 19. — Dans le cas où le jury estimerait que plusieurs animaux, appartenant au même propriétaire, auraient mérité des prix dans la même catégorie, il ne pourra, comme il a été dit plus haut, que décerner un prix à ce propriétaire; mais il sera libre de lui accorder une ou plusieurs mentions honorables.

Art. 20. — En ce qui concerne spécialement les produits qui ne peuvent, à raison des nécessités de leurs cultures, figurer à l'exposition générale, il sera fait des expositions particulières, dont les époques seront ultérieurement fixées par des arrêtés spéciaux du gouverneur général de l'Algérie.

Art. 21. — Toutes contraventions aux dispositions du présent arrêté seront jugées par le jury.

Art. 22. — Après la proclamation des prix, le procès-verbal des différentes opérations du concours et les rapports présentés par chaque jury, seront immédiatement transmis au gouverneur général par les préfets des départements, pour être adressés au ministre de la guerre.

VAILLANT.

Alignements des villes et villages.

V. VOIRIE, § 2.

Amaïn (ou dépôts).

V. CADIS, 2 nov. 1855.

Amnistie.

AG. — 13 août-20 sept. 1853. — B. 143. — *Amnistie accordée aux miliciens de l'Algérie à l'occasion de la fête du 15 août, des peines disciplinaires prononcées contre eux pour faits relatifs du service jusqu'à ce jour.*

Arabes.

V. AFFAIRES ARABES.

Arbres.

V. BOIS ET FORÊTS.—VOIRIE, § 1, Plantations d'arbres le long des routes et chemins vicinaux.

Armée.

DIVISION.

§ 1. — Corps français et indigènes.
§ 2. — Mesures générales. — Engagements volontaires.

§ 1. — CORPS FRANÇAIS ET INDIGÈNES.

DI. — 0 janv.-8 fév. 1855. — B. 474. — *Création d'un second bataillon de tirailleurs indigènes dans chacune des trois provinces de l'Algérie.*

DI. — 10 mars-28 avril 1855. — B. 479. — *Augmentation de la légion de gendarmerie d'Afrique.* (V. Gendarmerie.)

§ 2. — MESURES GÉNÉRALES CONCERNANT L'ARMÉE.

CIR. G. — 27 oct. 1853. — *Militaires libérés. — Nouvelle mise à l'ordre du jour de l'arrêté du maréchal duc d'Isly en date du 22 mai 1847 (inséré vol. 1er, p. 49). — Dispositions complémentaires.*

En conséquence de cet arrêté, il sera tenu à l'état-major de chaque division, un registre spécial, où seront inscrits tous les permis de séjour qui seront délivrés. Ce registre portera les noms et prénoms des hommes, le corps auquel ils appartenaient, le lieu où ils s'établissent, et la profession à laquelle ils veulent se livrer.

Lorsqu'un militaire libéré désirera rester en Algérie, s'il reçoit son congé dans une place autre qu'un des trois chefs-lieux de division, le permis de séjour sera demandé par la voie hiérarchique, et la délivrance de ce permis devra toujours être constatée par une inscription au dos du congé de libération de l'homme.

Le présent ordre, ainsi que l'arrêté qu'il relate, sera lu dans tous les corps à deux appels consécutifs, aussitôt sa réception. Il sera lu de nouveau, quinze jours avant l'époque de la libération de chaque classe de recrutement. Les hommes seront bien prévenus que, par décision du ministre de la guerre, tous ceux d'entre eux qui resteraient en Algérie sans y avoir été autorisés régulièrement, perdraient tout droit à obtenir une feuille de route et l'indemnité, s'ils voulaient rentrer dans leurs foyers avant l'expiration du délai de deux ans.

Maréchal duc d'ISLY.

Le présent ordre sera lu à tous les corps de troupes et détachements, les quatre derniers dimanches qui précéderont la libération définitive ou provisoire de chaque classe. Il lui sera donné, en outre, toute la publicité nécessaire, et les anciens militaires, qui se trouvent en ce moment en Algérie en position irrégulière, devront se pourvoir d'un permis de séjour dans un délai de deux mois, à partir du 1er nov. prochain; les militaires prochainement libérables seront tenus de se pourvoir de cette pièce dans un délai de deux mois à partir du jour de leur libération. A l'avenir il ne sera plus, sous aucun prétexte, accordé de passage gratuit, ni de feuille de route avec indemnité, aux anciens militaires qui ne seraient pas porteurs d'un permis de séjour.

Le gouverneur général de l'Algérie, RANDON.

DI. — 25 oct.-8 nov. 1854. — B. 469. — *Engagements volontaires.*

Vu l'art. 34 de la loi du 20 mars 1832, sur le recrutement de l'armée, portant que les engagements volontaires seront contractés devant les maires des chefs-lieux de canton; — Vu l'art. 20 de l'ord. du 28 avr. 1832, sur les engagements volontaires; — Vu l'arrêté du président du conseil, chargé du pouvoir exécutif, en date du 5 juill. 1848 (vol. 1er, p. 50), autorisant les engagements volontaires devant les maires des villes ci-après, savoir : Alger, Bli-

dah, Oran, Mostaganem, Bône et Philippeville;
— Considérant que les résultats satisfaisants
produits par cette mesure ont fait reconnaître
la nécessité d'en étendre l'application aux villes
de l'Algérie, qui ont été érigées en communes
de plein exercice par décrets des 20 avr. et 17
juin 1854;

Art. 1. — Les engagements volontaires pourront être contractés en Algérie devant les maires
des villes ci-après indiquées, lesquelles sont,
pour cet effet, considérées comme chefs-lieux
de canton, savoir : — Constantine, Médéah,
Milianah, Tenès, Cherchell, Mascara, Tlemcen,
Bougie, Sétif et Guelma.

Art. 2. — Ces engagements ne devront être
effectués qu'avec destination pour les corps sta-
tionnés en Algérie. Ils seront d'ailleurs soumis
aux mêmes formes et conditions que les engagements qui sont contractés en France.

NAPOLÉON.

(Il résulte d'une dépêche adressée par M. le
ministre de la guerre à M. le gouverneur général, à la date du 11 déc. 1854, que, par application de l'arrêté du chef du pouvoir exécutif, en date du 10 juill. 1848, tout Français âgé
de dix-sept ans accomplis peut être admis à
contracter un engagement volontaire devant
les maires des communes de l'Algérie, autorisés à recevoir ces engagements par l'arrêté du
chef du pouvoir exécutif, en date du 5 juill.
1848 et par le décret du 25 oct. 1854.)

DI. — 17 janv.-1er mars 1855. — B. 475. —
Engagements volontaires.

Art. 1. — Le décret du 10 juill. 1848, portant
que tout Français âgé de dix-sept ans accomplis
pourra être admis à contracter un engagement
volontaire dans l'armée de terre, est déclaré
applicable et exécutoire en Algérie.

NAPOLÉON.

Armes.

DIVISION.

§ 1. — Achat et vente. — Commerce en général.
§ 2. — Poudres à feu.

§ 1. — ACHAT ET VENTE. — COMMERCE EN GÉNÉRAL.

DI. — 10 juill. 23 août 1854. — B. 464. —
(V. Douanes, § 2.) *Promulgation en Algérie
des décrets des 24 fév. et 16 avril 1854 sur
l'exportation des armes et munitions de guerre.*

§ 2. — POUDRES A FEU. — ÉTABLISSEMENTS DE DÉBITS DE POUDRE (1).

AG. — 23 juin-13 juill. 1854. — B. 462. —
Création d'un débit à Jemmapes.

Vu l'art. 8 de l'ord. du 14 sept. 1844 qui règle
les dispositions relatives à la fabrication, l'importation et la vente des poudres à feu en Algérie (vol. 1, p. 53); — Vu le décret du 21 fév.
dernier, portant règlement du prix de vente des
poudres à feu de la régie;

Art. 1. — Il est créé à Jemmapes un débit de
poudre à feu.

Art. 2. — Le débitant sera nommé par le
général commandant la division, conformément
aux dispositions du § 2 de l'art. 8 de l'ord. du

____
(1) Suivant décis. min. du 29 mai 1854, les débits de
poudres à feu de la régie peuvent être confiés en Algérie
à des femmes, comme cela a lieu en France.

14 sept. 1844. Il sera tenu de se conformer rigou-
reusement à toutes les dispositions de cette
ordonnance et du décret sus-visés.

GASTU.

AG. — 7-30 oct. 1854. — B. 468. — *Même création à Marengo.*

AG. — 8-22 nov. 1854. — B. 470. — *Même
création à Nemours.*

AG. — 15 avril-30 mai 1855. — B. 480. —
Même création à Aïn Temouchen.

AG. — 2-18 juin 1855. — B. 481 — *Même création à Laghouat.*

V. DOUANES, 24 fév. 1854. — Exportation.

Art médical.

DIVISION.

§ 1. — Dispositions réglementaires.
§ 2. — Liste des médecins, etc., en exercice.
§ 3. — Médecins de colonisation.

§ 1. — DISPOSITIONS RÉGLEMENTAIRES.

Circ. M. — 31 janv.-15 fév. 1853. — B. 431.
— *Substances vénéneuses. — Interdiction du
papier tue-mouches.*

Une circulaire ministérielle du 31 déc. dernier
signale les dangers qui peuvent résulter de
l'emploi des papiers dits tue-mouches, qui se
vendent chez les droguistes, les épiciers ou les
pharmaciens. — Ces papiers, qui doivent, pour
la plupart, leurs propriétés toxiques à la présence de préparations solubles d'arsenic, d'acide,
arsénieux ou d'arséniate de potasse, peuvent
devenir, entre les mains de personnes impru-
dentes ou malintentionnées, la cause de graves
accidents.

L'interdiction dont sont frappés, par l'art. 10
de l'ord. du 29 oct. 1846, la vente et l'emploi
de l'arsenic et de ses composés, non-seulement
pour le chaulage des grains et l'embaumement
des corps, mais aussi pour la destruction des
insectes, cette interdiction s'applique essentiellement aux papiers arsenicaux.

Quant à ceux qui seraient préparés avec d'autres toxiques indiqués au tableau des substances
vénéneuses, ils peuvent être fabriqués et vendus,
mais seulement avec les précautions exigées
par les art. 1, 2, 3, 4, 11 et 12 de l'ordonnance
précitée.

Vous voudrez bien, monsieur le gouverneur
général, adresser des instructions à qui de droit
pour la rigoureuse exécution des prescriptions
qui précèdent, et les faire porter à la connaissance du public par un avis spécial inséré dans
les divers journaux qui se publient en Algérie.

§ 2. — LISTES DES MÉDECINS, CHIRURGIENS, ETC., EN EXERCICE.

31 déc. 1853. — B. 460. — *Publication, en exécution du décret du 12 juill. 1851, de la liste
nominative des médecins, chirurgiens, officiers
de santé, pharmaciens, sages-femmes et vété-
rinaires, exerçant en Algérie au 31 déc. 1853.*

31 déc. 1854. — B. 475. — *Même publication au
31 déc. 1854.* (Voir également deux autorisations nominatives accordées à des sages-
femmes et insérées aux *Bulletins* des 3 août
1854, n° 463, et 8 déc. 1854, n° 471.)

ART MÉDICAL, § 5.

§ 5. — MÉDECINS DE COLONISATION.

AM. — 21 janv.-20 déc. 1853. — B. 450. — *Institution de médecins de colonisation.*

Art. 1. — Les territoires livrés à la colonisation en Algérie sont divisés en circonscriptions médicales déterminées par des arrêtés du ministre de la guerre, sur la proposition du gouverneur général.

Art. 2. — Les circonscriptions sont desservies par des médecins qui reçoivent le titre de : *Médecins de colonisation.*

Art. 3. — Les médecins de colonisation sont nommés par le ministre de la guerre, et choisis exclusivement parmi les docteurs en médecine. — Néanmoins, les médecins aujourd'hui en exercice, non pourvus du diplôme de docteur, peuvent être maintenus dans leur emploi.

Art. 4. — Le traitement annuel des médecins de colonisation est fixé à 2,000 francs. — Lorsque l'étendue de la circonscription nécessitera l'emploi habituel d'un cheval, le médecin sera obligé d'en entretenir un. Il lui sera alloué, à cet effet, une indemnité dont le taux sera fixé par le ministre.

Art. 5. — Les médecins militaires peuvent être chargés du service des circonscriptions médicales ; ils reçoivent, à ce titre, une indemnité qui est fixée par le ministre de la guerre.

Art. 6. — Les médecins de colonisation doivent résider dans la localité qui est désignée comme chef-lieu de leur circonscription. — Ils sont placés, pour tout ce qui concerne leur service, sous les ordres immédiats et sous la surveillance de l'autorité administrative.

Art. 7. — Les médecins de colonisation doivent gratuitement les soins et les secours de leur art à toute personne indigente de leur circonscription. — L'état d'indigence est constaté par un certificat émané du maire de la commune de la résidence du malade, ou de l'officier public en remplissant les fonctions dans cette localité.

Art. 8. — Les médecins de colonisation ont la direction médicale des infirmeries civiles qui se trouvent dans leur circonscription. — Ils doivent en visiter régulièrement les malades et constater leurs visites sur un registre spécial.

Art. 9. — Les médecins de colonisation sont tenus : 1° De faire des tournées périodiques dans chacun des centres ou groupes de population compris dans leur circonscription ; — 2° De tenir au lieu de leur résidence, à jours et heures fixes, un bureau de consultation gratuite pour quiconque s'y présente ; — 3° De propager la vaccine ; — 4° D'exécuter gratuitement au lieu de leur résidence, à défaut d'un médecin spécial du dispensaire, les visites périodiques auxquelles sont astreintes les filles soumises par mesure de police sanitaire ; — 5° De constater les décès dans le lieu de leur résidence, conformément à l'art. 77 c. Nap. ; — 6° De fournir à l'administration tous les renseignements et documents statistiques et nosographiques auxquels peuvent donner lieu le service médical et l'hygiène publique de leur circonscription.

Art. 10. — L'ordre et le nombre des tournées périodiques, ainsi que les détails du service confié aux médecins de colonisation, sont déterminés, pour chaque circonscription, par des arrêtés du gouverneur général, sur la proposition des préfets ou des généraux commandant les divisions pour leurs territoires respectifs.

Art. 11. — Un tarif arrêté, pour chaque circonscription, par le gouverneur général, sur la proposition des autorités désignées en l'art. précédent, détermine les honoraires dus pour les visites et les opérations faites, par les médecins de colonisation, aux personnes non indigentes.

Art. 12. — Dans les localités où il n'existe pas de pharmacie, les médecins de colonisation délivrent les médicaments. — Les médicaments sont tirés des dépôts de pharmacie des hôpitaux civils ou militaires. — Les médicaments sont fournis gratuitement aux indigents et au prix fixé par l'administration aux autres personnes. — Les médecins doivent tenir registre des médicaments par eux tirés des dépôts de pharmacie, de ceux qu'ils fournissent aux malades, indiquer le nom et la demeure des personnes auxquelles ils sont fournis, et mentionner le prix perçu ou s'ils ont été remis gratuitement. — Un règlement spécial du gouverneur général détermine le mode de remboursement tant aux dépôts de pharmacie que par les parties prenantes.

Art. 13. — Les dispositions de l'article précédent ne seront applicables que pour les médicaments délivrés aux personnes indigentes, dans les localités où il y aura une pharmacie civile.

Art. 14. — Les médecins de colonisation sont inspectés chaque année.

A. DE St-ARNAUD.

AM. — 5.-20 déc. 1853. — B. 450. — *Circonscriptions médicales.*

Art. 1. — Les circonscriptions médicales des territoires livrés à la colonisation européenne en Algérie sont fixées au nombre de soixante, savoir :

PROVINCE D'ALGER.

Territoire civil. — Chefs-lieux de circonscription.

1° Kouba (1) (comprenant les communes ou territoires de Kouba, Hussein Dey, La Rassauta, Maison Carrée, Fort de l'Eau, Birmandreis, Birkadem, Saoula).

2° Dely Ibrahim (Dely Ibrahim et El Achour, Ouled Fayet, Chéragas, Sidi Ferruch, Guyot-Ville, Drariah).

3° Douera (Douera, Crescia, Baba Hassen, Ouled Mendil, Quatre-Chemins, Birtouta, Saint-Ferdinand, Mahelma, Saint-Jules, Sainte-Amélie).

4° L'Arbâ (l'Arbâ, Rovigo).

5° La Réghaïa (le Fondouck, la Réghaïa, Rouïba, Aïn Taïa et Aïn Beda, Aïn Chrob, Boudouaou).

6° Cherchell (Cherchell, Novi, Zurich).

7° Orléansville (Orléansville, la Fermé, Pontéba).

8° Tenès (Tenès, Vieux Tenès, Montenotte, Mines de l'Oued Allalah).

9° Blidah (banlieue de Blidah, Montpensier, Dalmatie, Beni Merod, Joinville).

10° L'Affroun (l'Affroun, Bouroumi, Ameur el Aïn, la Chiffa, Mouzaïa).

11° Bouffarik (Bouffarik, Souma, Oued el Halleg).

12° Koleah (Koleah, Douaouda, Zéralda, Fouka, Bou Ismaël, Teleschoun, Hameaux Valaisans).

13° Millanah (Millanah, Affreville, Aïn Sultan).

14° Médéah (Médéah, Lodi, Damiette, Mouzaïa les Mines).

Territoire militaire. — Chefs-lieux de circonscription.

1° Dellys (comprenant les communes ou territoires de Dellys, Ben Néchoud).

2° Marengo (Marengo, Bourkika, Tipaza).

3° Vesoul Bénian (Vesoul Bénian, Bou Medfa).

4° Teniet el Had (Teniet el Had).

5° Aumale (Aumale).

6° Boghar (Boghar).

7° Laghouat (Laghouat).

8° Dra el Mizan (Dra el Mizan).

PROVINCE D'ORAN.

Territoire civil. — Chefs-lieux de circonscription.

1° Miserghin (comprenant les communes ou territoire de Miserghin, Bou Tlélis).

---

(1) Modifié par l'arrêté suivant du 18 sept. 1854.

2° Sidi Chamy (Sidi Chamy, Assi el Blod, l'Étoile, Mangin, Valmy, Arcole).

3° Mers el Kebir (Mers el Kebir, Aïn el Turk, Bou Sfer).

4° Arzew (Arzew, Saint-Leu , Damesme, Sainte-Léonie, Kléber, Méfessour).

5° Saint-Cloud (1) (Saint-Cloud, Fleurus, Ben Okba, Saint-Louis, Ben Féréah, Assi Bounif, Assi Ameur).

6° Mascara (Mascara, Saint-André, Saint-Hippolyte, Oued el Hammam).

7° Tlemcen (Tlemcen, Saf Saf, Négrier, Bréa, Mansoura, Hennaya).

8° Aïn si Chérif (Aïn si Chérif, Rivoli, Aïn Nouissy, la Stidia, Aboukir, Bled Touaria).

9° Tounin (Tounin, Aïn Tedeles, Sourk el Mitou, Pont du Chélif, Aïn Boudinar, les Libérés).

Territoire militaire. — Chefs-lieux de circonscription.

1° Tiélat (comprenant les communes ou territoires de la banlieue militaire d'Oran, Tiélat, Ferme d'Arbal, le Khamis, le Tafaraoui, Ismaël).

2° Saint-Denis du Sig (Saint-Denis du Sig et sa banlieue).

3° Aïn Témouchent (Aïn Témouchent).

4° Nemours (Nemours).

5° Lella Maghnia (Lella Maghnia).

6° Sebdou (Sebdou).

7° Tiaret (Tiaret).

8° Saïda (Saïda).

9° Sidi bel Abbès (Sidi bel Abbès et sa banlieue).

10° Daya (Daya).

PROVINCE DE CONSTANTINE.

Territoire civil. — Chefs-lieux de circonscription.

1° Constantine (comprenant les communes ou territoires de la banlieue civile de Constantine).

2° Condé (Condé).

3° Sétif (Sétif et sa banlieue civile).

4° Philippeville (banlieue de Philippeville, Stora, Damrémont, Saint-Antoine, Valée).

5° El Arrouch (El Arrouch, Robertville, Gastonville, Saint-Charles, El Kantouri).

6° Bougie (Bougie et sa banlieue).

7° Bône (banlieue de Bône, l'Aiélik, Duzerville, El Hédjar, Bugeaud).

8° Mondovi (Mondovi, Barral, Dréan).

9° Guelma (Guelma, Héliopolis, Petit, Millésimo).

10° La Calle (la Calle et sa banlieue).

Territoire militaire. — Chefs-lieux de circonscription.

1° Djidjelli (Djidjelli et sa banlieue).

2° Constantine (Vallée du Bou Merzoug).

3° Jemmapes (Jemmapes, Sidi Nassar, Ahmed ben Ali).

4° Nechmeya (2) (Nechmeya, Guelaa-bou-Sba).

5° Penthièvre (3) (Penthièvre).

6° Sétif (banlieue militaire de Sétif).

7° Bathna (Bathna et sa banlieue).

8° Lambèse (Lambèse).

9. Biskra (Biskra).

Art. 2. — Jusqu'à ce qu'il en soit autrement ordonné, les circonscriptions de

Dellys, Marengo, Vesoul Benian, Teniet el Had, Aumale, Boghar, Laghouat, Dra el Mizan (province d'Alger), — Mers el Kebir, Aïn Temouchent, Nemours, Lella Maghnia, Sebdou, Tiaret, Saïda, Daya (province d'Oran), — Condé, la Calle, Bougie, Djidjelli, Vallée du Bou Merzoug, Nechmeya, Penthièvre, Sétif (banlieue militaire), Bathna, Lambèse, Biskra (province de Constantine),

(1) Modifié par l'arrêté suivant du 18 sept. 1854.

(2) Id.

(3) Id.

(4) Par arrêté du 10 novembre 1854, M. le ministre de

seront desservies par des officiers de santé de l'armée, conformément aux dispositions de l'art. 5 de l'arrêté ministériel susvisé du 21 janvier 1853.

Art. 3. — Les indemnités accordées aux médecins militaires chargés de desservir les circonscriptions désignées dans l'article précédent, sont fixées ainsi qu'il suit :

A 50 fr. par mois pour Aumale, Boghar, Dellys, Marengo, Teniet el Had, Vesoul Benian (province d'Alger) ; — Aïn Temouchent, Mers el Kebir, Nemours (province d'Oran) ; — Bathna, Bougie, Djidjelli, la Calle, Nechmeya, Sétif (banlieue militaire), Vallée du Bou-Merzoug (province de Constantine).

A 25 francs par mois pour Dra el Mizan, Laghouat (province d'Alger) ; — Daya, Lella Maghnia, Saïda, Sebdou, Tiaret (province d'Oran) ; — Biskra, Condé, Lambèse, Penthièvre (province de Constantine).

Art. 4. — Les médecins civils de colonisation, à l'exception de celui de la circonscription de Sétif, devront être montés (4).—Le médecin de la circonscription de Kouba devra être pourvu de deux chevaux. — Les médecins auxquels est imposée l'obligation de se monter, recevront une indemnité de 500 fr. par cheval et par an, payable par douzièmes, en même temps que le traitement.

Art. 5. — L'uniforme des médecins de colonisation sera le même que celui des aides-majors de l'armée, sauf que les broderies seront en argent et que les boutons en argent ou en métal argenté porteront en légende, autour de l'emblème habituel, les mots : Médecin de colonisation. Le pantalon sera en drap bleu, sans bande ni passepoil.   A. DE SAINT-ARNAUD.

AG. — 20-29 déc. 1853. — B. 450. — *Règlement de service des médecins de colonisation.*

Art. 1. — Les médecins de colonisation sont tenus, dans leurs tournées périodiques, de visiter, au moins une fois par semaine, toutes les habitations agglomérées ou isolées de leur circonscription. — L'autorité administrative fixera trois jours par semaine pendant lesquels les médecins de colonisation donneront, à des heures déterminées et au chef-lieu de la circonscription, des consultations gratuites.

Art. 2. — Le prix des visites faites à domicile par les médecins de colonisation aux colons non indigents de leur circonscription est fixé ainsi qu'il suit : — Dans un rayon de 6 kil. du chef-lieu de la circonscription :—Visites de jour, 1 fr. ; — Visites de nuit, 2 fr. — A plus de 6 kil. du chef-lieu de la circonscription : — Visites de jour, 1 fr. 50 c. — Visites de nuit, 3 fr. — Les accouchements leur seront payés 20 francs.

Les médecins de colonisation sont autorisés à accepter des honoraires plus élevés des familles aisées qui leur en feraient l'offre spontanée. — Le prix des opérations chirurgicales (autres que les accouchements) sera réglé à l'amiable entre les médecins de colonisation et les colons. En cas de désaccord, il sera statué, sans appel, par le sous-préfet ou par un arbitre commis à cet effet par ses soins.

Art. 3. — Les médicaments qui, en exécution

la guerre a rapporté l'exception inscrite dans l'art. 4, § 1, de l'arrêté ministériel du 5 déc. 1853, à l'égard du médecin civil de colonisation de la circonscription de Sétif. En conséquence, ce médecin aura droit à l'indemnité annuelle de 500 fr., allouée, par le § 3 dudit art. 4, aux médecins obligés de se monter.

des §§ 1 et 2 de l'art. 12 de l'arrêté ministériel du 21 janv. 1853, seront tirés des dépôts des pharmacies des hôpitaux civils ou militaires par les médecins de colonisation, pour le traitement des colons, dans les sections de territoire où il n'existe pas d'officine de pharmacie, leur seront livrés, sur leur demande, dûment visée par l'autorité administrative, au prix de revient à l'État, d'après les marchés ou fournitures ou d'après les tarifs arrêtés par M. le ministre de la guerre.

Art. 4. — Les livraisons se feront contre remboursement préalable. A cet effet, et suivant que les médicaments seront délivrés par les dépôts des pharmacies de l'État ou par les dépôts des hôpitaux civils, les médecins de colonisation verseront au trésor ou au receveur des domaines, pour le compte de la caisse locale et municipale, le prix de leurs commandes, d'après les décomptes établis par les comptables ou les économes des dépôts ou hôpitaux. Ces décomptes devront être visés par l'autorité administrative. — La livraison des médicaments ne se fera aux médecins de colonisation que sur la production du récépissé constatant le versement des sommes portées dans les décomptes.

Art. 5. — Les dispositions des deux articles précédents sont applicables aux livraisons de médicaments faites exclusivement pour le service des indigents, conformément à l'art. 13 de l'arrêté ministériel du 21 janv. 1853.

Art. 6. — Les cessions de médicaments faites en détail par les médecins de colonisation aux colons non indigents, dans les localités où il n'existe pas d'officine de pharmacie, auront lieu au prix des livraisons effectuées par les dépôts, augmenté de 10 p. 100 dont le médecin est autorisé à bénéficier pour se couvrir des déchets et des avances auxquels il est assujetti par les dispositions de l'art. 4.

Art. 7. — A la fin de chaque trimestre, les médecins de colonisation remettront à l'autorité administrative de leur circonscription l'état des médicaments fournis par eux gratuitement aux colons indigents. Au vu de cet état, qui devra être appuyé des certificats dont il est fait mention dans le § 2 de l'art. 7 de l'arrêté ministériel du 21 janvier 1853, il sera fait remboursement aux médecins de colonisation des fournitures gratuites par eux effectuées. — Ce remboursement aura lieu au prix des livraisons faites aux médecins par les dépôts de pharmacie, également augmenté de 10 p. 100, conformément aux dispositions du § 5 de l'art. 12 de l'arrêté ministériel du 21 janv. 1853.

Art. 8. — Le registre dont il est fait mention au § 4 de l'art. 12 de l'arrêté ministériel du 21 janv. 1853, pour l'inscription des cessions de médicaments, sera établi conformément au modèle annexé au présent arrêté, il sera coté et paraphé par le préfet ou par le sous-préfet et devra toujours être tenu au courant.

Art. 9. — Les présentes dispositions sont applicables aux médecins militaires chargés momentanément du service médical de colonisation aussi bien qu'aux médecins civils de colonisation.

Comte RANDON.

Première partie du registre.

Livraisons faites par le dépôt de pharmacie à M.   médecin de colonisation de la circonscription de

Date des livraisons faites au médecin de colonisation.	Désignation des médicaments.	Poids ou quantité.	Prix de l'unité.	Prix de la livraison.	Observations.

Deuxième partie du registre.

Fournitures de médicaments faites aux colons par M.   médecin de colonisation de la circonscription de

Dates des fournitures.	Désignation des médicam.	Noms, prénoms et demeures des colons auxquels les fournitures sont faites.	Poids ou quantité.	Prix de l'unité (1).	1/10 en sus.	Total.	Date du rembours. par le colon (2).

(1) D'après le tarif des dépôts de pharmacie.
(2) Dans le cas où la fourniture aurait été gratuite, mention en sera faite dans cette colonne.

A.M. — 18 sept.-30 oct. 1854. — B. 468. — *Modifications aux circonscriptions médicales.*

Art. 1. — Les circonscriptions médicales fixées par l'arrêté ministériel précité, en date du 5 déc. 1853, et désignées ci-après, sont modifiées conformément aux indications du tableau suivant, savoir :

PROVINCE D'ALGER.

Territoire civil. — Chefs-lieux de circonscription.

1° Hussein Dey (comprenant les territoires ou communes de Hussein Dey, Kouba, la Rassaula, la Maison Carrée, le Fort de l'Eau, Birmandreis, Birkadem, Saoula.

PROVINCE D'ORAN.

Territoire civil. — Chefs-lieux de circonscription.

5° Fleurus (comprenant les territoires ou communes de Fleurus, Saint-Cloud, Beh Okba, Saint-Louis, Ben Féréah, Assi Bounif, Assi Ameur).

PROVINCE DE CONSTANTINE.

Territoire militaire. — Chefs-lieux de circonscription.

4° Guelaat bou Sba (comprenant les territoires ou communes de Guelaat bou Sba, l'Oued Touta).

5° Penthièvre (Penthièvre, Nehmeya).

Art. 2. — Les 4° et 5° circonscriptions médicales du territoire militaire de la province de Constantine continueront, jusqu'à ce qu'il en soit autrement ordonné, à être desservies par des médecins militaires, conformément aux dispositions des arrêtés ministériels susvisés, des 21 janv. et 5 déc. 1853.

Art. 3. — L'indemnité accordée aux médecins militaires des deux circonscriptions désignées dans l'article précédent, est fixée à 50 fr. par mois.

VAILLANT.

Arts et métiers.

AG. — 8-13 juill. 1854. — B. 462. — *Nomination pour 1854 du jury d'examen des aspirants de la colonie aux écoles des arts et métiers.*

Analyses.

V. JUSTICE (sect. I, § 1), 10 août 1854.

Auditeurs au conseil d'État.

V. GOUVERNEMENT (sect. I, § 7), 8 juill. 1854.

B

Banque de l'Algérie.

DI. — 13 août 1853. — *Règlement sur les opérations et l'administration des succursales de la banque de l'Algérie.*

TIT. 1. — *Des succursales et de leurs opérations.*

Art. 1. — Les succursales de la banque de l'Algérie sont sous la direction immédiate de cette banque.

Art. 2. — Les comptes des succursales font partie de ceux qui doivent être rendus au gouvernement et aux actionnaires de la banque.

Art. 3. — Le compte des profits et pertes est réglé tous les six mois dans chaque succursale, et le solde est porté au compte de la banque.

Art. 4. — Les dépenses annuelles de chaque succursale sont arrêtées par le conseil d'administration de la banque.

Art. 5. — Les opérations des succursales sont les mêmes que celles de la banque. Elles sont exécutées sous les conditions et dans les limites déterminées par le conseil d'administration de la banque.

Art. 6. — Les succursales ne peuvent faire entre elles aucune opération, sans une autorisation expresse du conseil d'administration de la banque.

Art. 7. — Le taux de l'escompte dans les succursales est fixé par le conseil d'administration de la banque, d'accord avec le ministre des finances.

Art. 8. — Les succursales émettent les mêmes billets que la banque ; ces billets sont frappés d'un timbre indiquant le nom de la succursale à la circulation de laquelle ils appartiennent.

Art. 9. — Les billets émis par chaque succursale sont payables à la caisse de cette succursale. — Néanmoins, ils peuvent être remboursés à Alger par la banque, lorsque le conseil d'administration le juge convenable. — Les billets émis à Alger peuvent également être remboursés par les succursales, avec l'autorisation du conseil d'administration et aux conditions qu'il détermine.

Art. 10. — Les effets publics sur lesquels les succursales ont fait des avances, ou qu'elles ont admis à titre de garantie, sont transférés au nom de la banque de l'Algérie. — Les arrérages de ces effets sont payés aux caisses des succursales.

TIT. 2. — *De l'administration des succursales.*

Du conseil d'administration.

Art. 11. — L'administration de chaque succursale est confiée à un conseil composé : — D'un directeur ; — De neuf administrateurs au plus, et de six au moins, suivant l'importance de la succursale, — Et de trois censeurs. — Le père et le fils, l'oncle et le neveu, les frères ou alliés au même degré, et les associés de la même maison ne peuvent faire partie de la même administration.

Art. 12. — Le conseil d'administration surveille toutes les parties de l'établissement. — Il arrête les règlements intérieurs, sauf les modifications qui peuvent y être apportées par le conseil d'administration de la banque. — Il fixe, sous l'approbation du même conseil, les sommes à employer aux escomptes et aux avances. — Il propose l'état annuel des dépenses de la succursale. — Il veille à ce que la succursale ne fasse d'autres opérations que celles qui sont permises par les statuts et qui sont autorisées par la banque.

Art. 13. — Il est tenu registre des délibérations du conseil d'administration. — Le procès-verbal, approuvé par le conseil, est signé par le directeur et par l'administrateur, qui remplit les fonctions de secrétaire.

Art. 14. — Le conseil d'administration se réunit, au moins deux fois par mois, sous la présidence du directeur. — Il se réunit extraordinairement toutes les fois que le directeur le juge nécessaire ou que la demande en est faite par deux administrateurs ou deux censeurs.

Art. 15. — Aucune délibération n'est valable sans le concours du directeur et de la moitié des administrateurs, et la présence de l'un au moins des censeurs. — Le directeur et les administrateurs ont voix délibérative. — En cas de partage, la voix du directeur est prépondérante. — Les censeurs n'ont que voix consultative.

Du comité d'escompte.

Art. 16. — Le conseil d'administration est assisté d'un comité d'escompte. Ce comité est choisi par le conseil d'administration, auquel il est adjoint pour cette nomination, suivant l'importance de la succursale, de dix à seize notables commerçants de la place, actionnaires de la banque. — Ces notables commerçants sont désignés, chaque année, par le conseil d'administration de la banque, sur une liste générale arrêtée par le conseil de la succursale.

Art. 17. — Le comité se compose du directeur, président ; de deux administrateurs et de deux à quatre membres pris parmi les notables commerçants précédemment désignés. — Tous les membres du comité d'escompte ont voix délibérative. — Les décisions du comité ne peuvent être prises qu'autant que la moitié des membres au moins y a concouru.

Art. 18. — Le comité d'escompte est exclusivement chargé d'examiner et d'admettre ou de rejeter toute valeur présentée à l'escompte. — En cas de partage, le rejet est prononcé. — Les bordereaux d'admission ou de rejet des valeurs présentées à l'escompte sont signés par tous les membres qui ont assisté à la réunion du comité.

Du directeur.

Art. 19. — Le directeur de chaque succursale est nommé par décret impérial sur la proposition du ministre des finances. — Son traitement est fixé par le ministre des finances et payé par la banque. — En entrant en fonctions, le directeur est tenu de justifier qu'il est propriétaire de quinze actions de la banque. — Ces actions doivent être librés et demeurent affectées à la garantie de sa gestion. — Il ne peut être révoqué que par un décret impérial, rendu sur le rapport du ministre des finances. — Il peut être suspendu par le ministre des finances. — En cas d'urgence, il peut être suspendu par le directeur de la banque, qui rend compte immédiatement au ministre des finances. Cette suspension n'est maintenue qu'autant qu'elle a été, dans le délai d'un mois au plus, confirmée par le ministre.

Art. 20. — Le directeur exécute ou fait exécuter les délibérations du conseil d'administration de la succursale, en se conformant aux instructions transmises par la direction de la banque. — Il dirige les bureaux, signe la correspondance, ainsi que les acquits ou endossements d'effets, les traites ou mandats à ordre. — Nulle délibération ne peut être exécutée si elle n'est revêtue de la signature du directeur. — Aucune opération d'escompte ou d'avance ne peut être faite sans son approbation.

Art. 21. — Le directeur ne peut faire aucun commerce ni s'intéresser dans aucune entreprise commerciale. — Aucun effet ou engagement revêtu de sa signature ne peut être admis à l'escompte.

Art. 22. — En cas de mort, de maladie ou autre empêchement du directeur, le conseil d'administration nomme un de ses membres pour en remplir provisoirement les fonctions, jusqu'à ce qu'il ait été pourvu à l'intérim par le directeur de la banque.

Des administrateurs et des censeurs.

Art. 23. — Les administrateurs et les censeurs des succursales sont nommés par le conseil d'administration de la banque.

Art. 24. — En entrant en fonctions, ils sont tenus de justifier de la propriété de cinq actions qui doivent être libres et demeurent inaliénables pendant la durée de leurs fonctions.

Art. 25. — Les administrateurs et les censeurs sont nommés pour trois ans et renouvelés par tiers chaque année. Ils peuvent être réélus. — Le sort détermine l'ordre de leur sortie de fonctions pour chacune des deux premières années.

Art. 26. — Les administrateurs et les censeurs reçoivent des jetons de présence dont la valeur est fixée par l'assemblée générale des actionnaires de la banque d'Alger.

Art. 27. — Les censeurs veillent spécialement à l'exécution des statuts et des règlements ; ils exercent leur surveillance sur toutes les parties de l'établissement ; ils peuvent assister aux réunions du comité d'escompte ; ils se font représenter l'état des caisses, les registres et le portefeuille ; ils proposent toutes les mesures qu'ils croient utiles, et, si leurs propositions ne sont pas adoptées, ils peuvent en requérir la transcription sur le registre des délibérations. — Ils adressent, au moins une fois par trimestre, au conseil d'administration de la banque, un rapport sur l'exercice de leur surveillance.

Tit. 3. — *Dispositions générales.*

Art. 28. — Le directeur de la banque nomme et révoque les employés des succursales.

Art. 29. — Les appointements des employés des succursales sont fixés par le conseil d'administration de la banque, sur la proposition du conseil d'administration des succursales.

Art. 30. — Dans chaque succursale, les actions judiciaires sont exercées au nom du conseil d'administration et à la requête du directeur de la banque, poursuites et diligences du directeur de la succursale.

Art. 31. — Les publications mensuelles imposées à la banque par l'art. 30 des statuts doivent comprendre la situation des succursales.

Art. 32. — Le ministre des finances peut déléguer la haute surveillance des succursales aux inspecteurs des finances. — Ces délégués ont toutes les attributions des censeurs, et correspondent directement avec lui.

NAPOLÉON.

V. DOMAINE. 14 fév. 1854. Vente d'une maison pour la succursale d'Oran.

Bateaux à vapeur.

V. NAVIGATION, § 2.

Berranis.

V. CORPORATIONS INDIGÈNES.

Bêtes de somme.

V. DROITS DE PLACE. — MARCHÉS.

Blés. — Grains. — Farines.

V. DOUANE.

Bois et forêts.

AM. — 2 juin-3 août 1854. — B. 463. — *Forêts et terrains boisés soumis au régime forestier. — Subdivision de Milianah.*

Vu la délibération du conseil du gouvernement du 10 mars 1853, relative aux droits d'usage à accorder aux indigènes de la tribu des Righas dans les bois domaniaux de Bled Ain Turqui, situés sur le versant nord du Zaccar Chergui, à 15 kilomètres environ au nord-nord-est de Milianah ; — Vu le plan des lieux ; — Considérant que les indigènes de la tribu des Righas, mis en demeure de faire connaître les droits qu'ils croiraient pouvoir exercer soit individuellement, soit collectivement sur la forêt de Bled Ain Turqui, n'ont produit que des titres irréguliers et nullement applicables au terrain boisé, ainsi que cela résulte du rapport d'une commission spéciale ; — Considérant néanmoins que ces indigènes ont usé antérieurement, sans obstacle, de la faculté de prendre les fruits des chênes à glands doux qui forment la majeure partie du peuplement de la forêt, et les bois nécessaires à leurs besoins ;

Art. 1. — La forêt domaniale de Bled Ain Turqui, située dans la subdivision de Milianah, et d'une contenance de 290 hect. 42 ares 28 cent., telle qu'elle est figurée au plan ci-annexé, est soumise au régime forestier.

Art. 2. — Les indigènes de la tribu des Righas jouiront néanmoins de la faculté d'y récolter les fruits des chênes à glands doux et de prendre les bois nécessaires à la confection de leurs gourbis et de leurs instruments aratoires. Dans aucun cas la quantité de ces bois ne pourra excéder annuellement un nombre de perches ou de pieds d'arbres mesurant ensemble 75 mètres cubes.

Art. 3. — Les fruits de chênes à glands doux ne pourront être récoltés que pendant les mois de novembre et de décembre de chaque année ; il est interdit de faire usage d'aucun moyen qui soit de nature à nuire aux arbres.

Art. 4. — Les bois seront abattus chaque année dans les cantons de la forêt qui seront désignés par l'administration forestière, après un martelage régulier et sous les conditions qui seront fixées par cette même administration.

Art. 5. — La faculté accordée par l'art. 2 du présent arrêté est personnelle aux indigènes de la tribu des Righas et ne peut être aliénée ou transmise par voie de cession, vente ou donation.   VAILLANT.

AM. — 0 juin-3 août 1854. — B. 463. — *Régime forestier. — Arrondissement de Koleah.*

Vu la délibération du conseil du gouvernement de l'Algérie, à la date du 31 mars 1853, relative à la soumission au régime forestier de 753 hect. de terrains boisés, situés dans l'arrondissement de Koleah ; — Vu la loi du 21 mai 1827 et l'ord. du 1er août même année, concernant la soumission au régime forestier des bois domaniaux ou dont la propriété n'est pas définitivement reconnue à des particuliers ; — Considérant que cette opération, utile pour la conservation des bois et des intérêts locaux, n'implique point la question relative à la propriété du fonds et n'entrave pas la marche des débats qui peuvent être suscités par la délimitation ultérieure ;

Art. 1. — Sont soumis au régime forestier les terrains boisés d'une contenance de 753 hect., situés dans l'arrondissement de Koleah et dont le détail suit :

1° Bois de Chaïba inférieur. 363 h. 76 a. 00 c.
2° Bois de Mulati . . . . . . 78 96 »
3° Bois de Hamed-Cachouch. 11 00 »
4° Bois d'El-Faghen. 116 51 93
5° Bois de Sidi-Bouzid . . . 27 20 40
6° Bois des corvées 155 54 80
    VAILLANT.

AM. — 12 juin-3 sept. 1854. — B. 465. — *Régime forestier. — Arrondissement de Milianah.*

Vu la délibération du conseil de gouvernement, en date du 25 avril 1853, qui propose de mettre en réserve les terrains boisés de Sidi Sbâ d'une contenance de 365 hect. 16 ares 45 cent., situés à deux kilom. de Milianah, et d'en doter cette ville à titre de propriété communale ; — Vu les observations présentées par M. le préfet d'Alger, qui constatent l'opportunité de laisser à l'État les soins d'administration et d'aménagement nécessaires à l'amélioration des bois destinés à constituer plus tard des réserves forestières pour les communes ; — Considérant que la ville de Milianah n'est point encore érigée en commune ;

Art. 1. — Les terrains boisés connus sous le nom de Sidi Sbâ, d'une contenance de 365 hect. 16 ares 45 cent., situés à deux kilom. de Milianah, sont soumis au régime forestier.   VAILLANT.

AM. — 5 juill.-30 oct. 1854. — B. 468. — *Régime forestier. — Cercle de Tenès.*

Vu la délibération du conseil du gouvernement de l'Algérie, à la date du 18 avr. 1853, relative à la soumission au régime forestier et à la répartition à titre de dotation communale, entre Tenès et Montenotte, de 611 hect., 26 ares 33 cent. de terrains boisés, situés dans le cercle de Tenès ; — Considérant que les frais de régio, d'amélioration et d'aménagement à consacrer à ces bois doivent rester à la charge de l'État pendant un nombre d'années indéterminé, les communes intéressées ne pouvant les supporter quant à présent ; — Considérant que les besoins desdites communes sont encore indéterminés et qu'il importe de ne point engager, par une répartition prématurée, leur avenir, sujet à des exigences variables.

Art. 1. — Les terrains boisés connus sous les noms de Tighelrem, des gorges de l'Oued Allalah et de l'Oued Avour, ayant ensemble une contenance de 611 hect. 26 ares 33 cent., sont soumis au régime forestier, sauf à être constitués plus tard, et s'il y a lieu, en réserves communales.   VAILLANT.

AM. — 28 mars-18 juin 1855. — B. 481. — *Régime forestier. — Subdivision de Milianah.*

Vu la délibération du conseil de gouvernement, du 11 déc. 1854, relative aux droits d'usage à accorder aux indigènes de la tribu des Attafs et des Ouled Cheik dans les bois domaniaux des Attafs, situés sur la rive gauche de la Rouina, subdivision de Milianah, à 50 kilom. au sud-ouest de cette ville ; — Considérant que les indigènes de la tribu des Attafs et ceux de la tribu des Ouled Cheik, mis en demeure de faire connaître les droits qu'ils auraient à exercer, soit collectivement, soit individuellement sur la forêt des Attafs, n'ont produit que des titres irréguliers et qui ne sont nullement applicables au terrain boisé ; — Considérant, néanmoins, que ces indigènes ont usé antérieurement, sans obstacle, de la faculté de prendre les bois nécessaires à leur construction de gourbis ou à leurs travaux de culture ;

Art. 1. — La forêt domaniale des Attafs, située dans la subdivision de Milianah, et d'une contenance de 2,384 hect., telle qu'elle est figurée au plan ci-annexé, est soumise au régime forestier.

Art. 2. — Les indigènes de la tribu des Attafs, et ceux de la tribu des Ouled Cheik jouiront, néanmoins, de la faculté de prendre annuellement dans ladite forêt les bois ou perches nécessaires pour la confection de leurs gourbis et de leurs instruments aratoires, sans toutefois que le nombre de ces perches puisse excéder le nombre de sept cents, à savoir : quatre cents pour les Attafs et trois cents pour les Ouled Cheik.

Art. 3. — Les bois seront abattus chaque année dans les cantons de la forêt qui seront désignés par l'administration forestière, après un martelage régulier et sous les conditions qui seront fixées par cette même administration.

Art. 4. — La faculté accordé par l'art. 2 du présent arrêté est personnelle aux indigènes des deux tribus ci-dessus désignées, et ne peut être transmise par voie de cession, remise ou donation.   VAILLANT.

AM. — 31 mars.-18 juin 1855. — B. 481. — *Régime forestier. — Subdivision d'Orléansville.*

Vu la délibération du conseil de gouvernement, du 30 déc. 1854, relative à la soumission au régime forestier de la forêt des Beni Rached, à 20 kilom. nord-est d'Orléansville, et aux droits d'usage à accorder à divers indigènes dans cette même forêt ; — Considérant que les indigènes ci-après nommés : — Les Ouled ben Douma, — Les gens de la fraction de tribu des Ouknial, — Les gens de la fraction de tribu des Oulad Zian, — Les sieurs Kouider bel Kassem el Hadj ben Ameur, Ahmed ben Kassem et Kouider ben Dahman, de la fraction de tribu des Oulad Youssef, — Les Beni Yousfen, de la fraction des Beni Sliman, — Les Beni Sliman, — Les gens de la Boga Cheraga, — Mis en demeure de faire connaître les droits qu'ils croiraient pouvoir exercer, soit individuellement, soit collectivement, sur la forêt des Beni Rached, n'ont produit que des titres irréguliers, ou de notoriété insuffisante, pour établir leur droit de propriété aux terrains boisés; — Considérant, néanmoins, que ces indigènes ont usé antérieurement, sans obstacle, de la faculté de cueillir les fruits pendants aux arbres et de prendre le bois nécessaire à leurs besoins; — Considérant que ces indigènes ont renoncé par actes authentiques aux prétentions d'abord élevées par eux et ont accepté les conditions qui leur ont été faites par l'administration;

Art. 1. — La forêt des Beni Rached, située dans la subdivision d'Orléansville, d'une contenance totale de 611 hect. 61 ares, telle qu'elle est figurée au plan ci-joint, est soumise au régime forestier comme étant la propriété de l'Etat, et pour être administrée conformément au règlement.

Art. 2. — Les indigènes dont les noms figurent en tête du présent arrêté, jouiront du droit de récolter les fruits pendants aux arbres de la forêt, sous déduction de la quantité nécessaire pour semences; ils jouiront encore du cinquième du produit des coupes de bois qui leur sera délivré par l'administration forestière, suivant le mode d'aménagement qu'il lui conviendra d'adopter.

L'attribution de ces fruits et du cinquième des produits de coupes est faite dans la proportion suivante des contenances en superficie des lots revendiqués de la forêt, savoir : — Pour les Ouled Douma, sur le lot n° 2 de la réserve n° 1, contenant 67 hect.; — Pour la fraction des Oukaial, sur le lot n° 2 de la réserve n° 2, contenant 23 hect. 54 ares; — Pour la fraction des Oulad Zian, sur le lot n° 3 de la même réserve, contenant 93 hect. 17 ares; — Les gens de la fraction des Oulad Youssef, sur le lot n° 4 de la même réserve, contenant 172 hect. 58 ares; — Les Beni Yousfen, de la fraction des Beni Sliman, sur le lot n° 5 de la même réserve, contenant 19 hect. 98 ares; — Les Beni Sliman, sur le lot n° 6 de la même réserve, contenant 67 hect. 97 ares; — Les gens de la Boga Cheraga, sur le lot n° 7 de la même réserve, contenant 14 hect. 38 ares. — Total, 459 hect. 22 ares.

Art. 3. — Les fruits seront cueillis aux époques qui seront déterminées par l'administration forestière; il est interdit de faire usage d'aucun moyen de nature à nuire aux arbres.

Art. 4. — Les bois seront abattus dans le canton qui sera désigné par l'administration forestière, après un martelage régulier et sous les conditions qui seront fixées par cette administration.

Art. 5. — Les droits ci-dessus spécifiés sont personnels aux indigènes concessionnaires et après eux à leurs héritiers naturels, et ne peuvent être transmis par voie de cession, vente ou donation, etc.   VAILLANT.

AM. — (Même date.) — *Régime forestier. — Subdivision d'Orléansville.*

Vu la délibération du conseil de gouvernement, du 30 déc. 1854, relativement à la soumission au régime forestier de la forêt de Laghr Isly, à 30 kilom. sud-ouest d'Orléansville, et aux droits d'usage à accorder à divers indigènes dans cette même forêt; — Les plans des lieux; — Considérant que les indigènes ci-après désignés : — Les Salatna (fraction de tribu), — Les Ouled Ameur, de la tribu des Sendjes, — Les Beni Anazen (tribu), — Mis en demeure de faire connaître les droits qu'ils croiraient pouvoir

exercer, soit individuellement, soit collectivement, sur la forêt de Laghr Isly, n'ont produit que des titres irréguliers ou de notoriété insuffisante pour établir leur droit de propriété aux terrains boisés; — Considérant néanmoins que ces indigènes ont usé antérieurement, sans obstacle, de la faculté de cueillir les fruits pendants aux arbres et de prendre le bois nécessaire à leurs besoins; — Considérant que ces indigènes ont renoncé, par actes authentiques, aux prétentions d'abord élevées par eux et ont accepté les conditions qui leur ont été faites par l'administration;

Art. 1. — La forêt de Laghr Isly, située dans la subdivision d'Orléansville d'une contenance totale de 382 hect. 14 ares, telle qu'elle est figurée au plan ci-joint, est soumise au régime forestier comme étant la propriété de l'Etat et pour être administrée conformément aux règlements.

Art. 2. — Les indigènes dont les noms figurent en tête du présent décret jouiront du droit de récolter les fruits pendants aux arbres de la forêt, sous la déduction de la quantité nécessaire pour semences; ils jouiront encore du cinquième du produit des coupes de bois qui leur sera délivré par l'administration forestière, suivant le mode d'aménagement qu'il lui conviendra d'adopter.

L'attribution de ces fruits et du cinquième des coupes est faite dans la proportion suivante des contenances en superficie des lots revendiqués et qui composent la forêt, savoir : — Pour les Salatna, sur le lot n° 1, d'une contenance de 202 hect. 83 ares; — Pour les Ouled Ameur, sur le lot n° 2, d'une contenance de 129 hect. 75 ares; — Pour les Beni Anazen, sur le lot n° 3, d'une contenance de 49 hect. 56 ares. — Total, 382 hect. 14 ares.

Art. 3. — Les fruits seront cueillis aux époques qui seront déterminées par l'administration forestière; il est interdit de faire usage d'aucun moyen de nature à nuire aux arbres.

Art. 4. — Les bois seront abattus dans le canton qui sera désigné par l'administration forestière, après un martelage régulier, et sous les conditions qui seront fixées par cette même administration.

Art. 5. — Les droits ci-dessus spécifiés sont personnels aux indigènes concessionnaires; et après eux à leurs héritiers naturels, et ne pourront être transmis par voie de cession, vente ou donation, etc.   VAILLANT.

AM. — (Même date.) — *Régime forestier. — Subdivision d'Orléansville.*

Vu la délibération du conseil de gouvernement, du 30 déc. 1854, relative à la soumission au régime forestier de la forêt de Tramdrara, à 30 kilom. au sud d'Orléansville, et aux droits d'usage à accorder à divers indigènes dans cette même forêt; — Considérant que les indigènes ci-après désignés : — Les Ouled si el Karoubi (fraction de tribu), — Les Nehammia, de la fraction de tribu des Ouled Sidi Salah, — Les Dehammias et Aouissia (fractions de tribus), — Les Ouled bou Alia (fraction de tribu), — Mis en demeure de faire connaître les droits qu'ils croiraient pouvoir exercer, soit individuellement, soit collectivement sur la forêt de Tramdrara, n'ont produit que des titres irréguliers ou de notoriété insuffisante pour établir leur droit de propriété aux terrains boisés; — Considérant néanmoins que ces indigènes ont usé antérieurement, sans obstacle, de la faculté de cueillir les fruits pendants aux arbres, et de prendre le

bois nécessaire à leurs besoins; — Considérant
que ces indigènes ont renoncé, par actes authentiques, aux prétentions d'abord élevées par eux,
et ont accepté les conditions qui leur ont été
faites par l'administration;

Art. 1. — La forêt de Tramdrara située dans
la subdivision d'Orléansville, d'une contenance
totale de 628 hect. 81 ares, telle qu'elle est
figurée au plan ci-joint, est soumise au régime
forestier comme étant la propriété de l'État et
pour être administrée conformément aux règlements.

Art. 2. — Les indigènes dont les noms figurent
en tête du présent arrêté, jouiront du droit de
récolter les fruits pendants aux arbres de la forêt
sous la déduction de la quantité nécessaire pour
semences; ils jouiront encore du cinquième du
produit des coupes de bois qui leur sera délivré
par l'administration forestière, suivant le mode
d'aménagement qu'il lui conviendra d'adopter.

L'attribution de ces fruits et du cinquième
des coupes est faite dans la proportion suivante
des contenances en superficie des lots revendiqués et qui composent la forêt, savoir : — Pour
les Ouled Si el Kharoubi, sur le lot n° 1, d'une
contenance de 67 hect. 10 ares; — Pour les
Rehamnia, sur le lot n° 2, d'une contenance de
42 hect. 18 ares; — Pour les Dehammias et
Aouissia, sur le lot n° 3, d'une contenance de
48 hect. 01 ares; — Pour les Bou Alia, sur le
lot n° 4, d'une contenance de 369 hect. 82 ares.
— Total, 528 hect. 81 ares.

Art. 3. — Les fruits seront cueillis aux époques
qui seront déterminées par l'administration forestière; il est interdit de faire usage d'aucun
moyen de nature à nuire aux arbres.

Art. 4. — Les bois seront abattus dans le
canton qui sera désigné par l'administration
forestière, après un martelage régulier, et sous
les conditions qui seront fixées par cette même
administration.

Art. 5. — Les droits ci-dessus spécifiés sont
personnels aux indigènes concessionnaires et
après eux à leurs héritiers naturels, et ne peuvent être transmis par voie de cession, vente
ou donation, etc.   VAILLANT.

AM. — (Même date.) — *Régime forestier. —
Subdivision d'Orléansville.*

Vu la délibération du conseil de gouvernement, du 30 déc. 1854, relative à la soumission
au régime forestier de la forêt des Medjadja, à
13 kilom. au nord-est d'Orléansville, et aux
droits d'usage à accorder à divers indigènes dans
cette même forêt; — Les plans des lieux; —
Considérant que les indigènes ci-après nommés;
— Les Ouled si Djelloul ben Cheikh et le kaïd
Si Henni, — Les Ouled sidi bou Ali, — Le sieur
Ahmed el Zerrouki Aben el sid Mohamed Abou
Chaker, — Les Ouled sid Salah, — Les Sidi-
bou-Ali, — Le sieur Brahim ben sidi el Hadj
Henni, mis en demeure de faire connaître les
droits qu'ils croiraient pouvoir exercer soit individuellement, soit collectivement, sur la forêt
des Medjadja et les terres qui y sont enclavées,
n'ont produit que des titres irréguliers ou de
notoriété insuffisante pour établir leur droit de
propriété aux terrains boisés; — Considérant,
néanmoins, que ces indigènes ont usé antérieurement, sans obstacle, de la faculté de cueillir
les fruits pendants aux arbres et prendre le bois
nécessaire à leurs besoins; — Considérant que
ces indigènes ont renoncé par actes authentiques aux prétentions d'abord élevées par eux
et ont accepté les conditions qui leur ont été
faites par l'administration;

Art. 1. — La forêt des Medjadja, située dans
la subdivision d'Orléansville, d'une contenance
totale de 552 hect. 12 ares, telle qu'elle est figurée sur les deux plans ci-joints, est soumise
au régime forestier comme propriété de l'État
pour être administrée conformément aux règlements.

Art. 2. — Les indigènes dont les noms figurent en tête du présent arrêté jouiront du droit
de récolter le quart des fruits pendants aux
arbres de la forêt et du quart des produits des
coupes de bois qui leur seront délivrés par l'administration forestière suivant le mode d'aménagement qu'il lui conviendra d'adopter.

L'attribution de ce quart des fruits et produits est faite dans la proportion suivante des
contenances en superficie des divers lots qui
composent la forêt, savoir : — Pour les Ouled si Djelloul ben Cheikh et le kaïd Si Henni,
sur le lot n° 1 de la réserve n° 1, contenant
53 hect. 11 ares; — Pour les Ouled sidi bou Ali,
sur le lot n° 2, de la même réserve, contenant
72 hect. 35 ares; — Pour Si Ahmed el Zerrouki
Aben el sid Mohammed Abou Chaker, sur le lot
n° 3, de la même réserve, contenant 81 hect.
01 ares; — Pour les Ouled si Salah, sur le lot
n° 4, de la même réserve, contenant 56 hect.
21 ares; — Pour les Ouled sidi bou Ali, sur le
lot n° 1 de la réserve n° 2, contenant 269 hect.
18 ares; — Pour Si Brahim bel Hadj Henni, sur
le lot n° 2 de la réserve n° 2, contenant 19 hect.
90 ares. — Total, 552 hect. 12 ares.

Art. 3. — Les fruits seront cueillis aux époques qui seront déterminées par l'administration forestière; il est interdit de faire usage
d'aucun moyen de nuire aux arbres.

Art. 4. — Les bois seront abattus dans le
canton qui sera désigné par l'administration forestière, après un martelage régulier et sous les
conditions qui seront fixées par cette même administration.

Art. 5. — Les droits ci-dessus spécifiés sont
personnels aux indigènes concessionnaires et
après eux à leurs héritiers naturels, et ne peuvent être transmis par voie de cession, vente,
donation, etc.

Art. 6. — Il sera fait concession au nom de
l'État aux ci-après nommés, pour leur tenir lieu
des enclaves labourables qu'ils abandonnent, de
terres domaniales situées à proximité de la forêt dans la tribu des Oulad Kosséir, savoir:
— Aux Oulad si Djelloud ben Cheikh et au kaïd
Si Henni, de 5 hect.; — Aux Ouled sidi bou Ali,
de 2 hect.; — A Si Ahmed el Zerrouki, de 8 hect.;
— Aux Ouled sidi bou Ali, 15 hect.; — A Si Brahim bel Hadj Henni de 5 hect.   VAILLANT.

AM. — (Même date). — *Régime forestier. —
Subdivision d'Orléansville.*

Vu la délibération du conseil de gouvernement,
en date du 30 déc. 1854, relative à la soumission au régime forestier de la forêt de Sidi Dris,
à 50 kilom. sud-est d'Orléansville, et aux droits
d'usage à accorder à divers indigènes dans cette
même forêt; — Les plans des lieux; — Considérant que les indigènes ci-après dénommés : —
Le kaïd Bekhaïra ben Ali ben Aïmia et les Chehaïmia (fraction de tribu), — Les Mehamdia
(fraction de tribu); — L'agha Mohammed et le
kaïd Bekhaïra, — Les Beni-Ameur (fraction de
tribu), mis en demeure de faire connaître les
droits qu'ils croiraient exercer, soit individuellement, soit collectivement, sur la forêt de Sidi
Dris et les terres qui y sont enclavées, n'ont
produit que des titres irréguliers ou de notoriété
insuffisante pour établir leur droit de propriété

aux terrains boisés; — Considérant, néanmoins, que ces indigènes ont usé antérieurement, sans obstacle, de la faculté de cueillir les fruits pendants aux arbres et de prendre le bois nécessaire à leurs besoins; — Considérant que ces indigènes ont renoncé par actes authentiques aux prétentions d'abord élevées par eux et ont accepté les conditions qui leur ont été faites par l'administration;

Art. 1. — La forêt de Sidi Dris, située dans la subdivision d'Orléansville, d'une contenance totale en superficie de 930 hect. 72 ares, telle qu'elle est figurée au plan ci-annexé, est soumise au régime forestier comme étant propriété de l'État, et pour être administrée conformément aux règlements.

Art. 2. — Les indigènes dont les noms figurent en tête du présent arrêté jouiront du droit de récolter les fruits pendants aux arbres de la forêt, sous déduction de la quantité nécessaire pour semences; ils jouiront encore du cinquième des produits de coupes de bois qui leur sera délivré par l'administration forestière, suivant le mode d'aménagement qu'il lui conviendra d'adopter.

L'attribution des fruits et du cinquième des produits est faite dans la proportion suivante des contenances en superficie des divers lots qui composent la forêt, savoir : — Pour le kaïd Bekhaïra et les Chehaïmia, sur le lot n° 1, d'une contenance de 314 hect. 04 ares; — Pour les Mehamdia, sur le lot n° 2, de 82 hect. 58 ares; — Pour l'agha Mohammed et le kaïd Bekhaïra, sur le lot n° 3, de 109 hect. 42 ares; — Pour les Beni Ameur, sur le lot n° 4, de 54 hect. 93 ares; — Pour les Chehaïmia et les Beni Ameur, sur le lot n° 5, de 46 hect. 4 ares; — Pour les Ouled Mohammed, Ouled Aïssa et Beni Ameur, sur le lot n° 6, de 39 hect. 27 ares; — Pour les Ouled Aïssa et Ouled Mohammed, sur le lot n° 7, de 126 hect. 03 ares; — Pour les Meracha, sur le lot n° 8 de 163 hect. 40 ares. — Total, 930 hect. 72 ares.

Art. 3. — Les fruits seront cueillis aux époques qui seront déterminées par l'administration forestière; il est interdit de faire usage d'aucun moyen de nature à nuire aux arbres.

Art. 4. — Les bois seront abattus dans le canton qui sera désigné par l'administration forestière après un martelage régulier et sous les conditions qui seront fixées par cette même administration.

Art. 5. — Les droits ci-dessus spécifiés sont personnels aux indigènes concessionnaires et après eux à leurs héritiers naturels, et ne peuvent être transmis par voie de cession, vente ou donation, etc.

Art. 6. — Il sera fait concession au nom de l'État aux ci-après nommés, pour leur tenir lieu des enclaves labourables qu'ils abandonnent, de terres situées sur les limites de la forêt,

Savoir : Au kaïd Bekhaïra et aux Chehaïmia, de la contenance en superficie de 5 charrues de labour ou 35 hect. environ; — Aux Mehamdia, de 4 charrues ou 28 hect. environ; — A l'agha Mohammed et au kaïd Bekhaïra, de 3 charrues ou 21 hect. environ. — Aux Beni Ameur, de 3 charrues ou 21 hect. environ; — Aux Ouled Mohammed, Ouled Aïssa et Beni Ameur, de la moitié d'une charrue ou 3 hect. 50 ares; — Aux Ouled Mohammed et Ouled Aïssa, de la moitié d'une charrue ou 3 hect. 50 ares; — Aux Meracha, de 4 charrues ou 28 hect.   Vaillant.

AM. — (Même date.) — *Régime forestier.* — *Cercle de Tenès.*

Vu la délibération du conseil de gouvernement, du 30 déc. 1854, relative à la soumission au régime forestier de la forêt de Guergoure, à 20 kilom. sud-est de Tenès et aux droits d'usage à accorder à divers indigènes dans cette même forêt; — Les plans des lieux; — Considérant qu'à la suite des publications faites conformément aux circulaires susvisées, des réclamations ont été produites : 1° par un sieur Ahmed ben Saïch, se prétendant propriétaire d'une partie considérable de la forêt; 2° par les tribus des Raptas et des Azalas, revendiquant un droit de pâturage; — Considérant que les titres du sieur Ahmed ont été trouvés réguliers, et que la notoriété publique attribue aux Raptas et aux Azalas un droit de pâturage sur la partie de la forêt couvertes de bruyères et de broussailles, — Considérant qu'en raison des prétentions élevées, les limites de l'étendue de bois à mettre en réserve ont été restreintes et que suivant actes authentiques, le sieur Ahmed a abandonné à l'État une parcelle de 20 hect. 75 ares 70 cent. comprise dans la nouvelle délimitation, aux conditions arrêtées avec la commission, et que les Raptas et les Azalas ont déclaré n'avoir aucun droit à prétendre sur la partie réservée de la forêt;

Art. 1. — La forêt de Guergoure, située dans la subdivision d'Orléansville, cercle de Tenès, d'une contenance totale en superficie de 458 hect. 2 ares, 72 cent. telle qu'elle est figurée aux deux plans ci-joints, est soumise au régime forestier comme propriété de l'État et pour être administrée, conformément aux règlements.

Art. 2. — Le sieur Ahmed ben Saïch jouira du droit de cueillir les glands doux et de la moitié du produit des coupes qui seront faites sur la parcelle de 20 hect. 75 ares 70 cent. qu'il cède à l'État.

Art. 3. — Les glands doux ne pourront être récoltés que pendant les mois de novembre et décembre de chaque année, et pour cela il est formellement interdit de faire usage d'aucun moyen de nature à nuire aux arbres.

Art. 4. — Les coupes, lorsqu'il y aura lieu d'en faire, seront assises dans le canton qui sera désigné par l'administration forestière, après un martelage régulier, et sous les conditions qui seront fixées par cette même administration.

Art. 5. — Les droits ci-dessus spécifiés sont personnels aux indigènes concessionnaires et après eux à leurs héritiers naturels, et ne pourront être transmis par voie de cession, ventes ou donations.   Vaillant.

AM. — 25 mai-13 juill. 1855. — B. 482. — *Régime forestier.* — *Subdivision de Millanah.*

Vu la délibération du conseil de gouvernement, du 18 déc. 1854, relative aux droits d'usage à accorder aux indigènes de la tribu des Ouled Ayade et des Beni Maharez dans la forêt de cèdres de Teniet el Haad (subdivision de Millanah); — Le plan des lieux; — Considérant que les indigènes de la tribu des Ouled Ayade et des Beni Maharez, mis en demeure de faire connaître les droits qu'ils croiraient pouvoir exercer, soit individuellement, soit collectivement, sur la forêt de cèdres de Teniet el Haad, n'ont produit que des titres irréguliers, nullement applicables à ladite forêt, ainsi que cela résulte du rapport d'une commission spéciale; — Considérant, néanmoins, que ces indigènes ont usé antérieurement sans obstacles de la faculté de mener paître leurs troupeaux dans ladite forêt, d'y prendre les bois nécessaires à leurs besoins, d'y cueillir les fruits de chênes à glands doux qui se trouvent dans la forêt de Teniet el Haad; — Sur la proposition du gouverneur général de l'Algérie;

Art. 1. — La forêt domaniale dite des cèdres

de Tenlet el Haad située dans la subdivision de Millanah et d'une contenance de 3,000 hectares, telle qu'elle est figurée au plan ci-annexé, est soumise au régime forestier.

Art. 2. — Les indigènes des tribus des Ouled Ayade et des Beni Maharez jouiront néanmoins de la faculté d'y mener paître leurs troupeaux, dans la partie défensable, d'y récolter les fruits de chênes à glands doux et de prendre le bois nécessaire à la construction de leurs gourbis et de leurs instruments aratoires. Dans aucun cas le nombre de ces bois ne pourra excéder annuellement un nombre de perches ou de pieds d'arbres mesurant ensemble 500 mètres cubes.

Art. 3. — Les fruits des chênes à glands doux ne pourront être récoltés que pendant les mois de novembre et de décembre de chaque année. Il est interdit de faire usage d'aucun moyen qui soit de nature à nuire aux arbres.

Art. 4. — Les bois seront abattus chaque année dans les cantons de la forêt qui seront désignés par l'administration forestière, après un martelage régulier et sous les conditions qui seront fixées par cette même administration.

Art. 5. — La faculté accordée par l'art. 2 du présent arrêté est personnelle aux indigènes des tribus des Ouled Ayade et des Beni Maharez, et ne peut être aliénée ou transmise par voie de cession, vente ou donation. VAILLANT.

AM. — 20 juin-30 août 1855. — B. 485. — *Régime forestier. — Subdivision de Millanah.*

Vu, etc.;

Art. 1. — Est soumise au régime forestier la forêt domaniale connue sous le nom de *Telaouch Kouff*, d'une superficie de 90 hect., située à 8 kilom. de Millanah, sur le versant occidental du Zaccar Rherby, telle qu'elle est délimitée au procès-verbal descriptif du 20 janv. 1852 et au plan ci-annexé.

Art. 2. — Sont réservés, en faveur des indigènes riverains, le droit à la délivrance annuelle des perches nécessaires à leur usage, jusqu'à concurrence de 200 par an, et en faveur des indigènes de la tribu des Beni Menasseurs, le droit exclusif à la récolte des fruits des chênes à glands doux. VAILLANT.

AM. — 22 août-17 nov. 1855. — B. 487. — *Régime forestier. — Subdivision de Mostaganem.*

Vu la délibération du conseil de gouvernement, du 12 avr. 1855, relative à la soumission au régime forestier des bois connus sous le nom de forêt de l'Habra, situés dans la plaine du même nom, à 32 kilom. au sud de Mostaganem (province d'Oran); — La loi du 16 juin 1851, sur la constitution de la propriété en Algérie; — Considérant que la propriété de cette forêt est entièrement domaniale, et n'est grevée d'aucun droit d'usage ou de jouissance au profit des tribus voisines;

Art. 1. — La forêt domaniale de l'Habra, située dans la subdivision de Mostaganem, d'une contenance de 727 hect., telle qu'elle est figurée au plan ci-annexé, est soumise au régime forestier. VAILLANT.

AM. — 6 sept.-17 nov. 1855. — B. 487. — *Régime forestier. — Territoire de Marengo.*

Considérant que la forêt de Sidi Sliman, située sur le territoire de Marengo, département d'Alger, est, sans contestation, propriété de l'État, et qu'il importe d'en assurer la conservation et l'exploitation régulière;

Art. 1. — La forêt de Sidi Sliman, située sur le territoire de Marengo, d'une contenance super-

ficielle de 206 hect. 30 ares, telle qu'elle est délimitée au plan ci-annexé, est soumise au régime forestier, sous la réserve des affectations ultérieures qu'il pourra être utile de lui donner. VAILLANT.

AM. — 14 sept.-17 nov. 1855. — B. 487. — *Régime forestier. — Subdivision de Millanah.*

Vu la délibération du conseil de gouvernement de l'Algérie, en date du 23 juill. 1855, relative à la soumission au régime forestier de la forêt du Bou Rouis, connue aussi sous le nom de Fernen (subdivision de Millanah, territoire militaire de la province d'Alger); — Considérant que les Européens et les indigènes, mis en demeure de faire connaître leurs prétentions à la propriété de ladite forêt, n'ont élevé aucune réclamation, ainsi que cela résulte des procès-verbaux des commissions spéciales; — Considérant néanmoins que les fractions de tribus environnantes ont usé antérieurement, sans obstacle, de la faculté de prendre dans ladite forêt des bois pour leurs constructions, leur chauffage et pour la confection de leurs instruments aratoires;

Art. 1. — La forêt domaniale dite du Bou Rouis ou de Fernen, située dans la subdivision de Millanah, et d'une contenance de 2,500 hect. environ, telle qu'elle est figurée au plan ci-joint, est soumise au régime forestier.

Art. 2. — Les indigènes des fractions de tribus environnantes jouiront néanmoins de la faculté de prendre le bois nécessaire pour la construction de leur gourbis, leur chauffage et la confection de leurs instruments aratoires.

Art. 3. — Les bois seront abattus chaque année dans les cantons de la forêt qui seront désignés par l'administration forestière, après un martelage régulier, sous les conditions et dans les proportions qui seront fixées par cette administration.

Art. 4. — La faculté accordée par l'art. 2 du présent arrêté est personnelle aux indigènes des fractions de tribus voisines de la forêt, et ne peut être aliénée ou transmise par voie de cession, vente ou donation. VAILLANT.

V. CONCESSION (sect III, § 3). — VOIRIE (§ 1), 9 juin et 4 déc. 1854; plantation d'arbres le long des routes.

Boissons.

V. DÉBITANTS.

Boucherie.

A. — 27 sept. 1853. — *Libre exercice de la profession de boucher à Alger* (1).

Vu l'arrêté du 16 nov. 1840, concernant l'exercice de la profession de boucher sur le territoire de l'Algérie (vol. Ier, p. 80); — Vu l'ord. du 28 sept. 1847, sur l'organisation municipale dans le même territoire (vol. Ier, p. 124); — Vu l'arrêté en date du 11 juill. 1853, par lequel M. le ministre de la guerre a décidé, en principe, que le nombre des bouchers pourra être déclaré illimité dans toutes les localités de l'Algérie où cette mesure sera jugée nécessaire, en laissant aux autorités locales et compétentes le soin de faire cette déclaration (vol. Ier, p. 83); — Vu les instructions de M. le ministre, en date

---

(1) Cet arrêté et celui qui suit sont spéciaux à la ville d'Alger, et ne sont reproduits qu'à titre de renseignements.

du 21 juill. 1853, sur l'exécution de ce dernier arrêté; — Vu les délibérations en date du 3 août 1853 et approuvées par M. le préfet, dans lesquelles la commission municipale d'Alger émet l'avis qu'il y a lieu de déclarer l'illimitation des bouchers dans le ressort de cette commune;

Art. 1. — A partir du 1er octobre prochain, le nombre des bouchers européens et indigènes est déclaré illimité dans toute l'étendue du ressort de la commune d'Alger.

Art. 2. — La taxe de la viande vendue en détail est supprimée.

Art. 3. — Est également supprimé, comme conséquence des dispositions ci-dessus, le syndicat des bouchers d'Alger.

Art. 4. — Tout individu qui voudra ouvrir à nouveau un étal de boucherie sera tenu d'en faire la déclaration à l'autorité municipale, en justifiant des conditions prescrites par l'art. 2 de l'arr. min. susvisé, du 10 nov. 1840.

Art. 5. — Toutes les infractions énoncées dans les art. 59, 60 et 61 du titre 5 du même arrêté, et toutes celles prévues par la loi en matière de boucherie, seront punies conformément aux dispositions du code pénal.

Art. 6. — Toutes les dispositions du même arrêté du 10 nov. 1840, qui ne sont pas contraires à celui susvisé, du 11 juill. 1853 et au présent, demeurent maintenues.

Le maire d'Alger, V. DE GUIROYE.

A. — 22 fév. 1854. — *Étalages mobiles à Alger.*

Vu l'ord. du 28 sept. 1847 sur l'organisation municipale en Algérie; — Vu notre arrêté du 27 sept. 1853 portant organisation du service de la boucherie à Alger; — Vu le prix moyen de la viande sur pied pendant la première quinzaine du mois de février courant; — Considérant que le prix de la viande débitée dans les étaux n'est pas en rapport avec le prix des bestiaux sur pied; — Considérant qu'en présence de la cherté des denrées, c'est un devoir de conscience de recourir à tous les moyens légaux pour abaisser le prix de la viande à la portée de la classe ouvrière dont les besoins doivent être l'objet de la sollicitude de l'autorité municipale; — Considérant que la concurrence est le moyen le plus efficace et le plus légal, tout à la fois, d'atteindre ce but, en mettant le prix de la viande débitée en rapport avec sa valeur réelle.

(Suit un arrêté du maire d'Alger qui autorise l'établissement d'étalages mobiles sur la place de Chartres et règle les conditions de cette installation.)

Boulangerie.

A. — 27 sept. 1853. — *Libre exercice de la boulangerie à Alger* (1)

Vu l'arrêté du 6 janv. 1845, approuvé par M. le ministre de la guerre, le 15 du même mois, concernant l'exercice de la boulangerie sur le territoire de l'Algérie (vol. 1er, p. 83); — Vu l'ord. du 28 sept. 1847, sur l'organisation municipale dans le même territoire (vol. 1er, p. 124); — Vu l'arrêté en date du 23 juin 1853, par lequel M. le ministre de la guerre a décidé, en principe, que le nombre des boulangers pourra être déclaré illimité dans toutes les localités de l'Algérie où cette mesure sera jugée nécessaire au bien public, en laissant aux autorités locales compéten-

tes le soin de faire cette déclaration (vol. 1er, p. 86);

Art. 1. — A partir du 1er oct. prochain, le nombre des boulangers est déclaré illimité dans l'étendue du ressort de la commune d'Alger.

Art. 2. — A dater de la même époque, la taxe du pain telle qu'elle est établie est supprimée; néanmoins, l'autorité municipale aura toujours la faculté quand les circonstances paraîtront l'exiger, d'établir un maximum de prix qui ne pourra être dépassé.

Art. 3. — Comme conséquence des dispositions ci-dessus, le syndicat des boulangers d'Alger est supprimé.

Art. 4. — Tout individu qui voudra ouvrir une boulangerie sera tenu d'en faire la déclaration à l'autorité municipale en justifiant: 1° des conditions prescrites par les §§ 2 et 3 de l'art. 1 de l'arr. du 6 janvier 1845; 2° d'un approvisionnement savoir: de 125 quintaux métriques de blé ou de 75 balles de farine du poids de 122 k. 1/2 chaque.

Art. 5. — L'approvisionnement déterminé dans l'article qui précède, continuera à être déposé dans le magasin central établi à cet effet.

Art. 6. — Les boulangers actuellement en exercice dans la commune d'Alger, seront dispensés des formalités imposées par l'art. 4, sauf en ce qui concerne l'approvisionnement, dont ils seront tenus de justifier dans le délai d'un mois à partir de la publication du présent arrêté.

Art. 7. — Toute boulangerie, une fois ouverte, ne pourra être fermée sans un avertissement préalable donné par l'exploitant à l'autorité municipale, et avant l'expiration d'un délai de trois mois à partir de la déclaration de cessation, le tout sous peine d'abandon à la commune de l'approvisionnement de réserve fixé par le présent arrêté.

Art. 8. — Les appointements de l'agent responsable ainsi que les frais de location et autres du magasin central, continueront à rester à la charge des boulangers. — Il y sera pourvu au moyen de versements en argent que les boulangers auront à effectuer, et dont l'agent responsable poursuivra le recouvrement, à la charge par lui d'en verser immédiatement les produits à la caisse municipale. — Un arrêté de l'autorité municipale réglera les recettes et les dépenses auxquelles la gestion du magasin central de réserve des farines donnera lieu.

Art. 9. — Le magasin central sera ouvert aux boulangers de six à dix heures du matin, et de midi à six heures du soir depuis le 1er avril jusqu'au 30 septembre et de sept à dix heures du matin et de midi à cinq heures du soir depuis le 1er oct. jusqu'au 31 mars. — Les dimanches et fêtes réservées, le magasin central ne sera ouvert que jusqu'à midi.

Art. 10. — Toutes les infractions énoncées dans les art. 8, 9, 10, 11, et 12, titre 2, de l'arrêté du 6 janvier 1845 et toutes celles prévues par la loi en matière de boulangerie, seront punies conformément aux dispositions du code pénal.

Art. 11. — Toutes les dispositions du même arrêté qui ne sont pas contraires à l'arrêté ministériel du 23 juin 1853 et au présent demeurent provisoirement maintenues.

Le maire d'Alger, V. DE GUIROYE.

AM. — 24 mars — 30 avril 1854. — B. 467. — *Modification à l'arrêté du 15 janv. 1845.*

Vu l'art. 10 de l'arrêté des 6-15 janv. 1845 qui interdit aux boulangers, en Algérie, la faculté de se livrer au commerce des grains et des farines; — Vu l'art. 7 de l'arr. min. du 20 juin

---

(1) Cet arrêté, spécial à la ville d'Alger, n'est reproduit qu'à titre de renseignement.

1853 qui maintient implicitement cette interdiction ; — Considérant que le principe de la libre concurrence en matière de boulangerie, inauguré par l'arrêté du 23 juin 1853, est incompatible avec l'interdiction dont il s'agit :

Art. 1. — Les dispositions de l'art. 0 de l'arrêté des 6-15 janv. 1845 sont abrogées pour toutes les localités où le commerce de la boulangerie a été et sera déclaré libre.

VAILLANT.

A. — 27 mars 1854. — *Arrêté du maire d'Alger qui autorise l'installation d'étalages mobiles pour la vente du pain aux mêmes conditions que pour la boucherie (V. ci-dessus v° Boucherie.)*

AM. — 10 nov. - 29 déc. 1854. — D. 472. — *Modifications à l'arrêté du 15 janv. 1845.*

Vu l'art. 8 de l'arrêté des 6-15 janv. 1845, qui interdit aux boulangers de se livrer au colportage du pain ; — L'art. 7 de l'arrêté ministériel du 23 juin 1853, qui maintient implicitement cette interdiction ; la délibération du conseil de gouvernement, du 25 août 1854 ; Considérant que le principe de la libre concurrence, en matière de boulangerie, inauguré par l'arrêté du 23 juin 1853, est incompatible avec l'interdiction dont il s'agit ;

Art. 1. — La prohibition contenue dans l'art. 8 de l'arrêté des 6-15 janv. 1845 cessera de recevoir son application dans les localités où le commerce de la boulangerie a été ou sera déclaré libre.

VAILLANT.

Bourses de commerce.

V. PATENTES (§ 3), 17 nov. et 4 mai 1854.

Budgets.

V. COMMUNE (sect. IV).

Bureaux arabes.

V. AFFAIRES ARABES (sect. I). Bureaux arabes départementaux.

C

Cadis.

AG. — 2 nov.-2 déc. 1855. — D. 488. — *Dépôts dits amaïns.*

Vu les art. 49 et 50, du décret du 1er oct. 1854, sur la justice musulmane en Algérie, (infrà, JUSTICE, sect. II, § 4) ;

Art. 1. — La valeur des dépôts, dits amaïns, que reçoivent les cadis est illimitée. Ils se composent de valeurs en numéraire ou en papier, lingots d'or ou d'argent, bijoux ou matières précieuses. — Ces dépôts sont de quatre espèces : — 1° Ceux des absents ; — 2° Ceux que la justice conserve jusqu'au moment de la solution d'un procès ; — 3° Ceux des orphelins ; — 4° Ceux des interdits.

Art. 2. — Tous les dépôts reçus par les cadis sont versés par eux dans les dix jours au bit el mal. Toutefois ils peuvent conserver les sommes nécessaires pour servir, pendant trois mois, les nafaka (pensions alimentaires) aux ayants droit.

Art. 3. — Les versements seront toujours accompagnés de bordereaux dressés par les adouls et signés par eux et le cadi. Ils indiqueront la date de la remise au cadi, la valeur des dépôts, leur nature et leur origine.

Art. 4. — Les bijoux, pierreries et matières précieuses, appartenant à des absents, des mineurs ou des interdits, seront versés en présence d'un agent du domaine ; ils seront placés dans des paquets scellés et revêtus des cachets : 1° du cadi déposant ; 2° de l'oukil du bit el mal ; 3° de l'agent du domaine. Ces paquets seront accompagnés d'un état descriptif en trois expéditions : une pour le cadi, une pour le bit el mal et l'autre pour l'administration des domaines.

Art. 5. — Les restitutions des dépôts en partie ou en totalité aux ayants droit, ne pourront avoir lieu que sur le vu d'une invitation écrite du cadi ou d'un jugement en due forme.

Art. 6. — La restitution des bijoux, pierreries, etc., spécifiés à l'art. 4, aura lieu en présence de l'agent des domaines.

Art. 7. Les cadis sont tenus de conserver intactes les valeurs qui leur ont été remises en dépôt pendant le temps qu'elles restent entre leurs mains ; ils ne doivent ni en disposer, ni les changer, ni les altérer.

Art. 8. — Les cadis demeurent responsables de toutes les valeurs qu'ils ont reçues, jusqu'au moment où ils les livrent au bit el mal, et en reçoivent un récépissé.

Art. 9. — Les oukils du bit el mal sont soumis aux mêmes obligations que les cadis pour la conservation des valeurs placées entre leurs mains, ainsi qu'il est dit à l'art. 7.

Art. 10. — Ils sont responsables de toutes les valeurs qu'ils conservent en dépôt, jusqu'à ce qu'ils aient reçu décharge des ayants droit régulièrement autorisés. VAILLANT.

V. ENREGISTREMENT, 8 nov. 1851. — JUSTICE (sect. II, § 4). Justice musulmane.

Caisse d'épargne.

DI. — 14 avril-2 juin 1854. — D. 400. — *Institution d'une caisse d'épargne à Bône (1).*

Vu les lois des 5 juin 1835, 31 mars 1837, 22 juin 1845 ; — L'ord. du 28 juill. 1846 ; —

---

(1) *Rapport à l'empereur.*

Paris, le 12 avril 1854.

Sire, un décret du 22 sept. 1852 a autorisé la création d'une caisse d'épargne et de prévoyance à Alger. Les résultats obtenus à l'avantage des populations laborieuses de cette ville ont dépassé toutes les espérances et inspiré aux places de Philippeville et de Bône le désir de posséder à leur tour une semblable institution qui, successivement, s'établira dans tous les principaux centres de la colonie.

Au cas spécial, la demande formée par les cités de Philippeville et de Bône s'appuie : 1° sur le chiffre de la population qui dépasse 25,000 habitants pour les deux villes et pour leurs circonscriptions agricoles et industrielles dont l'importance effective s'accroît tous les jours ; 2° sur le mouvement commercial des importations et des exportations qui a représenté en 1853 une valeur totale d'environ 26 millions de francs. Ce mouvement commercial suppose nécessairement une population agissante qui tire de son travail de précieux salaires et dont le premier

La loi du 30 juin 1851; — Le décret du 15 avril 1852; — La loi du 7 mai 1853;

Art. 1. — La fondation d'une caisse d'épargne et de prévoyance à Bône est autorisée. — Sont approuvés les statuts de ladite caisse, annexés au présent décret.

Art. 2. — La présente autorisation sera révoquée en cas de violation ou de non-exécution des statuts approuvés, sans préjudice des droits des tiers.

Art. 3. — La caisse d'épargne de Bône sera tenue d'adresser au commencement de chaque année, par l'intermédiaire du préfet, au gouverneur général, qui le transmettra au ministre de la guerre, un extrait de son état de situation au 31 décembre précédent.   NAPOLÉON.

Statuts.

Art. 1. — Il est fondé une caisse d'épargne et de prévoyance à Bône.

Art. 2. — (Comme aux statuts de la caisse d'épargne d'Alger, insérés au vol. Ier, p. 90.)

Art. 3 et 4. — (Comme aux statuts de la caisse d'Alger.)

Art. 5. — Les douze administrateurs sont nommés par le conseil municipal; ils sont pris, savoir : — Trois parmi les membres du conseil municipal; — Neuf parmi les citoyens notables de la commune de Bône, et particulièrement parmi les bienfaiteurs de l'établissement.

Art. 6. — Le maire préside le conseil d'administration, il peut être remplacé par un adjoint, et, à défaut de ce dernier, par un vice-président choisi parmi les administrateurs.

Art. 7. — Les administrateurs élisent, à la majorité des suffrages, un vice-président et un secrétaire; ils arrêtent pour l'administration intérieure de la caisse, un règlement qui est soumis à l'approbation du ministre de la guerre. — Ils peuvent établir un bureau d'administration composé de cinq membres, dont au moins un conseiller municipal, lesquels sont choisis parmi eux pour régir la caisse et en surveiller le service.

Art. 8 et 9. — (Comme aux statuts de la caisse d'Alger.)

Art. 10. — La caisse ne reçoit pas moins d'un franc ni plus de trois cents francs chaque semaine du même déposant. Elle cesse de recevoir tous versements sur les comptes dont le crédit aura atteint mille francs, soit par le capital, soit par l'accumulation des intérêts.

Art. 11, 12. — (Comme aux statuts de la caisse d'Alger.)

Art. 13. — Les sociétés de secours mutuels autres que celles déclarées établissements d'utilité publique, et les sociétés approuvées conformément au décret du 26 mars 1852, sont admises à faire des versements; mais le crédit de leur compte ne peut excéder 8,000 fr. en capitaux et intérêts. — Lorsque ce maximum a été atteint, les dispositions de l'art. 2 de la loi du 30 juin 1851 leur sont appliquées, et les achats effectués par l'administration de la caisse d'épargne, s'il y a lieu, sont de 100 fr. de rente.

Art. 14, 15, 16. — (Comme aux statuts de la caisse d'Alger en remplaçant le mot *Alger* par celui de *Bône*.)

Art. 17. — Les sommes déposées à la caisse d'épargne sont, dans les vingt-quatre heures, versées en compte courant à la caisse des dépôts et consignations, représentée par son préposé à Bône, conformément à la loi du 31 mars 1837 et au décret du 15 avril 1852. — Elles ne peuvent être retirées de cette caisse que dans la forme prescrite par l'art. 12 dudit décret.

Art. 18. — Les dépôts peuvent être retirés en totalité ou en partie, à la volonté des déposants, en prévenant deux semaines à l'avance et sans préjudice du règlement d'intérêt, ainsi qu'il est fixé ci-dessus. — La caisse se réserve la faculté de rembourser avant l'expiration de ce délai.

Art. 19. — En cas de décès d'un déposant, les sommes par lui déposées dans la caisse d'épargne sont restituées, ainsi que les sommes qu'elles ont produites, à ses héritiers qui doivent se présenter à la caisse, où ils reçoivent les instructions nécessaires pour obtenir ce remboursement.

Art. 20. — Les certificats de propriété destinés aux retraits de fonds versés dans les caisses d'épargne doivent être délivrés dans les formes et suivant les règles prescrites par la loi du 28 floréal an VII (art. 3, de la loi du 30 mars 1853).

Art. 21. — Lorsqu'il s'est écoulé un délai de trente ans à partir tant du dernier versement ou remboursement que de tout achat de rente et de toute autre opération effectuée à la demande des déposants, les sommes que détiennent les caisses d'épargne au compte de ceux-ci sont placées en rentes sur l'État, et les titres de ces rentes, comme les titres des rentes achetées, soit en vertu de la loi du 22 juin 1815, soit en vertu de la loi du 31 juill. 1851, à la demande des déposants, ou d'office, sont remis à la caisse des dépôts et consignations pour le compte des déposants.

A partir du même moment et jusqu'à la réclamation des déposants, le service des arrérages de la rente est suspendu. — Les reliquats des placements en rentes ci-dessus énoncés et les sommes qui, à raison de leur insuffisance, n'auraient pu être converties en rentes sur l'État, demeurent, à la même époque, acquis définitivement aux caisses d'épargne.

A l'égard des versements faits sous la condition stipulée par le donateur que le titulaire n'en pourra disposer qu'après une époque déterminée, le délai de trente ans ne court qu'à partir de cette époque. — A l'égard des sommes déposées pour le compte des remplaçants dans les armées de terre et de mer, le délai de trente ans ne court qu'à partir de l'expiration de leur engagement.

Dans tous les cas, les noms des déposants sont publiés au *Moniteur* et dans la *Feuille d'annonces judiciaires* de l'arrondissement où est située la caisse d'épargne dépositaire, six mois avant l'expiration du délai de trente ans fixé ci-dessus (art. 4 de la loi du 30 mars 1853).

Art. 22. — Les modifications qui pourraient être faites aux présents statuts doivent être délibérées et adoptées par le conseil d'administration, à la majorité absolue des membres qui le composent; elles ne sont exécutoires qu'après l'approbation du gouvernement.

Art. 23 et 24. — (Comme aux art. 19 et 20 des statuts d'Alger.)   VAILLANT.

---

besoin est de les mettre en sûreté pour l'avenir, sous la sauvegarde d'une administration tutélaire.

Des projets de statuts ont donc été préparés sous les auspices du département de la guerre et approuvés par le conseil d'État, à l'effet de doter les villes de Philippeville et de Bône d'une caisse d'épargne et de prévoyance.

Plein de confiance dans la haute sollicitude de Votre Majesté qui ne laisse échapper aucune circonstance de manifester son vif intérêt pour l'Algérie, j'ai l'honneur de soumettre à votre approbation, sire, ces mêmes statuts avec deux projets de décrets destinés à les mettre en vigueur.   Le ministre de la guerre, VAILLANT.

DI. — 12 avril-2 juin 1854. — B. 460. — *Institution d'une caisse d'épargne à Philippeville. — Même décret et mêmes statuts que pour la caisse d'épargne de Bône.*

DI. — 13 avril-30 mai 1855. — B. 480. — *Institution d'une caisse d'épargne à Oran. — Même décret et mêmes statuts que pour les caisses d'épargne de Bône et de Philippeville.*

Carrières.

V. Mines (§ 2), 20 janv. 1854.

Chambres de commerce.

DI. — 5 mars-7 avril 1855. — B. 477. — *Promulgation des décrets des 3 sept. 1851 et 30 août 1852.*

Vu l'arr. du 10 déc. 1848, portant réorganisation des chambres de commerce de l'Algérie (vol. Ier, p. 94);

Le décret du 10 mars 1850, portant révision des art. 3, 4, 5, 7 et 11 dudit arrêté;

Le décret du 3 sept. 1851, sur l'organisation des chambres de commerce de la métropole, et le décret du 30 août 1852, qui détermine le mode d'élection desdites chambres;

L'ordonnance du 24 nov. 1847, qui règle le mode d'élection des tribunaux de commerce en Algérie (vol. Ier, p. 411);

Art. 1. — Les décrets des 3 sept. 1851 et 30 août 1852, sur l'organisation des chambres de commerce en France, publiés à la suite du présent décret, sont rendus applicables en Algérie, moyennant les modifications mentionnées aux art. 2 et 3.

Art. 2. — Seront éligibles les commerçants français, indigènes et étrangers, établis en Algérie, âgés de trente ans au moins et exerçant le commerce ou une industrie depuis trois ans, dont deux ans au lieu où réside la chambre de commerce.

Art. 3. — Les chambres de commerce de l'Algérie peuvent correspondre directement avec le ministre de la guerre; mais, dans ce cas, elles devront faire connaître aux préfets de leur département et au gouverneur général, l'objet et la teneur de leur communication.

Art. 4. — Toutes les dispositions antérieures, relatives à l'organisation des chambres de commerce algériennes, sont et demeurent abrogées.

NAPOLÉON.

Décret du 3 sept. 1851.

Vu les lois des 26 vent. an IX, 23 juill. 1820, 14 juill. 1838 et 25 avr. 1844, et les arrêtés, décret et ordon. du 3 nivôse an XI, 23 sept. 1800, 16 juin 1832 et 19 juin 1848;

Art. 1, 2, 3. — (Abrogés par le décret suivant.)

Art. 4. — Plusieurs associés en nom collectif ne peuvent faire partie simultanément de la même chambre. Dans le cas où plusieurs associés en nom collectif auraient été élus, celui qui aura obtenu le plus de voix, ou, si le nombre de voix est égal, celui qui sera le plus âgé, sera préféré.

Art. 5. — (Abrogé par le décret suivant.)

Art. 6. — Le nombre des membres des chambres de commerce est déterminé par le titre de leur institution, ou par un décret postérieur. Il ne peut être au-dessous de neuf ni excéder vingt et un.

Art. 7. — Les fonctions de membres durent six ans; le renouvellement a lieu par tiers, tous les deux ans. Pour les deux premières élections

qui suivent la nomination générale, l'ordre de sortie est réglé par le sort. Les membres qui s'abstiendraient de se rendre aux convocations pendant six mois, sans motifs légitimes approuvés par la chambre, seront considérés comme démissionnaires, et remplacés à la plus prochaine élection. Les vacances accidentelles sont également remplies à la plus prochaine élection, mais seulement pour le temps qui restait à courir sur l'exercice du membre remplacé.

Art. 8. — Les membres sortants sont indéfiniment rééligibles.

Art. 9. — Les chambres nomment tous les ans, dans leur sein, un président, et, s'il y a lieu, un vice-président. Elles nomment aussi soit un secrétaire-trésorier, soit un secrétaire et un trésorier. Ces nominations sont faites à la majorité absolue. Le préfet et le sous-préfet, suivant les localités, sont membres de droit des chambres de commerce; ils président les séances auxquelles ils assistent.

Art. 10. — Les chambres de commerce peuvent désigner, dans toute l'étendue de leur circonscription, des membres correspondants, dont le nombre ne devra pas dépasser celui des membres de la chambre elle-même. Les membres correspondants peuvent assister aux délibérations de la chambre, mais avec voix consultative seulement.

Art. 11. — Les chambres de commerce ont pour attribution : 1° de donner au gouvernement les avis et renseignements qui leur sont demandés sur les faits et les intérêts industriels et commerciaux; 2° de présenter leurs vues sur les moyens d'accroître la prospérité de l'industrie et du commerce, sur les améliorations à introduire dans toutes les branches de la législation commerciale, y compris les tarifs des douanes et octrois; sur l'exécution des travaux et l'organisation des services publics qui peuvent intéresser le commerce ou l'industrie, tels que les travaux des ports, la navigation des fleuves, des rivières, les postes, les chemins de fer, etc.

Art. 12. — L'avis des chambres de commerce est demandé spécialement sur les changements projetés dans la législation commerciale; sur les érections et règlements des chambres de commerce; sur les créations de bourses et les établissements d'agents de change ou de courtiers; sur les tarifs des douanes; sur les tarifs et règlements des services de transports et autres, établis à l'usage du commerce; sur les usages commerciaux, les tarifs et règlements de courtage maritime et de courtage en matière d'assurances de marchandises, de change et d'effets publics; sur les créations des tribunaux de commerce dans leur circonscription; sur les établissements de banques, de comptoirs d'escompte et de succursales de la banque de France; sur les projets de travaux publics locaux relatifs au commerce; sur les projets de règlements locaux en matière de commerce ou d'industrie.

Art. 13. — Quand il existe dans une même ville une chambre de commerce et une bourse, l'administration de la bourse appartient à la chambre, sans préjudice des droits du maire et de la police municipale dans les lieux publics.

Art. 14. — Les établissements créés pour l'usage du commerce, comme les magasins de sauvetage, entrepôt, conditions pour les soies, cours publics pour la propagation des connaissances commerciales et industrielles, sont administrés par les chambres de commerce, s'ils ont été formés au moyen de contributions spéciales sur les commerçants. L'administration de ceux de ces établissements qui ont été formés par dons, legs ou autrement, peut leur être remise, d'après le vœu des souscripteurs et donateurs. Enfin, cette administration peut leur être déléguée pour les établissements de même nature qui seraient créés par l'autorité.

Art. 15. — (1) La correspondance des chambres de commerce avec le ministre de l'agriculture et du commerce est directe; elles doivent lui donner communication immédiate des avis et réclamations qu'elles seraient dans l'obligation d'adresser aux autres ministres, soit d'office, soit sur la demande qui leur en sera faite.

Art. 16. — Dans les cérémonies publiques, les chambres de commerce prennent rang immédiatement après les tribunaux de commerce.

Art. 17. — Dans les six premiers mois de chaque année, les chambres de commerce adressent aux préfets de leur département le compte rendu des recettes et des dépenses de l'année précédente, et le projet de budget des recettes et dépenses de l'année suivante. Le préfet transmet ces comptes et ces budgets avec ses observations et son avis personnel, au ministre de l'agriculture et du commerce, qui les approuve, s'il y a lieu. Les dispositions du présent article sont applicables aux recettes et dépenses ordinaires des chambres de commerce provenant des contributions prélevées sur les patentes, comme aux recettes et dépenses spéciales des établissements à l'usage du commerce dont l'administration leur est confiée (2).

Art. 18. — Aucune chambre de commerce ne peut être établie que par un décret rendu dans la forme des règlements d'administration publique.

Art. 19. — Sont déclarés établissements d'utilité publique, les chambres de commerce actuellement existantes, et celles qui seront instituées à l'avenir.

Art. 20. — Dans un délai de six mois, à partir de la promulgation du présent décret, il sera procédé au renouvellement des chambres de commerce.

Art. 21. — Toutes les dispositions antérieures relatives aux chambres de commerce et contraires au présent décret, sont et demeurent abrogées. LOUIS-NAPOLÉON.

Décret du 30 août 1852.

Art. 1. — Les membres des chambres de commerce, lorsque leur circonscription est la même que le ressort d'un tribunal de commerce, sont nommés par les électeurs désignés conformément aux art. 618 et 619 du code de commerce, pour élire les membres de ce tribunal.

Quand une chambre de commerce comprend dans sa circonscription plusieurs tribunaux de commerce, il est procédé à l'élection de ses membres, d'après les listes dressées par ces tribunaux.

A défaut de tribunal de commerce dans les arrondissements ou cantons compris dans la circonscription d'une chambre, il est dressé, pour lesdits arrondissements ou cantons, des listes de notables, d'après les bases déterminées par les art. 618 et 619 ci-dessus mentionnés (3).

Art. 2. — L'assemblée électorale se tient dans la ville où est établie la chambre de commerce; elle est convoquée et présidée, suivant les localités, par le préfet, le sous-préfet ou leurs délégués, assistés de quatre électeurs, qui sont les deux plus âgés et les deux plus jeunes des membres présents.

Le bureau, ainsi composé, nomme un secrétaire pris dans l'assemblée. Il décide toutes les questions qui peuvent s'élever dans le cours de l'élection, à l'exception de celles qui seraient relatives à la capacité des candidats élus.

Art. 3. — (Relatif aux chambres consultatives des arts et manufactures.)

Art. 4. — Sont éligibles : — 1° Tout commerçant ayant au moins trente ans, et exerçant le commerce ou une industrie manufacturière depuis cinq ans au moins (4); — 2° Les anciens négociants ou manufacturiers domiciliés dans la circonscription de la chambre, pourvu qu'ils aient au moins trente ans d'âge : toutefois les éligibles de la seconde catégorie ne pourront jamais excéder le tiers du nombre des membres de la chambre; — 3° Les conditions d'éligibilité sont les mêmes pour les chambres consultatives que pour les chambres de commerce.

Art. 5. — Les élections ont lieu sur une seule liste de candidats pour toute la circonscription, au scrutin secret et à la majorité absolue des électeurs présents. Au second tour, la majorité relative suffit.

Art. 6. — Il sera procédé au renouvellement des chambres de commerce et des chambres consultatives, en conformité des dispositions qui précèdent, dans les six mois, à partir de la date du présent décret.

Art. 7. — Sont abrogées les art. 1, 2, 3, et 5 du décret du 3 sept. 1851, et les art. 1, 2, 3, 4, 5, 6 (5) et 8 de l'arrêté du 19 juin 1848. Il n'est pas dérogé; d'ailleurs, aux dispositions qui ont réglé précédemment l'organisation intérieure, les prérogatives et attributions des chambres de commerce et des chambres consultatives des arts et manufactures. LOUIS-NAPOLÉON.

V. PATENTES (§ 3), 17 mars et 4 mai 1854. Contribution pour l'acquittement des dépenses.

Chambres consultatives.

V. AGRICULTURE.

Chemins vicinaux.

V. VOIRIE (§ 1), 5 juill. 1854.

Chevaux.

Circ. G. — oct. 1853. — Service de la remonte.

Circulaire aux généraux commandant les divisions, aux commandants supérieurs de l'artillerie et du génie et aux commandants des dépôts de remonte.

---

(1) Modifié pour l'Algérie par l'art. 3 du décret du 8 mars 1855.

(2) V. le décret du 20 janv. 1854 (B. 376), sur le mode de comptabilité des chambres de commerce de l'Algérie (vol. I⁰ʳ, p. 95).

(3) V. le décret du 20 janv. 1854 (B. 376) qui détermine les circonscriptions respectives des chambres de commerce de l'Algérie. *Eodem.*

(4) Modifié pour l'Algérie, par l'art. 2 du décret du 8 mars 1855.

(5) L'art. 7 de l'arrêté du 19 juin 1848, le seul qui soit resté en vigueur est ainsi conçu :

« Art. 7. — Ne pourront être électeurs ni éligibles les faillis non réhabilités et tout commerçant qui aurait subi une condamnation pour un acte contraire à la probité ou aux mœurs. »

L'instruction du 13 fév. dernier, n° 79, porte à son § 7 :

« Lorsque par suite d'avancement, de rentrée en France ou de décès d'un des officiers des catégories de l'état-major général, de l'état-major particulier ou des troupes de génie, de l'état-major de l'artillerie, des capitaines d'infanterie ou officiers de santé réglementairement montés, des chevaux de l'État deviendront disponibles, ils seront remis provisoirement en subsistance aux dépôts de remonte, à moins que, sur la proposition qui lui en sera faite, le gouverneur général n'ordonne leur immatriculation à un des corps de la division. »

Par suite de cette disposition, la remonte d'Oran vient de recevoir un cheval borgne; pour éviter le retour d'abus que pourraient multiplier les nombreuses mutations qui surviennent dans ces catégories, j'ai arrêté, par application de l'art 5 du décret du 23 déc. 1851, les dispositions suivantes :

Lorsque le commandant d'un dépôt de remonte devra, en vertu de l'instruction du 13 fév. 1853, n° 79 (§ 7), recevoir un cheval de l'État devenu disponible et que ce cheval ne lui paraîtra plus susceptible d'être classé comme cheval d'officier, il sera établi en présence d'un sous-intendant militaire assisté d'un vétérinaire, un procès-verbal contradictoire constatant les causes de la dépréciation ou de la réforme du cheval et précisant si ces causes doivent être imputées ou non à la négligence de l'officier auquel le cheval avait été livré.

Ce procès-verbal ainsi établi sera envoyé au gouverneur général, qui prononcera s'il y a lieu de faire à l'officier application de l'art. 5 du décret du 23 déc. 1851, ou si la dépréciation du cheval doit être supportée en entier par l'État.

Veuillez, je vous prie, m'accuser réception de cette circulaire, la faire notifier aux intendants militaires et aux officiers sous vos ordres qu'elle peut intéresser, et en assurer, en ce qui vous concerne, l'entière exécution.

Comte RANDON.

Circonscriptions civiles.

V. Ressorts civils (§ 1).

Colonisation.

V. Agriculture. — Concessions.

Colonisation (médecins de).

V. Art médical (§ 3).

Commissariats civils.

DI. — 12 sept. 1853.—(V. *Ressorts civils*, § 1.) — *Circonscription civile des commissariats civils de Sétif, Arzew, Mascara.*

DI. — 30 sept. 1854. — (V. *Ressorts civils*, § 1.) — *Circonscription civile du territoire de Tlemcen.*

DI. — (Même date.) — (V. *Ressorts civils*, § 1.) — *Circonscription civile du territoire de Mascara.*

DI. — 13 janv.-1er mars 1855. — B. 475. — *Création d'un commissariat civil à Marengo et à Saint-Denis du Sig.*

Art. 1. — Il est institué un commissariat civil à Marengo (province d'Alger) et à Saint-Denis du Sig (province d'Oran).

Art. 2. — Le ressort du commissariat civil de Marengo est limité conformément au plan annexé au présent décret, ainsi qu'il suit :

Au N., la mer depuis l'Oued Barguet jusqu'à l'Oued Nador;

A l'O., le cours de l'Oued Nador jusqu'à la limite ouest de la colonie de Marengo; cette limite jusqu'à l'Oued Meurat, que l'on remonte ainsi que l'Oued El Kebir jusqu'à la tête de la prise d'eau de Marengo; de ce point la ligne des crêtes jusqu'à la rencontre avec l'ancienne route de Cherchell à Millanah; cette ancienne route jusqu'à sa bifurcation avec la nouvelle route de Millanah à Marengo, que l'on suit jusqu'à sa rencontre avec la limite sud de cette colonie;

Au S., la limite sud de la colonie de Marengo; la limite sud de la colonie de Bourkika;

A l'E., la limite ouest des concessions de Haouch Ben Meïda, l'ancien chemin de Cherchell à Blidah, en contournant toutefois une parcelle de la colonie de Bourkika, jusqu'à la limite sud de la concession de Tipaza; la limite de cette concession et l'Oued Barguet, que l'on descend jusqu'à la mer. — Les villages de Bou Medfa, de Vesoul Beniam, ainsi que leur territoire délimité par le décret du 28 octobre 1854, sont compris dans le ressort du commissariat civil de Marengo.

Le ressort du Commissariat civil de Saint-Denis du Sig est limité conformément au plan ci-joint, ainsi qu'il suit :

Au N., depuis le grand lac (Sebgha) jusqu'à la pointe sud des salines, par la limite de l'arrondissement civil d'Oran, ainsi qu'elle est fixée par le décret du 12 septembre 1853, et par le bord des salines jusqu'à la rencontre de la route d'Arzew à Saint-Denis du Sig;

A l'E., par ladite route depuis les salines jusqu'à la rencontre de l'Oued Tennegrera; l'Oued Tennegrera, les limites assignées aux concessions des territoires de Bou Adjemi et de Saint-Denis du Sig et par l'Oued Krouf;

Au S., par la route de Mascara, les limites de l'Union agricole du Sig, la route de Mascara, les limites sud de la forêt de Muley Ismaël, la limite des concessions de Sidi bel Khair, la limite de la réserve de Sainte-Barbe, la limite des concessions du Hamoul Djellat Derbeya et l'Oued Tlelat;

A l'O., par le grand lac (Sebgha).

Art. 3. — Le commissariat civil de Marengo est classé dans le département d'Alger, arrondissement de Blidah, et le Commissariat civil de Saint-Denis du Sig dans le département d'Oran, arrondissement d'Oran.   NAPOLÉON.

DI. — 20 oct. 1855.—(V. *Ressorts civils*, § 1.) — *Limites du commissariat civil de Guelma.*

V. Concessions (sect. II, § 4). Colonies agricoles.

Commissariats de police.

V. Police.

Commissions.

V. Navigation (§ 2). Commission de surveillance des bateaux à vapeur.

Commune.

DIVISION.

Sect. I. — Organisation administrative.
Sect. II. — Communes.

SECT. I.

Organisation administrative.

V. AFFAIRES ARABES (sect. I, § 2). 8 août 1854. Attributions de l'autorité municipale dans l'administration de la population indigène du territoire civil. — COMMUNE (sect. II,

(1) *Rapport à l'empereur.*

Paris, le 26 avril 1854.

Sire, j'ai l'honneur de proposer à Votre Majesté d'ériger la ville de Constantine en commune de plein exercice.

Constantine, chef-lieu de la province de l'est, est, par sa population, la seconde ville de l'Algérie. Elle continue, entre nos mains, le rôle de métropole que lui a constamment assigné l'histoire, depuis Jugurtha jusqu'à Ahmed Bey. Dominant par son assiette topographique, cette fertile Numidie qui avait mérité le nom de grenier de Rome, elle a toujours été un centre très-actif de commerce et d'industrie, où viennent déjà se donner carrière l'intelligence et l'activité européennes.

Ce sera compléter la destinée moderne de cette antique cité, que de lui conférer le titre de municipe français. Elle possède tous les moyens de le soutenir dignement. Ses ressources budgétaires, évaluées d'après les plus sévères prévisions, peuvent lui constituer, dès à présent, un revenu de 300,000 fr. C'est le revenu d'une grande ville de France, et ce qui révèle toute l'importance commerciale de Constantine, c'est que les seuls droits de place et de mesurage sur les marchés produisent plus des deux tiers de la somme que je viens d'énoncer. Cette source de produits est loin d'avoir atteint son développement normal, sa nature étant de suivre le mouvement ascendant de la colonisation et de l'affluence des produits du sol vers le centre principal d'écoulement qui leur est ouvert.

Ainsi les ressources financières de la nouvelle commune sont positives, abondantes, assurées. La composition actuelle de sa population fixe, dont le chiffre dépasse 31,000 âmes, n'offre pas des garanties moins solides de vitalité communale. La population coloniale de Constantine a plus que doublé depuis deux ans, et grâce à la sécurité complète dont jouit la province, elle tend incessamment à s'accroître. Elle était de 4,500 âmes à la fin de 1852; elle doit atteindre aujourd'hui près de 5,000 âmes, dont les quatre cinquièmes appartiennent à la nationalité française.

Ce seul élément de la population de Constantine suffirait, sire, pour démontrer que le moment est venu de la doter d'une administration municipale. Elle la sollicite depuis longtemps; mais si la politique, en présence de la trop grande prédominance de l'élément arabe, a dû conseiller de résister à ce vœu tant qu'il était prématuré, elle prescrit d'y faire droit, aujourd'hui que cette prédominance s'est assez atténuée pour écarter toute idée d'inconvénient ou de danger. Loin de là, sire, l'admission de quelques indigènes considérables et influents dans le conseil de la commune ne peut avoir que des résultats éminemment favorables à notre politique, et nul doute que, dans un moment de crise, la municipalité, composée, comme elle le sera toujours, de l'élite de la cité, au lieu d'être un embarras et un danger, ne fût pour l'administration française une force et un point d'appui.

L'unité municipale est d'ailleurs le plus naturel et le plus fort qu'on puisse établir entre les éléments hétérogènes dont se compose la population des villes algériennes. Comme habitants de la même cité, le musulman,

§ 1). Décrets qui instituent et organisent les municipalités de diverses communes. — EODEM (sect. IV, § 2). Répartition du produit de l'octroi de mer. — JUSTICE (sect. I, § 1), 18 nov. 1854. Obligation aux communes de pourvoir au logement des conseillers délégués pour les assises.

SECT. II.

Communes.

§ 1. — VILLES ÉRIGÉES EN COMMUNES ET LEUR CIRCONSCRIPTION.

DI. — 26 avril-18 mai 1854. — B. 459. — *Constantine* (1).

Vu l'art. 1 de l'ord. du 28 sept. 1847, sur l'organisation municipale en Algérie (vol. Ier, p. 124);

l'israélite, le colon français et l'émigrant étranger ont des intérêts communs; qu'on les appelle concurremment à s'occuper de ces intérêts, à discuter les moyens d'y satisfaire, et l'on verra aussitôt s'établir le concours si nécessaire des volontés, des efforts et des sacrifices pour le bien de tous. Ce concours ne saurait exister à l'état de simple juxtaposition qui précède l'organisation communale; mais les grandes municipalités de l'Algérie ont montré avec quelle facilité la communauté des besoins et des intérêts triomphait, dans les conseils locaux, de la diversité des origines, et même des antipathies de race.

A ce point de vue, sire, l'extension du régime communal me paraît appelée, en Algérie, à jouer un rôle des plus importants dans l'œuvre de la transformation politique et sociale des populations indigènes des grandes villes, œuvre qui nous a été imposée par la conquête, et dont l'accomplissement pacifique, par la seule force de nos lois libérales, est si digne des préoccupations de votre gouvernement. Aussi me ferai-je un devoir, sire, de vous demander l'institution communale pour les localités de l'Algérie, à mesure qu'elles me paraîtront mûres pour cette institution, c'est-à-dire lorsque la municipalité de plein exercice pourra y être constituée dans des conditions réelles de progrès et de vitalité, comme c'est le cas pour la ville de Constantine.

Aux termes du décret que j'ai l'honneur de soumettre à la signature de Votre Majesté, le corps municipal de la nouvelle commune se composera d'un maire et de deux adjoints, pour la partie administrative; — Et de dix conseillers pour la partie délibérante. — Les divers éléments de nationalité qui concourent à l'agglomération communale entreront au conseil dans les proportions suivantes : Six Français, — un étranger (Européen), — deux indigènes musulmans, — un indigène israélite.

Notre élément national concourra ainsi pour près des trois quarts à la formation du corps municipal; il m'a semblé, sire, que cette proportion était commandée par la politique et par le bon sens, puisque, après tout, c'est une cité française que nous voulons fonder dans chaque commune de l'Algérie.

Les quatre voix données aux éléments étrangers à notre nationalité suffisent pour assurer le bénéfice de la représentation et de la discussion aux intérêts et aux besoins spéciaux qu'elles auront mission de faire valoir dans le conseil de la cité. C'est assez pour que ces intérêts ou ces besoins obtiennent toutes les satisfactions qui pourront leur être accordées.

Par un retour aux règles sagement établies par l'ordonnance organique du 28 septembre 1847, et conformément, d'ailleurs, au fait qui prévaut aujourd'hui en Algérie, je propose à Votre Majesté de réserver au gouvernement le choix des membres du corps municipal. Cette réserve n'a rien d'hostile à la liberté des assemblées municipales; elle est une garantie indispensable contre les surprises de l'intrigue et les erreurs de l'opinion. L'intérêt de l'État est que les municipalités qu'il fonde en Algérie grandissent et prospèrent. La tutelle qu'il exerce sur elles ne saurait avoir d'autre but; mais, pour l'atteindre sûrement, il est indispensable, quant à présent du moins, qu'il

Art. 1. — Une municipalité est instituée pour la ville de Constantine et pour sa banlieue, telle qu'elle a été déterminée par l'art. 1 du décret du 20 mars 1849 (vol. 1er, p. 680).

Art. 2. — Le corps municipal se composera : — 1° D'un maire et de deux adjoints qui devront être Français ou naturalisés Français; — 2° D'un conseil municipal de dix membres savoir : — Six Français ou naturalisés Français; — Un colon étranger ayant au moins deux années de résidence en Algérie, dont une dans la circonscription communale; — Trois indigènes, dont deux musulmans et un Israélite. — Le maire est président-né du conseil municipal, dont font également partie les adjoints, avec voix délibérative.

Art. 3. — Le maire et les adjoints seront nommés par nous, sur la présentation de notre ministre secrétaire d'Etat de la guerre. — Les conseillers municipaux seront nommés par le gouverneur général de l'Algérie, sur les propositions du préfet.

Art. 4. — Sont applicables à la commune de Constantine toutes celles des dispositions de l'ordonnance susvisée du 28 sept. 1847, et de l'arrêté du chef du pouvoir exécutif du 4 nov. 1818, auxquelles il n'est pas dérogé par le présent décret.   NAPOLÉON.

DI. — 17 juin.-13 juill. 1854. — B. 402. — *Médéah, Milianah, Cherchell, Ténès, Mascara, Tlemcen, Bougie, Sétif, Guelma* (1).

Art. 1. — Les villes de Médéah, de Milianah,

---

préside lui-même à leur composition, afin de n'y introduire que des éléments d'ordre, de sagesse et de concorde.

La commune de Constantine est la quatrième, sire, qui aura été instituée en Algérie par votre gouvernement; et je me félicite de pouvoir demander ce nouveau témoignage de votre sollicitude pour tous les intérêts qui se développent dans l'Afrique française.

Le ministre de la guerre, VAILLANT.

(1) *Rapport à l'Empereur.*

Paris, le 16 juin 1854.

Sire, il entre dans les vues de votre gouvernement de donner à l'organisation municipale en Algérie tout le développement que permet et comporte l'état de la population civile dans ce pays.

Tout porte, en effet, à considérer la commune, sagement et fortement constituée, comme un des auxiliaires les plus sûrs et les plus efficaces de l'œuvre de la colonisation. — La commune continue la mère patrie pour l'émigrant français et européen; l'indigène lui-même peut y retrouver une image de la djemâ. — A l'idée de commune se lient celles de fixité, de perpétuité, d'attachement des familles au sol par la propriété, par le travail, par la succession des générations et par la tradition, c'est-à-dire que, dans la commune, se résume tout ce qui constitue une société régulière et bien assise.

La commune est l'élément primordial de toute nationalité : multiplier en Algérie des communes faites à l'image de celles de la métropole, n'est-ce pas étendre et consolider tout à la fois les fondements de la France algérienne?

La commune, en créant des besoins et des intérêts collectifs, fait naître, par cela même, parmi ses membres actifs, le concert des volontés et la solidarité des efforts en vue du bien général; et dans cette solidarité se confondent, pour s'effacer avec le temps, les diversités d'origine et de race qui caractérisent, à ses débuts, toute agrégation agricole.

Enfin, pourquoi ne pas le dire? le moment est venu, sire, de faire comprendre aux populations algériennes que c'est en s'aidant beaucoup elles-mêmes qu'elles doivent mériter d'être aidées. L'institution de la commune pourra seule leur donner cette intelligence; ce n'est qu'au sein de la commune, s'administrant elle-même, avec ses propres ressources, que se développera cet esprit d'initiative et d'entreprise qui pousse les populations énergiques à s'ingénier, à s'imposer des sacrifices pour conquérir le bien-être et la richesse par le progrès. L'expérience n'a que trop prouvé que, sous l'influence d'une sorte de communisme administratif qui les accoutume à tout attendre de la vigilance et de la sollicitude du pouvoir central, les masses, comme les individus, s'abandonnent volontiers à l'imprévoyance et à l'inertie. En perpétuant la minorité des populations, on ne fait que perpétuer leur enfance et leur débilité; pour initier celles de l'Algérie à la vie collective, à cette vie d'activité et d'énergie qui, en se généralisant, fait la virilité et la puissance d'une nation, il faut les appeler à la vie municipale.

Il s'agit seulement, en instituant les communes algériennes, de ne les constituer que suffisamment dotées des conditions nécessaires de force et d'avenir. La crainte de compromettre une œuvre aussi importante par des mesures prématurées a longtemps fait hésiter l'administration devant l'application de ses propres doctrines, et lui a toujours imposé la plus grande réserve dans ses propositions d'organisation municipale.

Je ne m'écarte point, sire, de ces errements de prudence et de circonspection, en venant vous proposer de porter presque au double le nombre des municipalités qui existent aujourd'hui en Algérie, et d'ériger en communes de plein exercice neuf villes, dont cette mesure va consacrer l'importance politique et agrandir le rôle dans l'œuvre de la colonisation algérienne.

Voici les noms de ces villes : Dans la province d'Alger, Médéah, Milianah, Cherchell, Ténès; — Dans la province d'Oran, Mascara, Tlemcen; — Dans la province de Constantine, Bougie, Sétif, Guelma.

Permettez-moi, sire, de vous exposer sommairement les titres de ces villes à l'existence municipale, et de vous faire connaître en même temps les bases et les traits essentiels de l'organisation que je propose de leur donner.

1. — *Commune de Médéah.* — Grâce à sa position avancée dans la région du Tell, sur la route la plus directe qui relie le port d'Alger au Sahara, la ville de Médéah a toujours joui d'une grande importance politique et commerciale. Sous la domination turque, elle était la capitale du beylik de Tittery.

Médéah est le chef-lieu d'une subdivision militaire. L'administration civile y date de 1830, époque de l'institution du commissariat civil; une justice de paix y avait déjà été créée l'année précédente.

Cette ville possède un marché très-fréquenté, où les indigènes apportent en abondance les divers produits du pays en laines, céréales et bestiaux. La population coloniale y a trouvé un sol et un climat propices à la culture de la vigne, et elle s'est empressée de les mettre à profit. Les vins de Médéah ont déjà acquis une renommée qui contribuera à la richesse du pays.

La circonscription du district formera celle de la commune, qui comprendra dès lors, comme sections ou annexes rurales, les colonies agricoles de Damiette et de Lodi, ainsi que le centre de Mouzaïa les Mines. — La population fixe de la commune et de ses annexes s'élève en ce moment à 7,200 habitants, dont la répartition, en raison de l'origine, s'établit ainsi qu'il suit : — Français, 2,010. — Européens, 420. — Indigènes musulmans, 3,950. — Indigènes Israélites, 790. — Total, 7,200.

Les revenus municipaux peuvent être évalués, dès à présent, à 100,000 fr.

Le corps municipal se composera de quatorze membres, savoir : — Le maire et quatre adjoints, dont un pour chacune des trois sections rurales; — Neuf conseillers, dont cinq Français, un Européen, deux indigènes musulmans, un indigène Israélite.

2. — *Commune de Milianah.* — Milianah est une ville d'origine romaine; des ruines imposantes attestent son antique prospérité. Assise à mi-côte, sur un contrefort du Zakkar, elle commande la vallée du Chélif et doit à cette position une grande importance stratégique; aussi a-t-elle été choisie comme centre d'un commandement militaire supérieur : c'est là qu'est le quartier général de l'une des subdivisions de la province d'Alger.

Un commissariat civil y a été institué en 1850.

La fertilité de son territoire, l'un des plus abondam-

de Cherchel et de Ténès, dans le département d'Alger; — De Mascara et de Tlemcen, dans le département d'Oran ;—De Bougie, de Sétif et de Guelma, dans le département de Constantine,—Sont érigées en communes, conformément aux dispositions suivantes.

---

ment arrosés de l'Algérie, son marché arabe, son industrie minotière que favorise la multiplicité des chutes d'eau, sont pour Milianah des sources certaines et permanentes de prospérité.

La circonscription de la commune sera celle du district, et comprendra comme section la colonie agricole d'Affreville, fondée sur l'emplacement d'une ancienne colonie romaine qui florissait à l'ombre de l'antique cité. C'est ainsi que sur presque tous les points de l'Algérie la civilisation française ne fait que reprendre, en quelque sorte, à de longs siècles d'intervalle, l'œuvre interrompue de la civilisation romaine.

La population fixe de Milianah et de son annexe dépasse 4,640 habitants, classés ainsi qu'il suit: — Français, 950. — Européens, 540. — Indigènes musulmans, 2,630.—Indigènes israélites, 520.—Total, 4,640.

Les revenus municipaux, susceptibles d'un grand accroissement, peuvent être évalués, dans l'état actuel, à 70,000 fr.

Le corps municipal se composera de douze membres, savoir ; — Le maire et deux adjoints, dont un à la résidence d'Affreville ;—Neuf conseillers, dont cinq Français, un Européen, deux indigènes musulmans et un indigène israélite.

3.— *Commune de Cherchell.* — Cherchell, qui, comme tant de villes maritimes de cette côte, doit sa première fondation aux Carthaginois, a été, sous le nom de Julia Cæsarea, la capitale de la Mauritanie Césarienne. Une aussi haute destinée ne sera point celle de la ville française succédant à la ville arabe; mais elle ne s'engourdira point comme celle-ci dans l'indolence et la misère, sur les nombreux débris d'une époque de richesse et de prospérité. Son port, déblayé et restauré, appelle de nouveau l'activité commerciale et la spéculation, car Cherchell est nécessairement le débouché maritime des produits agricoles de l'ouest de la Métidja et district de Milianah. — Cette ville possède un marché où se traitent, deux fois par semaine, des affaires assez importantes en bestiaux, laines et céréales.

Le commissariat civil de Cherchell, érigé en 1841, comprend dans son district les colonies agricoles de Novi et de Zurich. — La circonscription du district formera celle de la commune, dont les deux colonies ci-dessus désignées composeront des sections rurales. — La population fixe de Cherchell et de ses annexes dépasse 3,050 habitants, conformément aux distinctions suivantes : — Français, 1,250. — Européens, 350. — Indigènes musulmans, 1,450. — Total, 3,050.

Les revenus communaux peuvent être évalués à 40,000 fr.

Le corps municipal de Cherchell se composera de dix membres, savoir : — Le maire et trois adjoints, dont deux pour les annexes ; — Six conseillers, dont quatre Français, un Européen et un indigène musulman.

4.— *Commune de Ténès.* — Sur l'emplacement de la cité romaine de Cartena Colonia, à une petite distance de la ville arabe de Ténès, s'est élevée, depuis 1843, la ville actuelle que, pour la distinguer de sa voisine, on a nommée le Nouveau-Ténès, ville toute française, que sa belle position maritime au débouché de la vallée du Chélif et les gîtes métallurgiques dont elle est entourée doivent faire grandir rapidement en population et en richesse.

Ténès est aujourd'hui le chef-lieu d'un district administré par un commissaire civil, et la résidence d'un juge de paix. — La circonscription communale, qui sera la même que celle du district, comprendra : 1° Le Vieux-Ténès, jadis capitale d'un petit royaume, réduite à l'état de pauvre bourgade depuis qu'elle fut conquise et à peu près détruite par les frères Barberousse, fondateurs de la domination turque dans ce pays.

2° Montepolte, colonie agricole de 1848, dont l'avenir est doublement garanti par la fertilité du sol et par le voisinage des mines de cuivre de l'Oued Allelah.

La population fixe de Ténès et de ses annexes dépasse 3,050 habitants, qui se divisent ainsi qu'il suit :—Français, 1,400 ;—Européens, 680 ;—Indigènes musulmans, 1,160 ;—Israélites, 60 ;—Total, 3,050.—Les revenus municipaux peuvent être évalués à 45,000 fr.

Le corps municipal de Ténès se composera de neuf membres, savoir : — Le maire et deux adjoints, dont un à la résidence de Montenotte; — Six conseillers municipaux, dont quatre Français, un Européen et un indigène musulman.

5.— *Commune de Mascara.*—Mascara, au temps de la régence d'Alger, était la capitale d'un beylik. De nos jours, avant et depuis le traité de la Tafna jusqu'en 1841, elle fut le centre du gouvernement de l'émir Abd el Kader. C'est aujourd'hui le chef-lieu de l'une des subdivisions militaires de la province d'Oran et d'un district administré par un commissaire civil.

Mascara, par son assiette, domine la vaste et fertile plaine d'Eghris. Indépendamment de l'importance politique et militaire qu'elle doit à cette position, la nature l'a dotée d'un grand avenir comme centre commercial et industriel. Le sol et le climat y sont également favorables à la culture des céréales, du tabac, de la vigne et de l'olivier. Ses fabriques de burnous noirs et de tapis de Kalaâ ont une grande renommée dans tout le Maghreb. Il s'y tient trois fois par semaine un des plus considérables marchés de la province de l'ouest.

Quand les routes qui doivent relier Mascara aux ports d'Oran et de Mostaganem d'une part avec plusieurs grands centres de l'intérieur d'autre part seront achevées, sa prospérité sera aussi rapide que certaine.

La circonscription du district formera celle de la commune, qui aura pour annexes ou sections les villages agricoles de Saint-André et de Saint-Hippolyte.—La population fixe de Mascara et de ses annexes dépasse 6,100 habitants et se décompose ainsi qu'il suit :—Français, 1,440 ; Européens, 640—Indigènes musulmans, 3,500.—Indigènes israélites, 560—Total, 6,140. Les revenus municipaux s'élèveront à 80,000 fr.

Le corps municipal se composera de douze membres, savoir : — Le maire et trois adjoints, dont un pour chacune des sections rurales ; — Huit conseillers, dont quatre Français, un étranger, deux indigènes musulmans et un indigène israélite.

6. — *Commune de Tlemcen.* — Élevée sur les ruines d'une ancienne colonie romaine, Tlemcen a été florissante sous les dynasties arabes et berbères. Elle était alors la capitale d'un royaume qui comptait plus de 600 kilomètres de côtes, depuis l'embouchure de la Tafna jusqu'au port de Djidjelli. Les histoires arabes disent merveilles de ses palais, de ses mosquées, de ses grandes écoles, des caravanes de ses marchands au pays des dattes et de l'or. Elle conserve assez de vestiges de sa splendeur passée pour attester la véracité des récits qui la peuplent de plus de 100,000 âmes au temps de sa prospérité.

Tlemcen est aujourd'hui le chef-lieu d'une subdivision militaire de la province d'Oran. Comme institutions civiles, elle ne possède encore qu'un commissariat civil et une justice de paix ; mais elle verra bientôt agrandir sa juridiction administrative et judiciaire.

Placée comme en vedette au sommet du bassin de la Tafna, à proximité des frontières du Maroc, Tlemcen aura toujours une haute importance politique et militaire. Cette position n'est pas moins favorable à son existence industrielle et commerciale ; elle lui doit d'avoir toujours été un des plus grands marchés de la région du Tell. C'est là que viennent affluer les laines et les céréales des tribus du sud-ouest, aussi bien que les marchandises apportées par les caravanes qui font la traite avec le Maroc.

Des tanneries, des fabriques de haïks et de burnous y soutiennent la vieille renommée de l'industrie indigène. L'industrie européenne y a multiplié, depuis quelques années, les moulins à huile et à farine, qui fournissent au commerce d'exportation un aliment déjà considérable.

La circonscription communale sera celle du district, et la commune aura pour sections rurales les cinq villages de Bréa, Négrier, Saf Saf, Mansourah et Hennaya, tous fondés, dans son fertile voisinage, de 1840 à 1851.—La population fixe de la commune et de ses annexes s'élève à 12,400 âmes, savoir : — Français, 1,800 ; — Européens, 1,000 ; — Indigènes musulmans, 7,300 ; — Indigènes israélites, 2,300. — Total, 12,400.

Commune de Médéah.

Art. 2.—La circonscription de la commune de Médéah est celle qui a été assignée au commissariat civil de la même ville par le décret du 11 août 1852 (vol. Ier, p. 118).—Elle comprendra,

Les revenus municipaux peuvent être évalués, quant à présent, à 120,000 fr.

Le corps municipal de Tlemcen se composera de seize membres, savoir : — Le maire et six adjoints, dont un pour chacune des sections rurales ; — Neuf conseillers, dont cinq Français, un Européen, deux indigènes musulmans, un indigène israélite.

7. — *Commune de Bougie.* — Les avantages de la position maritime occupée par la ville berbère de Bougie n'avaient point échappé à l'instinct spéculateur des Carthaginois. Ils y avaient fondé un de leurs comptoirs les plus importants, sous le nom punique de *Salda*, qui fut conservé à la colonie romaine.

Sous les dynasties arabes et berbères, Bougie était la capitale de la province orientale du royaume de Tlemcen, et devint célèbre chez les musulmans d'Afrique par ses écoles savantes et par la vénération attachée à ses mosquées.

Du temps de Léon l'Africain, Bougie, qui était alors au pouvoir des Espagnols, comptait plus de huit mille familles, toutes enrichies par leur commerce et le produit de leur agriculture. Le géographe arabe Edrisi, plus vieux de quatre siècles, vante l'habileté de ses habitants dans divers arts et métiers, et la grande aisance qu'ils devaient à leur génie commercial.

Toute cette prospérité s'était évanouie sous la domination des deys d'Alger et n'était plus constatée, quand nous y sommes arrivés, que par des ruines et de vagues souvenirs. Mais Bougie a conservé ses avantages naturels, qui font de sa baie un des mouillages les plus sûrs et les mieux abrités en toute saison, et de son port le grand marché, l'entrepôt nécessaire de la petite Kabylie et de la riche plaine de la Medjana. Aujourd'hui que la soumission des confédérations kabyles qui l'entourent peut être considérée comme un fait accompli et irrévocablement acquis, Bougie ne peut manquer de reconquérir le rôle commercial et industriel qui lui appartient. La spéculation, qui presse cet avenir de la ville française, y a déjà fondé de nombreux comptoirs relevant du commerce d'Alger, de Marseille et même de Paris.

L'installation d'une administration française à Bougie remonte à 1848, date de l'institution du commissariat civil. — La circonscription communale sera celle du district, qui ne comprend que la ville et une banlieue rurale, que la configuration topographique a forcée de limiter à 1,400 hect. environ. — La population fixe de Bougie est de 1,800 habitants, se répartissant de la manière suivante : — Français, 700 ; — Européens, 530 ; — Indigènes musulmans, 460 ; — Indigènes israélites 110.— Total 1,800. — Les revenus municipaux s'élèvent, dès à présent, à 100,000 fr. — Le corps municipal se composera de huit membres, savoir : — Le maire et un adjoint ; — Six conseillers, dont quatre Français, un Européen et un indigène musulman.

8. — *Commune de Sétif.* — La jeune ville de Sétif s'élève sur l'emplacement de la cité romaine de *Sitifis*, capitale de la Mauritanie orientale, qui lui avait emprunté le nom de *Mauritanie Sitifienne*. Détruite par les Vandales, elle ne s'était pas relevée depuis, et lorsqu'elle fut visitée pour la première fois par notre armée, en 1830, elle n'était qu'un amoncellement de ruines depuis longtemps abandonnées. Les anciens itinéraires établissent son importance politique en indiquant les voies romaines qui la reliaient à Carthage et à *Julia Cæsarea* (Cherchell), à *Salda* (Bougie), et *Igilgilis* (Djidjelli) sur la côte berbère, à *Lambessa* et *Tebessa* vers le sud. Sa position, qui commande la vaste plaine de la Medjana, et qui permet de faire rayonner avec rapidité les colonnes expéditionnaires vers tous les points d'un territoire occupé par une population guerrière et turbulente, y fit asseoir, en 1838, un camp à l'abri duquel s'est bientôt formée la ville coloniale.

L'assiette de Sétif, au milieu d'une contrée dont la fertilité était devenue proverbiale au temps des Romains, le débouché que lui offre à 80 kilomètres de distance, et par une route déjà praticable au roulage, le port de Bougie, ses rapports faciles avec les tribus du sud, lui assignent un rôle important comme marché intérieur et lieu de transit. — Cette petite ville possède déjà un marché hebdomadaire très-fréquenté par les Arabes, et qui prend chaque jour plus d'importance. — L'Arabe Edrisi, qui vivait au XIIe siècle, assure que de son temps la culture du coton florissait aux environs de Sétif. Ce témoignage ne peut qu'encourager nos colons à renouveler une culture qui, à une époque déjà si éloignée, contribuait à la fortune de leurs devanciers ; ils tiendront sans doute à prendre un rang honorable dans le concours que la munificence impériale vient d'ouvrir à l'industrie cotonnière en Algérie. — Ainsi, les gages d'un bel avenir ne manquent pas à la commune de Sétif. — Aujourd'hui, chef-lieu d'une subdivision militaire et d'un district administré par un commissaire civil, Sétif est destiné à devenir prochainement le siège d'un arrondissement administratif. — La circonscription assignée au district sera provisoirement celle de la commune. — La population fixe de Sétif et de sa banlieue civile s'élève actuellement, en nombres ronds, à 1,600 habitants ainsi répartis, en raison de leur origine : — Français, 780. — Européens, 340. — Indigènes, pour la plus grande partie israélites, 480. — Total, 1,600.

Les revenus municipaux peuvent être évalués à 50,000 fr.

Le corps municipal se composera de neuf membres, savoir : — Le maire et deux adjoints, dont un pour la banlieue civile ;—Six conseillers dont quatre Français, un Européen et un indigène israélite.

9. — *Commune de Guelma.* — A distance à peu près égale de Cirtha (Constantine) et d'Hippone (Bône) s'élevait la citadelle formidable de Suthul, dépositaire des trésors de Jugurtha, et sous les remparts de laquelle le prince numide fit éprouver un grave échec aux aigles romaines. Le peuple-roi se vengea depuis en faisant disparaître le nom et les monuments de la ville numide, pour y substituer la colonie militaire de Calama, détruite à son tour par les Vandales.

Arrivé en 1836 au pied de ces ruines, le maréchal Clauzel, frappé de l'importance stratégique de la position, y établit un camp permanent destiné à surveiller le bassin de la Seybouse, et à préparer la conquête définitive de la province de l'est.

Telle a été l'origine de la ville actuelle de Guelma, dont la création a été officiellement consacrée par une ordonnance royale du 20 janvier 1840. — L'appel fait par cette dernière mesure à l'esprit colonisateur a porté des fruits si prompts qu'aujourd'hui Guelma possède déjà tous les éléments de l'existence municipale — La nature généreuse du sol seconda merveilleusement les efforts des colons ; aussi le marché de Guelma, qui se tient deux fois par semaine, donne-t-il déjà lieu à des transactions importantes sur les bestiaux, les laines, les huiles et les céréales.

Guelma est le chef-lieu d'un district administré par un commissaire civil, et le siège d'une justice de paix. — La circonscription communale sera celle du district, et comprendra comme sections de commune les colonies agricoles d'Héliopolis, de Millésimo et de Petit. — La population de la circonscription communale dépasse 2,000 habitants, et se décompose ainsi qu'il suit : — Français, 1,630. — Européens, 470. — Indigènes musulmans, 360. — Indigènes israélites, 180. — Total, 2,630.

Les revenus municipaux sont évalués à 70,000 fr.

Le corps municipal se composera de onze membres, savoir : — Le maire et quatre adjoints, dont trois pour les sections rurales ; — Six conseillers, dont cinq Français et un Européen.

J'ai cru devoir, sire, entrer dans les développements qui précèdent, afin de bien établir qu'en accordant l'émancipation communale aux neuf villes algériennes que je viens de désigner, votre gouvernement ne fera pour ainsi dire que les ramener à leur antique origine, et renouer pour elles la tradition historique, brisée par des siècles de barbarie et d'oppression. — J'ai voulu montrer, d'autre part, que l'avènement des communes nouvelles s'accomplirait pour toutes dans des conditions d'aisance et de vitalité, sans lesquelles le soin de gérer leurs intérêts municipaux n'eût été qu'un présent funeste et ruineux.

Mais toutes, sire, comme vous avez pu vous en convaincre, vont se trouver immédiatement en mesure de

comme sections de commune, les anciennes colonies agricoles de Damiette et de Lodi et le centre de Mouzaïa les Mines.

Le corps municipal se composera ainsi qu'il suit : 1° Le maire; — 4 adjoints, dont un adjoint spécial pour chacune des sections de Damiette, de Lodi et de Mouzaïa les Mines. — 2° 9 conseillers municipaux, savoir : — 5 Français ou naturalisés Français; — 1 colon étranger ayant au moins deux années de résidence en Algérie, dont une dans la circonscription communale;— 3 indigènes, dont deux musulmans et un israélite.

Commune de Millianah.

Art. 3. — La commune de Millianah comprendra le territoire du commissariat civil de ce nom, tel qu'il a été délimité par le décret du 10 juill. 1851 (vol. 1er, p. 117), et le territoire assigné au village d'Affreville, qui formera une section de commune.

Le corps municipal se composera ainsi qu'il suit : — 1° Le maire; — 2 adjoints, dont un à la résidence d'Affreville. — 2° 9 conseillers municipaux, savoir : — 5 Français ou naturalisés Français; — 1 étranger remplissant les conditions déterminées par l'art. 2; — 2 indigènes musulmans; — 1 indigène israélite.

Commune de Ténès.

Art. 4. — La circonscription de la commune de Ténès est celle qui a été attribuée au commissariat civil par le décret du 31 juill. 1851 (vol. 1er, p. 588), y compris le territoire de l'ancienne colonie agricole de Montenotte. Ce village formera une section de commune.

Le corps municipal se composera ainsi qu'il suit : — 1° Le maire; — 2 adjoints, dont un à la résidence de Montenotte; — 2° 6 conseillers municipaux, savoir : — 4 Français ou naturalisés Français; — 1 colon étranger, remplissant les conditions déterminées par l'art. 2; — 1 indigène musulman.

Commune de Cherchell.

Art. 5. — La circonscription communale de Cherchell comprend le territoire du commissariat civil, tel qu'il a été délimité par l'ord. royale du 15 juill. 1840 (vol. 1er, p. 588) et les territoires des anciennes colonies agricoles de Novi et de Zurich, délimités par décrets du 11 fév. 1851 (vol. 1er, p. 173). — Lesdites colonies formeront des sections de commune.

Le corps municipal sera composé ainsi qu'il suit : — 1° Le maire; — 3 adjoints, dont un à la résidence de chacune des sections de Novi et de Zurich; — 2° 6 conseillers municipaux, savoir : — 4 Français ou naturalisés Français; — 1 colon étranger, remplissant les conditions exprimées par l'art. 2; — 1 indigène musulman.

Commune de Mascara.

Art. 6. — La circonscription communale de Mascara est délimitée conformément au plan annexé au présent décret. — Elle comprendra comme sections de commune les territoires des villages de Saint-André et de Saint-Hippolyte, tels qu'ils ont été délimités par décrets du 22 janv. 1850 (vol. 1er, p. 165).

Le corps municipal sera composé ainsi qu'il suit : — 1° Le maire; — 3 adjoints, dont un adjoint spécial à la résidence de chacune des deux sections de Saint-André et de Saint-Hippolyte; — 2° 8 conseillers municipaux, savoir : — 4 Français ou naturalisés Français; —1 colon étranger remplissant les conditions déterminées par l'art. 2; — 2 indigènes musulmans; — 1 indigène israélite.

Commune de Tlemcen.

Art. 7. — La circonscription communale de Tlemcen comprendra : — 1° Le territoire du commissariat civil, tel qu'il a été délimité par le décret du 21 nov. 1851, combiné avec celui du 11 fév. 1851 (vol. 1er, p. 117 et 173). — 2° Et comme sections de commune, les territoires des villages de Bréa, de Négrier, de Saf Saf, de Mansourah et d'Hennaya, tels qu'ils ont été délimités, savoir :—Par décrets du 11 janv. 1849, pour Bréa et Négrier; du 6 mai 1850, pour Saf Saf et Mansourah; et du 8 sept. 1851, pour Hennaya (vol. 1er, p. 165).

Le corps municipal sera composé ainsi qu'il suit : — 1° Le maire; — 6 adjoints, dont un adjoint spécial pour chacune des cinq sections ci-dessus désignées; — 2° 9 conseillers municipaux, savoir : — 5 Français ou naturalisés Français, — 1 colon étranger, remplissant les conditions exprimées par l'art. 2; — 2 indigènes musulmans; — 1 indigène israélite.

Commune de Bougie.

Art. 8. — La circonscription communale de Bougie comprend la ville et sa banlieue, conformément aux délimitations arrêtées par les décrets des 27 juill. 1848 et 6 août 1852 (vol. 1er, p. 116 et 103).

Le corps municipal sera composé ainsi qu'il suit :—1° Le maire, 1 adjoint;—2° 6 conseillers municipaux, savoir : 4 Français ou naturalisés Français; — 1 colon étranger, remplissant les conditions prescrites par l'art. 2; — 1 indigène musulman.

Commune de Sétif.

Art. 9. — La circonscription communale de Sétif embrasse tout le territoire affecté au commissariat civil par le décret du 2 nov. 1851 (vol. 1er, p. 118).

Le corps municipal sera composé ainsi qu'il suit :—1° Le maire, 2 adjoints, dont un pour la banlieue;—2° 6 conseillers municipaux, savoir : 4 Français ou naturalisés Français; — 1 colon étranger, remplissant les conditions prescrites par l'art. 2;—1 indigène israélite.

Commune de Guelma.

Art. 10. — La circonscription communale de

---

pourvoir largement aux nécessités de leur position nouvelle dans le présent, et de préparer, par la sagesse de leurs conseils et l'intelligence de leurs efforts, toutes les améliorations désirables. Aussi ai-je la ferme espérance que, dans un avenir assez prochain, toutes deviendront des cités florissantes, qui n'auront rien à envier à leurs sœurs de la métropole.

L'organisation de ces communes est calquée sur celle qui a été consacrée par vos récents décrets des 26 avril et 1er mai derniers sur les municipalités de Constantine et d'Alger. — Toutefois, pour garantir ces jeunes municipalités, à leur début, des erreurs et des tâtonnements de l'expérience, il m'a paru prudent d'en laisser l'inaugura-tion et la direction première aux commissaires civils, façonnés de longue main aux attributions municipales, et qui en resteront provisoirement investis dans leurs territoires respectifs.

Cet ordre de choses, essentiellement transitoire, cessera au fur et à mesure que les communes nouvelles auront pris assez de consistance pour recevoir, sans inconvénient pour elles-mêmes, une organisation tout à fait normale.— Si, par suite des considérations qui précèdent, Votre Majesté approuve les dispositions du décret que j'ai l'honneur de lui proposer, je vous prie, sire, de vouloir bien le revêtir de votre sanction impériale.

Le ministre de la guerre, VAILLANT.

Guelma comprend le territoire du commissariat civil délimité par le décret du 4 nov. 1850 (vol. I", p. 116), et les territoires des anciennes colonies agricoles d'Héliopolis, de Millésimo et de Petit, qui formeront chacune une section de commune, et dont les délimitations respectives ont été fixées par décret du 11 fév. 1851 (vol. I", p. 173).

Le corps municipal sera composé ainsi qu'il suit : 1°—Le maire, 4 adjoints, dont un adjoint spécial pour chaque section de commune; — 2° 6 conseillers municipaux, savoir : 5 Français ou naturalisés Français; — 1 colon étranger remplissant les conditions prescrites par l'art. 2.

Art. 11. — Les maires présideront les conseils municipaux, dont feront également partie les adjoints, avec voix délibérative. — Les maires adjoints et conseillers municipaux des neuf communes ci-dessus désignées seront nommés par le gouverneur général de l'Algérie, sur la proposition des préfets. — Toutefois, transitoirement et jusqu'à ce qu'il en soit autrement ordonné, les fonctions de maire seront remplies, dans chacune desdites communes, par le commissaire civil (1).

Art. 12. — Sont applicables aux neuf communes ci-dessus désignées toutes celles des dispositions de l'ord. du 28 sept. 1847 et de l'arrêté du chef du pouvoir exécutif, du 4 nov. 1848, auxquelles il n'est pas dérogé par le présent décret.   NAPOLÉON.

§ 2. — COMMUNES RURALES ET LEURS CIRCONSCRIPTIONS.

ART. 2. — *Province d'Oran.*

DI. — 14 juin.-23 août 1854. — B. 464. — *Communes de l'arrondissement de Mostaganem. — Délimitation.*

Vu l'art. 8 du décret du 12 sept. 1853, portant fixation de la circonscription civile de l'arrondissement de Mostaganem (département d'Oran) (V. *infrà*, v° *Ressorts civils*);

Art. 1. — L'arrondissement de Mostaganem, tel qu'il a été fixé par le décret précité, comprend cinq communes, dont la circonscription est déterminée par les limites ci-après, et conformément au plan ci-annexé.

Commune de Mostaganem.

La commune de Mostaganem est limitée au N. par le cours du Chélif jusqu'à son embouchure, à partir du point de jonction de l'Oued Aouzert avec ce fleuve;

A l'O., par la mer jusqu'au ravin limite des territoires d'Ouréah et de la Stidia;

Au S., par la limite des mêmes territoires;

A l'E. : 1° par la limite du territoire de Rivoli, fixée par la crête du coteau jusqu'au chemin supérieur de ce village à Mostaganem; 2° par ce chemin jusqu'à l'angle qu'il forme avec celui de Sidi Chérif; et 3° par une ligne brisée suivant la limite des parcelles 102 et 103 du plan cadastral, et venant s'abattre sur le grand chemin de la vallée des Jardins. qu'elle remonte sur une longueur de 200 mètres environ jusqu'à un chemin d'exploitation; 4° par ce chemin jusqu'au point où il se termine; 5° de ce point par une haie qui suit la direction

n° 2 jusqu'à son extrémité; 6° par une ligne droite traversant la route de Mascara et allant aboutir à l'angle S.-O. du blockhaus Schauenbourg; 7° par une ligne droite se dirigeant au N. et allant aboutir au chemin des Hachems, à la rencontre d'une haie qui se termine au marabout de Sidi Osman; 8° à partir de cette haie par une ligne se dirigeant au N.-O. jusqu'au territoire de Karouba au point trigonométrique, D, sur la montagne; 9° par une ligne N.-E. qui suit la crête de la montagne, passe par le télégraphe des Hachems et vient aboutir à la source de l'Oued Aouzert, dont elle suit le cours jusqu'au Chélif, point de départ.

La commune de Mostaganem a pour annexes : Karouba, Mazagran, Ouréah.

Commune des Libérés.

La commune des Libérés est délimitée :

Au N., par le Chélif, depuis le ravin dit Méderbin jusqu'à l'Oued Aouzert;

A l'O., par la limite de la commune de Mostaganem, telle qu'elle a été déterminée plus haut, depuis l'Oued Aouzert jusqu'à la route de Mascara;

Au S., par la route de Mascara jusqu'au mamelon dit Elazdjem, situé sur cette route;

A l'E., 1° par une ligne droite courant N.-E., jusqu'au mamelon dit Guéronenza; 2° par une ligne droite courant plein N., en passant par Hassi Messada, jusqu'à la tête du ravin dit Méderbin; 3° par ce ravin jusqu'au Chélif, point de départ.

La commune des Libérés a pour annexes : Aïn Boudinar, Aïn Tounin.

Commune d'Aïn Tédélès.

La commune d'Aïn Tédélès est limitée :

Au N., 1° par le cours du Chélif, depuis le marabout Sidi-Abdel-Azis jusqu'au ravin limite du territoire du pont du Chélif; 2° par la limite même de ce territoire qui, remontant d'abord le ravin, oblique ensuite au N.-O., passe un point de triangulation indiqué sur la montagne dont elle suit la crête, en se dirigeant à l'O. jusqu'à un autre point de triangulation formant l'extrémité du territoire.

A l'O., 1° par la ligne limite du territoire descendant la montagne jusqu'à la rive droite du Chélif; 2° de l'autre côté du fleuve par le ravin Méderbin et la limite E. déjà décrite de la commune des Libérés;

Au S., par la route de Bel Assel, depuis le mamelon dit Guéronenza jusqu'à une borne nouvellement plantée et désignée au plan par la lettre C;

A l'E., par une ligne droite qui traverse les tribus des Ouled Sidi Abd Allah Chéraga, des Ouled Aïnès, des Bou Kamel, passe par le marabout Sidi Abd el Kader Mela Hadaïdha et vient aboutir sur le Chélif au marabout de Sidi Abd el Azis, point de départ.

La commune de Aïn Tédélès a pour annexes : Souk el Mitou, le Pont du Chélif.

Commune d'Aboukir.

La commune d'Aboukir est limitée :

Au N., par la route de Bel Assel, de la borne C au mamelon dit Guéronenza;

A l'O., 1° par une ligne droite partant de ce mamelon et arrivant à celui d'El Adjem sur la route de Mascara; 2° par une ligne passant par un gros tas de pierres où elle se brise pour venir s'abattre sur la crête du Djebel Babern au point où il délimite le territoire de Sidi Chérif; 3° par le territoire de Sidi Chérif jusqu'à son extrémité S.-O. et, de là, par une ligne droite

---

(1) V. *infrà* sect. III et IV, § 3, les arrêtés pris par le gouverneur général, en exécution des dispositions de cet article, et en ce qui concerne l'exercice des fonctions de maire et l'ordonnancement des dépenses.

jusqu'à la borne C, placée dans la plaine des Ouled Malef; au S., par une ligne qui, partant de cette borne, traverse le territoire des Ouled Malef et vient s'abattre à l'angle formé par les deux lignes O. et E. du territoire de Bled Touaria;

A l'E., par cette dernière ligne passant au marabout Sidi Abd el Kader et par son prolongement à travers les tribus des Ouled Sidi Abd Allah Gharaba et des Ghonfirat jusqu'à la borne C sur la route de Bel Assel, point de départ :

La commune d'Aboukir a pour annexes : Touaria, Si Chérif.

Commune de Rivoli.

La commune de Rivoli est limitée :

Au N., par la route de Mascara, du mamelon d'El Ardjem au territoire de Mostaganem, à hauteur du blockhaus Schauenbourg;

A l'O., 1° de ce point jusqu'à la mer au ravin, limite des territoires d'Ouréah et de la Stidia par la limite de la commune de Mostaganem, telle qu'elle a été plus haut déterminée; 2° par la mer jusqu'à l'embouchure de la Macta.

Au S., la commune de Rivoli a pour limites celles de l'arrondissement lui-même depuis la mer jusqu'au point indiqué par la borne G.

A l'E., la limite O. du territoire de Sidi Chérif jusqu'au mamelon d'El Ardjem, point de départ.

La commune de Rivoli a pour annexes : Ain-Nouissi, la Stidia.　　　　　NAPOLÉON.

SECT. III.

Conseils municipaux. — Maires et adjoints.

DI. — 1er mai-3 sept. 1851. — B. 405. — *Réorganisation de la municipalité d'Alger.*

Vu l'art. 1 de l'ord. du 28 sept. 1847 sur l'organisation municipale en Algérie; — Vu l'art. 2, § 2, de l'ord. du 31 janv. 1848, portant institution des six premières communes de l'Algérie (vol. Ier, p. 132);

Art. 1. — La municipalité de la commune d'Alger sera reconstituée conformément aux dispositions suivantes.

Art. 2. — Le corps municipal se composera : — 1° D'un maire; — De trois adjoints domiciliés dans la ville d'Alger; — D'un adjoint spécial pour chacune des trois sections suburbaines; — 2° D'un conseil municipal de seize membres, savoir : — Dix Français ou naturalisés Français; — Trois colons étrangers ayant au moins deux années de résidence en Algérie, dont une dans la circonscription communale; — Trois indigènes, dont deux musulmans et un israélite. — Le maire est président-né du conseil municipal, dont font également partie les adjoints, avec voix délibérative.

Art. 3. — Le maire et les adjoints seront nommés par nous, sur la présentation de notre ministre secrétaire d'État de la guerre. — Les conseillers municipaux seront nommés par le gouverneur général de l'Algérie sur la proposition du préfet.

Art. 4. — Sont applicables au corps municipal de la commune d'Alger celles des dispositions du titre 1 de l'ord. susvisée du 27 sept. 1847 auxquelles il n'est pas dérogé par le présent décret.　　　　　NAPOLÉON.

DI. — 8 juill.-3 sept. 1854. — B. 465. — *Municipalité des communes de Blidah, Douéra, Koléah, Bouffarik, Oran, Mostaganem, Bône, Philippeville.*

Vu le décret présidentiel du 21 nov. 1851, portant institution des communes de Douéra, Koléah et Bouffarik, dans le département d'Alger (vol. Ier, p. 140);

Vu, etc.;

Art. 1. — Les municipalités des communes de Blidah, Douéra, Koléah, Bouffarik, dans le département d'Alger; — Oran, Mostaganem, dans le dép. d'Oran; — Bône, Philippeville, dans le dép. de Constantine, seront constituées conformément aux dispositions suivantes.

Commune de Blidah.

Art. 2. — Le corps municipal de la commune de Blidah (dép. d'Alger) se composera :

1° D'un maire; — 2° De trois adjoints, dont un domicilié dans la ville de Blidah, et les deux autres dans chacune des sections rurales (Mered et Dalmalie); — 3° D'un conseil municipal de dix membres, savoir : sept Français ou naturalisés Français; un colon étranger, ayant au moins deux années de résidence en Algérie, dont une dans la circonscription communale; deux indigènes, dont un musulman et un israélite.

Commune de Douéra.

Le corps municipal de la commune de Douéra (dép. d'Alger) se composera : — 1° D'un maire; — 2° De six adjoints, dont l'un résidera à Douéra même, et les cinq autres dans les sections suburbaines de Baba Hassen, Crescia, Sainte-Amélie, Saint-Ferdinand, Mahelma; — 3° D'un conseil municipal de sept membres, savoir : six Français ou naturalisés Français; un colon étranger, comme il a été dit plus haut.

Commune de Koléah.

Le corps municipal de Koléah (même dép.) se composera : — 1° D'un maire; — 2° De quatre adjoints, dont un domicilié dans la ville de Koléah, les trois autres dans les sections suburbaines de Fouka, Dounouda, Zéralda; — 3° D'un conseil municipal de sept membres, savoir : cinq Français ou naturalisés Français; un étranger, comme il a été dit plus haut, un indigène musulman.

Commune de Bouffarik.

Le corps municipal de Bouffarick (même dép.) se composera : — 1° D'un maire; — 2° De deux adjoints, dont l'un domicilié dans la commune, et l'autre dans l'annexe de Souma; — 3° D'un conseil municipal de sept membres, savoir : six Français ou naturalisés Français, un colon étranger, comme il a été dit ci-dessus.

Commune d'Oran.

Le corps municipal de la commune d'Oran (dép. de ce nom) se composera savoir : — 1° D'un maire; — 2° De deux adjoints domiciliés dans la ville d'Oran; — 3° D'un adjoint spécial pour chacune des sections suburbaines (Mers el Kebir et la Sénia); — 4° D'un conseil municipal de douze membres, savoir : sept Français ou naturalisés Français; trois colons étrangers ayant au moins deux années de résidence en Algérie, dont une dans la circonscription communale; deux indigènes, dont un musulman et l'autre israélite.

Commune de Mostaganem.

Le corps municipal de Mostaganem (dép. d'Oran) se composera, savoir : — 1° D'un maire; — 2° — De deux adjoints (1); — 3° D'un conseil municipal de dix membres, savoir : sept Fran-

---

(1) Modifié ar l'arrêté suivant du 14 fév. 1855.

çais ou naturalisés Français, un colon étranger, comme il est dit ci-dessus; deux indigènes, dont un musulman et un israélite.

Commune de Bône.

Le corps municipal de Bône se composera : 1° D'un maire; — 2° De deux adjoints; — 3° D'un corps municipal de six membres, savoir : six Français ou naturalisés Français; deux étrangers, comme il a été dit ci-dessus; deux indigènes, dont un musulman et un israélite.

Commune de Philippeville.

Le corps municipal de Philippeville se composera : — 1° D'un maire; — 2° De quatre adjoints, dont deux pour les sections suburbaines de Saint-Antoine et de Damrémont-Valée; — 3° D'un conseil municipal de huit membres, savoir : six Français ou naturalisés Français, deux colons étrangers, comme il a été dit plus haut.

Art. 3. — Le maire est président du conseil municipal, dont les adjoints font également partie avec voix délibérative.

Art. 4. — Dans les communes d'Oran, chef-lieu de département, de Blidah, de Mostaganem, de Bône, de Philippeville, chefs-lieux d'arrondissement, le maire et les adjoints seront nommés par nous, sur la présentation de notre ministre secrétaire d'État de la guerre. — Dans les communes de Douéra, Koléah, Bouffarik, ils seront nommés par le gouverneur général, sur la proposition des préfets. — Les conseillers municipaux des différentes communes désignées au présent décret seront également nommés par le gouverneur général.

Art. 5. — Sont applicables au corps municipal desdites communes celles des dispositions du titre 1 de l'ord. susvisée du 28 sept. 1847 auxquelles il n'est pas dérogé par le présent décret.

L'arrêté du chef du pouvoir exécutif, du 16 août 1848 (vol. 1er, p. 128), sur les municipalités de l'Algérie, est abrogé. NAPOLÉON.

DI. — 14 fév.-10 mars 1855. — B. 476. — *Conseil municipal de Mostaganem.*

Vu notre décret du 14 juin 1854, qui détermine les limites de la circonscription de la commune de Mostaganem (dép. d'Oran); — Vu notre décret du 8 juillet suivant, portant réorganisation du corps municipal de cette commune;

Art. 1. — Le nombre des adjoints au maire de la commune de Mostaganem, fixé à deux par notre décret précité du 8 juillet 1854, est porté à quatre, dont deux pour les sections suburbaines de Mazagran Ouréah et de Karouba. NAPOLÉON.

AG. — 8-20 sept. 1854. — B. 466. — *Nomination du maire de Tlemcen (1).*

Vu l'ord. du 28 sept. 1847, sur l'organisation municipale en Algérie; — Vu le décret du 17 juin 1854, qui institue une municipalité à Tlemcen et détermine la circonscription de la commune;

Art. 1. — Les fonctions de maire à Tlemcen seront remplies transitoirement et jusqu'à nouvel ordre par le commissaire civil, en conformité des dispositions du § 3 de l'art. 11 du décret du 18 juin 1854, susvisé. Comte RANDON.

_____

(1) L'art. 2 de cet arrêté et de chacun des arrêtés suivants contient en outre la nomination des adjoints et des membres des conseils municipaux de ces diverses communes.

AG. — (Même date.) — *Nomination du maire à Mascara.*

AG. — (Même date.) — *Nomination du maire à Bougie.*

AG. — (Même date.) — *Nomination du maire à Sétif.*

AG. — (Même date.) — *Nomination du maire à Guelma.*

AG. — 23 sept.-2 oct. 1854. — B. 467. — *Nomination du maire à Médéah.*

AG. — (Même date.) — *Nomination du maire à Milianah.*

AG. — (Même date.) — *Nomination du maire à Cherchell.*

AG. — (Même date.) — *Nomination du maire à Ténès.*

SECTION IV.

Comptabilité. — Revenus municipaux. — Budgets. — Dépenses.

§ 1. — RECEVEURS MUNICIPAUX.

AG. — 23 juin.-23 août 1854. — B. 464. — *Fonctions de receveur municipal confiées provisoirement au trésorier payeur de la division à Constantine.*

Vu l'arrêté du 30 mars 1848, sur l'acquittement provisoire des dépenses des communes érigées en Algérie, en exécution de l'ord. du 31 janv. 1848; — Vu la décision du 9 août 1851, concertée entre les départements de la guerre et des finances, sur la rémunération des trésoriers payeurs à titre de receveurs municipaux; — Vu les instructions de M. le ministre de la guerre, en date des 8 mai et 16 juin, pour la mise à exécution, en ce qui touche les recettes et les dépenses, du décret du 26 avril 1854 qui institue une municipalité à Constantine; — Vu l'avis de M. l'inspecteur général, chef de la mission des finances en Algérie;

Art. 1. — Les dépenses de la commune érigée pour la ville de Constantine et sa banlieue par le décret du 26 avril 1854, seront provisoirement acquittées sur l'ordonnancement du maire de cette commune par le trésorier payeur de la division qui, à cet effet, demeure chargé de centraliser à sa caisse tous les produits et revenus attribués à ladite commune.

Art. 18. — Les écritures à tenir par le trésorier payeur seront celles qui ont été réglées pour l'exécution de l'arrêté précité, du 30 mars 1848, et la rémunération à payer au trésorier payeur sera réglée conformément à la décision ministérielle du 9 août 1851. Comte RANDON.

AM. — 31 juill.-23 août 1854. — B. 464. — *Nomination du receveur municipal de Constantine et fixation de son cautionnement à 30,000 fr.*

AG. — 8-30 sept. 1854. — B. 466. — *Fonctions de receveur municipal confiées provisoirement au trésorier payeur, dans les communes de Tlemcen et Mascara.*

Art. 1. — Les dépenses des communes de Tlemcen et de Mascara instituées par le décret du 17 juin 1854, susvisé, seront provisoirement acquittées à partir du 1er octobre prochain, sur l'ordonnancement des maires de ces communes par le préposé payeur de la résidence, qui, à cet effet, demeure chargé de centraliser à sa caisse tous les produits et revenus attribués auxdites communes.

Art. 2. — (Comme à l'arrêté du 23 juin ci-dessus.) Comte RANDON.

AO. — 13-20 sept. 1851. — B. 460. — *Mêmes dispositions pour les communes de Bougie, Sétif et Guelma.*

AO. — 23 sept.-2 oct. 1854. — B. 467. — *Mêmes dispositions pour les communes de Médéah, Milianah, Cherchell et Ténès.*

AM. — 18 sept.-30 oct. 1851. — B. 468. — *Le traitement du receveur municipal de Constantine est fixé à 9,000 fr.*

AM. — 12 janv.-8 fév. 1855. — B. 474. — *Le cautionnement du receveur municipal de Médéah est fixé provisoirement à 6,000 fr.*

AM. — 21-30 mai 1855. — B. 480. — *Le traitement du même est fixé à 4,000 fr.*

AM. — 4-18 juin 1855. — B. 481. — *Le cautionnement du receveur municipal de Milianah est fixé à 4,000 fr., et son traitement à 3,000 fr.*

AM. — 1er sept.-8 oct. 1855. — B. 486. — *Le cautionnement du receveur municipal de Tlemcen est fixé à 7,500 fr., et son traitement à 5,000 fr.*

§ 2. — AUTORISATIONS D'EMPRUNT ET D'IMPOSITIONS. — REVENUS COMMUNAUX.

ART. 1. — *Autorisation d'emprunt et d'imposition.*

DI. — 22 nov.-15 déc. 1853. — B. 449. — *Autorisation à la ville d'Oran de s'imposer une contribution de 300,000 fr., pour la construction d'égouts.*

Vu l'art. 42 du § 1 de l'ord. du 28 sept. 1847, et les art. 11, 19 et suiv. de l'arrêté du 4 nov. 1848 ; — Vu, etc.;

Art. 1. — La ville d'Oran est autorisée à s'imposer une contribution de 300,000 francs, dont le produit sera spécialement affecté aux travaux de la construction des égouts, conformément au projet approuvé par décision ministérielle, en date du 27 février 1852.

Art. 2. — La contribution portera sur le revenu des maisons d'habitation, magasins, hangars, écuries, ateliers, étables, et généralement de toutes constructions en bois ou en maçonnerie, ainsi que sur le revenu dont sont susceptibles les terrains non bâtis, compris dans l'enceinte de la ville, quel que soit l'usage auquel ils sont affectés.

Les constructions élevées après la publication du présent décret seront passibles de la contribution à partir du 1er janvier de l'année qui suivra leur achèvement.

Art. 3. — La contribution est à la charge des propriétaires et sera recouvrée en six années, par portions égales de 50,000 francs, à partir du 1er janvier 1854.

Art. 4. — Les cotisations volontaires qui auraient été payées par les propriétaires riverains des tronçons d'égouts déjà construits entreront, jusqu'à due concurrence, en déduction de leur part dans la présente contribution.

Art. 5. — Il sera ajouté, au principal de la contribution, savoir : 1° Cinq centimes par franc, dont le produit est destiné à couvrir les décharges, réductions, remises ou modérations, ainsi que les frais d'impression et de confection des matrices et des rôles ; — 2° Cinq centimes par cote pour frais de premier avertissement.

Art. 6. — Ne seront point soumis à la contribution autorisée par le présent décret les immeubles appartenant à l'État, au département et à la commune qui, d'après les lois, décrets et ordonnances, sont exemptés en France de l'impôt foncier.

Art. 7. — Les formes à suivre pour le recensement et l'évaluation de la matière imposable, la formation des rôles, leur mise en recouvrement, les poursuites, la présentation, l'instruction et le jugement des réclamations, sont les mêmes que celles édictées par l'arrêté du 4 nov. 1848. NAPOLÉON.

ART. 2. — *Revenus communaux.*

AM. — 11 nov.-8 déc. 1854. — B. 471. — *Part des communes dans l'octroi de mer, pour l'année 1855. (V. aussi infrà, 10 déc. 1855.)*

Vu les art. 10 et 12 de l'arrêté du chef du pouvoir exécutif, du 4 nov. 1848, portant règlement d'administration publique sur la propriété communale et les revenus des communes en Algérie (vol. 1er, p. 129) ; — Vu, etc.; — Considérant qu'en conférant au ministre de la guerre le droit de répartir, chaque année, au prorata des besoins et des ressources comparés, la portion du produit de l'octroi de mer attribuée aux communes, le décret précité s'est abstenu d'indiquer suivant quelles règles serait déterminé le prorata qui doit servir de base à la répartition, et que dès lors le choix de cette base reste abandonné à l'appréciation discrétionnaire du ministre répartiteur ; — Considérant qu'il importe, au double point de vue de l'intérêt des communes et des principes de l'équité, de s'arrêter à la base qui, par son caractère de fixité et de certitude, se prête le moins à l'arbitraire ou à l'erreur ; — Que le chiffre officiel de la population peut seul présenter ce double caractère ; — Que son adoption, comme base unique de la répartition à effectuer, est d'ailleurs une conséquence logique et rigoureuse de la nature du produit à répartir, puisqu'il s'agit de droits prélevés sur la consommation, et que celle-ci ne saurait avoir, dans chaque localité, de mesure plus exacte que le chiffre de la population ; — Enfin, que, eu égard à la majeure partie des objets affectés par les tarifs de l'octroi de mer, la population indigène ne concourt, dans chaque localité, à leur consommation, que dans une proportion que les données actuelles de la statistique ne permettent pas d'évaluer à plus du dixième de la consommation européenne.

Art. 1. — Pour l'année 1855, la part revenant à chaque commune constituée, dans les trois cinquièmes du produit net de l'octroi de mer, sera déterminée au prorata de sa population tant européenne qu'indigène. — On appliquera à la répartition de l'octroi de mer entre les communes les derniers tableaux de population arrêtés pour servir de base à l'assiette de la contribution des patentes et des droits de licence. — Toutefois, les indigènes musulmans et israélites ne seront comptés que pour le dixième de leur effectif réel. VAILLANT.

AM. — 10-31 déc. 1855. — B. 490. — *Id. pour l'année 1856.*

Art. 1. — Les dispositions de notre arrêté du 11 nov. 1854, art. 1, continueront d'être observées, pour la répartition à faire en 1856 de la part afférente aux communes dans le net produit de l'octroi de mer. VAILLANT.

V. ABATAGE. — MARCHÉS, § 1, 5 avril et 28 juin 1855. Droits de place et de stationnement.

§ 3. — BUDGETS.

AG. — 18-29 déc. 1854. — B. 472. — *Budget de la commune de Bougie.*

Vu l'art. 47 de l'ord. du 28 sept. 1817 ; — Les art. 12, 13 et suiv. de l'arrêté du 4 nov. 1818 sur la propriété et les revenus des communes de l'Algérie ; — L'arrêté ministériel du 11 nov. 1851.

Art. 1. — Le budget de la commune de Bougie (dép. de Constantine), pour l'année 1855, est fixé en recettes et en dépenses à la somme de 52,962 fr., conformément aux états ci-annexés.   A. PÉLISSIER.

AG. — (Même date.) — *Le budget de la commune de Guelma pour l'année 1855 est fixé en recettes et en dépenses à 53,085 fr.*

AG. — 15 fév.-1er mars 1855. — B. 475. — *Le budget de la commune de Sétif pour l'année 1855 est fixé en recettes à 79,480 fr., et en dépenses à 75,003 fr. 35 c.*

AG. — 15 fév.-19 mars 1855. — B. 476. — *Le budget de la commune de Mascara pour l'année 1855 est fixé en recettes à la somme de 90,587 fr., et en dépenses à celle de 89,090 fr.*

AG. — 18 mars-7 avril 1855. — B. 477. — *Le budget de la commune de Milianah pour 1855 est fixé en recettes à 55,995 fr. et en dépenses à 53,710 fr.*

AG. — (Même date.) — *Le budget de la commune de Ténès pour l'année 1855 est fixé en recettes à 85,803 fr., et en dépenses à 73,855 fr.*

DI. — 25 nov.-13 déc. 1854, 17 janv.-13 avril, 27 juin 1855. — Promulgués le 8 août 1855. — B. 484. — *Fixation du budget des communes ci-après :*

	EN RECETTES.	EN DÉPENSES.
Alger	818,847	818,847
Blidah	170,430	170,430
Constantine	437,105	437,105
Bône	190,005	190,005
Philippeville	161,389	161,389
Médéah	110,089	108,369
Tlemcen	131,537	127,137
Oran	403,453	398,500
Mostaganem	144,850	141,635

§ 4. — PROPRIÉTÉ COMMUNALE. — AUTORISATIONS D'ACQUISITION.

AG. — 7-23 mai 1853. — B. 437. — *Autorisa*tion à la commune de Bône d'acquérir six immeubles.

Vu, etc.; — Vu l'art. 56 de l'ord. du 28 sept. 1817;

Art. 1. — La commune de Bône est autorisée à acquérir, par les soins de son maire et au prix de 48,020 fr., dont le détail figure au rapport d'expertise ci-dessus visé, les six immeubles dont le terrain est nécessaire au percement du prolongement de la rue Saint Augustin, et que les propriétaires ont offert de céder amiablement, ainsi qu'il résulte de leur acquiescement à la suite dudit rapport.   Comte RANDON.

V. COMMUNE (sect. Ire, vol. I). Constitution de la propriété communale. — CONCESSIONS (sect. III, § 6, Concessions immobilières à des communes. — PROPRIÉTÉ (sect. I, § 1). Loi du 16 juin 1851, tit. 2, art. 9, et sect. II, expropriation. — MARCHÉS. — VOIRIE, § 1. Chemins vicinaux.

Concessions.

DIVISION.

SECTION II.

Création de centres de population.

§ 1. — FONDATION DE VILLES, VILLAGES ET HAMEAUX.

ART. 1. — *Province d'Alger.*

DI. — 30 sept.-10 nov. 1853. — B. 440. — *Création du village de Aïn-Taya et de deux hameaux annexes* (1).

Vu les ord. des 21 juillet 1845, 5 juin et 1er sept. 1847 (vol. Ier, p. 148 et 151) ;

---

(1) *Rapport à l'empereur.*

Paris, le 30 septembre 1853.

Sire, il est devenu nécessaire d'ouvrir un nouvel horizon à la colonisation européenne, désormais trop à l'étroit sur le territoire qu'elle occupe dans le département d'Alger. Les vues de l'administration se sont portées sur la partie est de la plaine de la Métidja, comprise entre le Hamiz et le Boudouaou.

Malgré sa proximité d'Alger, cette section était restée jusqu'à ce jour déserte et inexploitée, parce que, confinant à la Kabylie, elle formait une sorte d'impasse où la colonisation eût manqué de mouvement et de débouchés.

Aujourd'hui, les rapports commerciaux qui s'établissent avec la Kabylie, les progrès de notre occupation à Dellys, la route qui reliera très-prochainement cette ville à Alger, tout appelle les colons sur ce point.

Des études se poursuivent pour la création d'un certain nombre de centres de population, et déjà M. le gouverneur général vient de soumettre à mon département des propositions régulières pour l'établissement de deux premiers villages.

Aïn Taya, l'un d'eux, est projeté sur les rives de la baie est du cap Matifou; sa circonscription territoriale serait fixée à 1,020 hectares 43 ares 40 centiares, et sa population à soixante-dix-huit familles, y compris la population et le territoire de deux hameaux annexes, l'un de dix feux, l'autre de huit, qui seraient installés à Aïn Beïdia et à Chrob ou Herob.

Le centre principal, comme ses deux annexes, serait placé dans des conditions satisfaisantes de sécurité et de salubrité; le voisinage de la route d'Alger à Dellys assurerait un écoulement avantageux de leurs produits; le sol, sans être d'une richesse remarquable, est cependant fertile, et payerait largement le travail du cultivateur. Il est sillonné de plusieurs sources importantes.

De nombreuses ruines romaines attestent, au surplus, l'ancienne prospérité de cette contrée; et les nouveaux colons trouveront, pour ainsi dire, à pied d'œuvre, les matériaux nécessaires pour construire leurs habitations. — En conséquence, j'ai l'honneur de prier Votre Majesté de vouloir bien revêtir de sa signature le projet de décret ci-joint, portant création du village d'Aïn Taya et de ses deux annexes Aïn Beïdia et Chrob ou Herob. — Ces centres étant situés à proximité du cap Matifou, j'ai également l'honneur de proposer à Votre Majesté d'approuver

Art. 1. — Il est créé dans l'arrondissement d'Alger, sur les rives de la baie Est du cap Matifoux, un centre de population de soixante feux qui prendra le nom de Aïn Taya, et deux hameaux, annexes de ce centre, composés, l'un de dix feux, l'autre de huit feux, portant, le premier, le nom de Aïn Beïdia, et le deuxième, celui de Matifoux.

Art. 2. — Un territoire agricole de 1,026 hectares 42 ares 40 centiares est affecté à ce nouveau centre et à ces deux annexes, conformément au plan ci-annexé.   NAPOLÉON.

DI. — (Même date.) — *Création du village de Rouiba* (1)

Vu, etc.;

Art. 1. — Il est créé dans l'arrondissement d'Alger, sur la route d'Alger à Dellys, un centre de population de vingt-deux feux, qui prendra le nom de Rouiba.

Art. 2. — Le territoire agricole à affecter à ce nouveau centre sera, conformément au plan ci-annexé, de 385 hectares 85 ares 90 centiares.   NAPOLÉON.

DI. — 21 juill.-3 sept. 1854. — B. 405. — *Création du village de Chébli* (2).

Vu, etc.;

---

que le hameau de Chrob ou Herob, dont le nom est d'une prononciation difficile, soit désigné sous le nom de *Matifoux*.
          Le ministre de la guerre, DE SAINT-ARNAUD.

(1) Par un rapport en date de ce jour, j'ai eu l'honneur de présenter à la signature de Votre Majesté un projet de décret pour la création d'un premier centre de population dans l'est de la plaine de la Métidja.

Le second village dont M. le gouverneur général de l'Algérie a proposé l'établissement dans le nouveau périmètre de colonisation ouvert sur ce point, serait situé sur la route d'Alger à Dellys, au lieu dit Rouiba.

Ce village, composé de vingt-deux familles, ne serait pas exclusivement agricole : lieu de gîte et de repos pour les voyageurs et le roulage, sur une voie de communication de plus en plus fréquentée, il trouverait encore, par la suite, de sûrs éléments de bien-être dans les avantages de cette position. — Un territoire fertile, de 385 hectares 85 ares 90 centiares, y serait affecté. Il n'y existe pas, il est vrai, d'eau courante; mais on trouve, à peu de profondeur du sol, une nappe abondante d'eau potable qui peut alimenter un grand nombre de puits et de norias, — Ses conditions de sécurité et de salubrité seraient aussi satisfaisantes que possible.

J'ai, en conséquence, l'honneur de soumettre à Votre Majesté le décret ci-joint, destiné à sanctionner la création du village de Rouiba, conformément à la législation en vigueur.
          Paris, le 30 sept. 1853.
          Le ministre de la guerre, DE SAINT-ARNAUD.

(2) *Rapport à l'empereur.*
          Paris, 21 juillet 1854.
Sire, j'ai l'honneur de présenter à la signature de Votre Majesté un projet de décret destiné à sanctionner la création d'un nouveau centre de population dans la plaine de la Métidja (département d'Alger).

Pour mieux fixer le rôle et l'opportunité de cette création, qui a été régulièrement proposée par le conseil de gouvernement de l'Algérie, je crois utile de rappeler, en peu de mots, le système de colonisation appliqué à la plaine de la Métidja, où le domaine de l'État ne possédait qu'un nombre d'immeubles très-limité. La propriété particulière était, dès les premiers temps de la conquête, passée presque tout entière aux mains des Européens, qui, en attendant que les progrès de notre occupation leur permissent de tirer du sol un parti plus fructueux, se bornaient à récolter les fourrages qu'il produisait en abondance.

Dans cette situation, l'administration ne pouvait songer à substituer aux anciens colons une population nouvelle puisée dans l'émigration, ce qui eût nécessité d'énormes dépenses d'expropriation. C'est par des voies indirectes

d

Art. 1. — Il est créé, à 8 kilom. de Bouffarik, entre ce village et le haouch Mimouch, sur la route médiane de la plaine de la Métidja (arrondissement de Blidah), un centre de population de quarante feux qui prendra le nom de *Chébli*.

Art. 2. — Un territoire de 1,012 hectares est affecté à ce centre de population, conformément au plan ci-annexé.   NAPOLÉON.

DI. — 14 oct.-22 nov. 1854. — B. 470. — *Création du village de Reghaïa.*

Vu, etc.;

Art. 1. — Il est créé, entre la Rassauta et le Boudouaou, sur la route d'Alger à Dellys, arrondissement d'Alger, un centre de population de trente et un feux, qui prendra le nom de *Reghaïa.*

Art. 2. — Un territoire de 613 hectares 52 ares 25 centiares est affecté à ce centre de population, conformément au plan ci-joint.
          NAPOLÉON.

DI. — 24 mars-28 avril 1855. — B. 479. — *Création du village de Staouéli.*

Vu, etc.;

Art. 1. — Il est créé, dans l'arrondissement

---

qu'il convenait de procéder à la colonisation : il fallait tirer parti des éléments existants, conserver la propriété particulière telle qu'elle était déjà constituée, mais la placer dans des conditions économiques qui en amenassent forcément la culture.

La plaine de la Métidja a donc été, pour ainsi dire, endiguée entre deux zones de villages; l'une se déployant au nord, sur les derniers contre-forts de Sahel; l'autre s'étendant au sud et formant ceinture au pied de l'Atlas. Tous ces centres de population sont aujourd'hui en pleine voie de prospérité; les éléments de main-d'œuvre qu'ils fournissent, les chemins qui les relient entre eux, ont rendu presque partout à la culture, les propriétés jusque-là désertes.

Il ne reste plus, pour compléter le système de colonisation qui vient d'être rappelé, qu'à échelonner quelques centres sur une route médiane, s'étendant de l'est à l'ouest et desservant les immeubles situés au milieu de la plaine.

La route est déjà en partie construite. Le village dont j'ai l'honneur de proposer la création à Votre Majesté fait partie de cette zone, parallèle aux deux premières. — Son emplacement a été choisi à 8 kilomètres environ du bourg de Bouffarick, dans une position qui ne laisse rien à désirer sous le rapport de la salubrité.

Le territoire agricole qui a été limité comprend 1072 hectares de terres domaniales, ou acquises au service de la colonisation au moyen d'échanges avec les indigènes propriétaires. Son étendue permettrait d'établir neuf fermes isolées de 40 à 50 hectares chacune, indépendamment des lots de petite culture affectés à la population agglomérée, qui serait composée de quarante familles.

Les eaux de la rivière de l'Harrach se prêteraient à l'établissement d'un système d'irrigation plus complet que celui qui existe dans la plupart des villages les plus prospères du Sahel d'Alger. — La route médiane de la Métidja et un chemin de colonisation projeté sur la rive gauche de l'Harrach assureraient les communications avec toute la plaine, et avec les villes d'Alger, Blidah et Koléah. — Enfin, les marchés voisins de Bouffarik et de l'Arba offriraient aux produits agricoles un débouché facile et certain.

Telles sont, sire, les conditions favorables dans lesquelles serait créé le village de Chébli, qui emprunterait tout à la fois son nom à l'un des haouchs formant son territoire et à un produit célèbre de la contrée, le tabac dit *chébli*, dont la régie recommande spécialement la culture. — J'ai l'honneur de prier Votre Majesté de vouloir bien revêtir de sa signature le projet de décret ci-joint, destiné à sanctionner ladite création, conformément à l'ordonnance du 21 juillet 1845.

          Le ministre de la guerre, VAILLANT.

d'Alger, entre le couvent des trappistes et le village de Sidi Ferruch, un centre de population de trente feux, qui prendra le nom de *Staouéli*.

Art. 2. — Un territoire agricole de 536 hectares 88 ares 55 centiares est affecté à ce centre, conformément au plan ci-annexé.

NAPOLÉON.

DI. — 18 juill.-30 août 1855, — B. 485. — *Territoire de colonisation d'Aumale.*

Vu les ord. des 21 juillet 1845 et 5 juin 1847 (vol. Ier, p. 148, 149);

Art. 1. — La circonscription territoriale affectée à la ville d'Aumale, province d'Alger, est fixée à 10,553 hectares, conformément au plan ci-annexé. NAPOLÉON.

Art. 2. Province de Constantine.

DI. — 5 août.-20 sept. 1854. — B. 460. — *Création du village de Aïn Smara.*

Vu, etc.;

Art. 1er. — Il est créé dans la province de Constantine, au lieu dit Aïn Smara, sur la route de Constantine à Sétif, et à 10 kilom. de la première de ces villes, un centre de population de cinquante feux, qui prendra le nom de *Aïn Smara.*

Art. 2. — Un territoire agricole de 1,384 hectares 14 ares 7 centiares est affecté à ce centre, conformément au plan ci-annexé.

NAPOLÉON.

(Indépendamment des villages créés par les décrets ci-dessus, d'autres centres de population ont été également formés dans le cours des années 1853 1854, et 1855. On doit y comprendre en effet 1° les colonies agricoles créées en exécution du décret du 10 sept. 1848 (V. vol. Ier, p. 170 et suivantes), qui, après remise définitive à l'autorité civile, ont été constituées régulièrement par arrêté du 4 juill. 1855 (V. *infrà*, § 4); 2° divers villages ou centres de population dont la création a été imposée comme condition de concessions particulières importantes, faites notamment à la compagnie Genevoise, aux environs de Sétif, par décret du 20 avril 1853; aux sieurs Joly de Brésillon et autres, dans la subdivision de Constantine, par décret du 16 déc. 1854; au sieur Demonchy, de l'emplacement de Tipaza, par décret du 12 août 1854 (V. *infrà*, sect. III, § 1). Sur les dix villages que la compagnie Genevoise s'était obligée à construire, quatre ont déjà été établis (V. Voltre, § 2, art. 2. Arrêté du 19 juill. 1854 et note).

§ 4. — COLONIES AGRICOLES.

AG. — 22-29 déc. 1854. — B. 412. — *Remise à l'autorité civile des colonies agricoles d'Aïn Sultan et de Vesoul Benian.*

Vu l'arrêté du 12 janvier 1853, portant qu'il sera sursis provisoirement à la remise à l'administration civile des colonies agricoles d'Aïn Sultan et de Vesoul Benian, dans la province d'Alger (vol. Ier, p. 174); — Vu le décret en date du 28 oct. 1854, sur la délimitation du département d'Alger (V. v° *Ressorts civils*);

Art. 1. — Remise sera faite le 1er janv. 1855 à l'administration civile des colonies agricoles d'Aïn Sultan et de Vesoul Benian.

Art. 2. — Ces colonies ressortiront provisoirement, sous le rapport administratif et sous le rapport judiciaire, au commissariat civil de Milianah.

DI. — 4-22 juill. 1855, — B. 483. — *Constitu-*

tion définitive des colonies agricoles remises à l'autorité civile dans la province d'Alger.

Vu les ord. des 21 juill. 1845, 5 juin et 1er sept. 1847, et la loi du 10 sept. 1848 (vol. Ier, p. 148, 151, 162 et 170);

Art. 1er.—Les centres de population d'Ameur el Aïn, Bourkika, Sidi Abd el Kader, Bou Medfa, Aïn Bénian, Aïn Sultan, département d'Alger, sont constitués définitivement, en ce qui concerne l'emplacement et la circonscription territoriale, conformément aux plans ci-annexés, savoir:

Département d'Alger, arrondissement de Blidah: — Ameur el Aïn à 23 kil. O. de Blidah, 2,000 hect., 55 feux; — Bourkika à 31 kil. O. de Blidah, 1,880 hect. 72 ares, 51 feux; — Sidi Abd el Kader et Bou Medfa à 38 kil. O. de Blidah 1,214 hect. 71 ares 74 cent., 64 feux; — Aïn Bénian à 10 kil. N.-E. de Milianah, 1,323 hect. 52 ares 55 cent., 59 feux; — Aïn Sultan à 10 kil. N.-E. de Milianah; 1,304 hect. 53 ares 51 cent., 48 feux. NAPOLÉON.

DI. — (Même date.) — *Constitution définitive des colonies agricoles remises à l'autorité civile dans la province de Constantine.*

Vu, etc.;

Art. 1. — Les centres de population de Sidi Nassar et Hamed ben Ali, cercle de Philippeville, division de Constantine, sont constitués définitivement, en ce qui concerne l'emplacement et la circonscription territoriale, conformément aux plans ci-annexés, savoir:

Division de Constantine, cercle de Philippeville: — Sidi Nassar à 4 kil. E. de Jemmapes, 1,624 hect. 91 ares 18 cent., 20 feux; — Hamed ben Ali à 3 kil. S.-O. de Jemmapes, 1,709 hect. 8 ares 54 cent., 32 feux. NAPOLÉON.

DI. — (Même date.) — *Constitution définitive des colonies agricoles réunies à l'autorité civile dans la province d'Oran.*

Vu, etc.;

Art. 1. — Les centres de population de Bou Tlélis, Bled Touaria, Aïn Sidi Chérif, Aïn Boudinar et du Pont du Chélif (département d'Oran), sont constitués définitivement, en ce qui concerne l'emplacement et la circonscription territoriale, conformément aux plans ci-annexés, savoir:

Département d'Oran, arrondissement d'Oran: — Bou Tlélis à 30 kil. d'Oran, 4,054 hect. 80 ares, 100 feux.

Arrondissement de Mostaganem: — Bled Touaria à 19 kil. de Mostaganem, 1,423 hect. 87 ares 60 cent., 86 feux; — Aïn Sidi Chérif à 18 kil. de Mostaganem, 1,994 hect. 95 ares 25 cent., 56 feux; — Aïn Boudinar à 12 kil. de Mostaganem, 1,581 hect. 62 ares 60 cent., 47 feux; — Pont du Chélif à 29 kil. de Mostaganem, 1,880 hect. 50 ares 40 cent., 59 feux.

NAPOLÉON.

SECTION III.

Concessions à des particuliers.

§ 1. — CONCESSIONS DE TERRES ET MAISONS.

ART. 1. — Province d'Alger.

DI. — 10 avr.-7 juin 1853. — B. 438. — *Concessions à divers colons de terrains dans la plaine de la Métidja.*

DI. — 12 août-3 sept. 1854. — B. 465. — *Concession au sieur Demonchy de l'emplacement de l'ancienne ville romaine de Tipaza, en vue de la création d'un centre de population d'au moins 50 feux.*

Art. 1.—Il est fait concession au sieur Demonchy (Auguste-Adolphe), propriétaire, demeurant à Paris, d'un territoire de 2,072 hect. 42 ares 05 cent., situé dans la province d'Alger, lequel, figuré au plan ci-joint, compose la section dite de Tipaza, et comprend l'emplacement de l'ancienne ville romaine de Tipaza. — Cette concession demeure soumise aux conditions suivantes, pour l'exécution desquelles le sieur Demonchy fera élection de domicile à Alger.

Art. 2. — En vue de la création d'un centre de population dont il sera ultérieurement parlé, l'État fait réserve, — Dans l'emplacement même de Tipaza : — Des terrains qui pourront être nécessaires pour travaux d'enceinte, boulevards, rues, places, fontaines et tous édifices destinés à des services publics; le tout conformément aux plans de distribution et d'alignement qui seront soumis à l'approbation de l'administration, ainsi qu'il est dit aux art. 4 et 20 ci-après. — Dans le territoire agricole : 1° De deux lots de 5 hectares chacun, lesquels seront attribués au ministre du culte et à l'instituteur, pendant la durée de leurs fonctions; — 2° D'un lot de 200 hect., destiné à servir, soit de réserve forestière, soit de libre parcours, et qui pourra, s'il y a lieu, être affecté à la dotation de la commune. Ledit lot sera délimité de gré à gré entre le sieur Demonchy et les agents du service forestier sous l'approbation de l'autorité supérieure; — 3° De 500 hectares de terres qui formeront 50 concessions, directement délivrées par l'État aux colons du village; — 4° D'un emplacement à proximité du centre de population, et destiné à servir de cimetière européen; — 5° Des cimetières arabes existant sur diverses parties de la concession. — Ces diverses réserves territoriales seront définitivement déterminées par le plan général de l'établissement.

Art. 3.—Pour subvenir aux dépenses que nécessitera, de la part de l'État, la mise en possession de l'intégralité des terrains compris dans la concession faite au sieur Demonchy, ce dernier versera immédiatement au trésor une somme de 20,000 fr. qui demeurera définitivement acquise à l'État.

Art. 4. — Le concessionnaire créera à ses frais sur l'emplacement de l'ancienne ville de Tipaza un centre de population d'au moins 50 feux, composé de familles de cultivateurs européens, suivant un plan de distribution et nivellement établi par ses soins et approuvé par le ministre de la guerre. — A cet effet, 50 maisons en maçonnerie, couvertes en tuiles ou en voûte maçonnée, avec terrasse, devront être construites dans le délai de trois ans. Chacune d'elles devra être composée d'au moins trois pièces propres au logement d'un agriculteur et de sa famille. — Les travaux seront reçus par un agent de l'administration, désigné à cet effet, lequel estimera contradictoirement avec le sieur Demonchy la valeur de la construction.

Art. 5. — Au fur et à mesure de la construction du village, le sieur Demonchy appellera en Algérie les familles destinées à habiter les maisons achevées. — Il ne pourra bénéficier sur la construction desdites maisons, et devra les céder au prix de revient, sans toutefois que ce prix puisse dépasser la somme de 2,500 fr. — A chaque habitation seront annexés gratuitement des terrains de culture pris dans la réserve mentionnée au n° 3 de l'art. 2, d'une superficie de 10 hect. au moins, dont cinq choisis parmi les terres labourables les plus rapprochées du village, et le surplus dans les parties les plus éloignées. Un plan général d'allotisse-

ment sera, à cet effet, préparé par les soins du concessionnaire et soumis à l'approbation de l'administration.

Art. 6. — Le concessionnaire a seul le choix des colons; toutefois il ne peut désigner au gouvernement, comme aptes à recevoir un lot de terre, que des individus mâles, majeurs et valides. — La désignation du lot de terrain et de la maison affectée à chaque colon appartient au concessionnaire, mais la concession du sol lui est faite directement par le gouvernement au moyen d'un titre transmissible.

Art. 7. — Avant de diriger un colon sur les lieux et de lui délivrer l'acte qui lui attribue la propriété de l'une des maisons du village, le concessionnaire devra avoir reçu de lui un dépôt de 2,000 fr., destiné à pourvoir à ses premiers besoins lors de son arrivée, ainsi qu'à l'achat par lui des bestiaux et instruments aratoires nécessaires à la mise en culture du terrain qui lui est concédé. — Ce dépôt sera versé par le concessionnaire aux mains du gouvernement, qui lui en donnera décharge et qui le restituera au colon comme suit, savoir : 1,000 fr. à l'arrivée du colon, 500 fr. après six mois, 500 fr. après un an de séjour.

Art. 8. — Les colons doivent faire face par eux-mêmes aux frais de leur voyage jusqu'au port d'embarquement, et du port de débarquement au lieu de la concession. — Le gouvernement leur fournira, au besoin, la protection nécessaire pour se rendre du port de débarquement à leur destination.

Art. 9. — Pendant cinq années, à dater de la promulgation du présent décret, le gouvernement accordera, sur les bateaux à vapeur faisant le service des dépêches entre la France et l'Algérie, des passages gratuits, savoir : — 1° De 1re classe, aller et retour, au sieur Demonchy et sa famille, jusqu'à concurrence de trois par année; — 2° De 2e classe, aller et retour, jusqu'à concurrence de quatre par année, pour les agents supérieurs dudit sieur Demonchy; — 3° De 3e classe, aller seulement, pour les colons désignés par lui, ainsi que pour leurs familles, leurs bagages et les instruments de leurs professions. — Le poids des bagages sera, dans les deux premiers cas, restreint dans les limites réglementaires.

Art. 10. — Le gouvernement se charge de tous les travaux d'utilité publique à construire dans le village, notamment de l'établissement des puits ou fontaines qui seront nécessaires aux habitants et à leurs bestiaux; de l'achèvement de la route de Marengo à Tipaza, du nivellement des rues et places, conformément au plan approuvé, ainsi qu'il a été dit plus haut; enfin, des ouvrages qu'il jugera nécessaires à la défense. Ces travaux, dont l'administration se réserve d'apprécier la nécessité et l'importance, seront terminés dans le même temps que la construction du village. — Le gouvernement pourvoira, en outre, s'il y a lieu, à l'exécution d'un débarcadère et des ouvrages nécessaires à l'amélioration du mouillage de Tipaza, mais il sera libre de fixer l'époque et l'importance de ces travaux.

Art. 11. — Le gouvernement fera construire une église et une école. En attendant l'achèvement de ces constructions et aussitôt que trente familles seront établies dans le village, il installera les services du culte et de l'instruction publique dans les locaux que le concessionnaire s'engage à mettre à sa disposition, moyennant un prix de location qui sera fixé de gré à gré.

Art. 12. — Toutes les dispositions administratives en vigueur en Algérie, concernant l'assistance publique et le traitement des malades, seront applicables aux colons du village. Lo gouvernement prendra, soit pendant la construction dudit village, soit après l'installation des familles, les mesures propres à maintenir la sécurité dans la localité. Il distribuera aux colons, si les circonstances l'exigent, des armes et munitions, que ceux-ci devront conserver en bon état, tant qu'ils en seront détenteurs.

Art. 13. — Lorsque le colon ne payera pas comptant le prix de sa maison, les sommes restant dues seront payables au concessionnaire en vingt-six ans et demi, par annuité de 7 p 0/0, intérêts et amortissement compris. Le colon pourra, toutefois, se libérer par des versements anticipés qui ne seront pas moindres de 100 francs; mais lorsqu'il voudra user de cette faculté, il sera tenu de prévenir le sieur Demonchy, ou son fondé de pouvoirs, un mois à l'avance.

Art. 14. — Les annuités dues au concessionnaire par le colon seront payées en deux termes égaux et d'avance. Pour garantie de cette obligation, le concessionnaire pourra, indépendamment de son privilége sur la maison du colon acquéreur, prendre inscription sur les 10 hectares de terre qui y sont annexés, et ce jusqu'à complète libération.

Art. 15. — Les colons seront tenus de mettre en bon état de culture les 10 hectares qui leur seront concédés, dans un délai de quatre ans, à partir du jour de leur mise en possession. Seront considérés comme en état de culture les terrains sur lesquels des boisements ou ensemencements de forêts auront été pratiqués ainsi que les terrains laissés en prairies naturelles, pourvu que celles-ci soient en bon état de production et d'entretien, et que leur étendue n'excède pas la moitié de la concession.

Art. 16. — Le concessionnaire et les habitants du village seront, par dérogation spéciale à l'art. 5 de l'ord. du 5 juin 1847, exonérés de toute redevance quelconque envers l'État. Ils seront tenus, néanmoins, aux charges et impôts qui pourront grever ultérieurement la propriété foncière en Algérie.

Art. 17. — Le concessionnaire et les colons seront tenus, pendant dix années, d'abandonner à l'État, sans indemnité, les terrains nécessaires à l'ouverture des routes, chemins, canaux et autres ouvrages d'utilité publique. Ils seront tenus de maintenir les chemins existants, à moins qu'ils ne soient autorisés par l'administration à les supprimer ou à leur donner une autre direction. L'État se réserve la propriété des objets d'art, mosaïques, bas-reliefs, statues, débris de statues, médailles, etc., qui pourraient exister dans la concession, ainsi que des matériaux provenant de l'édifice en ruine désigné au plan sous le nom d'église romaine.

Art. 18. — Le concessionnaire et les colons se conformeront aux règlements existants ou à intervenir sur le régime des eaux en Algérie.

Art. 19. — En cas d'inexécution par un colon des obligations qui lui sont imposées par l'art. 15, le gouvernement pourra, conformément à l'art. 11 du décret du 26 avril 1851, faire vendre sur les lieux, aux enchères publiques, son lot de 10 hect. et sa maison, pour le produit en être, jusqu'à due concurrence et déduction faite des frais, affecté au remboursement de la créance du concessionnaire dans les termes de l'art. 13 ci-dessus, puis à celui des autres créances hypothécaires inscrites suivant l'ordre amiable ou judiciaire qui en sera fait. L'excédant, s'il y en a, sera remis au colon exproprié.

Art. 20. — Les dispositions contenues dans les art. 5, 6, 7, 8, 9, 13, 14, 15, et 19, du présent décret ne s'appliquent qu'aux cinquante premières maisons que le sieur Demonchy s'est engagé à construire, et aux cinquante lots de terre qui y seront annexés. Quant aux maisons qu'il ferait bâtir au delà de ce nombre, soit dans l'intérieur, soit à l'extérieur de Tipaza, et au reste des terres qui lui sont concédées, il sera libre d'en disposer à son gré. Toutefois, la construction des maisons dans l'intérieur de Tipaza sera soumise à un plan d'alignement ou de distribution approuvé par l'administration, dans la même forme que celui du village de cinquante feux. Les emplacements affectés aux boulevards, rues et places seront de droit réservés. L'administration indiquera sur le plan les autres réserves qu'il y aurait lieu de déterminer, dès que cinquante maisons auront été construites.

Art. 21. — Si, dans le délai de trois ans, le sieur Demonchy a construit cinquante maisons et y a installé cinquante familles dans les conditions prescrites par les articles 4 et 5, les terrains qui lui resteront personnellement attribués après le prélèvement des réserves mentionnées en l'article 2, seront affranchis de la clause résolutoire conformément à l'article 9 du décret du 26 avril 1851. En cas d'inexécution totale ou partielle des obligations par lui souscrites, il ne lui sera laissé, en dehors des terrains affectés aux cinquante familles de colons, qu'autant de lots de 40 hectares qu'il aura bâti et peuplé de maisons.

Art. 22. — Toutes les règles établies par le décret organique du 26 avril 1851, et qui ne sont pas contraires aux dispositions précédentes, sont applicables à la présente concession.

NAPOLÉON.

DI. — 13 avril-18 juin 1855. — B. 481. — *Concession au sieur Suquet d'un terrain de 159 hect. sur la rive gauche du Chélif (subdivision de Milianah).*

DI. — 3 oct.-31 déc. 1855. — B. 490. — *Concession aux sieurs Ponson et Phillppe de 310 hect. de terrains dans la vallée de l'Oued Corso.*

Art. 2. — *Province de Constantine.*

DI. — 24 janv.-10 mars 1853. — B. 433. — *Concession au sieur Mohamed Sghir d'un terrain de 125 hect. sis au territoire de la colonie agricole d'Ahmet ben Ali (division de Constantine).*

DI. — 10 avril-7 juin 1853. — B. 438. — *Concessions de divers immeubles, urbains et ruraux, dans la province de Constantine.*

DI. — 26 avril-7 juin 1853. — B. 438. — *Concession au comte Sautter de Beauregard et autres (compagnie Genevoise) de 20,000 hect. situés aux environs de Sétif, en vue de la création de dix villages dans le délai de dix années.*

Art. 1. — Il est fait concession aux personnes dénommées ci-après : — 1° etc. — De terrains domaniaux, d'une contenance de 20,000 hect., situés dans les environs de Sétif, province de Constantine. — Cette concession demeure soumise aux conditions suivantes, pour l'exécution desquelles les concessionnaires seront solidaires et feront élection de domicile, soit à Sétif, soit dans l'un des villages à édifier.

Art. 2. — Dès à présent, 10,000 hect. sont réservés aux concessionnaires, à prendre sur les 22,000 hect. environ, délimités par un liseré violet sur le plan ci-annexé. — Ne sont point compris dans les 10,000 hect. attribués aux concessionnaires par le paragraphe précédent : — 1° Les réserves militaires indiquées par une teinte verte sur le plan; — 2° Les terrains concédés, teintés en jaune sur le plan, et le territoire des cinq villages en cours d'exécution, ainsi que celui assigné, par l'ord. du 11 fév. 1847, à la ville européenne de Sétif (vol. I", p. 162); — 3° Les villages arabes de Aïn Lachochia et d'Oued Tinar et leur territoire. — Les 10,000 hect. complémentaires, autant que possible attenant aux premiers, seront désignés ultérieurement par notre ministre de la guerre, sur la demande des concessionnaires, après avoir pris l'avis du gouverneur général, le conseil de gouvernement entendu.

Art. 3. — La superficie desdits terrains sera partagée en sections ou zones de 2,000 hect., d'un seul tenant, autant que possible, dont les concessionnaires seront successivement mis en possession. Chacune de ces zones est destinée à la création d'un village de 50 feux, composé de familles de cultivateurs européens. L'emplacement et le plan de ces villages seront arrêtés par l'administration, de concert avec les concessionnaires.

Art. 4. — Les concessionnaires construiront à leurs frais, dans chaque village, cinquante maisons en maçonnerie, couvertes en tuiles ou en voûte maçonnée en terrasse. L'emplacement nécessaire sera mis à leur disposition aussitôt qu'ils en feront la demande. — Chaque maison devra être composée d'au moins trois pièces, propres à un logement d'agriculteur et de sa famille.

Art. 5. — Les concessionnaires ne pourront point bénéficier sur la construction des villages; ils traiteront à forfait avec un ou plusieurs entrepreneurs pour chaque groupe de cinquante maisons, puis ils remettront à chaque famille une de ces maisons à un prix équivalent à la cinquantième partie du coût de la construction du village. — Toutefois, il ne pourra être exigé du colon, pour prix de cette maison, une somme supérieure à 2,500 fr.

Art. 6. — Le gouvernement se charge de tous les travaux d'utilité publique, notamment de la construction, dans chaque village, des fontaines qui seront nécessaires aux habitants et à leurs bestiaux, de l'aménagement des eaux pluviales et des eaux insalubres avoisinant le village, de l'ouverture et de l'entretien des principales voies de communication; enfin, des ouvrages qu'il jugera nécessaires à la défense des villages. — Ces travaux, dont l'administration se réserve d'apprécier la nécessité et l'importance, seront terminés en même temps que la construction des villages.

Art. 7. — Le gouvernement fera construire une église et une école dans le premier village établi par les concessionnaires, et, aussitôt après l'arrivée des familles audit village, il pourvoira aux frais du culte et de l'instruction publique, en instituant et rémunérant un ecclésiastique et un instituteur, qui seront catholiques ou protestants, selon que les familles appartiendront à l'un ou à l'autre de ces deux cultes.

Art. 8. — Toutes les dispositions administratives en vigueur en Algérie concernant l'assistance publique et le traitement des malades seront applicables aux colons des villages. — Le gouvernement prendra, soit pendant la construction des villages, soit après l'installation des familles, les mesures propres à maintenir la sécurité dans la localité. — Il distribuera aux colons, si les circonstances l'exigent, des armes et munitions que ceux-ci devront conserver en bon état tant qu'ils en seront détenteurs.

Art. 9. — Pendant dix années à dater de la promulgation du présent décret, le gouvernement accorde, sur les bateaux à vapeur faisant le service des dépêches entre la France et l'Algérie, des passages gratuits, savoir : — 1° De première classe, aller et retour, et jusqu'à concurrence de quatre par année, pour les concessionnaires et leur famille; — 2° De deuxième classe, aller et retour, jusqu'à concurrence de six par année, pour les agents des concessionnaires; — 3° De troisième classe, pour l'aller seulement, aux colons désignés par les concessionnaires, ainsi qu'à leurs familles, à leurs bagages et aux instruments de leurs professions. — Le poids des bagages sera, dans les deux premiers cas, restreint dans les limites réglementaires.

Art. 10. — Les colons doivent faire face par eux-mêmes aux frais de leur voyage jusqu'au port d'embarquement et du port de débarquement au lieu de la concession. — Le gouvernement leur fournira, au besoin, la protection nécessaire pour se rendre du port de débarquement à leur destination.

Art. 11. — Dès qu'un village sera construit, les 2,000 hect. composant son territoire seront répartis ainsi qu'il suit, à la diligence de l'administration : — 1° 100 hect. seront mis, à titre de parcours communal, à la disposition des habitants de la zone, pour en jouir conformément aux règlements en vigueur. Dans cette superficie seront compris les terrains occupés par les places, rues, et édifices publics du village. — 2° 10 hect. seront affectés, par portions égales et pendant la durée de leurs fonctions, au ministre du culte et à l'instituteur. — 3° 1,000 hect. seront divisés en 50 lots de 20 hect. chacun. Un de ces lots sera affecté à chacune des cinquante habitations du village, et deviendra la propriété du colon, à la condition de satisfaire aux prescriptions de l'art. 15 ci-après. Aucun colon ne pourra obtenir plus d'un lot. — Dans les 20 hect. seront compris le sol occupé par la maison du colon et le jardin y attenant. — 4° 800 hect. seront remis par l'administration aux concessionnaires, et deviendront leur propriété définitive et incommutable aussitôt que les cinquante maisons d'un village auront été construites et qu'elles seront occupées par les colons. — Le fait de cette construction sera constaté par un procès-verbal de l'autorité compétente. — L'allotissement des 1,200 hect. et la désignation des 800 hect. complémentaires seront faits par l'administration aussi équitablement que possible, eu égard à la valeur et à la qualité des terrains.

Art. 12. — Les concessionnaires ont seuls le choix des colons; mais ils ne peuvent désigner au gouvernement, comme aptes à recevoir un lot de terre, que des individus mâles, majeurs et valides. — La désignation du lot de terrain et de la maison affectés à chaque colon appartient aux concessionnaires; mais la concession du sol lui est faite directement par le gouvernement au moyen d'un titre transmissible. — Les concessionnaires et les habitants des villages seront, par dérogation spéciale à l'art. 5 de l'ord. du 5 juin 1847, exonérés de toute redevance quelconque envers l'État. Ils seront tenus, néanmoins, aux charges et impôts qui pourront grever ultérieurement la propriété foncière en Algérie.

Art. 13. — Avant de diriger un colon sur les lieux et de lui délivrer l'acte qui lui attribue la propriété de l'une des maisons de la colonie, les concessionnaires devront avoir reçu de lui 1,000 fr., à valoir sur le prix de la maison, et, en outre, un dépôt de 2,000 fr. destiné à pourvoir à ses premiers besoins lors de son arrivée, ainsi qu'à l'achat, par lui, des bestiaux et instruments nécessaires à la mise en culture du terrain qui lui est concédé. — Ce dépôt sera versé par les concessionnaires aux mains du gouvernement, qui leur en donnera décharge et qui le restituera aux colons comme suit, savoir : 1,000 fr. à l'arrivée du colon, 500 fr. six mois après, 500 fr. après un an de séjour.

Art. 14. — La somme due aux concessionnaires par le colon pour compléter le prix d'acquisition de la maison portera, à partir de l'entrée en jouissance, un intérêt annuel de 5 p. 100, payable au 31 décembre de chaque année. — Le colon sera tenu, en outre, de se libérer par des versements annuels qui ne pourront être moindres de 100 fr. — Pour la garantie des obligations ci-dessus, les concessionnaires pourront, indépendamment de leur privilége sur la maison du colon acquéreur, prendre inscription sur les 20 hectares de terre qui y sont attachés, et ce, jusqu'à payement intégral.

Art. 15. — Les colons sont tenus de mettre en bon état de culture les 20 hectares qui leur seront concédés, dans un délai de huit ans, à partir du jour de leur mise en possession. — Seront considérés comme en état de culture les terrains sur lesquels des boisements ou ensemencements de forêts auront été pratiqués, ainsi que les terrains laissés en prairies naturelles, pourvu que celles-ci soient en bon état de production et d'entretien et que leur étendue n'excède point la moitié de la concession.

Art. 16. — Les concessionnaires et colons se conformeront aux règlements existants ou à intervenir sur le régime des eaux en Algérie.

Art. 17. — Les concessionnaires et colons seront tenus, pendant dix années, d'abandonner à l'État, sans indemnité, les terrains nécessaires à l'ouverture des routes, chemins, canaux, et autres ouvrages d'utilité publique. — Ils seront tenus de maintenir les chemins existants, à moins qu'ils ne soient autorisés par l'administration à les supprimer ou à leur donner une autre direction. — L'État se réserve la propriété des objets d'art, mosaïques, bas-reliefs, statues, médailles, etc., qui pourraient exister sur la concession.

Art. 18. — En cas d'inexécution par un colon des obligations qui lui seront imposées par l'art. 15, le gouvernement pourra, conformément à l'art. 11 du décret du 26 avril 1851, faire vendre sur les lieux, aux enchères publiques, son lot de 20 hectares et sa maison, pour le produit en être, jusqu'à due concurrence et déduction faite des frais, affecté au remboursement de la créance des concessionnaires, dans les termes de l'art. 13 ci-dessus, puis à celui des autres créances hypothécaires inscrites suivant l'ordre amiable ou judiciaire qui en sera fait. — L'excédant, s'il y en a, sera remis au colon exproprié.

Art. 19. — Dans le cas où, un village étant construit, des circonstances de force majeure empêcheraient les colons de s'y rendre, toutes les constructions faites par les concessionnaires resteraient la propriété de ceux-ci, ainsi que 10 hectares de terre par maison, à prendre dans les 2,000 hectares qui avaient été attribués à ce village.

Art. 20. — Un délai de dix ans est accordé aux concessionnaires pour la création des villages ; mais si le premier n'est pas construit dans deux ans à dater de ce jour, la présente concession deviendra nulle et non avenue. — Dans le cas où, à l'expiration de dix ans, les concessionnaires n'auraient pas établi un village sur chacune des sections ou zones de 2,000 hectares qui font l'objet du présent décret, ils demeureraient propriétaires définitifs d'autant de lots de 800 hectares qu'il y aurait de villages terminés et occupés par les colons aux termes de l'art. 10. L'État pourra alors disposer des zones excédantes dont il n'aura pas été fait emploi.

Art. 21. — Toutes les règles établies par le décret organique du 26 avril 1851, et qui ne sont pas contraires aux dispositions précédentes, seront applicables à la présente concession.

NAPOLÉON.

DI. — 19 janv.-25 fév. 1851. — D. 453 — *Concession aux sieurs Sanson et Beignier de 807 hect. (route de Constantine à Guelma), à la charge de construire une usine à huile, une ferme, une bergerie pour 600 têtes de bétail et une maison d'habitation dans des délais déterminés.*

DI. — 5 avr.-18 mai 1851. — D. 459. — *Concession à la dame Brossier de Buros de 300 hect. (arrondissement de Constantine).*

DI. — 17 mai.-13 juill. 1851. — D. 462. — *Douze décrets de la même date accordant des concessions de terrains à divers indigènes du cercle de Guelma (1).*

---

(1) *Rapport à l'empereur.*

Sire, un très-grand nombre de tribus arabes en Algérie occupent la terre sans titres de propriété, par suite d'un simple droit de jouissance d'origine plus ou moins ancienne, dont la valeur n'était pas nettement déterminée par la législation musulmane, mais que la loi du 16 juin 1851 a sagement confirmé.

La colonisation, en s'éloignant du littoral et des banlieues des villes de l'ancienne régence, doit nécessairement rencontrer dans sa marche des territoires ainsi occupés par des usufruitiers. Il était indispensable de prendre, à l'égard de ces territoires, des mesures particulières, qui, sans porter aucune atteinte aux légitimes intérêts des tribus, permissent de développer à leurs côtés l'élément européen ; il était indispensable, en un mot, de cantonner les tribus. Mais, je n'ai pas besoin de le dire, ce cantonnement, tel que mon département l'a compris, n'a rien de commun avec un refoulement opéré en vertu du droit de la force, et n'est en réalité qu'une équitable transaction.

En effet, s'il enlève aux tribus usufruitières, lorsque les nécessités du peuplement européen l'exigent, une partie des immenses étendues qu'elles occupent, pour les renfermer dans des limites plus étroites, en échange il substitue à leur simple droit de jouissance un droit de propriété incommutable sur la part territoriale qui leur est assignée, et la compensation est d'autant plus réelle, que le territoire nouveau est toujours soigneusement proportionné à l'importance de la population cantonnée et aux besoins de sa subsistance et de son agriculture pastorale.

Outre cette satisfaction donnée à l'équité, la mesure, ainsi appliquée progressivement avec la plus grande circonspection, est destinée à réaliser des résultats importants au point de vue politique et au point de vue de la colonisation elle-même, en rapprochant intimement deux races qui ont à gagner à leur contact, en établissant entre elles un échange nécessaire de services.

La population arabe fournit aux colons européens sa main-d'œuvre peu coûteuse, des conditions plus économiques de production ; les colons lui donnent l'exemple du bien-être dû au travail, l'initient à des pratiques agricoles plus avancées, qu'elle est d'autant mieux disposée à imiter qu'un territoire plus restreint l'invite à une culture plus intense.

Un encouragement direct et puissant est d'ailleurs offert aux progrès agricoles des indigènes, et doit assurer à la mesure tous les bons effets qui peuvent en ressortir. En conférant à chaque tribu la propriété collective d'un périmètre déterminé, mon département se réserve de constituer dans ce périmètre même la propriété individuelle, en fa-

DE. — 19 juill.-3 sept. 1854. — B. 465. — *Concession au sieur Maserly Ali de 201 hect. (route de Constantine à Milianah).*

DE. — 10 déc. 1854.-8 fév. 1855. — D. 474. — *Concession aux sieurs Joly de Brésillon, Iléraud et Marill, de 2000 hect. (subdivision de Constantine), en vue de la création d'un centre de population d'au moins 50 familles.*

Art. 1. — Il est fait concession aux sieurs Joly de Brésillon, Iléraud (Louis) et Marill (Jean), propriétaires à Constantine, tant pour eux que pour leurs héritiers ou leurs ayants droit, de terrains domaniaux d'une contenance de 2,000 hect.. situés sur le territoire de l'Ouled Dekri (subdivision de Constantine), et figurés au plan ci-joint dudit territoire.

Art. 2. — Ne sont pas compris dans les 2,000 hect. concédés : — 1° Les terrains délimités sur le plan par une teinte rouge de Saturne, et destinés au boisement ; — 2° Les terrains teintés en jaune sur le même plan, et déjà occupés par les sieurs Marill et consorts.

Art. 3. — En vue de la création d'un centre de population dont il sera ultérieurement parlé, l'Etat fait réserve, dans l'emplacement même des habitations du village, des terrains qui pourront être nécessaires pour les boulevards, rues, places, fontaines et tous édifices destinés à des services publics, le tout conformément au plan de distribution d'alignement qui sera soumis à l'approbation de l'administration, ainsi qu'il est dit à l'article ci-après, dans le territoire agricole : — 1° De deux lots de 5 hect. chacun, destinés soit au ministre du culte et à l'instituteur, soit à toute autre affectation d'utilité publique ; — 2° D'un lot de 100 hect. qui pourra servir de libre parcours, et. s'il y a lieu, être affecté à la dotation communale ; — 3° De 1,000 hect. qui formeront 50 concessions directement délivrées par l'Etat aux colons du village. — Ces diverses réserves territoriales sont, dès à présent, déterminées et figurées au plan ci-joint. — La concession, ainsi réglée, demeure soumise aux conditions suivantes, pour l'exécution desquelles les concessionnaires seront solidaires, et feront élection de domicile soit à Constantine, soit dans le futur centre de population.

Art. 4. — Les concessionnaires construiront, dans le délai de deux ans, à leurs frais, sur l'emplacement indiqué au plan, un village d'au moins 50 familles européennes, dont la distribution et l'alignement seront établis par leurs soins, et approuvés par le ministre de la guerre.

Art. 5. — Les 50 maisons devront être bâties en maçonnerie, à chaux et sable, couvertes en tuiles ou en voûte maçonnée avec terrasse. — Chacune d'elles sera composée d'au moins trois pièces propres au logement d'un agriculteur et de sa famille. — 25 maisons au moins devront être achevées à l'expiration de la première année.

Art. 6. — Les concessionnaires ne pourront point bénéficier sur la construction du village ; ils pourront traiter à forfait avec un ou plusieurs entrepreneurs pour l'exécution des travaux ; puis ils remettront, à chaque famille, une des maisons à un prix équivalent à la cinquantième partie du coût total de l'opération. — Les travaux seront reçus par un agent de l'administration, désigné à cet effet. — A chaque habitation seront annexés gratuitement des terrains de culture d'une superficie de 20 hect., pris sur les 1,000 hect. réservés, ainsi qu'il est dit au § 3 de l'art. ci-dessus. — Le prix maximum de la maison du colon est fixé à 2,500 fr.

Art. 7. — Lorsque le colon ne payera pas comptant le prix de la maison, les sommes restant dues porteront, à partir de son entrée en jouissance, un intérêt annuel de 5 p. 100, payable au 31 déc. de chaque année. — Le colon sera tenu, en outre, de se libérer par des versements annuels qui ne pourront être moindres de 100 fr. — Pour garantie des obligations ci-dessus, les concessionnaires pourront, indépendamment de leur privilège de vendeurs, sur la maison du colon acquéreur, prendre inscription sur les 20 hect. de terre qui y seront annexés, et ce, jusqu'à payement intégral.

Art. 8. — Les concessionnaires auront seuls le choix des colons ; mais ils ne pourront désigner au gouvernement que des individus mâles, majeurs et valides. — La désignation du lot de terrain, affecté à chaque colon, appartiendra aux concessionnaires ; mais la concession du sol lui sera directement faite par le gouvernement, au moyen d'un titre transmissible.

Art. 9. — Les colons devront faire face par eux-mêmes aux frais de leur voyage en France jusqu'au port d'embarquement et du port de débarquement au lieu de la concession. — Le gouvernement leur fournira au besoin la protec-

---

veur des familles qui s'en montrent dignes par leurs travaux de culture. Or la propriété individuelle ainsi conquise, en modifiant radicalement l'état social des indigènes, les liera irrévocablement à notre cause par leurs propres intérêts. Née du travail et de l'esprit de progrès, elle ouvrira les voies à toutes les améliorations sociales et agricoles ; elle sera le plus sûr point d'appui de l'assimilation des deux peuples.

Ces principes, qui concilient les exigences de la colonisation avec les intérêts des indigènes, empruntent aux circonstances politiques actuelles de l'Algérie un caractère plus spécial d'opportunité qui n'échappera point à la haute appréciation de Votre Majesté. J'ai cru nécessaire de la lui exposer succinctement, en soumettant à sa sanction les projets de décrets ci-joints, relatifs à des concessions territoriales proposées en faveur de douze Arabes du cercle de Guelma, dont les tribus ont été cantonnées.

Les concessions proposées en faveur du kaïd Deradj ben Querath et du cheik Lakdar ben Teboula, justifiées, comme celles des autres indigènes, par l'importance des travaux de culture déjà effectués, présentent, toutefois, ce caractère particulier qu'elles sont situées, non dans les limites du cantonnement de leurs tribus, mais sur le territoire européen de Guelma. Cette exception est fondée sur ce que le kaïd Deradj ben Querath a fait, avant le canton-

nement, des travaux de construction qui auraient permis difficilement de le déplacer, et sur ce que le cheik Ben Teboula rend des services spéciaux comme chargé de la surveillance de la route de Bône, et comme intermédiaire généralement accepté dans les discussions entre les colons et les Arabes.

Des conditions analogues aux obligations souscrites par les concessionnaires européens ont été imposées à chacun de ces douze indigènes. Ces conditions assurent l'achèvement des travaux nécessaires pour la bonne et complète exploitation du sol. Les principales sont, indépendamment du payement à l'Etat d'une rente annuelle et perpétuelle de 1 fr. par hectare, — 1° La construction de bâtiments d'exploitation en rapport avec l'étendue de l'immeuble concédé ; — 2° La plantation d'au moins vingt-cinq arbres fruitiers ou forestiers par hectare ; — 3° La mise en culture de toutes les terres cultivables, dans le délai de cinq ans.

Conformément à l'ordonnance du 21 juillet 1845, j'ai l'honneur de prier Votre Majesté de vouloir bien revêtir de sa signature les douze décrets de concession dont il s'agit, qui ont été successivement approuvés par le conseil de gouvernement de l'Algérie, le comité consultatif de l'Algérie auprès de mon département et le conseil d'Etat.

Le ministre de la guerre, VAILLANT.

tion nécessaire pour se rendre du port de débarquement au lieu de destination.

Art. 10. — Pendant trois années, à dater du jour de la mise en concession, le gouvernement accordera sur les bateaux à vapeur, faisant le service des dépêches entre la France et l'Algérie, des passages gratuits, savoir : — 1° de 1re classe, aller et retour, aux concessionnaires, jusqu'à concurrence de deux par année ; — 2° de 3e classe, aller seulement, aux colons désignés par les concessionnaires, ainsi qu'à leurs familles, leurs bagages, et aux instruments de leur profession. — Le poids des bagages dans le premier cas, sera restreint dans les limites réglementaires.

Art. 11. — Le gouvernement se charge de tous les travaux d'utilité publique dans le village, notamment de la construction des fontaines qui seront nécessaires aux habitants et à leurs bestiaux ; de l'aménagement des eaux pluviales et des eaux insalubres, avoisinant les habitations, de l'ouverture et de l'entretien des principales voies de communication, enfin des ouvrages qu'il jugerait utile pour la défense. Ces travaux, dont l'administration se réserve d'apprécier la nécessité et l'importance, seront terminés dans un délai de trois ans.

Art. 12. — Le village jouira, en ce qui concerne les besoins du culte, de l'instruction et de la santé, de la protection et de tous les avantages accordés aux autres centres de population établis en Algérie. Le gouvernement prendra, soit pendant la construction dudit village, soit après l'installation des familles, toutes les mesures propres à maintenir la sécurité.

Art. 13. — Par dérogation spéciale à l'art. 5 de l'ord. du 5 juin 1847, les concessionnaires et les colons seront exonérés de toute redevance envers l'Etat, à raison des terres comprises dans la présente concession. Ils seront tenus néanmoins aux charges et impôts qui pourront grever ultérieurement la propriété foncière en Algérie.

Art. 14. — Avant de diriger un colon sur les lieux et de lui délivrer l'acte qui lui attribue la propriété d'une des maisons du village, les concessionnaires devront avoir reçu de lui 1,000 fr. à valoir sur le prix de sa maison, et en outre un dépôt de 2,000 fr. destinés à pourvoir à ses premiers besoins, lors de son arrivée, ainsi qu'à l'achat par lui des bestiaux et instruments nécessaires à sa profession. — Ce dépôt sera versé par les concessionnaires aux mains du gouvernement, qui leur en donnera décharge et qui le restituera aux familles comme suit, savoir : — 1,000 à l'arrivée du colon ; — 500 six mois après ; 500 après un an de séjour.

Art. 15. — Les colons seront tenus de mettre en culture les 20 hect. qui leur seront concédés, dans un délai de cinq ans à partir du jour de leur mise en possession. — Ils devront, dans le même délai, planter au moins vingt-cinq arbres fruitiers ou forestiers à haute tige par hectare ; mais ils demeureront libres de les distribuer, à leur gré, sur l'ensemble des terres concédées. — Seront considérés comme cultivés, les terrains sur lesquels des boisements ou ensemencements de forêts auront été pratiqués, ainsi que les terrains laissés en prairies naturelles, pourvu que celles-ci soient en bon état de production et d'entretien, et que leur étendue n'excède pas la moitié de la concession.

Art. 16. — Les concessionnaires et les colons se conformeront aux règlements existants ou à intervenir sur le régime des eaux en Algérie.

Art. 17. — Les concessionnaires et les colons seront tenus, pendant dix ans, d'abandonner à l'Etat, sans indemnité, les terrains nécessaires à l'ouverture de routes, chemins, canaux et autres ouvrages d'utilité publique. — Ils seront tenus de maintenir les chemins existants, à moins qu'ils ne soient autorisés par l'administration à les supprimer, ou à leur donner une autre direction. — L'Etat se réserve la propriété des objets d'art, mosaïques, bas-reliefs, statues, débris de statues, médailles qui pourront exister sur la concession.

Art. 18. — En cas d'inexécution, par un colon, des obligations qui lui sont imposées par l'art. 15, le gouvernement pourra, conformément à l'art. 11 du décret du 26 avr. 1851, faire vendre, sur les lieux, aux enchères publiques, son lot de 20 hect. et sa maison. Dans ce cas, le nouvel acquéreur prendra à sa charge toutes les obligations souscrites par le colon exproprié, tant vis-à-vis des concessionnaires, à raison des sommes encore dues sur le prix de la maison, que vis-à-vis de l'Etat pour la bonne et complète exploitation du sol. — Le prix de vente, déduction faite des frais, sera, selon les cas, remis au colon exproprié ou réparti jusqu'à due concurrence entre les créanciers inscrits, le tout conformément au décret du 26 avr. 1851.

Art. 19. — Les concessionnaires ne seront mis en possession des terrains, non compris dans les réserves exprimées à l'art. 3, que lorsqu'ils auront rempli les obligations stipulées dans le présent décret. Ces terrains leur seront abandonnés en toute propriété et sans clause résolutoire.

Art. 20. — Toutes les règles établies par le décret du 26 avr. 1851, sur les concessions qui ne sont point contraires aux dispositions précédentes, seront applicables à la précédente concession.   Napoléon.

DI. — 16 mars-30 mai 1855. — B. 480. — *Concession au sieur Gérin d'un terrain de 200 hect. sur la route de Sétif à Constantine.*

DI. — 24 mars-28 avr. 1855. — B. 479. — *Concession au sieur Nony d'un terrain de 102 hect. sur le territoire du village de Saint-Charles (département de Constantine).*

DI. — 31 mars-30 mai 1855. — B. 480. — *Concession au kaïd Si Abmou bel Mathi d'un terrain de 105 hect. sur le chemin de Sétif à Milah.*

DI. — 2d avr.-13 juill. 1855. — B. 482. — *Concession au sieur Dompierre-Leducq d'un terrain de 232 hect. sur le territoire de l'Oued Touta (cercle de Guelma).*

DI. — 20 juin-30 août 1855. — B. 485. — *Concession de l'ancien camp de Medjez Amar à M. le comte Bagnoud, évêque de Bethléem, en remplacement de M. l'abbé Plasson, précédent concessionnaire.*

Vu l'ordon. du 9 nov. 1845 ; — Le décret du 26 juill. 1852, autorisant la cession immobilière à M. l'abbé Plasson, du domaine de Medjez Amar, dans le cercle de Guelma, province de Constantine, pour l'établissement d'un orphelinat ; — La lettre, en date du 3 déc. suivant, par laquelle cet ecclésiastique renonce au bénéfice de la cession autorisée à son profit,

Art. 1. — Le décret du 26 juillet 1852, ci-dessus visé, est rapporté.

Art. 2. — Il est fait abandon, en toute propriété, à M. le comte Etienne Bagnoud, abbé de St-Maurice en Valais (Suisse), évêque de Bethléem, *in partibus,* du domaine de Medjez Amar, cercle de Guelma, province de Constantine, se composant : — 1° Des bâtiments de l'orphelinat actuel et de ceux de l'ancien camp, l'Etat s'en gageant à allouer, pour l'achèvement des constructions commencées, une subvention de 25,000 fr. imputable moitié sur les fonds de l'exercice 1855, et l'autre moitié sur ceux de l'exercice 1856; — 2° De 500 hect., 80 cent. de terres adjacentes. — Lesdits bâtiments, cours et terrains désignés au plan ci-joint.

Art. 3, 4, 5. — (Comme aux art. 2, 3 et 4 du décret du 26 juillet 1852. — Vol. I", p. 178.)

Art. 6. — Il est entendu toutefois que, dans le cas où, à l'expiration de la période ci-dessus énoncée de vingt années, les immeubles abandonnés cesseraient, par le fait de M. le comte Bagnoud ou de ses ayants droit, d'être affectés à un orphelinat, et s'il convenait à l'administration de conserver cet établissement, l'État aura la faculté de reprendre lesdits immeubles, sauf à payer à M. le comte Bagnoud ou à ses ayants droit la plus-value que ces immeubles auraient acquise, en sus de 100,000 fr. mentionnés dans l'art. 5. — Une expertise aura lieu en la forme ordinaire pour déterminer cette plus-value. — Pour assurer l'effet de cette condition, M. le comte Bagnoud ou ses ayants droit devront faire connaître, avant l'expiration de la période de vingt années, et au moins un an à l'avance, leur intention de conserver l'orphelinat ou d'y renoncer.

Art. 7, 8, 9, 10. — (Comme aux art. 5, 6, 7, 8 du décret du 26 juillet 1852.)   NAPOLÉON.

DÎ. — 25 juill.-8 oct. 1855. — B. 480. — Concession au sieur Montreynaud d'un terrain de 270 hect. (route de Sétif à Constantine).

DÎ. — 11 oct.-22 nov. 1854. — B. 470. — Concession au sieur Ahmed bel Hadj d'un terrain de 111 hect., au territoire des Abd el Nour (O. de Constantine).

ART. 3. — Province d'Oran.

DÎ. — 13 avr.-7 juin 1853. — B. 433. — Concession à Sid Mohammed Ben daoud ould el Hadj el Mocktar, aga des douairs d'Oran, d'un terrain de 246 hect. sur le territoire de la commune d'Arcole.

DÎ. — 20 mai-7 juill. 1853. — B. 440. — Concession au sieur Girard d'un terrain de 140 hect. au lieu dit Hacian Moussa Thouil, dans la commune de Chartres.

DÎ. — 11 juin-18 juill. 1853. — B. 441. — Concession au sieur du Poërier de Franqueville d'un terrain de 1,000 hect., sur le territoire du Khemis (subdivision d'Oran).

DÎ. — 11 juin-10 août 1853. — B. 442. — Concession aux sieurs Capmas et Ligney d'un terrain de 227 hect., dans la plaine du Sig.

DÎ. — 18 août-5 oct. 1853. — B. 444. — Réduction à 1,702 hect., de la concession de 3,050 hect. accordée à la société de l'union agricole du Sig, par ord. roy. du 8 nov. 1840.

DÎ. — 21 juin-3 sept. 1854. — B. 465. — Concession aux sieurs Masqueller fils et comp. d'un terrain de 600 hect. dans la commune de Saint-Denis du Sig.

DÎ. — 30 sept.-22 nov. 1854. — B. 410. — Concession au sieur de Garnier d'un terrain de 200 hect. au lieu dit Bou Adjémi (au N. du village de Saint-Denis du Sig).

DÎ. — 1"-8 oct. 1854. — B. 471. — Concession au sieur Bonfort d'un terrain de 250 hect. sur le territoire de Bredia. — Établissement d'une bergerie.

DÎ. — 18 janv.-7 avr. 1855. — B. 477. — Con-

cession au sieur Garbé d'un terrain de 349 hect. au lieu dit Ben Amour.

DÎ. — 20 janv.-7 avr. 1855. — B. 477. — Concession au sieur Domergue d'un terrain de 200 hect., à Sidi Lahssen, près Sidi bel Abbès.

DÎ. — 24 mars-28 avr. 1855. — B. 479. — Concession au sieur Durand de divers terrains, ensemble 430 hect., près du village de Saint-Denis du Sig.

§ 2. — CONCESSIONS DE CHUTES ET PRISES D'EAU.

Instructions relatives aux demandes en concession de prises d'eau pour établissement d'usines en Algérie.

§ 1. — Toute demande, soit en autorisation de moulins, usines, barrages et prises d'eau, soit en réglementation de jouissance de ceux de ces établissements existant sans autorisation régulière, soit en modification de jouissance des conditions imposées aux établissements régulièrement autorisés, doit être adressée en double expédition au préfet en territoire civil, ou au général commandant la division en territoire militaire. Elle doit être accompagnée d'une description de la partie des cours d'eau où devront être exécutés les travaux projetés.

Elle doit, en outre, énoncer : 1° les noms des cours d'eau, de la localité, des établissements hydrauliques placés immédiatement en amont et en aval; — 2° L'usage auquel les constructions seront destinées et la description des travaux projetés; — 3° Le volume des eaux dont le pétitionnaire a besoin; — 4° La durée présumée de l'exécution des travaux.

§ 2. — S'il s'agit de la construction d'une usine nouvelle ou de l'établissement d'un barrage autre que ceux destinés aux irrigations, le pétitionnaire doit, en outre, justifier, indépendamment de ses moyens pécuniaires, soit de la propriété du sol sur lequel les travaux seront exécutés, soit du consentement par écrit du propriétaire de ces terrains, ou produire un plan des terrains domaniaux dont il demande la concession ou qu'il voudrait acquérir de gré à gré, ou bien des terrains particuliers à l'expropriation desquels il pourrait y avoir lieu, en vertu de l'art. 19 de la loi du 16 juin 1851.

Dans les trois derniers cas, la demande sera soumise, relativement aux terrains, à une instruction spéciale, conforme aux règlements sur la matière, c'est-à-dire pour les concessions et les ventes de terre, au décret du 26 avr. 1851 et à l'ord. du 9 nov. 1845, et pour les expropriations, à la loi du 16 juin 1851, ainsi qu'à l'ord. du 1" oct. 1844.

La justification des moyens pécuniaires du demandeur, exigée par le présent paragraphe, devra être faite par la production d'un acte de notoriété, et lorsque le demandeur sera propriétaire d'immeubles, il devra être joint à l'acte précité, si cela est possible, un certificat du conservateur des hypothèques faisant connaître s'il existe ou s'il n'existe pas sur ces immeubles des inscriptions hypothécaires.

§ 3. — S'il s'agit de modifier ou de régulariser le système hydraulique, d'une usine déjà existante ou d'un ancien barrage, le propriétaire est tenu de fournir, indépendamment des renseignements exigés par le § 1, copie des titres en vertu desquels son établissement existe.

§ 4. — S'il s'agit de prises d'eau ou barrages destinés à des irrigations, le pétitionnaire est tenu de faire connaître, indépendamment des renseignements exigés par les §§ 1 et 2, la surface et le périmètre des terrains à irriguer.

§ 5. — S'il s'agit de modifier ou de régulariser une prise d'eau ou un barrage déjà existant, le pétitionnaire doit fournir, indépendamment des renseignements exigés par les §§ 1 et 4, le titre en vertu duquel son établissement a été créé.

§ 6. — Première enquête. — Le préfet, en territoire civil (1), enregistre la demande, en donne récépissé, et, après l'accomplissement des formalités voulues par les paragraphes précédents, ordonne, par un arrêté conforme au modèle ci-joint n° 1, le dépôt de la demande à la mairie de la commune où les travaux doivent être faits. — Un registre (modèle n° 2) destiné à recevoir les observations des parties intéressées est ouvert pendant quinze jours à la mairie de cette commune. — L'arrêté du préfet fixe le jour de l'ouverture de l'enquête ; il désigne, en outre, les communes dans lesquelles l'enquête doit être annoncée. Cet arrêté est affiché et publié à son de caisse ou de trompe.

§ 7. — Si l'entreprise s'étend sur plusieurs communes, le préfet désigne celle de ces communes où le dépôt de la pétition doit avoir lieu. — Si ces communes appartiennent à deux départements, l'arrêté prescrivant le dépôt de la pétition et l'ouverture de l'enquête est pris par le préfet du département où se trouve le siège principal de l'établissement. — Cet arrêté est transmis au préfet du département voisin, affiché et publié de la manière déterminée au § 6.

§ 8. — A l'expiration du délai de quinze jours, le maire de la commune dans laquelle le registre de l'enquête a été déposé, renvoie au sous-préfet de l'arrondissement, pour être transmises au préfet, toutes les pièces de l'enquête, avec un certificat (modèle n° 2) constatant l'accomplissement des formalités prescrites.

§ 9. — Le préfet s'assure de la régularité de l'enquête et transmet toutes les pièces à l'ingénieur en chef du département, lequel fera procéder par l'ingénieur ordinaire à la visite des lieux et à l'instruction de l'affaire.

§ 10. — Instruction par l'ingénieur ordinaire. — L'ingénieur ordinaire annonce son arrivée, au moins cinq jours à l'avance, aux maires des communes désignées conformément aux §§ 6 et 7, et les invite à donner à cet avis toute publicité (modèle n° 3) et à prévenir les parties intéressées.

§ 11. — Visite des lieux. — Il est procédé par l'ingénieur ordinaire à la visite des lieux en présence du maire ou de son représentant et de ceux des intéressés qui se sont rendus aux avertissements donnés. — En cas d'absence des personnes dûment appelées, il est passé outre.

§ 12. — L'ingénieur constate l'état des lieux avant les changements qui doivent y être apportés, et recueille tous les renseignements nécessaires pour régler les droits des parties intéressées. — Lorsqu'il doit résulter des travaux projetés une augmentation ou une diminution dans la hauteur des eaux, l'ingénieur procède par voie d'expérience directe, afin de mettre les parties intéressées à même d'apprécier les conséquences de ces changements ; s'il est impossible de faire ces expériences, il a recours à tous autres moyens qui lui paraissent propres à y suppléer. — S'il existe des ouvrages tels que barrages, déversoirs, vannes, prises d'eau, etc., il constate leur débouché et rap-

porte à un ou plusieurs repères provisoires la hauteur des eaux, des seuils, le dessus des vannes et la crête des déversoirs.

§ 13. — L'ingénieur dresse, en présence du maire et des parties intéressées, le procès-verbal (modèle n° 4) des opérations faites conformément au paragraphe précédent, et y consigne les observations qui ont été produites.

§ 14. — Lecture du procès-verbal est donnée aux parties intéressées avec invitation de le signer ou d'y inscrire sommairement leurs observations. Mention est faite des personnes convoquées qui sont absentes, de celles qui se sont retirées pendant les opérations et de celles qui n'ont pas voulu signer, ni déduire les motifs de leur refus.

Lorsque, dans la visite des lieux, les parties intéressées parviennent à s'entendre et font entre elles des conventions amiables, l'ingénieur doit constater cet accord dans le procès-verbal. Cette constatation, signée des parties, est régulière, et il a été reconnu en France, par le conseil d'Etat, qu'elle suffit pour que l'administration puisse statuer.

Il est recommandé à MM. les ingénieurs de s'attacher à ne faire en présence des intéressés que des opérations qui soient facilement comprises et à ne consigner au procès-verbal que des résultats matériels sur lesquels il ne puisse s'élever aucun doute. Ils comprendront, d'ailleurs, qu'en recevant les observations des intéressés, leur rôle ne doit pas se borner à enregistrer les dires contradictoires, mais qu'il leur appartient de provoquer les discussions qui peuvent éclairer les faits et de rechercher toutes les dispositions qui, en sauvegardant l'intérêt public, peuvent donner satisfaction aux intérêts privés.

§ 15. — Plans et nivellements. — L'ingénieur ordinaire dresse les plans et nivellements nécessaires à l'instruction de l'affaire, conformément au programme ci-annexé.

§ 16. — Rapport. — Dans son rapport sur la demande du pétitionnaire, l'ingénieur présente un exposé de l'affaire, décrit l'état des lieux, discute les oppositions et motive les propositions relatives au niveau de la retenue, aux ouvrages régulateurs et aux prescriptions diverses qu'il estime devoir être imposées au pétitionnaire.

Exposé de l'affaire. — L'exposé de l'affaire comprend l'analyse succincte de la pétition et les différentes phases de l'instruction à laquelle elle a été soumise.

Description des lieux. — La description des lieux embrasse toutes les parties de la vallée que peut affecter le régime des eaux de l'usine à régler. Les routes, les voies de communication vicinale, les gués, les ponts, les abreuvoirs, tous les ouvrages ou établissements publics qui peuvent se ressentir d'une manière quelconque des changements projetés dans la hauteur, le parcours ou la transmission des eaux, doivent y être sommairement indiqués. Il faut aussi faire connaître s'il existe sur le cours d'eau des usines réglées ou non réglées, soit en amont, soit en aval.

Discussion des oppositions. — Les questions de propriété, d'usage et de servitude sont soumises aux règles du droit commun et ressortissent aux tribunaux civils ; mais, dans l'exercice du droit de police qui lui est attribué, l'administration, dont toutes les décisions réservent d'ailleurs le droit des tiers, doit rechercher et prescrire, nonobstant tous titres et conventions contraires, les mesures que réclame l'intérêt public. En conséquence,

MM. les ingénieurs ne devront s'arrêter devant des oppositions qui soulèvent des questions de droit commun, qu'autant que les intérêts généraux n'auront pas à souffrir de l'ajournement de l'instruction. Dans tous les cas, avant de suspendre l'examen de l'affaire, il conviendra d'examiner si ces propositions ont quelque fondement et si elles n'ont pas été mises en avant uniquement pour entraver la réalisation des projets du demandeur.

§ 17. — *Niveau de la retenue.* — Le premier point dont MM. les ingénieurs aient à s'occuper dans le règlement d'une usine est la détermination du niveau légal de la retenue. On entend par niveau légal d'une retenue la hauteur à laquelle l'usinier doit, par une manœuvre convenable des vannes de décharge, maintenir les eaux en temps ordinaire et les ramener autant que possible en temps de crues. — La fixation de ce niveau doit être faite de manière à ne porter aucune atteinte aux droits de l'usine supérieure, et à ne causer aucun dommage aux propriétés riveraines.

Repère. — Il sera posé, près de l'usine, en un point apparent et de facile accès, désigné, s'il y a lieu, par l'ingénieur, un repère définitif et invariable. — Le zéro de ce repère indiquera seul le niveau légal de la retenue.

Ouvrages régulateurs. — Du reste, pour les dispositions techniques en général, et notamment pour les ouvrages régulateurs, tels que déversoirs, vannes et canaux de décharge, les ingénieurs devront se guider, toutes les fois qu'il y aura lieu, sur les prescriptions contenues dans la circulaire de M. le ministre des travaux publics, en date du 23 octobre 1851.

Ouvrages accessoires. — Les propositions des ingénieurs comprendront les obligations spéciales qu'il peut être nécessaire, à raison de l'état des lieux, d'imposer à l'usinier, telles que rétablissement de gués, construction de ponts, ponceaux ou aqueducs, ou autres ouvrages présentant un caractère d'utilité générale. Toutefois, il convient que ces prescriptions soient rédigées en termes généraux, et qu'elles ne règlent pas les détails qui doivent rester dans les attributions des autorités locales.

§ 18. — *Clauses spéciales.* — Les ingénieurs devront émettre leur avis relativement au chiffre de la redevance à imposer au demandeur envers l'État, conformément aux ordonnances des 21 juill. 1845 et 5 juin 1847. — Le permissionnaire doit être tenu de subir sans indemnité les chômages ordonnés régulièrement dans l'intérêt des irrigations, ou pour l'exécution de travaux reconnus d'utilité générale.

On peut aussi, selon les cas, lui imposer l'obligation, 1° de permettre aux ayants droit à l'arrosage de se servir des barrages, déversoirs et autres ouvrages, à charge par eux de contribuer aux dépenses d'établissement et d'entretien desdits ouvrages, dans la proportion de leur intérêt; 2° de laisser exécuter, si mieux il n'aime les exécuter lui-même, les travaux nécessaires pour rendre ces ouvrages propres aux irrigations. — Les travaux faits ou à faire pour cet objet sont à la charge des ayants droit à l'arrosage. — A défaut de fixation amiable, la répartition des dépenses entre les ayants droit à l'arrosage et les propriétaires des barrages et autres ouvrages régulateurs est réglée par les tribunaux ordinaires. — Lorsque des intérêts publics sont engagés dans la question, il est procédé conformément aux dispositions de l'art. 34 de la loi du 10 sept. 1807.

§ 19. — *Scieries.* — S'il s'agit de créer une scierie, le préfet aura à prendre l'avis du chef du service des forêts, qui est appelé à examiner si l'établissement projeté n'est pas soumis aux prohibitions déterminées par la législation forestière. Dans tous les cas, on doit stipuler que le permissionnaire ne pourra invoquer l'autorisation à lui accordée au point de vue du régime des eaux, qu'après s'être conformé aux lois et règlements des eaux et forêts.

§ 20. — *Usines situées dans la zone frontière.* — Si l'usine doit être établie dans la zone frontière soumise à l'exercice des douanes, le directeur des douanes doit être également consulté et une réserve analogue à celle indiquée ci-dessus doit être insérée dans l'acte d'autorisation.

§ 21. — *Usines situées dans la zone des servitudes militaires.* — Enfin, lorsque l'établissement projeté se trouve compris dans la zone des servitudes militaires, autour des places de guerre, il y a lieu de procéder conformément à l'ordonnance du 1er août 1821.

§ 22. — *Projet de règlement.* — L'ingénieur ordinaire résume ses propositions, s'il y a lieu, dans un projet de règlement séparé de son rapport (modèle n° 5), et adresse avec les plans et nivellements, toutes les pièces de l'instruction à l'ingénieur en chef.

MM. les ingénieurs ne perdront pas de vue, en présentant leurs conclusions, que dans toutes les prescriptions relatives au règlement des usines, il importe de ménager avec soin les intérêts des propriétaires de ces établissements ; il faut tenir compte des ouvrages existants, s'efforcer de les conserver, rechercher les moyens de n'imposer aucune construction trop dispendieuse, en laissant, d'ailleurs, autant que possible, à l'usinier, la faculté de choisir pour ces constructions les emplacements qui lui conviendront le mieux, ne prescrire enfin de dispositions onéreuses que celles que l'intérêt de la police des eaux rend indispensables.

§ 23. — *Avis de l'ingénieur en chef.* — L'ingénieur en chef transmet au préfet toutes les pièces avec ses observations et son avis.

§ 24. — *Deuxième enquête.* — Si les propositions des ingénieurs modifient d'une manière notable la demande du pétitionnaire ou ne satisfont pas aux principales observations produites dans l'enquête, une seconde enquête est ordonnée par le préfet. — Cette seconde enquête est accomplie dans les mêmes formes que celles prescrites par les §§ 6, 7 et 8.

§ 25. — *Avis du préfet.* — Après l'accomplissement de ces formalités, le préfet transmettra les pièces avec son avis au gouverneur général. Si les conclusions des ingénieurs sont adoptées par lui sans modification, il pourra, afin d'éviter des transcriptions qui demandent un temps assez long, se borner à faire connaître dans sa lettre d'envoi qu'il approuve le projet de règlement. Si, au contraire, il croit devoir modifier ces conclusions, il devra formuler par arrêté un avis motivé, en se conformant d'ailleurs au modèle n° 5.

§ 26. — *Avis du gouverneur général de l'Algérie.* — Le gouverneur général aura à prononcer le rejet de la demande ou à en proposer l'admission. — En cas de rejet, il fera notifier immédiatement son arrêté motivé au pétitionnaire qui, s'il le juge utile à ses intérêts, exercera son recours devant le ministre de la guerre. — En cas d'admission, il transmettra les pièces de l'affaire au ministre, avec l'avis du conseil de gouvernement et les observations qu'il croirait devoir y ajouter, et il sera statué ce que de droit.

§ 27. — *Récolement.* — Lorsque l'acte d'autorisation a été rendu, l'ingénieur ordinaire, à l'expiration du délai fixé par cet acte, se transporte sur les lieux pour vérifier si les travaux ont été exécutés conformément aux dispositions prescrites, et rédige un procès-verbal de récolement en présence de l'autorité locale et des intéressés, convoqués à cet effet dans les mêmes formes que pour la visite des lieux dont il a été parlé ci-dessus. — Le procès-verbal (modèle n° 6) rappelle les divers articles de l'acte d'autorisation et indique la manière dont il y a été satisfait. — L'ingénieur y fait mention de la pose du repère définitif, et pour en définir la position, le rattache à des points fixes servant de contre-repères.

Si les travaux exécutés sont conformes aux dispositions prescrites, l'ingénieur en propose la réception et transmet le procès-verbal de récolement en triple expédition à l'ingénieur en chef qui le soumet, avec son avis, à l'approbation du préfet. L'une des expéditions est transmise au ministre de la guerre, une autre est déposée aux archives de la préfecture, et la troisième à la mairie de la situation des lieux.

Lorsque les travaux ne sont pas entièrement conformes aux dispositions prescrites, l'ingénieur, à la suite du procès-verbal de récolement, discute les différences et il y joint, au besoin, de nouveaux dessins pour rendre plus facile la comparaison de l'état de choses qui existe avec celui qui a été prescrit.

Si les différences reconnues sont peu importantes et ne donnent lieu à aucune réclamation, le préfet soumettra l'affaire au ministre qui prendra telle mesure qu'il appartiendra. S'il s'agit, au contraire, de différences notables et qui seraient de nature à causer des dommages, le préfet devra, sans qu'il soit nécessaire d'en référer au ministre, mettre immédiatement le permissionnaire en demeure de satisfaire aux prescriptions de l'acte d'autorisation, et, en cas de refus ou de négligence de la part de ce dernier, il ordonnera la mise en chômage de l'usine, et même, s'il y a lieu, la destruction des ouvrages dommageables.

§ 28. — **Règlement de plusieurs usines.** — Lorsqu'ils auront à traiter en même temps les affaires relatives à plusieurs usines, MM. les ingénieurs s'efforceront de former, autant que possible, un dossier distinct et de présenter un projet de règlement spécial pour chaque établissement, afin que, d'une part, chaque propriétaire ait un titre réglementaire particulier et que, d'autre part, les retards auxquels une affaire pourrait donner lieu n'arrêtent pas l'instruction des autres.

§ 29. — **Dispositions générales.** — Dans le cas où il y aurait lieu au retrait de l'autorisation pour cause d'inexécution des conditions prescrites, il sera prononcé par arrêté du ministre de la guerre, sur la proposition du gouverneur général et le permissionnaire préalablement entendu.

§ 30. — Les frais de déplacement des ingénieurs et des agents secondaires placés sous leurs ordres et les dépenses relatives aux opérations nécessitées par l'instruction des affaires, sont à la charge des pétitionnaires, conformément aux dispositions du décret du 7 fruct. an XII. — En cas de travaux exécutés d'office par l'administration, par suite de négligence ou d'une contravention de la part du permissionnaire, le salaire des ouvriers employés sous la direction de l'ingénieur, ainsi que les frais accessoires, sont réglés et recouvrés comme en matière de contributions directes.

§ 31. — **Dispositions spéciales au territoire militaire.** — Les formalités prescrites pour les territoires civils sont observées en territoire militaire. Les attributions conférées aux préfets, sous-préfets et maires, sont remplies par les commandants de divisions, de subdivisions et les commandants de place; celles conférées aux ingénieurs en chef et ingénieurs ordinaires des ponts et chaussées sont remplies par les directeurs des fortifications et chefs du génie.

§ 32. — Lorsque les conséquences des établissement projetés en territoire civil s'étendront, quant à la modification du régime des eaux, sur le territoire militaire, ou réciproquement, l'affaire sera soumise à la commission mixte des travaux publics, instituée dans chaque province.

§ 33. — Les dispositions ci-dessus concernant l'instruction des demandes en autorisation de prises d'eau, etc., ne sont pas applicables aux établissements formés par les indigènes sur des cours d'eau dépendant du territoire militaire. Les formalités à suivre dans ce cas seront déterminées par le ministre de la guerre, sur la proposition du gouverneur général.

Art. 1. — *Province d'Alger.*

DI. — 6 mai-18 juill. 1853. — B. 441. — *Autorisation au sieur Castel de faire usage d'une chute d'eau n° 4 sur le canal de dérivation de l'Oued Djemmâh, près du village de l'Arba. — Délai de dix-huit mois sous peine de déchéance pour la mise en activité de l'usine (moulin à blé).*

DI. — 11 mai-18 juill. 1853. — B. 441. — *Autorisation au sieur David de faire usage d'une chute d'eau n° 5 sur le canal de dérivation de l'Oued ti Hammémin près Rovigo. — Délai de dix-huit mois sous peine de déchéance pour la mise en activité de l'usine (moulin à farine).*

DI. — 23 juin-20 sept. 1853. — B. 443. — *Autorisation à la dame Gilly de faire usage d'une chute d'eau n° 2 du canal de dérivation de l'Oued Bouchemiah, commune de Bouffarik. — Délai de dix-huit mois, sous peine de déchéance, pour la mise en activité de l'usine (moulin à blé).*

DI. — 25 juill.-30 oct. 1854. — B. 408. — *Modifications aux obligations imposées par le décret du 28 août 1852 au sieur Riffard, concessionnaire d'une chute d'eau sur l'Harrach, près du gué de Constantine (Alger).*

DI. — 21 oct.-20 déc. 1854. — B. 472. — *Concession au sieur Marquand de la chute d'eau n° 4 sur le canal de dérivation de l'Oued ti Hammémin, près Rovigo. — Délai de dix-huit mois pour la mise en activité de l'usine (moulin à farine).*

DI. — 18 nov. 1854-18 janv. 1855. — B. 473. — *Concession aux sieurs Solari et Andreoli d'une chute d'eau n° 3 du canal de dérivation de l'Oued ti Hammémin, près Rovigo. — Délai de dix-huit mois pour la mise en activité de l'usine (moulin à blé).*

DI. — 20 janv.-19 mars 1855. — B. 470. — *Autorisation au sieur Giraud de faire usage de la chute d'eau n° 3 sur l'aqueduc de dérivation de l'Oued el Kebir, près Blidah. — Délai d'un an pour la mise en activité de l'usine (moulin à farine).*

DI. — 24 janv.-28 avr. 1855. — B. 479. — *Autorisation aux sieurs Dullouat et Flayol de faire usage de la chute d'eau n° 4 du canal de dérivation de l'Oued Kebir, près Blida.*

Délai d'un an pour la mise en activité de l'usine (moulin à farine).

DI. — 13 juin-8 août 1855. — B. 484. — *Autorisation aux sieurs Landry et Dennot de faire usage d'une chute d'eau sur l'Oued Nasser (route de Millanah à Orléansville). — Délai d'un an pour la mise en activité de l'usine (moulin à blé).*

DI. — 18 juin-8 août 1855. — B. 484. — *Autorisation à la dame Husson de faire usage de la chute d'eau n° 5 du canal principal des irrigations de l'Arba. — Délai de dix-huit mois pour la mise en activité de l'usine (moulin à blé).*

DI. — 27 juin-30 août 1855. — B. 485. — *Autorisation au sieur Saugey de faire usage d'une chute d'eau sur la rive gauche de l'Oued Kerma au lieu dit Méridja (Alger). — Délai d'un an pour la mise en activité de l'usine (moulin à blé).*

DI. — 11 août-7 déc. 1855. — B. 489. — *Autorisation aux sieurs Niocel et Verges de faire usage d'une chute d'eau sur la rive gauche de l'Oued el Sour (cercle d'Aumale). — Délai de six mois pour la mise en activité de l'usine (moulin à blé).*

ART. 2. — *Province de Constantine.*

DI. — 5 mai-7 juill. 1853. — B. 440. — *Autorisation aux sieurs Favre et comp. de faire usage d'une chute d'eau sur la rive gauche de l'Oued Bousellom près Sétif. — Délai d'un an, sous peine de déchéance, pour la mise en activité de l'usine (moulin à blé.)*

DI. — 9 mai-18 juill. 1853. — B. 441. — *Autorisation au sieur Bégot de faire usage d'une chute d'eau sise sur la rive gauche du Rhummel à l'embouchure de l'Oued Ben Yaçoub, territoire d'El Almenia. — Délai d'un an, sous peine de déchéance, pour la mise en activité de l'usine (moulin à blé.)*

DI. — 9 mai-7 juill. 1853. — B. 440. — *Autorisation aux sieurs Carbonnel et Ruffier frères, de faire usage le premier d'une chute d'eau de 5 mètres sur la rive droite du Rhummel, le second d'une chute de 4 mètres sur la rive gauche du même cours d'eau (près du Bardo à Constantine). — Délai de dix-huit mois, sous peine de déchéance, pour la mise en activité des deux usines (moulins à farine).*

DI. — 11 mai-7 juill. 1853. — B. 440. — *Autorisation au sieur Guelt de faire usage de la chute d'eau existant sur le canal n° 4 de la rive gauche de l'Oued Bou Merzoug (territoire militaire de Constantine). — Délai d'un an, sous peine de déchéance, pour la mise en activité de l'usine (moulin à blé).*

DI. — 17 juin-23 août 1854. — B. 464. — *Autorisation au sieur Ducombs de faire usage d'une chute d'eau sur l'Oued Maïz (territoire du village de Millésimo). — Délai d'un an pour la mise en activité de l'usine (moulin à farine).*

DI. — 13 juin-13 juillet 1855. — B. 482. — *Autorisation au sieur Rouquayrol de faire usage d'une chute d'eau sur la rive droite du Rhummel au lieu dit Hammam Grouss. — Délai d'un an pour la mise en activité de l'usine (moulin à blé).*

DI. — 21 juill.-8 oct. 1855. — B. 486. — *Autorisation au sieur Goszezinski de faire usage d'une chute d'eau sur l'Oued Hamma au lieu dit Raat Radouan (commune de Constantine).*

—Délai d'un an pour la mise en activité de l'usine (moulin à blé).

DI. — 11 août-7 déc. 1855. — B. 489. — *Autorisation au sieur El Meki ben Badis de faire usage d'une chute d'eau sur la rive gauche de l'Oued Zénati (territoire militaire de Constantine). — Délai d'un an pour la mise en activité de l'usine (moulin à blé).*

DI. — (Même date.) — *Autorisation au sieur Prudhomme de faire usage d'une chute d'eau sur le Bou Merzoug (arrondissement de Constantine). — Délai d'un an pour la mise en activité de l'usine (moulin à blé et scierie à bois).*

DI. — 31 oct.-31 déc. 1855. — B. 490. — *Autorisation au sieur Mollon de faire usage d'une chute d'eau sur la rive gauche de l'Oued ben Sellam (cercle de Sétif). — Délai d'un an pour la mise en activité de l'usine (moulin à blé.)*

ART. 3. — *Province d'Oran.*

DI. — 9 mai-7 juill. 1853. — B. 440. — *Autorisation au sieur Chaisemartin de faire usage d'une chute d'eau de 6 mètres de hauteur sur le canal établi sur la rive droite de l'Oued Tlelat (subdivision de Sidi bel Abbès).*

DI. — 10 août-5 oct. 1853. — B. 444. — *Concession au sieur Dandoy d'une chute d'eau sur l'Oued Senan près Aïn Temouchen. — Délai d'un an, sous peine de déchéance, pour la mise en activité de l'usine (moulin à farine).*

DI. — 18 août-10 nov. 1853. — B. 446. — *Concession aux sieurs Jaclot et Vivès d'une chute d'eau sur la rive gauche de la Mekerra près de Sidi bel Abbès. — Délai de six mois, sous peine de déchéance, pour la mise en activité de l'usine (moulin à blé).*

DI. — 30 août-10 nov. 1853. — B. 448. — *Concession aux sieurs Allezard et Bagarry de deux chutes d'eau au quartier d'El Balda (territoire de Tlemcen). — (Moulin à huile et moulin à farine).*

DI. — 30 sept.-5 déc. 1853 — B. 448. — *Concession aux sieurs Bernard et Denantes de la chute d'eau n° 4 du canal principal de la rive droite du Sig. — Délai d'un an, sous peine de déchéance, pour la mise en activité de l'usine (moulin à blé).*

DI. — 26 mai-8 sept. 1854. — B. 465. — *Concession au sieur Loubet d'une chute d'eau sur l'Oued Senam près d'Aïn Temouchen. — Délai d'un an pour la mise en activité de l'usine (moulin à blé).*

DI. — 30 sept.-22 nov. 1854. — B. 470. — *Concession au sieur Carlley d'une chute d'eau sur la rive gauche de l'Hatela près de Ben Yaklef, (E. de Mascara). — Délai de deux ans pour la mise en activité de l'usine (moulin à blé).*

DI. — 2 déc. 1854-18 janv. 1855. — B. 472. — *Concession au sieur Abram, directeur de l'orphelinat de Misserghin, d'une chute d'eau entre la quatrième source, et le pont-aqueduc (commune de Misserghin). — Délai d'un an pour la mise en activité de l'usine (moulin à blé).*

DI. — (Même date.) — *Concession au sieur Cayla d'une chute d'eau sur l'aqueduc de Misserghin entre la troisième et la quatrième source. — Délai d'un an pour la mise en activité de l'usine (moulin à farine).*

DI. — 2 déc. 1854-1er mars 1855. — B. 475 — *Concession au sieur Chaisemartin d'une chute* d'eau sur l'aqueduc de Mitterghin. — *Délai d'un an pour la mise en activité de l'usine (moulin à blé).*

DI.—9 juill.-28 juill. 1855. — B. 483.—*Autorisation au sieur Girardin de faire usage d'une chute d'eau sur le ravin d'Aïn Toudman près Mascara. — Délai d'un an pour la mise en activité de l'usine (moulin à blé).*

DI.—20 juin-8 août. 1855. — B. 484.—*Autorisation aux sieurs Bonnafous frères d'une chute d'eau sur la rive gauche de l'Oued Senam près d'Aïn Temouchen.—Délai d'un an pour la mise en activité de l'usine (moulin à blé).*

DI.—4 juill.-8 août 1855. —· B. 484.—*Autorisation au sieur Leroy de faire usage d'une chute d'eau sur l'ancien conduit d'irrigation de la source dite des Bains-Doux, près du village Négrier (district de Tlemcen). — Délai d'un an pour la mise en activité de l'usine (moulin à blé).*

DI.—13 juin-8 août 1855. — B. 484.—*Autorisation au sieur Rossi de faire usage d'une chute d'eau sur le ruisseau d'Aïn Seffra (commune de Mostaganem).—Délai d'un an pour la mise en activité de l'usine (moulin à blé).*

DI.—25 juill.-8 oct. 1855.—B. 486.—*Autorisation au sieur Dupuy de faire usage d'une chute d'eau sur l'Oued Tlelat, près Sainte Barbe (subdivision d'Oran).—Délai d'un an pour la mise en activité de l'usine (moulin à blé).*

§ 3. — CONCESSIONS FORESTIÈRES. — AUTORISATIONS D'EXPLOITATIONS.

ART. 1.—*Province d'Alger.*

AM.—24 janv.-19 mars 1853. — B. 434.—*Deux lots de la forêt de chênes-lièges de la Calle, formant ensemble environ 4,000 hect., sont affermés pour 40 ans au sieur Alfred Lannes de Montebello.*

AM.—31 août-15 déc. 1853.—B. 449.—*Concession au sieur Barbaroux pendant 20 années de la quantité annuelle de 7,000 mètres cubes de bois d'œuvre, essences cèdres, à exploiter dans les forêts de Belezma (cercle de Batna).*

AM.—12 juill.-30 oct. 1854.—B. 468. — *Est affermé au sieur Louis de Nogué pour 25 années un bois d'olivier de 134 hect. portant le nom de Ziarads au S.-O. du village de Robertville (arrondissement de Philippeville).*

AM.—18 déc. 1854.-19 mars 1855.—B. 476.— *Un lot de 2,500 hect. comprenant la forêt dite de Sonendjah (à l'E. de Philippeville) est affermé pour 40 années au sieur Gaston Martineau des Chenets, en vue de l'exploitation du chêne-liège.*

AM.—24 avril-13 juill. 1855.—B. 482.—*La forêt de la Safia (environs de Jemmapes), d'une superficie de 1,010 hect., est affermée pour 40 années au sieur de Cès-Caupenne (Alfred), en vue de l'exploitation du chêne-liège.*

AM.—16 août-17 nov. 1855.—B. 487.—*Est affermé au sieur Louis de Nogué pour 30 années, pour l'exploitation des oliviers, un terrain de 70 hect. (territoire de Robertville). — Le précédent bail du 12 juill. 1854 est prorogé de tout le temps nécessaire pour*

qu'il prenne fin en même temps que la présente concession.

AM.—12 oct.-7 déc. 1855.—B. 489.—*Concession aux sieurs Reboul et Bénéguet, pour 40 années de l'exploitation de 388 hect. de chênes-lièges dans la forêt de Bou Rouis, (cercle de Cherchell).*

§ 4. — CONCESSIONS DE MINES. — PERMIS DE RECHERCHES. — CARRIÈRES.

ART. 1. — *Concessions de mines.*

1° Province d'Alger.

Mines de cuivre et de fer de Mouzaïa.

DI.—26 mai-28 juin 1855. — B. 481. — *L'autorisation accordée par les décrets des 20 juin 1849 et 29 mai 1851, d'exporter à l'étranger 0,000 tonnes de minerai jusqu'au 31 déc. 1854, est prorogée jusqu'au 30 juin 1857.*

Concession de l'Oued Allelah.

Mines de fer, cuivre, plomb et autres métaux.

DI.—10 août-20 sept. 1853. — 443. — *Autorisation aux sieurs Briquelet et Desages d'exporter à l'étranger 10,000 tonnes de minerai de cuivre, dans l'espace de quatre années.*

DI.—16 oct. 1853-20 juin 1854. — B. 461. — *Extension de la concession de l'Oued Allelah par l'adjonction d'un territoire qui porte l'étendue de cette concession à 23 kilomètres carrés.*

Concession de l'Oued Tafflès.

Mines de fer, cuivre, plomb et autres métaux.

DI.—11 juin-13 juill. 1853. — B. 441. — *Autorisation au sieur Laugier fils d'exporter à l'étranger 2,000 tonnes de minerai de cuivre dans l'espace d'une année.*

Concession du cap Ténès.

Mines de cuivre, plomb et autres métaux.

DI.—11 juin-13 juill. 1853. — B. 441. — *Autorisation aux sieurs Leroy et Larrieu d'exporter à l'étranger 2,000 tonnes de minerai de cuivre dans l'espace d'une année.*

2° Province de Constantine.

Concession de Hamimdie.

Mines d'antimoine, de mercure et autres métaux.

DI.—5 sept.-8 nov. 1854. — B. 460. — *Concession aux sieurs Chirat et consorts des mines d'antimoine et de mercure situées sur le territoire de la tribu de Haractas, dans le voisinage du mont Hamimdie, sous le nom de concession de Hamimdie. — Cahier des charges de cette concession (V. B. 472).*

ART. 2. — *Permis de recherches.*

1° Province d'Alger.

Mines de cuivre et de plomb dans la vallée de l'Oued Afdoussa (nord-est de Milianah).— Prorogation pour un an du permis de recherches accordé au sieur Dupin le 26 fév. 1851.—Décis. min. du 14 avr. 1853.—B. 433. — Prorogé pour un an par décis. du 13 sept. 1854. — B. 468.

Mines de cuivre et de plomb du Zaccar R'harbi (près Milianah). — Le permis de recherches accordé aux sieurs Dolleki et Rubenstein le 26 mars 1852 est déclaré expiré et ne sera

pas renouvelé.—Décis. min. du 31 août 1853.
—B. 444.—Nouveau permis de recherches accordé au vicomte de l'Espine le 26 fév. 1855.
— B. 476.

Mines de plomb argentifère au mont Bouzareah, près Alger. — Prorogation pour une année du permis de recherches accordé le 18 oct. 1852 au sieur Michel. — Décis. min. du 11 août 1853. — B. 445.

Mines de cuivre dans la vallée de l'Oued Souffay, près Milianah. — Permis de recherches accordé au sieur Allemand le 8 mai 1854. — B. 461.

Mines de fer et de cuivre au Djebel Hadid (près de Ténès). — Prorogation pour un an du permis de recherches accordé le 29 août 1851 au sieur Armand. — Décis. min. du 21 août 1854. — B. 470.

Mines de pyrites cuivreuses de l'Oued Bou Hallou près de Ténès. — Prorogation pour six mois du permis de recherches accordé le 14 oct. 1851 au sieur Grasson. — Décis. min. du 6 nov. 1854. — B. 472. — Prorogé pour six mois le 22 juin 1855. — B. 483.

Mines de cuivre, de plomb et de fer aux environs de Sidi Bou Aïssi (à l'est de Ténès). — Permis de recherches accordé au comte d'Avigdor le 5 avr. 1855. — B. 480.

Mines de fer et de cuivre (bassin de l'Oued Kebir, près Blidah).—Prorogation pour un an du permis de recherches accordé le 30 oct. 1848 au sieur Amédée Perier, et transmis au sieur Vassal, son cessionnaire. — Décis. min. du 4 juill. 1855.—B. 484.

2° Province de Constantine.

Mines de plomb argentifère auprès du village d'Anoël sous la chaîne du Bou Thaleb (territoire de Sétif). — Permis de recherches accordé au sieur Telssère le 2 avril 1853. — B. 437.—Déclaré expiré sans renouvellement par déc. min. du 26 sept. 1855. — B. 486.

Mines de plomb sulfuré dans les collines du Bou Merxoug (cercle de Batna). — Permis de recherches accordé au sieur Moureaux le 4 avril 1853. — B. 437.

Mines de cuivre et autres métaux au Djebel Megroun dans le Sidi Rheiss (territoire des Haractas). — Permis de recherches accordé au sieur Seignette, le 28 mai 1853. — B. 441. — Déclaré expiré sans renouvellement par décis. min. du 17 août 1855. — B. 485.

Mines de plomb et de cuivre dans la partie Est du mont Filfilah.— Permis de recherches accordé au sieur Baccuet le 28 mai 1853. — B. 442.

Mines d'antimoine, plomb, zinc et mercure au Djebel Zeitoun (près Guelma). — Le permis de recherches accordé au sieur Briqueler le 17 juin 1851 est déclaré expiré et ne sera pas renouvelé. — Décis. min. du 10 déc. 1853. — B. 451.

Mines de plomb, zinc et mercure au Djebel Sayefa près du village de Jemmapes. — Permis de recherches accordé au sieur Scaparone le 24 février 1851. — B. 459.

Mines de mercure au Djebel Maksem près du village de Jemmapes. — Permis de recherches accordé au sieur Laballe le 28 février 1851. — B. 459.

Mines de plomb argentifère et de mercure dans la vallée de l'Oued Noukhal (cercle de Philippeville). — Permis de recherches accordé aux sieurs Briqueler oncle et Barneau fils le 22 mars 1854. — B. 459. — Prorogé pour six mois par décis. min. du 14 sept. 1855. — B. 487.

Mines de plomb et de mercure au Djebel Greyer près de Jemmapes. — Prorogation pour une année du permis de recherches accordé le 20 oct. 1852 au sieur Nielll. — Décis. min. du 3 mai 1854. — B. 461.

Mines de zinc sulfuré et de pyrite cuivreuse à Aïn Barbar, près Bône. — Le permis de recherches accordé au sieur Odiot le 7 juillet 1849 est déclaré expiré et ne sera pas renouvelé.—Décis. min. du 11 janv. 1854.—B. 462.

Mines de pyrite cuivreuse à El Mellaha (Bône). — Le permis de recherches accordé en 1851 aux sieurs Laballe, Lacombe et Pelloux est déclaré expiré.—Décis. min. du 11 janv. 1854. — B. 462.

Mines d'antimoine, plomb, cuivre et autres métaux dans le canton de Bou Zeitoun, N.-O. de Guelma. — Permis de recherches accordé au sieur Mancel de Valdouer le 17 mai 1854. — B. 463. — Déclaré expiré sans renouvellement par décis. min. du 9 mai 1855. — B. 480.

Mines de zinc et de plomb au Djebel Hamimdte Arko (cercle d'Aïn Beïda). — Permis de recherches accordé au sieur Barnoin le 17 août 1855. — B. 480.

3° Province d'Oran.

Mines de plomb et cuivre aux environs de Roubbam (cercle de Sebdou). — Permis de recherches accordé aux sieurs Dervieu et Aguilar le 14 mars 1853. — B. 437.

Mines de plomb sur le territoire des Ouled el Maxis (cercle de Lalla Maghrnia). — Permis de recherches accordé au sieur Dervieu le 30 mars 1853. —B. 437. — Prorogé pour un an le 17 mars 1854. — B. 459. — Prorogé pour un an le 30 mars 1855. — B. 480.

Gisements de combustible minéral sur le revers N.-O. de la montagne des Lions, dans la commune de Christel.— Permis de recherches accordé aux sieurs Agard et autres le 3 oct. 1853.—B. 448.

Mines de cuivre aux environs du marabout de Sidna Oucha (cercle de Djemma Gazouat). — Permis de recherches accordé au sieur Manegat le 3 mars 1854. — B. 459.

Mines de plomb, cuivre et manganèse au Djebel Tassa. — Prorogation pour une année du permis de recherches accordé le 2 nov. 1852 aux sieurs Chatenet et Penabert. — Décis. min. du 13 mars 1854. — B. 459.

Mines de plomb, cuivre et argent, près de la ferme de Taxout (district d'Arzew).— Permis de recherches accordé aux sieurs Fornara et consorts le 6 juill. 1855. — B. 485.

ART. 3. — Carrières.

AM.—11 juill.-30 août 1855.—B. 485.—Autorisation au sieur Perdrigeon d'exploiter pendant vingt-cinq années une carrière à plâtre près de Constantine (section dite de Coudial-Aty).

AM. — (Même date). — Autorisation au sieur Barbier d'exploiter pendant vingt années une carrière de pierres de grès sur la rive gauche de l'Oued Bial au lieu dit Djebel Akbel Eddis.

§ 5. — CONCESSIONS DE DROIT DE PÊCHE.

AM.—27 juill.-20 sept. 1853.—B. 443.—*Autorisation au sieur Miguel Ors y Garcia d'établir une madrague pour la pêche du thon et des autres poissons de passage, sur le côté ouest d'Oran, près le village d'Aïn et Turk.* — *Droit concédé du 1er août 1853 au 31 oct. 1858.*

AM.—30 août-2 oct. 1854.—B. 467. — *Autorisation au sieur Bayona d'exploiter la madrague concédé aux héritiers Arripe par arrêté du 23 juin 1850, modifié par déc. min. du 25 fév. 1852.*

§ 6. — CONCESSIONS IMMOBILIÈRES A DES COMMUNES.

ART. 1. — *Province d'Alger.*

DI. — 1er avril-7 mai 1853. — B. 438. — *Concession gratuite à la commune d'Alger de divers immeubles.*

Vu l'arrêté du chef du pouvoir exécutif en date du 4 nov. 1848, qui détermine les formes à suivre en ce qui concerne les concessions à faire aux communes de l'Algérie:

Art. 1. — Il est fait concession gratuite à la commune d'Alger des portions d'immeubles domaniaux situés dans cette ville, rue impasse Sidi Lelcai, désignés par les nos 21, 27 et 35 au plan ci-annexé et nécessaires à l'exécution du plan d'alignement de la rue de la Lyre.

NAPOLÉON.

AG. — 3-15 déc. 1853. — B. 440. — *Concessions aux communes d'Alger, Blidah, Oran, Mostaganem, Bône et Philipperville.*

Art. 1. — Les édifices, bâtiments et terrains domaniaux désignés dans les états A, B, C, D, E, F, ci-annexés, sont concédés gratuitement et en toute propriété aux communes d'Alger, de Blidah, d'Oran, de Mostaganem, de Bône et de Philippeville, comme se trouvant affectés aux services municipaux de ces communes à l'époque de la promulgation en Algérie de l'arrêté précité du 4 nov. 1848.

Art. 2. — Les immeubles ainsi concédés sont abandonnés par l'Etat aux communes tels qu'ils se trouvent et existent, et avec toutes leurs dépendances et servitudes actives, mais sans aucune garantie de la part de l'Etat, et à la charge par lesdites communes de supporter toutes les servitudes passives et contributions dont ces immeubles sont ou pourront être grevés, sans qu'à raison de ces servitudes les communes puissent exercer aucun recours contre l'Etat.

Art. 3. — Conformément aux dispositions de l'arrêté susvisé, l'Etat se réserve jusqu'au 31 déc. 1863 la faculté de reprendre parmi les immeubles concédés ceux qu'il jugera convenables, à la charge de donner en échange d'autres bâtiments domaniaux susceptibles de recevoir la même destination.

Art. 4. — Pendant la durée du délai ci-dessus stipulé, toutes réparations et améliorations qui pourraient être faites par les communes aux bâtiments concédés, le seront à leurs risques et périls sans que l'Etat, dans le cas où il userait de la faculté qu'il se réserve, soit tenu à aucune indemnité pécuniaire à raison de ces réparations ou améliorations.

Art. 5. — Après l'expiration de ce délai, lesdites communes seront de fait, et sans qu'il soit besoin de nouvelles formalités, propriétaires incommutables des édifices et bâtiments concédés,

à la charge par elles de se conformer aux lois et arrêtés qui régissent la propriété communale.

Art. 6. — A la même époque, s'il existe dans les archives domaniales des titres de propriété relatifs exclusivement aux immeubles concédés, ils seront remis aux communes par les soins des chefs du service des domaines dans chaque province. Comte RANDON.

AG. — 17-28 juil. 1855. — B. 483. — *Concessions aux communes de Douera, Koleah et Bouffarik.* — *Mêmes dispositions qu'à l'arrêté précédent.*

DI. — 18 juill.-30 août 1855. — B. 485. — *Concession d'un terrain à la commune de Douera.*

Vu l'art. 4 de l'arrêté du 4 nov. 1848; — L'art. 9 de la loi du 16 juin 1851 (Vol. 1er, p. 129 et 506)

Art. 1. — Il est fait concession gratuite, à la commune de Douera, d'un terrain d'une contenance de 2 hect. 79 ares 81 cent., désigné au plan cadastral sous les nos 211 et 212, qu'elle a fait entièrement complanter de mûriers.

Art. 2. — Cette concession est faite sans aucune garantie de la part de l'Etat, contre lequel la commune concessionnaire ne pourra avoir aucun recours pour une cause quelconque.

Art. 3. — La commune de Douera jouira et disposera dudit immeuble en toute propriété, conformément aux lois, décrets et règlements existants. Elle supportera toutes servitudes, charges et contributions de toute nature dont il peut être grevé. NAPOLÉON.

ART. 2. — *Province de Constantine.*

AG. — 3-15 déc. 1853. — B. 440. — *Concessions aux communes de Bône et Philipperville.* (V. ci-dessus, art. 1).

DI. — 28 janv.-10 mars 1854. — B. 454. — *Concession de divers terrains à la commune de Philippeville.*

Vu, etc.;

Art. 1. — Il est fait concession gratuite à la commune de Philippeville, et à ses annexes, les villages de Saint-Antoine, Damrémont et Valée, de divers terrains domaniaux désignés aux quatre plans ci-annexés, et présentant une contenance totale de 643 hectares 76 ares 90 centiares, répartis de la manière suivante;

Communal de Philippeville		255 h.	30 a.	40 c.
Id.	Saint-Antoine	82	05	00
Id.	Damrémont	114	20	25
Id.	Valée	102	03	10

Art. 2. — La présente concession est faite sous la condition que ces terrains seront entretenus à l'état boisé, et soumis, en conséquence, au régime forestier. NAPOLÉON.

DI. — 10 fév.-10 mars 1854. — B. 454. — *Concession d'une ancienne mosquée à la commune de Bône.*

Vu, etc.;

Art. 1. — Il est fait cession à la commune de Bône d'une ancienne mosquée située dans ladite ville à l'angle des rues Damrémont et du Lion désignée au plan cadastral par le no 74, et inscrite au sommier de consistance des immeubles non affectés, sous le no 171. — En échange de cette mosquée, l'Etat reprendra possession d'un magasin situé dans ladite ville, place d'Armes, désignée au plan cadastral par le no 487, et inscrit sur le même sommier sous le no 3, tels au surplus que ces immeubles sont figurés aux plans ci-annexés.

Art. 2. — Cette cession est faite sans garantie de la part de l'État, contre lequel la commune ne pourra exercer aucun recours pour quelque cause que ce soit.

Art. 3. — La commune de Bône jouira et disposera de l'immeuble cédé en toute propriété, conformément aux lois, décrets et règlements existants ; elle supportera toutes les servitudes, charges et contributions de toute nature dont il est ou pourra être grevé. NAPOLÉON.

DI. — 14 fév.-20 mars 1854. — B. 455. — *Concession de divers terrains à la commune de Bône.*

Vu, etc. ;

Art. 1. — Il est fait concession gratuite à la commune de Bône : — 1. De cinq parcelles de terrain situées dans la banlieue de ladite ville, au lieu dit Bir el Aïn, dépendant de la terre domaniale de ce nom, de celle de Bir-el-Akouel et de la pépinière du gouvernement, désignées au plan ci-joint n° 1 par les lettres A, B, C, D, et présentant ensemble une contenance superficielle de 3 hectares 22 ares 66 centiares. Ces parcelles sont destinées à l'agrandissement du cimetière européen : — 2° D'une autre portion de la terre de Bir el Aïn, désignée au plan ci-joint n° 2, et d'une contenance superficielle de 51 ares 69 centiares ; — Ladite parcelle destinée à être affectée au jardin du concierge du cimetière européen de Bône ; — 3° D'une troisième portion de la même terre de Bir el Aïn, d'une contenance superficielle de 2 hectares 82 ares 80 centiares, telle qu'elle est désignée au plan ci-joint n° 3 ; — Ladite parcelle devant être affectée au jardin du presbytère de la commune de Bône.

Art. 2 et 3. — (Comme à l'arrêté précédent.) NAPOLÉON.

DI. — 28 fév.-3 avril 1854. — B. 456. — *Concession de divers terrains à la commune de Philippeville.*

Vu, etc. ;

Art. 1. — Il est fait concession gratuite à la commune de Philippeville, pour être affectés aux cimetières de Stora et du village Valée :

1° D'un terrain domanial d'une contenance de 42 ares, situé à un kilomètre de Stora, et désigné au plan par les lettres A, B, C, D ;

2° D'un autre terrain domanial d'une contenance de 30 ares 18 centiares, situé à 300 mètres de Valée, et désigné au plan ci-joint par les lettres A, B, C, D.

Art. 2 et 3. — (Comme aux arrêtés précédents.) NAPOLÉON.

DI. — 7 juin.-3 août 1854. — B. 463. — *Concession à la commune de Bône.*

Vu, etc. ;

Art. 1. — Il est fait concession, à titre gratuit, à la commune de Bône d'une maison domaniale, sise rue des Numides, inscrite au sommier de consistance n° 1, sous l'article 10, comme provenant des anciennes corporations religieuses.

Art. 2 et 3. — (Comme aux arrêtés précédents.) NAPOLÉON.

DI. — 5 août.-20 sept. 1854. — B. 466. — *Concession à la commune de Philippeville.*

Vu, etc. ;

Art. 1. — Il est fait concession gratuite à la commune de Philippeville, pour l'établissement d'un presbytère, d'un emplacement domanial situé dans cette ville, entre l'arsenal d'artillerie et

l'hôpital militaire, à l'angle des rues de l'Arsenal et du 62° de Ligne, figuré au plan ci-joint par les lettres B, C, D, E, et comprenant en totalité ou en partie les parcelles inscrites aux art. 82, 83, 84, 92, 93, 94, 95 et 96 du sommier de consistance n° 2.

Art. 2 et 3. — (Comme ci-dessus.) NAPOLÉON.

DI. — 16 mars-28 avril 1855. — B. 479. — *Concession à la commune de Bône.*

Vu, etc. ;

Art. 1. — Il est fait concession, à la commune de Bône d'un terrain d'une contenance de 2 ares, 28 centiares, renfermant un puits, et situé sur le territoire de ladite ville, près du marabout de Sidi-Brahim, tel au surplus que cet immeuble est désigné au plan ci-joint par les lettres D, E, H, G.

Art. 2 et 3. — (Comme ci-dessus.) NAPOLÉON.

AG. — 11-28 juill. 1855. — B. 483. — *Concession à la commune de Constantine.*

Vu le décret impérial du 26 avril 1854, portant institution d'une municipalité pour la ville de Constantine et sa banlieue ;

Vu, etc ;

Art. 1. — Les édifices, bâtiments et terrains domaniaux désignés dans l'état ci-annexé sont concédés, gratuitement et en toute propriété, à la commune de Constantine, comme se trouvant affectés aux services municipaux de cette commune à l'époque de la promulgation, en Algérie, du décret précité du 26 avril 1854.

Art. 2, 3, 4, 5 et 6. (Comme à l'arrêté du 3 déc. 1853, ci-dessus art. 1.) Comte RANDON.

DI. — 22 sept.-17 nov. 1855. — B. 487. — *Concession à la commune de Constantine.*

Vu, etc. ;

Art. 1er. — Il est fait concession gratuite à la commune de Constantine, pour la construction d'un bâtiment destiné à servir de succursale au magasin du service de la voirie et au dépôt des pompes à incendie :

1° De la mosquée dite Sidi-Chadli et de diverses boutiques en dépendant, situées rues Combes, Rouaud et des Boucheries, désignées au plan ci-joint par les n°s 2, 4, 6, 10, 12, 14, 16, 268, 270 et 274 ;

2° Les deux tiers de la boutique rue Rouaud, n° 20, le tout présentant une superficie totale de 264 mètres 40 cent.

Art. 2 et 3. — (Comme aux arrêtés précédents.) NAPOLÉON.

DI. — 24 nov.-31 déc. 1855. — B. 490. — *Concession à la commune de Philippeville.*

Vu, etc. ;

Art. 1. — Il est fait concession gratuite à la commune de Philippeville, pour l'agrandissement du jardin du presbytère, d'un emplacement domanial, situé dans cette ville, entre les rues de l'Hôpital et du 62° de ligne, figuré au plan ci-joint, par les lettres B, C, G, F, comprenant en totalité ou en partie les parcelles portant les n°s 496, 497, 498, 499, 500, 502 et 503 du plan cadastral, et inscrit à l'art. 522 du sommier de consistance, n° 1.

Art. 2 et 3. — (Comme aux arrêtés précédents.) NAPOLÉON.

ART. 3. — *Province d'Oran.*

AG. — 3-15 déc. 1853. — B. 449. — *Concession*

sion aux communes d'Oran et de Mostaganem (V. ci-dessus, art. 1).

DI. — 21 juin-3 août 1854. — B. 403. — *Concession à la commune de Mostaganem.*

Vu, etc.;

Art. 1. — Il est fait concession à la commune de Mostaganem (département d'Oran) d'une maison domaniale, sise rue de l'Iman, et inscrite au sommier de consistance n° 2, sous les n°° 201 et 202, telle au surplus que ladite maison est figurée au plan ci-annexé.

Art. 2 et 3. — (Comme aux arrêtés précédents.)
NAPOLÉON.

DI. — 25 juill.-20 sept. 1854. — B. 466. — *Concession à la commune de Mostaganem.*

Vu, etc.;

Art. 1. — Il est fait concession à titre gratuit à la commune de Mostaganem, département d'Oran, de la portion de terrain domanial située dans cette ville, entre la rue de la Marine, l'avenue de Mascara et la propriété particulière du sieur Joly, désignée par les lettres L, M, N, O, au plan ci-annexé et inscrite au sommier de consistance n° 1, sous le n° 1111.

Art. 2 et 3. — (Comme aux arrêtés précédents.)
NAPOLÉON.

DI. — 12 août-20 sept. 1854. — B. 466. — *Concession à la commune d'Oran.*

Vu, etc.;

Art. 1. — Il est fait concession à la commune d'Oran, pour l'ouverture de la rue Millanah:

1° D'une partie d'un terrain domanial situé dans la rue d'Orléans, portant le n° 101, section A, du plan cadastral, d'une superficie de 22 mètres 45 centimètres, désignée au plan ci-joint par les lettres A, B, C, E;

2° D'une partie de l'impasse aboutissant à la rue d'Orléans, d'une superficie de 23 mètres 60 centimètres, désignée également au plan ci-joint par les lettres L, M, N, F, E;

3° De deux terrains domaniaux contenant l'un 5 mètres 80 cent., l'autre 15 mètres 10 cent., dépendant respectivement des parcelles n°° 102 et 103, section A, du plan cadastral, et désignés au plan ci-joint par les lettres F, O, P, Q.
NAPOLÉON.

DI. — 16 déc. 1854-8 fév. 1855. — B. 474. — *Concession à la commune d'Oran.*

Vu, etc.;

Art. 1. — Il est fait concession gratuite à la commune d'Oran des six parcelles de terrain situées à Oran, désignées au plan ci-joint par les lettres A, B, C, D, E, F, présentant ensemble une contenance de 40 ares 68 centiares 8 déclares.

Lesdites parcelles appartenant à l'État comme provenant de l'ancien jardin Bastrana, sont destinées, savoir:

La parcelle A, d'une contenance de 15 ares 15 cent., à la construction d'un théâtre; — La parcelle B (15 ares, 30 cent.), à la construction d'un hôtel de la mairie; — La parcelle C (4 ares 34 cent.), à l'agrandissement de l'école communale; — La parcelle D (3 ares 27 cent.), à des plantations publiques; — La parcelle E (2 ares 1 cent. 60 déc.), à faire partie de la voie publique; — La parcelle F (6 ares 44 cent. 68 déc.), à des plantations publiques.

Art. 2 et 3. — (Comme aux arrêtés précédents).
NAPOLÉON.

V. les divers renvois de l'article CONCESSION, vol. 1er, p. 454.

Congés.

V. FONCTIONNAIRES, § 4.

Consuls.

V. TRAITÉ (23 février 1853) avec les États-Unis. — Attributions en cas de naufrage.

Contrainte par corps.

DI. — 18 juill.-8 août 1855. — B. 484. — *Promulgation en Algérie de la loi du 20 mars 1855 sur l'exercice de la contrainte par corps.*

Art. 1. — L'art. 1 de la loi du 20 mars 1855, modifiant le § 5 de l'art. 781 du code de procédure civile, relatif à l'exercice de la contrainte par corps, et la loi du 2 mai 1855, qui remplace, par de nouvelles dispositions, les art. 3 et 17 de la loi du 25 mai 1838, sur les justices de paix, seront promulgués en Algérie et y seront exécutoires à partir du jour de cette promulgation.
NAPOLÉON.

Loi du 20 mars 1855.

Art. 1. — Le paragraphe numéro 5 de l'art. 781 du code de procédure civile est remplacé par la disposition suivante:

« N° 5. — Dans une maison quelconque, même dans son domicile, à moins qu'il n'ait été ainsi ordonné par le juge de paix du lieu, lequel juge de paix devra, dans ce cas, se transporter dans la maison avec l'officier ministériel, ou déléguer un commissaire de police. »

Loi du 2 mai 1855.

V. JUSTICE, sect. 1, § 1.

Contributions diverses.

DM. — 27 fév.-20 mars 1854. — B. 455.

Par décision du 27 février 1854, M. le ministre de la guerre a rapporté la disposition pénale qui termine l'avant-dernier paragraphe de l'art. 30 de l'arr. minist. du 20 sept. 1850 (vol. 1er, § 180), prescrivant aux porteurs de contraintes du service des contributions diverses de faire viser leur répertoire au receveur de l'enregistrement dans les dix premiers jours de chaque trimestre, sous peine d'une amende de 10 fr. par chaque dizaine de retard.

Cette disposition, tirée de l'art. 51 de la loi du 22 frim. an VII, avait été abrogée par l'art. 10 de la loi en vigueur du 16 juin 1824, portant que les amendes progressives prononcées dans certains cas contre les fonctionnaires publics et les officiers ministériels par les lois sur l'enregistrement et le dépôt des répertoires seront réduites à une seule amende de 10 fr., quelle que soit la durée du retard.

Corporations indigènes.

AM. — 24 sept.-17 nov. 1855. — B. 487. — *Organisation des Berranis à Saint-Denis du Sig.*

Vu le décret du 3 sept. 1850, sur l'organisation des corporations indigènes, et l'arrêté ministériel qui y fait suite (vol. 1er, p. 192);

Art. 1. — La population indigène flottante de Saint-Denis du Sig, connue sous la dénomination de Berranis, formera une corporation placée sous la surveillance d'un amin.

Art. 2. — Le traitement annuel de l'amin est fixé à 800 fr.
VAILLANT.

AM. — 7-31 déc. 1855. — B. 490. — *Même décision pour Orléansville, exécutoire à partir du 1er janvier 1856.*

Coton (culture du).

V. AGRICULTURE, 10 oct. 1853.

Cours d'assises.

V. JUSTICE, sect. 1, § 1.

Courtiers.

AM. — 25 août-30 oct. 1854. — B. 468. — *Création d'un office de courtier en marchandises à Sétif.*

Cultes.

DIVISION.

§ 1. — Culte catholique.
§ 2. — Culte réformé.

§ 1. — CULTE CATHOLIQUE.

DI.—13 sept.-5 oct. 1853. — B. 444.— *L'Église de la commune de Vesoul Benian est érigée en succursale.*

DI.— 29 janv.-20 mars 1854.— B. 455.— *Les églises des communes de Mustapha inférieur (département d'Alger); — Lambèsa (département de Constantine; — Tounin, Assi Bounif et Hennaya (département d'Oran), sont érigées en succursales.*

AM.—18 fév.-10 mars 1854. — B. 454. —*Institution de quatre vicariats à Orléansville, Ténès, Aumale, et Sidi bel Abbès.*

DI. — 15 mars-20 avril 1854.— B. 457. — *Les églises de Saint-Ferdinand, Lodi, Teniet el Had, Bou Medfa (département d'Alger);—Biskara, l'Edoug (département de Constantine).—Bou Tlelis, Sainte-Léonie, Aïn Tedelès (département d'Oran), sont érigées en succursales.*

DI.—18 juill.-3 août 1854.—B. 463.—*Id— Églises de Rovigo et Maëlma (département d'Alger).*

DI.—9 août-30 oct. 1854.—B. 468. — *Id.— Églises de la Boudjaréah et Crescia (département d'Alger).*

DI.—18 oct.-22 nov. 1854. —B. 470. — *Succursale de Maëlma.*

Art. 1. — Le siége de la succursale érigée à Maëlma (province d'Alger), par le décret du 18 juill. 1854 est transféré à Zéralda.

La circonscription de cette nouvelle succursale comprendra les villages de Zéralda et de Maëlma. NAPOLÉON.

DI.—29 nov.-29 déc. 1854.—B. 472.—*Succursale de l'Edough.*

Le siége de la succursale érigée à l'Edough par le décret du 15 mars 1854, est transféré à Bugeaud. La circonscription de cette nouvelle succursale comprendra les villages de Bugeaud et de l'Edough conformément au plan ci-annexé. NAPOLÉON.

DI.—31 juill.-30 août 1855.—B. 485.—*Id.— Églises de Boghar, Affreville, Aïn Taya, (département d'Alger);— Penthièvre, Saint-Charles, le Kroubs (département de Constantine);— La Senia, Aïn Temouchen, Bréa; Bled Touaria (département d'Oran).*

AM.—19 sept.-8 oct. 1855.—B. 488.—*Création d'un vicariat à Mustapha inférieur (département d'Alger).*

§ 2. — CULTE RÉFORMÉ.

DI.—24 déc. 1853-25 fév. 1854.—B. 453. — *Institution d'un oratoire à Aïn Arnat.*

Vu l'ord. du 31 oct. 1839, portant organisation du culte protestant en Algérie (Vol. Ier, p. 201);— Vu le décret du 20 avril 1853, portant établissement d'une colonie suisse en Algérie (V. *suprà*, Concession, sect. III, § 1, art. 2). — Vu les propositions du ministre de la guerre, contenues dans ses lettres des 7 sept., 6 oct. et 28 nov. 1853, et relatives au projet de créer une paroisse protestante à Aïn Arnat, premier village de la Compagnie génevoise dans la province de Constantine ;

Art. 1.—Il est établi à Aïn Arnat, province de Constantine, un oratoire du culte réformé.

Art. 2.—Le traitement du titulaire de cette place est fixé à 2,400 fr. Il sera payé, pendant l'année 1854, sur les fonds portés au budget de la guerre pour la colonisation de l'Algérie. NAPOLÉON.

DI.—20 juill. 1853-20 mars 1854.—B. 455.— *Institution d'un oratoire du culte protestant à Constantine. — Traitement du titulaire fixé à 2,400 fr.*

Cultures industrielles.

V. AGRICULTURE, § 2. Culture du coton.

D

Débitants de boissons.

DI.—8 oct.-17 nov. 1855.—B. 487. — *Loi sur les fraudes dans la vente des boissons.*

Vu le décret du 14 sept. 1851 qui rend exécutoire en Algérie la loi du 28 mars même année, tendant à la répression de certaines fraudes dans la vente de marchandises (Vol. Ier, p. 599);—Vu la loi du 5 mai 1855, qui déclare applicables aux boissons les dispositions de la loi du 27 mars 1851.

Art. 1. — La loi du 5 mai 1855 est déclarée exécutoire en Algérie et y sera promulguée à la suite du présent décret ; NAPOLÉON.

Loi du 5 mai 1855.

Art. 1.—Les dispositions de la loi du 27 mars 1851 sont applicables aux boissons.

Art 2.—L'art. 318 et le n° 6 de l'art. 475 du Code pénal sont et demeurent abrogés.

V. IMPOTS. 8 juill. 1855.

Débit de poudres.

V. ARMES, § 2.

Dellals (encanteurs musulm.).

V. VENTES MOBILIÈRES.

Denrées alimentaires.

V. DÉBITANTS DE BOISSONS.

Dépôts ou amaïns.

V. CADIS, 2 nov. 1855.

Déserteurs.

V. TRAITÉS, 15 sept. 1853. Traité d'extradition avec les Deux-Siciles.

Distances légales.

V. CONCESSIONS, § 4. Divers arrêtés indiquant
la distance des colonies agricoles remises
à l'autorité civile, aux chefs-lieux auxquels elles sont rattachées.

Domaine.

DIVISION.

§ 1. — Constitution du domaine de l'Etat.
§ 2. — Art. 2. — Arrêtés spéciaux d'aliénation.

§ 1. — CONSTITUTION DU DOMAINE DE L'ÉTAT.

OR.—21 août 1839.—(V.Propriété sect.1, § 1.)
*Dispositions concernant le domaine de l'État
et le mode d'administration des immeubles
qui en dépendent.*

DI.—2 avril 1854.—(V. eodem.)—*Partage des
biens indivis entre l'État et les particuliers.*

§ 2. — ARRÊTÉS SPÉCIAUX D'ALIÉNATIONS.

DI.—2 mars-16 avril 1853. — B. 435.— *Vente
au sieur Colonna de Giovellina d'une maison
à Constantine.*

DI. 16 avril-7 juin 1853. — B. 438. — *Sanction
donnée à 67 aliénations consenties pendant
le 2e semestre de 1852.*

DI.—7 oct.-20 déc. 1853.—B. 450.— *Sanction
donnée à 100 aliénations consenties pendant
le 1er semestre de 1853.*

DI.—10 déc. 1853-2 fév. 1854.—B. 452.—
*Sanction donnée à 61 aliénations consenties
pendant le 3e trimestre de 1853.*

DI.—17 déc. 1853-2 fév. 1854. — B. 452. —
*Vente au sieur Ahmadou ben Aïssa de divers
immeubles à Constantine.*

DI.—28 janv.-10 mars. 1854.—B. 454.—*Vente
à MM. Coquerel et Cie d'une propriété au
Hamma, près d'Alger.*

DI.—14 fév.-20 mars 1854.—B. 455.—*Vente à
la Banque de l'Algérie d'une maison à Oran
pour la succursale de cette province.*

DI.—28 fév.-20 avril 1854.—B. 457.—*Sanction
donnée à 39 aliénations consenties pendant
le 4e trimestre de 1853.*

DI.—6 mai-2 juin 1854.—B. 460.—*Vente au
sieur Husson d'une maison à Oran.*

DI.—24 juin-3 sept. 1854.—B. 465. — *Sanction
donnée à 133 aliénations consenties pendant
le 1er trimestre de 1854.*

DI.—10 sept.-30 oct. 1854. — B. 468. — *Vente
au sieur Kalfa Attaly de divers immeubles à
Constantine.*

DI.—18 oct.-8 déc. 1854.—B. 471. —*Vente au*

sieur Villeneuve *de diverses boutiques à Constantine.*

DI.—13 janv.-19 mars 1855. — B. 476. —
*Échange avec le sieur Pitot de propriétés à
Alger.*

DI.—20 janv.-19 mars 1855. — B. 476. —
*Échange avec le sieur Amar ben Mohamed
de propriétés à Constantine.*

DI.—31 janv.-7 avril 1855.—B. 477. — *Sanction donnée à 154 aliénations consenties pendant les 2e 3e et 4e trimestres de 1854.*

DI.—26 avril-18 juin 1855.—B. 481. — *Vente
au sieur Boisson d'une maison à Constantine.*

DI.—(Même date.)—*Échange avec le sieur Soret
de propriétés à Oran.*

DI.—(Même date.)—*Échange avec le sieur Ham-
mo ben Azouze de propriétés à Constantine.*

DI.—6 juin-13 juill. 1855.—B. 482.— *Sanction
donnée à 151 aliénations consenties pendant
le 1er trimestre de 1855.*

DI. — 13 juin-28 juill. 1855.—B. 483.—*Vente
au sieur Ardin Deltell d'une propriété rurale à Oran.*

DI. — 11 juill.-30 août 1855. — B. 485.—*Vente
au sieur Mehay d'une propriété rurale à Constantine.*

DI.—16 août-8 oct. 1855. — B. 486. — *Vente
aux sieurs Dumah et Cheron d'un terrain à
Constantine.*

DI. — (Même date.) — *Vente au sieur Houssin
ben Gellebi d'une maison à Constantine.*

DI. — 15 sept.-31 déc. 1855. — B. 490.—*Vente
au sieur Cady de la ferme dite du 1er bataillon d'Afrique et de la ferme dite du 6e léger,
banlieue de Mascara.*

DI. —20 oct. -31 déc. 1855. — B. 490. —*Vente
au sieur Mardochée Jais de divers immeubles à Constantine.*

V. AFFAIRES ARABES, sect. IV, Séquestres de
guerre.—FONCTIONNAIRES, § 7. 8 fév 1855. Franchise de correspondance.

Domestiques à gages.

A.— 24 déc. 1853. — *Règlement.— Livrets* (1).

Vu le décret du 3 oct. 1810, relatif aux obligations imposées, à Paris, aux domestiques des
deux sexes ; — Vu le décret du 26 sept. 1813,
qui rend applicables aux villes de 50,000 âmes
et au-dessus les dispositions du décret sus re-
laté ; —Vu l'arrêté du gouvernement, du 1er décembre 1803, relatif au livret des ouvriers;—Enfin, vu l'arrêté du gouverneur général de l'Algérie,
en date du 22 sept. 1843, relatif aux livrets des
ouvriers domestiques ; —Considérant qu'il importe de régler d'une manière plus complète les
rapports des maîtres avec les domestiques;—Considérant que dans une ville aussi importante
qu'Alger, qui prend chaque jour un nouvel accroissement, et qui se trouve dans des conditions défavorables, relativement aux éléments qui forment
la portion de la population qui fournit les domestiques de l'un et l'autre sexe, il est indispensable et même urgent d'assujettir ces derniers aux
obligations et aux formalités qui leur sont imposées dans la capitale ;

____

(1) Cet arrêté de police municipale, spécial à la ville
d'Alger, n'est reproduit qu'à titre de renseignement.
L'arrêté du 22 sept. 1843, visé dans le préambule, et
qui est inséré au vol. 1er, p. 474, a donné lieu à un

pourvoi devant la cour de cassation, et un arrêt de cette
cour, du 15 juill. 1854, a déclaré qu'il avait été pris par
le gouverneur général, en dehors du cercle de ses attributions. Voir le texte de cet arrêt, V° OUVRIERS, infrà.

Art. 1. — A dater du 1er janvier prochain, tout individu de l'un ou de l'autre sexe, qui est ou qui voudra se mettre en service à l'année, au mois, ou même au jour, en qualité de domestique, devra, dans le délai d'un mois, se rendre au bureau du commissariat central de police, pour s'y faire inscrire, sur des registres à ce destinés, sous peine d'une détention qui ne pourra excéder trois mois ni être moindre de huit jours (art. 1 du décret du 3 octobre 1810). Il sera délivré à chacun d'eux, un livret portant ses nom, prénoms, âge, lieu de naissance, profession, son domicile, s'il est marié ou veuf, et l'indication du maître qu'il sert.

Art. 2. — Ceux qui servent comme domestiques de place, au mois ou au jour, sont tenus, en outre, d'avoir un domicile déclaré par eux au même bureau et de présenter un maître d'hôtel garni, ou une autre personne domiciliée qui réponde d'eux, sous la peine portée à l'art. 5 (art. 2 du même décret).

Art. 3. — Il n'est permis à qui que ce soit de prendre à son service un domestique non muni d'un livret certifié par le dernier maître, ou portant l'inscription du commissaire central, qu'il entre en service pour la première fois, sous peine des dispositions de l'art. 471 du code pénal. — Ce livret reste entre les mains du maître jusqu'à la sortie du domestique. — Le maître, à la sortie du domestique, vise le livret de ce dernier, en y inscrivant le jour de la sortie; et dans les quarante-huit heures, le domestique doit, en représentant ce livret au commissariat central de police, déclarer s'il veut continuer à servir, ou prendre une profession, et ce, sous peine d'un emprisonnement qui ne pourra excéder quatre jours, ni être moindre de vingt-quatre heures (art. 4 déc. du 3 oct. 1810). — Ce livret lui sera rendu, visé, suivant sa déclaration. — En cas de refus de la part du maître de viser le livret du domestique qui le quitte, celui-ci peut se retirer devant le commissaire central de police, qui visera le livret, conformément aux renseignements qui lui seront fournis sur le compte du domestique.

Art. 4. — Tout domestique doit respect et obéissance à son maître, et ne peut le quitter sans l'avoir prévenu au moins quinze jours à l'avance.

Art. 5. — Il est défendu aux domestiques de louer aucune chambre ou cabinet, à l'insu de leurs maîtres, et sans en avoir prévenu le commissaire de police de l'arrondissement où lesdites chambres ou cabinets sont situés; le tout, à peine d'une détention qui ne pourra excéder trois mois ni être moindre de huit jours (art. 6, décret du 3 oct. 1810). — Il est pareillement défendu aux propriétaires ou principaux locataires de louer ou sous-louer aucune chambre ni cabinet, sans en avoir fait la déclaration au même

commissaire de police, à peine d'une amende qui ne pourra excéder 100 fr, ni être moindre de 20 fr. (même article et même décret).

Art. 6. — Tout domestique sans place, pendant plus d'un mois, qui ne justifierait pas de moyens d'existence, sera tenu de sortir de la ville d'Alger, s'il n'est autorisé à y séjourner, à peine d'être arrêté et puni comme vagabond (art. 7 du même décret).

Art. 7. — Toute plainte en vol domestique doit être immédiatement portée au commissaire de police de l'arrondissement, lequel lui donnera suite sans délai, et prendra les mesures nécessaires pour en découvrir et en poursuivre les auteurs.

Art. 8. — L'obligation de prendre un livret n'est applicable au domestique servant le même maître, depuis deux années révolues, que du jour où il sortira de chez celui-ci. — Mais les domestiques qui se trouvent dans ce cas sont néanmoins tenus de présenter au bureau de la police, où il en sera pris note, une déclaration authentique, délivrée par leurs maîtres, annonçant le temps depuis lequel ils sont à leur service, ainsi que la conduite qu'ils y ont tenue.

Art. 9. — Tout domestique qui aura perdu son livret pourra en obtenir un nouveau, au bureau de la police, sur la demande de son maître et sur la déclaration de ce dernier qu'il est à sa connaissance que le livret a été réellement perdu.

Art. 10. — Les peines portées au présent arrêté seront prescrites par six mois, si le domestique qui les a encourues est replacé au service d'un nouveau maître (art. 11 du décret du 3 oct. 1810).

Art. 11. — A dater du 1er janvier prochain, les livrets des domestiques de l'un et l'autre sexe seront délivrés au commissariat central de police, tous les jours non fériés, de huit heures du matin à dix heures, et de midi à cinq heures du soir.   Le maire d'Alger, V, DE GUIROYE.

Douanes.

DIVISION.

§ 1. — Organisation du service.
§ 2. — Lois douanières. — Régime commercial.

§ 1. — ORGANISATION DU SERVICE.

DE. — 11 août-19 sept. 1852. — *Organisation des bureaux et des brigades de douane aux frontières de terre* (V. infrd, § 2).

§ 2. — LOIS DOUANIÈRES. — RÉGIME COMMERCIAL.

DE. — 11 août-5 oct. 1853. — B. 114. — *Organisation des douanes frontières. — Tarifs* (1).

Vu l'ord. du 16 déc. 1843 et la loi du 11 janv. 1851, relative au régime des douanes en Algérie (vol. 1er, p, 231 et 240) ; — Considérant la nécessité, d'une part, de régulariser les rapports commerciaux, par terre, de l'Algérie avec le Maroc et la Régence de Tunis ; d'autre part, d'assurer une protection efficace aux intérêts industriels et agricoles de la métropole et de la colonie ;

Art. 1. — La prohibition générale d'importation par les frontières de terre, édictée par l'art. 16 de l'ord. du 16 déc. 1843, est levée en ce qui concerne les produits de la régence de Tunis et de l'empire du Maroc. Elle est maintenue à l'égard des produits de toute autre origine.

Art. 2. — L'importation des provenances du Maroc et de Tunis, et l'exportation des produits du sol ou de l'industrie de la métropole et de l'Algérie, auront lieu par les villes et postes ci-après désignés. — *Pour la frontière Est :* — Par Soukharas et Guelma ; par Tebessa et Aïn Beïda ; par Biskara. — *Pour la frontière Ouest :* — Par Lalla Maghnia, Tlemcen et Nedrouma (ce dernier point, lorsqu'il sera occupé) (1).

Art. 3. — Des bureaux et des brigades de douane seront établis et organisés sur les frontières de terre. L'action du service aura pour limite intérieure les places formant la seconde ligne et qui sont dénommées ci-après, savoir :— *A l'E.,* Bône, Guelma, Constantine, Aïn Beïda et Biskara. — *A l'O.,* Raschgoun, Tlemcen et Daya.

Art. 4. — La ligne saharienne depuis Biskara jusqu'au territoire tunisien et depuis Saïda jusqu'à la frontière marocaine, sera fermée à toute marchandise qui ne proviendrait pas du cru ou de l'industrie du territoire algérien.

Art. 5. — Les parties des frontières de terre de l'est et de l'ouest, ainsi que de la ligne saharienne, qui ne pourront être l'objet de la surveillance directe du service des douanes, seront gardées par des chefs indigènes, commissionnés à cet effet par les généraux commandant les divisions.

Art. 6. — Seront admises aux droits modérés portés au tableau ci-annexé, les marchandises tunisiennes et marocaines mentionnées dans ce tableau. — Celles taxées jusqu'à ce jour ad valorem et figurant également audit tableau supporteront, à l'avenir, le droit au poids, tel qu'il y est spécifié.

Art. 7. — L'art. 7 de la loi du 11 janv. 1851, qui règle le régime d'exportation par les frontières de mer, sera applicable aux frontières de terre.

Art. 8. — Il pourra être établi, pour les produits de Tunis et du Maroc importés par les frontières de terre de l'est et de l'ouest, ainsi que pour les marchandises étrangères et les produits des colonies françaises importées par mer, un entrepôt réel dans chacune des villes où il existera un bureau de douane, à la charge par ces villes de se conformer à l'art. 25 de la loi du 8 flor. an XI. — Aucun établissement de cette nature ne pourra, toutefois, être formé qu'en vertu d'autorisation accordée par un décret spécial.

Art. 9. — Jusqu'à ce que les entrepôts réels soient régulièrement constitués, les marchandises pourront : 1° être déposées en douane, à charge par les propriétaires d'en acquitter les droits d'importation et de magasinage dans le délai d'un an ; 2° être admises en entrepôt fictif sous les formalités prescrites par l'art. 15 de la loi du 8 flor. an XI, et sous la condition de recourir à la faculté de la réexportation. — La durée de l'entrepôt fictif est fixée à une année ; sur la demande des entrepositaires, elle pourra être prolongée de six mois.

Art. 10. — Le droit d'octroi municipal sera perçu, aux frontières de terre, sur les produits tunisiens et marocains, qui en sont passibles à l'entrée par mer.

Art. 11. — Les délits et contraventions seront déférés, savoir : en territoire civil, aux tribunaux ordinaires français, institués par l'art. 3 de l'ord. du 26 sept. 1842, et en territoire militaire, aux conseils de guerre consacrés par l'art. 42 de ladite ordonnance, et aux commandants de place institués ou confirmés par l'ordonnance du 31 oct. 1838, l'arrêté du 5 août 1843 et le décret du 22 mars 1852. — Ces tribunaux appliqueront aux délits et contraventions dont il s'agit, les peines et réparations civiles édictées par la législation de la métropole, et notamment par les lois des 22 août 1791, 4 germ. an II, 28 avr. 1816 et 27 avr. 1818.

Art. 12. — Les délits et contraventions en matière de douanes, commis sur les frontières de terre, seront établis soit par procès-verbaux revêtus des formalités qui, d'après le titre 4 de la loi du 9 flor. an VII, confèrent à ces actes le privilége de faire foi en justice jusqu'à inscription de faux, soit, à défaut, par toutes les preuves qu'autorisent les art. 141 et 189 du code d'instruction criminelle.

Art. 13. — Les dispositions du présent décret seront applicables deux mois après sa promulgation.

NAPOLÉON.

État des droits à percevoir sur les marchandises importées en Algérie par les frontières de terre de Tunis et de Maroc.

	kil. n.	f. c.
Bonnets de laine (bonneterie orientale) . .	1	3 02 1/2
Burnous en laine (tissu de laine non foulé de moins de 10 fr. le mètre)	id.	3 75
Haïcks en laine avec filets de soie comme tissus de laine de moins de 10 fr. le mètre	id.	3 75
Haïcks, tissu de laine, mélangé de soie. .	id.	14 20
Ceintures en laine mélangée de soie. . .	id.	14 20
Burnous, tissu de laine, mélangé de soie.	id.	14 20

Tels sont, sire, les motifs qui me font un devoir, de soumettre à la sanction de Votre Majesté le projet de décret ci-joint, concerté entre le département de la guerre et les départements du commerce et des finances pour régler d'une manière utile les nouvelles relations commerciales de l'Algérie avec les États de Maroc et de Tunis.

Le ministre de la guerre, A. DE SAINT-ARNAUD.

(1) M. le directeur des douanes a adressé à MM. les présidents des chambres de commerce de l'Algérie la communication suivante :

Alger, le 24 août 1854.

J'ai l'honneur de vous informer que, sur mon rapport, l'administration des douanes a, par décision du 17 du courant, autorisé que les bureaux de la Calle (province de Constantine) et de Nemours (province d'Oran) soient ouverts à la fois aux importations par terre et par mer sous les conditions de tarification spéciale à chaque nature d'opération.

En portant cette facilité à la connaissance des négociants européens et indigènes, veuillez, je vous prie, monsieur le président, les prévenir qu'elle serait immédiatement retirée, s'il venait à en être abusé au moyen de débarquements, sur les côtes voisines de Maroc ou de Tunis, de produits d'origine européenne.

Le directeur des douanes de l'Algérie, P. DE SAINT-GENIS.

Turbans, tissu de coton, mélangé de soie,			
de moins de 16 fils.	1	4	60
de 16 fils et au-dessus..	Id.	10	10
El Adjab, tissu de coton, mélangé de soie,			
de moins de 16 fils.	Id.	4	60
de 16 fils et au-dessus. . , ...	Id.	10	10
Schelmbir, tissu de soie, étoffe pure unie.	Id.	8	»
Breinschla de Constantinople, gaze de soie			
pure.	Id.	8	50
Peaux ouvrées (babouches du Maroc). . .	100	80	»
Peaux préparées.	Id.	25	»
Laines en masse.	Id.	18	»

Approuvé pour être annexé au décret du 11 août 1853.

Le ministre de la guerre, A. DE SAINT-ARNAUD.

DI. — 25 mai-7 juill. 1853. — B. 438. *Franchise pour la graine d'alpiste.*

Vu l'art. 9 de la loi du 11 janv. 1851;

Art. 1. — La graine d'alpiste est ajoutée à la nomenclature des produits naturels de l'Algérie, dont l'art. 1 de la loi du 11 janv. 1851 autorise l'admission en franchise dans les ports de la métropole. NAPOLÉON.

AM. 21 juill.-20 sept. 1853. — B. 443. — *Franchise pour les parfumeries algériennes.*

Par décision de M. le ministre des finances, en date du 21 juill. 1853, les parfumeries liquides de provenance algérienne sont assimilées aux essences odoriférantes mentionnées au tableau n° 2 de la loi du 11 janv. 1851, et admises en exemption de droits dans la métropole.

DI. — 30 sept.-30 oct. 1853. — B. 445. — *Transports de grains, etc..., par navires étrangers.*

Vu l'ord. du 10 déc. 1843, et la loi du 11 janv. 1851 relative au régime des douanes en Algérie; — Vu les décrets des 18 août et 5 sept. 1853;

Art. 1. — Jusqu'au 31 déc. 1853, les transports entre l'Algérie et la France, de grains et farines, de ris, de pommes de terre et de légumes secs, pourront s'effectuer par navires étrangers.

Art. 2. — Quelle que soit la date de leur arrivée à destination, les navires étrangers ainsi chargés jouiront du bénéfice de l'autorisation concédée par l'art. 1, pourvu qu'ils aient quitté leur point de départ antérieurement au 31 déc. 1853. NAPOLÉON.

(Par divers décrets des 17 déc. 1853. B. 452.

— 24 juin 1854. B. 464. — 21 oct. 1854. B. 470. — 23 juin 1855. B. 483, et 19 sept. 1855. B. 487. — Les effets du décret qui précède ont été prorogés jusqu'au 31 déc. 1856.)

DI. — 11 janv. 1854. — *Exportation des pommes de terre et légumes secs.*

Art. 1. — La prohibition de sortie des pommes de terre et des légumes secs, établie par notre décret du 1er oct. 1853, est levée en ce qui concerne les expéditions à destination de l'Algérie.

Art. 2. — L'exportation des pommes de terre et des légumes secs d'Algérie pour l'étranger, est prohibée jusqu'au 31 juill. 1854.

NAPOLÉON.

DI. — 17 fév. 1854. — *Franchise pour le bois de cactus.*

DI. — 24 fév. 1854. — *Exportation des armes, munitions de guerre, etc.* (1).

Vu l'art 34 de la loi du 17 déc. 1814; — Vu l'ord. du 18 janv. 1817;

Art. 1. — Sont prohibées la sortie et la réexportation d'entrepôt des objets désignés dans le tableau annexé au présent décret. — Toutefois des exceptions à cette disposition pourront être accordées, en raison des destinations, par notre ministre secrétaire d'Etat des finances. — A l'égard des exportations et réexportations qui seront ainsi exceptionnellement autorisées, la destination, lorsqu'elles auront lieu par mer, sera garantie par des acquits-à-caution qui devront être déchargés par les agents consulaires de France.

Art. 2. — Le présent décret aura son effet à partir du jour où la publication en sera faite par les préfets de la manière prescrite par l'ordonnance du 18 janv. 1817. NAPOLÉON.

AM. — 9 mai-2 juin 1854. — B. 460. — *Crédit et escompte en matière de douanes.*

Vu l'art 53 de la loi du 20 avril 1806 et la décis. min. du 18 juin 1810, relatifs à la faculté de crédit accordée aux redevables de droits de douanes; — Vu l'arrêté du 28 janv. 1854 qui élève de 3 à 4 p. 100 par an le taux de l'escompte bonifié aux redevables qui, dans les conditions déterminées par les règlements, acquittent en numéraire les mêmes taxes;

---

(1).   Paris, le 28 février 1854.

Je transmets avec la présente un décret du 24 de ce mois, qui prohibe l'exportation et réexportation d'entrepôt des armes de toute sorte, du plomb, du soufre, de la poudre à tirer, du salpêtre, des pierres à feu, des capsules, des bois de fusil, des projectiles de guerre, des chevaux, des effets d'habillement, de campement et de harnachement militaire, ainsi que des bâtiments à voiles et à vapeur, des machines propres à la navigation, des agrès et apparaux, et de tous autres objets bruts ou confectionnés de matériel naval et militaire.

Cette dénomination d'objets de matériel naval bruts ou confectionnés embrasse tous les objets qui entrent dans la confection et l'armement des navires, notamment les bois propres aux constructions navales, les mâts, espars, avirons et pigouilles, le chanvre, les cordages, les toiles à voiles, le goudron, etc.

L'art. 1 du décret stipule toutefois que des exceptions à la prohibition pourront être accordées, en raison de la destination des marchandises. Le commerce devra se pourvoir à cet effet auprès de M. le ministre des finances, sauf en ce qui concerne les armes et munitions de guerre, pour lesquelles les demandes continueront d'être adressées au ministre de la guerre, qui se concertera avec le département des finances, pour accorder, s'il y a lieu, les autorisations de sortie.

Lorsqu'elles auront été ainsi autorisées, les exportations et les réexportations d'entrepôt par mer donneront lieu à la délivrance d'acquits-à-caution destinés à garantir le transport des marchandises à la destination déclarée. Ces expéditions, qui seront extraites, pour les exportations, du registre série M, n° 51, et pour les réexportations du registre n° 48 de la même série, devront être rapportées dans un délai déterminé revêtues d'actes de décharge délivrés par les agents consulaires de France aux lieux de destination. — Sauf l'autorisation préalable, rien n'est changé aux formalités actuellement exigées pour les exportations par terre. — Il est entendu d'ailleurs que les dispositions qui précèdent ne sont point applicables aux objets d'avitaillement et d'approvisionnement des navires. Je recommande au service de s'assurer toujours avec soin que les objets embarqués à titre de provisions de bord n'excèdent pas les quantités nécessaires, et soient, au besoin, réglés par le tribunal de commerce, ou, à défaut, par l'autorité municipale, conformément à la loi du 21 août 1791, titre 8, art. 5. — Le décret sera exécutoire aussitôt qu'il aura été publié par le préfet, conformément à l'ordonnance du 18 janvier 1817. — Je prie les directeurs de donner des instructions au service dans le sens de ces dispositions, qu'ils porteront à la connaissance du commerce.

Le directeur général, THÉODORE GRÉTERIN.

Art. 1. — A compter du 1er juillet prochain, les dispositions qui régissent sur le continent le crédit et l'escompte en matière de droits de douane, seront appliquées à l'Algérie, sous la réserve, toutefois, que la durée du crédit sera réduite à trois mois.

Art. 2. — Les mêmes dispositions seront étendues aux taxes d'octroi de mer, sans que lesdites taxes puissent être cumulées avec les droits de douanes pour l'obtention du crédit ou de l'escompte. BINEAU.

DI. — 26 juin 1854. — *Droits sur les alcools* (1).

Vu l'art. 34 de la loi du 17 déc. 1814;

Art. 1. — Le droit de *vingt francs* par hectolitre d'alcool pur établi à l'importation des eaux-de-vie de mélasse (rhums et tafias) des colonies françaises est et demeure supprimé. NAPOLÉON.

DI. — 19 juill.-23 août 1854. — B. 464. — *Promulgation en Algérie des décrets des 24 fév. et 16 avr. 1854, sur l'exportation des armes et munitions de guerre.*

Vu les lois des 9 juin 1845 et 11 janv. 1851; — Vu les décrets des 24 fév. et 16 avr. 1854, avec le tableau annexé;

Art. 1. — Les dispositions de nos décrets des 24 fév. et 16 avr. 1854 qui prohibent l'exportation et la réexportation des armes, munitions et autres objets propres à la guerre, sont étendues aux expéditions de l'Algérie à destination de l'étranger.

Art. 2. — La prohibition de sortie est levée à l'égard desdits objets, en ce qui concerne les expéditions de France à destination de l'Algérie. NAPOLÉON.

Décret du 24 fév. 1854.

Vu l'art. 34 de la loi du 17 déc. 1814; — Vu l'ord. du 18 janv. 1817;

Art. 1. — Sont prohibées la sortie et la réexportation des objets désignés dans le tableau annexé au présent décret. — Toutefois, des exceptions à cette disposition pourront être accordées, en raison des destinations, par notre ministre secrétaire d'État des finances. — A l'égard des exportations et réexportations qui seront ainsi exceptionnellement autorisées, la destination, lorsqu'elles auront lieu par mer, sera garantie par des acquits-à-caution qui devront être déchargés par les agents consulaires de France.

Art. 2. — Le présent décret aura son effet à partir du jour où la publication en sera faite par les préfets de la manière prescrite par l'ord. du 18 janv. 1817. NAPOLÉON.

Tableau des objets dont la sortie et la réexportation d'entrepôt sont prohibées, sauf les exceptions qui pourront être autorisées par le ministre des finances.

1° Armes de guerre de toute sorte; — 2° Plomb, soufre, poudre, salpêtre, pierres à feu, capsules de poudre fulminante, bois de fusil, projectiles et autres munitions de guerre de toute sorte; — 3° Effets d'habillement, de campement, d'équipement et de harnachement militaire; — 4° Chevaux; — 5° Bâtiments à voiles et à vapeurs, machines et parties de machines propres à la navigation,

agrès et apparaux de navires et tous autres objets bruts ou confectionnés de matériel naval et militaire.

Arrêté par le ministre des finances, pour être annexé au décret impérial du 24 février 1854.

　　　　Le ministre des finances, BINEAU.

Décret du 16 avr. 1854.

Vu le décret du 24 fév. 1854; — Vu, etc.;

Art. 1. — Les dispositions de notre décret du 24 février dernier, qui prohibe la sortie et la réexportation des objets désignés dans le tableau y annexé, sont étendues au nitrate de soude. NAPOLÉON.

AG. — 5-30 oct. 1854. — B. 468. — *Droit sur les eaux-de-vie étrangères.*

Vu le décret du 22 sept. 1854, qui modifie les droits de douane à l'importation des eaux-de-vie étrangères de toute sorte;

Art. 1. — Le décret du 22 sept. 1854 précité est rendu immédiatement exécutoire en Algérie. Il sera publié et affiché à la suite du présent arrêté. Comte RANDON.

Décret du 22 sept. 1854.

Art. 1. — Provisoirement, et jusqu'à ce qu'il en soit autrement ordonné, les eaux-de-vie étrangères de toute sorte sont admises en France moyennant un droit de douane de 15 fr. par hectolitre d'alcool pur.

Art. 2. — Le présent décret sera immédiatement imprimé et affiché dans tous les départements frontières, pour y être appliqué à compter du jour de ladite publication, conformément aux ord. des 27 nov. 1816 et 18 janv. 1817. NAPOLÉON.

AG. — 14-30 oct. 1854. — B. 468. — *Droit sur les viandes salées et liqueurs étrangères.*

Vu les ord. des 27 nov. 1816 et 18 janv. 1817, concernant la promulgation des lois et ordonnances à rendre exécutoires d'urgence; — Vu les décrets du 5 oct. 1854 portant réduction provisoire des droits d'entrée sur les viandes salées et sur les vins de liqueur;

Art. 1. — Les décrets susvisés du 5 oct. 1854, portant réduction provisoire des droits d'entrée sur les viandes salées et sur les vins de liqueur, sont rendus immédiatement exécutoires en Algérie. Ils seront publiés à la suite du présent arrêté. A. PELISSIER.

Décret du 5 oct. 1854.

Art. 1. — Jusqu'à ce qu'il en soit autrement ordonné, le droit à l'importation des viandes salées est fixé à 0 fr. 50 c., par 100 kilogrammes 50 centigr. NAPOLÉON.

Décret du même jour.

Art. 1. — Jusqu'à ce qu'il en soit autrement ordonné, le droit à l'importation des vins de liqueur en futailles, en outres ou en bouteilles, est fixé à 25 cent. par hectolitre.

　　　　　　NAPOLÉON.

DI. — 1er-8 nov. 1854. — B. 469. — *Interdiction de l'exportation des céréales de l'Algérie (blé et orge) à destination des pays étrangers,*

---

(1) *Circulaire à M. le directeur des douanes de l'Algérie.*

Je transmets, avec la présente, ampliation d'un décret impérial, en date du 26 juin dernier, portant suppression du droit de 20 fr. par hectolitre d'alcool pur établi par la loi du 2 juillet 1856 à l'importation des eaux-de-vie de mélasse (rhums et tafias) des colonies françaises. — Inséré le 4 du mois courant au Bulletin des lois, n° 193, ce décret sera exécutoire dans les délais ordinaires de promulgation. — Je prie les directeurs de donner des ordres en conformité de cette disposition et d'en informer le commerce. Le directeur général.

jusqu'au 31 juill. 1855. — *Prorogation de cette interdiction jusqu'au 31 déc. 1855, par autre décret du 28 juin 1855. — B. 488.*

DI. — 14 fév.-7 avr. 1855. — B. 477. — *Franchise pour les farines de céréales.*

Décis. M. — 21-30 mai 1855. — B. 480. — *Droits sur les vermouths.*

M. le ministre de la guerre a décidé à la date du 21 mai 1855, de concert avec M. le ministre des finances, que les vermouths français et étrangers, importés en Algérie, seraient dorénavant soumis aux *droits d'octroi de mer de 8 fr.* ou de 25 fr. par hectolitre dont sont passibles les vins de liqueur en fûts ou en bouteilles, d'après le tarif annexé à l'ord. du 21 déc. 1844.

DI. — 23 mai-18 juin 1855. — B. 481. — *Franchise pour les alcools d'asphodèle.*

DI. — 5 sept.-8 oct. 1855. — B. 486. — *Droit sur les piments.*

Art. 1. — Le droit à l'entrée sur le piment en graines ou moulu d'origine étrangère, importé dans les ports de l'Algérie, est fixé ainsi qu'il suit :

Par navires français, 15 fr. les 100 kilog.

Par navires étrangers, 16 fr. 50 les 100 kilog.

NAPOLÉON.

DI. — 10 oct.-17 nov. 1855. — B. 487. — *Bois de construction. Droit de tonnage des navires étrangers.*

Art. 1. — Les navires étrangers, qui auront importé des pays du nord de l'Europe dans les ports de l'Algérie, des bois de construction dans la proportion des trois quarts de leur tonnage légal et qui, ensuite, repartiront de ces mêmes ports avec des cargaisons composées de produits français ou algériens, seront affranchis du droit de tonnage.

Art. 2. — Dans le cas où le chargement en bois de construction n'atteindrait pas la proportion déterminée par l'article précédent, le droit sera exigé pour toute la partie du tonnage demeurée sans emploi, ou occupée par d'autres marchandises. La même perception proportionnelle aura lieu à l'égard des navires qui, ayant rempli la première condition, n'auraient pas employé *la moitié au moins* de leur tonnage à l'exportation de produits français ou algériens.

NAPOLÉON.

AG. — 24 oct.-17 nov. 1855. — B. 487. — *Exportation des marrons et des châtaignes.*

Art. 1. — Le décret du 13 oct. 1855 est rendu immédiatement exécutoire en Algérie. Il sera publié à la suite du présent arrêté.

Comte RANDON.

Décret du 13 oct. 1855.

Art. 1. — L'exportation des marrons et châtaignes et de leurs farines est prohibée jusqu'au 31 déc. 1856.

Art. 2. — Les marrons et châtaignes et leurs farines importés soit par terre, soit par navire français ou par navires étrangers, sans distinction de provenance ni de pavillon, ne seront soumis, jusqu'à ladite époque du 31 déc. 1856, qu'à un droit de 25 cent. par 100 kilog.

NAPOLÉON.

V. ARMÉE 19 juill. 1854. — COMMUNES, sect. 4, § 2, 11 nov. 1854. Octroi de mer. — TRAITÉS, 23 fév. 1853. Sauvetage.

Droguistes.

V. ART MÉDICAL, 31 janvier 1853.

Droits de consommation.

V. IMPÔTS.

Droits de place.

V. COMMUNES, sect. IV, § 2, 5 avril et 28 juin 1855. — MARCHÉS, 5 avril 1855.

E

Églises.

V. CULTES.

Employés civils.

V. FONCTIONNAIRES.

Engagements volontaires.

V. ARMÉE, § 2.

Enregistrement.

§ 2. — DROITS D'ENREGISTREMENT.

Décis. M. — 3 nov. 1851-5 oct. 1853. — B. 444. — *Enregistrement des actes des cadis et des rabbins (1).*

Une décision de M. le ministre de la guerre, du 3 nov. 1851, a de nouveau reconnu, en principe, que les actes reçus en Algérie par les cadis et les rabbins ne doivent être considérés que comme de simples actes sous seing privé.

La législation en vigueur dans la métropole et rendue exécutoire en Algérie par l'ord. du 31 oct. 1841, n'assujettit à la formalité de l'enregistrement, dans le délai de trois mois, que ceux des actes de cette nature qui portent transmission de propriété, d'usufruit ou de jouissance de biens immeubles, et ne soumet tous les autres à cette formalité que lorsqu'il en est fait usage.

Dans l'intérêt des parties, comme aussi dans celui du trésor, M. le ministre de la guerre a prescrit, par dépêche du 9 sept. 1853, n° 628, de rappeler que les porteurs d'actes reçus par les cadis et rabbins sont seuls responsables de l'accomplissement de la formalité de l'enregistrement, les cadis et les rabbins n'ayant d'autre soin à prendre à cet égard que d'avertir les parties de cette obligation.

---

(1) Cette décision a été abrogée en ce qui concerne les cadis, par les nouvelles dispositions du décret du 1er octobre 1854, sur l'organisation de la justice musulmane (V. Justice, S. II, § 4), art. 67 et suivants. Elle n'avait d'ailleurs de portée qu'au point de vue du droit d'enregis-

---

trement, et n'ôtait point aux actes des cadis le caractère d'actes authentiques qui leur est conféré par les ordonnances antérieures, et notamment l'art. 45 de l'ordonn. du 26 sept. 1842.

DI. — 15 nov. 1853-25 fév. 1854. — B. 453. — *Application à l'Algérie de la loi du 19 juill. 1845.*

Vu l'ord. du 19 oct. 1841, sur l'application en Algérie des lois, décrets et ordonnances qui régissent en France les droits d'enregistrement, de greffe et d'hypothèques (vol. 1er, p. 252);— Vu la loi du 19 juill. 1845 sur le budget des recettes de l'exercice 1846)

Art. 1. — Sont déclarées exécutoires, en Algérie, à partir du 1er juill. 1851, les dispositions de l'art. 5 de la loi du 19 juill. 1845.

Art. 2. — Ainsi qu'il est établi par l'art. 2 de l'ord. du 19 oct. 1841, il ne sera perçu pour les droits d'enregistrement exigibles en vertu de la loi du 19 juill. 1845, que la moitié des droits, décime non compris, qui sont perçus en France. NAPOLÉON.

Loi des 19-25 juill. 1845.

Tit. 1. — *Impôts autorisés pour l'exercice 1846.*

Art. 5. — A partir du 1er janv. 1846, le droit d'enregistrement de 1 franc établi par l'art. 68, § 1, n° 30, de la loi du 22 frim. an VII, pour les exploits relatifs aux procédures en matière civile, devant les juges de paix, jusques et y compris les significations des jugements définitifs, sera porté à 1 fr. 50 c. en principal.

Le droit de 2 fr. établi par l'art. 68, § 2, n°s 3 et 4, de la loi du 22 frimaire an VII, et par l'art. 43, n° 4, de la loi du 28 avril 1816, pour les avis de parents, les procès-verbaux de nomination de tuteurs et curateurs, et les procès-verbaux d'apposition, de reconnaissance et de levée de scellés, sera porté à 4 fr. en principal.

Le droit de 5 fr., établi par l'art. 68, § 4, n° 2, de la loi du 22 frim. an VII, pour les actes d'émancipation, sera porté à 10 fr. en principal.

DI. — 29 août-9 oct. 1855. — B. 486. — *Abrogation de l'art. 9 de la loi du 7 août 1850 et du décret du 4 fév. 1851 (vol. 1er, p. 253);— Vu, etc.)*

Art. 1. — Le décret présidentiel du 4 fév. 1851 est abrogé.

Art. 2. — Sont déclarées exécutoires en Algérie les dispositions de l'art. 15 de la loi du 13 avril 1855.

Art. 3. — Conformément aux dispositions de l'art. 2 de l'ord. du 19 oct. 1841, il ne sera perçu, pour les droits d'enregistrement exigibles en vertu de la loi du 13 avril 1855, que la moitié des droits, décimes non compris, qui sont perçus en France. NAPOLÉON.

Loi du 13 avril 1855.

Art. 15. — L'art. 9 de la loi du 7 août 1850, est abrogé. Les droits dont la réduction a été prononcée par cet article sont rétablis à partir du 1er mai 1855, aux quotités fixées par la loi du 22 frim. an VII.

AM. — 20 nov.-31 déc. 1855. — B. 490. — *Création de nouveaux bureaux d'enregistrement.*

Par décision de 20 nov. 1855, M. le ministre de la guerre a arrêté la création, à partir du 1er janv. 1856, de deux nouveaux bureaux de l'enregistrement et des domaines, l'un à Saint-Denis du Sig, dans la province d'Oran, l'autre à El Arrouch, dans la province de Constantine. Ce dernier bureau comprendra dans sa circonscription les centres de population suivants, savoir : — El Arrouch, — Gastonville, — Robertville, — Saint-Charles. —

La vallée supérieure du Saf Saf, — El-Kantour, — Et Condé (Smendou).

V. Hypothèques, 4 juill. 1855. Loi sur la transcription, et autres décrets relatifs à l'exécution de cette loi.

Essayeur des matières d'or et d'argent.

AG. — 28 août-20 sept. 1853. — B. 443. — *Nomination à Tiaret du sieur Maklouf Zenoun en remplacement de Jacob ben Hafoun.*

AG. — 13 oct.-10 nov. 1853. — B. 446. — *Nomination de Ben Salem ben Kalfat à Tlemcen en remplacement du titulaire, décédé.*

Établissements publics.

V. Débitants de boissons.

Établissements insalubres ou dangereux.

V. Santé (sect. II, § 2).

Étalages mobiles.

V. Boucherie, 22 fév. 1854. — Boulangerie, 27 mars 1854.

État civil.

V. Affaires arabes, sect. I. § 2, 8 août 1854, art. 10, état civil des indigènes musulmans.

État de siége.

DI. — 30 août-2 oct. 1851. — B. 407. — *Cessation de l'état de siége.*

Art. 1. — Est abrogé le décret du 17 déc. 1851, approuvant l'arrêté du gouverneur général de l'Algérie par intérim ; en date du 7 du même mois, qui place l'Algérie sous le régime de l'état de siége. NAPOLÉON.

Exposition agricole.

V. Agriculture, 9 juin 1854.

F

Finances.

DIVISION.
§ 1. — Régime financier.
§ 3. — Budgets.

§ 1. — RÉGIME FINANCIER.

OR. — 21 août 1830.(*V. Propriété, sect. I, § 1*). — *Dispositions de cette ordonnance omises dans le vol. I, qui concernent le domaine de l'État.*

§ 3. — BUDGETS.

Art. 1. — *Fixation annuelle du budget local et municipal.*

DI. — 18 janv.-25 fév. 1854. — B. 453. — *Exercice 1854.*

Vu, etc.;

Art. 1. — Le budget des recettes locales et municipales de l'Algérie, pour l'exercice 1854, est fixé, en recettes et en dépenses, à la somme de 7,073,428 fr. 60 cent., conformément aux tableaux ci-annexés.

Art. 2. — Les recettes affectées aux dépenses spéciales du service local et municipal de l'Algérie sont réparties de la manière suivante :

Fonds provincial.	6,510,062 fr. 10 c.
Fonds général.	350,000
Fonds de réserve et de prévoyance.	213,366 50
Total.	7,073,428 fr. 60 c.

Art. 3. — Les crédits ouverts pour couvrir les dépenses sur le fonds provincial sont fixés comme il suit pour chaque province :

Province d'Alger.	3,054,623 fr. 99 c.
Province d'Oran.	1,521,455
Province de Constantine.	1,933,913 11
Total.	6,510,062 fr. 10 c.

Art. 4. — Les crédits ouverts pour dépenses d'utilité commune imputables sur le fonds général sont fixés à 350,000 fr.

Art. 5. — Les crédits ouverts pour dépenses imputables aux fonds de réserve et de prévoyance sont fixés à 213,366 fr. 50 cent.

La masse totale des crédits ouverts s'élève à 7,073,428 fr. 60 cent. NAPOLÉON.

121. — 3 fév.-1er mars 1855. — B. 475. — *Exercice 1855.*

Vu, etc.;

Art. 1. — Le budget local et municipal de l'Algérie, pour l'exercice 1855, est fixé, en recettes et en dépenses, à la somme de 5,989,995 fr., conformément aux tableaux ci-annexés.

Art. 2. — Les recettes affectées aux dépenses spéciales du service local et municipal de l'Algérie sont réparties de la manière suivante :

Fonds provincial.	5,073,560 fr.
Fonds général.	500,000
Fonds de réserve et de prévoyance.	416,435
Total.	5,989,995 fr.

Art. 3. — Les crédits ouverts pour couvrir les dépenses sur le fonds provincial sont fixés comme il suit pour chaque province :

Province d'Alger.	2,462,670 fr.
Province d'Oran.	1,237,815
Province de Constantine.	1,373,075
Total.	5,073,560 fr.

Art. 4. — Les crédits ouverts pour dépenses d'utilité commune, imputables sur le fonds général, sont fixés à 500,000 fr.

Art. 5. — Les crédits ouverts pour dépenses imputables au fonds de réserve et de prévoyance sont fixés à 416,435 fr. — La masse totale des crédits ouverts s'élève à 5,989,995 fr.

Art. 6. — Il ne pourra être fait emploi des crédits restant à répartir sur le fonds général et sur le fonds de réserve et de prévoyance, qu'en vertu des autorisations spéciales du ministre de la guerre.

Art. 7. — La répartition du produit de l'octroi de mer aura lieu conformément aux dispositions de l'arrêté du 4 nov. 1848. (Vol. 1er, p. 129.) NAPOLÉON.

ART. 2. — *Règlement des exercices clos.*

122. — 23 janv.-10 mars 1854. — B. 454. — *Exercice 1851.*

§ 4. — *Fixation du résultat général du budget.*

Art. 5. — Le résultat général du budget local et municipal de l'exercice 1851 est définitivement arrêté ainsi qu'il suit :

Actif. — Excédant de recettes sur les dépenses de l'exercice 1849, fixé par le décret du 24 oct. 1851, sous prélèvement de la somme de 751,916 fr. 84 c. affectée, par le décret du 6 mars 1853, aux dépenses de l'exercice 1850, 959,167 fr. 14 c., dont :

Sur le fonds prov. d'Oran.	246,321 fr. 73 c.
Sur le fonds prov. de Constantine.	56,592 16
Fonds général.	275,549 22
Fonds de réserve.	380,704 03

Produits et revenus réalisés au titre de l'exercice 1851, suivant le tableau B, et répartis par catégorie de fonds, conformément à l'ord. du 2 janv. 1846, 5,258,402 fr. 37 c., savoir :

Fonds prov. d'Alger.	1,559,734 fr. 33 c.
Fonds prov. d'Oran.	1,080,008 99
Fonds prov. de Constantine.	1,304,058 45
Fonds général.	788,760 36
Fonds de réserve.	525,840 24

Total des ressources applicables aux dépenses de l'exercice 1851. 6,217,569 fr. 51 c., dont :

Fonds prov. d'Alger.	1,559,734 fr. 33 c.
Fonds prov. d'Oran.	1,346,330 72
Fonds prov. de Constantine.	1,360,650 61
Fonds général.	1,084,309 58
Fonds de réserve.	906,544 27

Pour parer à l'insuffisance des ressources affectées au fonds provincial pour couvrir les dépenses autorisées au même titre, dans les provinces d'Alger et de Constantine, il est prélevé:

1° La somme de 141,560 fr. 87 c., restant disponible sur le fonds provincial d'Oran; — 2° Celle de 774,730 fr. 52 c., sur le fonds de réserve.

Ces prélèvements montant à 916,281 fr. 39 c., sont ajoutés, savoir :

Au fonds prov. d'Alger, 832,548 fr. 25 c. ; — Au fonds prov. de Constantine, 83,733 fr. 14 c.

La répartition des ressources de l'exercice 1851, par catégorie de fonds, est, en conséquence modifiée comme suit, savoir :

Fonds prov. d'Alger.	2,392,282 fr. 58 c.
Fonds prov. d'Oran.	1,184,779 85
Fonds prov. de Constantine.	1,444,383 75
Fonds général.	1,064,309 58
Fonds de réserve.	131,813 75

Passif. — Les payements à la charge de l'exercice 1851, fixés par l'art. 1 du présent décret, s'élèvent à 5,337,601 fr. 36 c., savoir :

Sur le fonds prov. d'Alger.	2,392,282 fr. 58 c.
Sur le fonds prov. d'Oran.	1,184,779 85
Sur le fonds prov. de Constantine.	1,444,383 75
Sur le fonds général.	267,772
Sur le fonds de réserve.	28,383 18

L'excédant des ressources sur les dépenses acquittées, à la clôture de l'exercice 1851, est arrêté à 879,968 fr. 15 c., dont 776,537 fr. 58 c. appartenant au fonds général et 103,430 fr. 57 c. au fonds de réserve.

Cet actif sera transporté au budget local et municipal de l'exercice 1853, et formera le premier article des ressources de cet exercice, par application de l'art. 131 de l'ord. du 2 janv. 1846. NAPOLÉON.

123. — 5 sept.-30 oct. 1854. — B. 463. — *Exercice 1852.*

§ 4. — *Fixation du résultat général du budget.*

Art. 5. — Le résultat général du budget local

et municipal de l'exercice 1852 est définitivement arrêté ainsi qu'il suit:

Actif. — Excédant de recettes sur les dépenses de l'exercice 1852, fixé par le décret du 6 mai 1853.

Fonds général. . . . . 453,793 fr. 84 c.

Produits et revenus réalisés au titre de l'exercice 1852, suivant le tableau B, et répartis par catégorie de fonds conformément à l'ord. du 2 janv. 1846, 5,450,326 fr. 13 c., savoir:

Fonds prov. d'Alger. . . . . . . 1,594,471 fr. 07 c.
Fonds prov. d'Oran 1,060,856 58
Fonds prov. de Constantine . . . 1,426,416 06
Fonds général. 817,518 91
Fonds de réserve 545,032 61

Total des ressources applicables aux dépenses de l'exercice 1852, 5,904,110 fr. 07 c., dont:

Fonds prov. d'Alger . . . . . . 1,594,471 fr. 07 c.
Fonds prov. d'Oran. 1,066,856 58
Fonds prov. de Constantine . . . 1,426,416 06
Fonds général. 1,271,342 75
Fonds de réserve 545,032 61

Pour parer à l'insuffisance des ressources affectées au fonds provincial pour couvrir les dépenses autorisées au même titre, il est prélevé:

1° La somme de 545,032 fr. 61 c., montant du fonds de réserve; — 2° Celle de 625,418 fr. 93 c. sur le fonds général.

Ces prélèvements, montant à 1,170,451 fr. 54 c., sont ajoutés, savoir:

Au fonds prov. d'Alger. . . . . . 961,391 fr. 88 c.
Au fonds prov. d'Oran 132,456 25
Au fonds prov. de Constantine. . . 76,603 41

La répartition des ressources de l'exercice 1852, par catégorie de fonds, est, en conséquence modifiée comme suit, savoir:

Fonds prov. d'Alger. . . . . . . 2,555,863 fr. 85 c.
Fonds prov. d'Oran. 1,199,312 83
Fonds prov. de Constantine . . . 1,503,019 47
Fonds général. 645,923 82
Fonds de réserve . . . . » »

Passif. — Les payements à la charge de l'exercice 1852, fixés par l'art. 1 du présent décret, s'élèvent à 5,470,112 fr. 67 c., savoir:

Sur le fonds prov. d'Alger. . . . 2,555,863 fr. 85 c.
Sur le fonds prov. d'Oran 1,199,312 83
Sur le fonds prov. de Constantine. 1,503,019 45
Sur le fonds général. 211,916 52
Sur le fonds de réserve . . . . . » »

L'excédant des ressources sur les dépenses acquittées, à la clôture de l'exercice 1852, est arrêté ainsi à 434,007 fr. 30 c., appartenant en entier au fonds général.

Cet actif sera transporté au budget local et municipal de l'exercice 1854, et formera le premier article des ressources de cet exercice, par application de l'art. 131 de l'ord. du 2 janv. 1846.

NAPOLÉON.

DI. — 30 juin-28 juill. 1855. — B. 484. — *Exercice 1853.*

§ 4. — *Fixation du résultat général du budget.*

Art. 5. — Le résultat général du budget local et municipal de l'exercice 1853 est définitivement arrêté ainsi qu'il suit:

Actif. — Excédant de recettes sur les dépenses de l'exercice 1853, fixé par le décret du 23 janv. 1854, 879,968 fr. 15 c., dont:

Sur le fonds général. . . . . . . 776,537 fr. 58 c.
Sur le fonds de réserve. 103,430 57

Produits et revenus réalisés au titre de l'exercice 1853, suivant le tableau B, et répartis par catégorie de fonds, conformément à l'ord. du 2 janv. 1846, 6,270,913 fr. 12 c., savoir:

Fonds prov. d'Alger. . . . . . . 1,741,553 fr. 54 c.
Fonds prov. d'Oran 1,196,338 84
Fonds prov. de Constantine . . . 1,772,042 46
Fonds général. 941,986 95
Fonds de réserve 627,991 33

Total des ressources applicables aux dépenses de l'exercice 1853, 7,159,881 fr. 27 c., dont:

Fonds prov. d'Alger. . . . . . . 1,741,553 fr. 54 c.
Fonds prov. d'Oran. 1,196,338 84
Fonds prov. de Constantine. . . 1,772,042 46
Fonds général. 1,718,524 53
Fonds de réserve 731,421 90

Pour parer à l'insuffisance des ressources affectées au fonds provincial pour couvrir les dépenses autorisées au même titre, il est prélevé:

1° La somme de 627,753 fr. 52 c., restant disponible sur le fonds de réserve; — 2° Celle de 806,132 fr. 82 c. sur le fonds général.

Ces prélèvements montant à 1,433,886 fr. 34 c., sont reportés, savoir:

Au fonds prov. d'Alger. . . . . 1,105,549 fr. 70 c.
Au fonds prov. d'Oran 195,272 63
Au fonds prov. de Constantine. . 133,064 01

La répartition des ressources de l'exercice 1853, par catégorie de fonds, est, en conséquence, modifiée comme suit, savoir:

Fonds prov. d'Alger. . . . . . . 2,847,103 fr. 24 c.
Fonds prov. d'Oran. 1,391,611 47
Fonds prov. de Constantine. . . . 1,905,106 47
Fonds général. 912,301 71
Fonds de réserve 103,668 38

Passif. — Les payements à la charge de l'exercice 1853, fixés par l'art. 1 du présent décret, s'élèvent à 6,828,464 fr. 93 c., savoir:

Sur le fonds prov. d'Alger . . . 2,847,103 fr. 24 c.
Sur le fonds prov. d'Oran. . . . 1,301,611 47
Sur le fonds prov. de Constantine. 1,905,106 47
Sur le fonds général 580,975 37
Sur le fonds de réserve . . . . . » »

L'excédant des ressources sur les dépenses acquittées, à la clôture de l'exercice 1853, est arrêté à 331,418 fr. 34 c., appartenant en entier au fonds général.

Cet actif sera transporté au budget local et municipal de l'exercice 1855, et formera le premier article des ressources de cet exercice, par application de l'art. 131 de l'ord. du 2 janv. 1846.

NAPOLÉON.

Foires.

AG. — 19-30 oct. 1854. — B. 468. — *Foire aux porcs à Douéra.*

Art. 1. — Une foire aux porcs aura lieu à Douera, à titre d'essai, le premier dimanche de novembre 1854 et le premier dimanche de mars et de novembre 1855 et 1856.

Art. 2. — Pendant la durée de cette foire, il ne sera perçu aucun droit de place ou autres, sur les emplacements désignés par l'autorité municipale pour la tenue de la foire, excepté pour les buvettes et débits de boissons.

A. PÉLISSIER.

AG. — 12-18 juin 1855. — B. 481. — *Foire de Blidah.*

Art. 1. — Une quatrième foire d'essai sera ouverte à Blidah, du 15 au 20 août prochain.

Art. 2. — (Comme au précédent.)

Comte RANDON.

Fonctionnaires, employés et agents des services publics.

DIVISION.

§ 1. — Personnel administratif.
§ 2. — Traitements. — Frais de représentation. — Retraites.
§ 3. — Uniformes.
§ 4. — Congés.
§ 5. — Passage à bord des bâtiments à vapeur.
§ 6. — Etude de la langue arabe.
§ 7. — Franchise.

§ 1. — PERSONNEL ADMINISTRATIF.

ART. — 17 mars-20 avril 1854. — B. 157. — *Mode de recrutement du personnel des bureaux administratifs* (1).

Vu l'ord. du 15 avril 1845 et les arrêtés des 9 et 16 déc. 1848, sur l'organisation du personnel des services civils en Algérie (vol. 1er, p. 809 et suiv.); — Voulant améliorer le recrutement de ce personnel en ce qui touche spécialement la composition des bureaux;

Art. 1. — Le personnel des bureaux administratifs civils de l'Algérie se recrute de la manière suivante: — Pour les quatre cinquièmes des vacances, parmi les surnuméraires ayant fait un stage d'au moins deux ans et les anciens militaires rengagés, âgés de moins de quarante ans, qui, après avoir subi les examens mentionnés à l'art. 5 ci-après, ont été reconnus aptes à remplir les doubles fonctions de rédacteur et de vérificateur. Les employés de cette catégorie reçoivent une commission de commis ordinaire de 3e classe au traitement de 1,800 fr.

Pour un cinquième des vacances parmi: — 1° Les anciens élèves des écoles spéciales (2), les licenciés en droit ayant au moins un an de pratique chez un notaire ou chez un avoué, et les avocats ayant un an de stage, pourvu qu'ils n'aient pas dépassé l'âge de trente ans; — 2° Les anciens employés titulaires des administrations générales ou des préfectures de la métropole ayant cinq ans de service et moins de quarante ans d'âge. — Des candidats de ces deux dernières catégories peuvent être, par décision spéciale, promus directement au grade que le ministre a jugé être en rapport avec leurs capacités et leurs antécédents.

Art. 2. — Tous les candidats aux emplois des services administratifs ont à établir qu'ils sont nés ou naturalisés Français, que leur moralité est incontestable, et qu'ayant satisfait à la loi du recrutement, ils sont dégagés des obligations qu'elle impose.

Art. 3. — Nul ne peut être admis au surnumérariat s'il n'a justifié: — 1° Qu'il est âgé de plus de dix-huit ans et de moins de trente ans; — 2° Qu'il est muni d'un diplôme de bachelier ès lettres ou ès sciences, ou, à défaut, d'un certificat authentique constatant qu'il possède les connaissances en langue arabe exigées des interprètes militaires de 3e classe.

Art. 4. — Le temps de stage des surnuméraires ne constitue aucun droit, alors même qu'ils auraient reçu un traitement. Ceux qui, après deux ans d'épreuve et après avoir subi l'examen de capacité, n'ont pas été jugés dignes d'être admis dans le personnel, sont licenciés.

Art. 5. — Les surnuméraires anciens militaires admis à concourir pour l'emploi de commis de 3e classe subissent en Algérie un examen de capacité devant une commission constituée spécialement à cet effet. — Le ministre fixe annuellement le programme des connaissances et épreuves à exiger des candidats, ainsi que le mode et l'époque des examens.

Art. 6. — L'avancement est donné en totalité au choix d'après les tableaux de propositions adressés au ministre par les chefs de service.

Art. 7. — L'avancement a lieu par classe dans

____

(1) Le département de la guerre se préoccupait depuis longtemps d'organiser, pour le personnel des services administratifs de l'Algérie, un mode de recrutement qui répondît mieux que ne l'ont fait les différentes mesures employées jusqu'ici, aux exigences particulières de ce pays. — Plusieurs systèmes étaient en présence. On pouvait introduire en Algérie l'abonnement tel qu'il est pratiqué dans les préfectures de la métropole, ou bien continuer à procéder par voie de nomination directe du ministre; on pouvait enfin subordonner les nominations au résultat d'un concours public. — Après un examen approfondi, il a paru qu'aucun de ces systèmes n'était susceptible d'être appliqué d'une manière exclusive, absolue.

Dans les préfectures de la métropole, le travail, tracé par des lois et règlements que viennent compléter des traditions sûres, peut être distribué d'une manière presque mathématique. En outre, on trouve facilement sur les lieux mêmes un personnel suffisant pour cet état de choses, personnel qui, vivant dans ses foyers, près de ses intérêts, peut se contenter d'une rémunération modeste et d'une position bornée. Il en est tout autrement en Algérie, où le service des bureaux est nécessairement très-actif et très-difficile, en raison de la multiplicité des intérêts auxquels l'Etat doit pourvoir, de la mobilité d'une législation administrative qui, pour être tenue en harmonie avec la situation progressive du pays, reçoit incessamment des modifications, et surtout, on ne saurait trop insister à cet égard, des détails infinis inhérents à deux services tout à fait inconnus à la métropole: la colonisation et l'administration des indigènes.

De là nécessité d'avoir des employés capables, possédant des connaissances étendues, et qu'on ne peut attirer en Afrique qu'en leur offrant une position sûre, constituée par une commission ministérielle, avantageuse sous le rap-

____

port du traitement, en leur ouvrant des chances d'avancement pour l'avenir. — Il est évident que dans des conditions pareilles l'abonnement ne serait pas praticable. — La voie des nominations directes sans examen a l'inconvénient de ne pas présenter suffisamment de garanties et d'exposer l'administration à des choix parfois insuffisants.

Enfin, l'expérience a démontré que par le concours, pratiqué d'une manière absolue, on n'obtenait souvent que des sujets doués sans doute d'une instruction générale plus ou moins étendue, mais peu susceptibles de se plier aux exigences de la vie administrative.

Dans cette situation, le département de la guerre a cru trouver la solution des difficultés que présente la question de recrutement du personnel des services administratifs civils de l'Algérie, dans un système mixte qui tend à réaliser, en conciliant dans une juste mesure, les avantages des différents modes connus. — C'est dans cette pensée qu'a été formulé l'arrêté suivant, qui, tout en sauvegardant scrupuleusement les positions acquises, abandonne dorénavant au choix des autorités locales, au moyen d'un fonds d'abonnement, les emplois secondaires de leurs services respectifs, et subordonne l'admission définitive des autres employés dans les cadres du personnel, aux résultats d'un examen, après deux ans de stage en qualité de surnuméraires, sauf les cas d'exception prévus dans l'art. 1.

Ces dispositions, combinées avec un certain nombre d'autres, relatives à la discipline, à l'uniforme et aux garanties nouvelles offertes aux employés de l'administration civile en Algérie, ne sauraient manquer d'atteindre le but que M. le maréchal ministre de la guerre s'est proposé, c'est-à-dire d'assurer le meilleur recrutement possible pour une branche si importante des services publics.

(2) Ecoles polytechnique, militaire et navale.

le même grade et subséquemment par promotion à la dernière classe du grade immédiatement supérieur. — Nul ne peut être promu d'une classe à une autre qu'après deux ans d'exercice dans la classe immédiatement inférieure. — Toutefois et dans des cas tout à fait exceptionnels, il peut être dérogé à cette règle pour récompenser des services extraordinaires et importants dûment établis par un rapport circonstancié.

Art. 8. — En cas d'inconduite et d'infraction à l'ordre et à la discipline, les employés de tous grades peuvent être punis selon la gravité de la faute commise, savoir :

Par les chefs de service : — D'un ou plusieurs services extraordinaires hors tour, soit de jour, soit de nuit ; — D'une retenue disciplinaire d'un à quinze jours de traitement.

Par le ministre : — De la réprimande avec mise à l'ordre du jour ; — De la retenue disciplinaire de seize jours à deux mois de traitement ; — Du retrait d'un grade ou d'une classe.

Art. 9. — Pour fautes graves ou habituelles dans le service, les employés de tous grades pourront être traduits devant une commission d'enquête nommée par le ministre, et devant laquelle l'inculpé sera appelé à faire valoir ses moyens de défense. — Suivant l'avis de la commission, le ministre pourra prononcer la révocation, ou, s'il y a lieu d'user d'indulgence, toute autre disposition répressive. — Le ministre pourrait prononcer la révocation sans recourir à la voie de l'enquête s'il s'agissait de faits sur la nature ou la gravité desquels il fût suffisamment éclairé (1).

Art. 10. — Il est pourvu aux travaux d'expéditions et de copie au moyen d'un fonds d'abonnement qui sera formé du produit des extinctions d'emploi qui auront lieu successivement parmi les commis ordinaires. — Ce fonds d'abonnement est fixé chaque année par les répartitions budgétaires, et les chefs de service justifient de son emploi conformément aux règles de la comptabilité publique.

Art. 11. — L'uniforme des employés des bureaux administratifs civils de l'Algérie est déterminé de la manière suivante :

Chef de bureau. — Habit-frac en drap bleu, à collet droit, fermant par neuf boutons sur la poitrine ; pantalon en drap bleu ; gilet blanc, coupé droit, fermant par six boutons. — Broderie en argent au collet et aux parements de l'habit, de la largeur de 36 millimètres, composée d'une branche de chêne enlacée de palmier. — Bouton bombé en argent mat, orné d'un aigle entouré d'un double rameau de chêne et d'olivier, avec l'exergue : *Administration civile (Algérie)*. — Chapeau français relevé par une double ganse en velours noir rappelant la broderie de l'habit, et fixée au bas par un bouton d'ordonnance. — Épée à poignée d'argent.

Sous-chef de bureau. — Même costume, les broderies des parements étant remplacées par une simple baguette.

Commis principal. — Même costume, sans baguette aux parements, et la broderie du collet réduite à 3/5 de chaque côté.

Commis ordinaire. — Même costume, la broderie du collet étant réduite à 1/3 de chaque côté.

Art. 12. — Les dispositions du présent arrêté s'appliquent au personnel des bureaux : — Du secrétariat général du gouvernement ; — Des préfectures et sous-préfectures, ainsi que des généraux commandant les divisions pour l'administration civile des territoires militaires.

Art. 13. — Sont rapportées toutes dispositions

______

(1) V. vol. 1er, p. 281, arrêté sur les enquêtes administratives.

contraires au présent arrêté, dont le gouverneur général et les chefs de service administratif sont chargés, chacun en ce qui le concerne, d'assurer l'exécution. VAILLANT.

AM. — 14 avril-18 mai 1854. — B. 459. — *Commission et programme d'examen des aspirants à l'emploi de commis de 3e classe pour 1854.*

AG. — 13 sept.-30 oct. 1854. — B. 468. — *Surnuméraires auxiliaires.*

Vu l'arrêté ministériel du 17 mars 1854, en ce qui touche les surnuméraires des services administratifs en Algérie ;

Considérant que, dans l'intérêt du service et des surnuméraires eux-mêmes, il importe d'assurer leur instruction administrative au double point de vue de la pratique et de la théorie ;

Art. 1. — Les surnuméraires admis près des services administratifs de l'Algérie seront placés dans les bureaux du secrétariat général du gouvernement et des préfectures. — Il ne sera commissionné qu'un surnuméraire par bureau.

Art. 2. — Les surnuméraires ne reçoivent aucune indemnité pendant la première année du stage qu'ils doivent accomplir. — Ceux qui sont maintenus dans le cadre, à l'expiration de cette première année, prennent le titre de surnuméraires auxiliaires, et reçoivent, à ce titre, une indemnité annuelle de 1,200 fr. payable par douzième.

Art. 3. — Tout aspirant au titre de surnuméraire devra justifier, à l'appui de sa demande, qu'il possède, soit par lui-même, soit par sa famille, des ressources équivalant à une pension de 1,200 fr. pour pourvoir à son entretien pendant la première année de son stage.

Art. 4. — Chaque chef de bureau veillera à ce que le surnuméraire placé sous ses ordres s'occupe sérieusement de son instruction administrative, et combinera, dans ce but, les travaux d'expédition, de vérification et de rédaction qu'il croira devoir lui assigner.

Art. 5. — Un roulement sera établi entre les surnuméraires de la même administration, pour que chacun d'eux, dans le cours de son stage, travaille successivement dans les divers bureaux dont cette administration se compose. — Le secrétaire général du gouvernement et les préfets veilleront, dans leurs services respectifs, à l'exécution de cette disposition.

Art. 6. — Indépendamment de leur coopération journalière au travail des bureaux, les surnuméraires devront se livrer à des études théoriques sur les principales branches du gouvernement et de l'administration de l'Algérie. — Il sera établi à cet effet, tant au secrétariat général du gouvernement que dans chaque préfecture, des conférences administratives. — Tout ce qui est relatif à l'organisation de ces conférences et aux matières d'administration qui y seront traitées, sera déterminé par une instruction.

Art. 7. — Tous les six mois, les surnuméraires seront tenus de fournir une composition écrite sur une des matières comprises dans le programme des conférences. — Aux mois de mars et de septembre de chaque année, une commission formée des chefs de bureau et du chef de conférence, se réunira sous la présidence du secrétaire général du gouvernement et de chaque préfet, pour juger les compositions écrites, et soumettre les surnuméraires à un examen oral. — Cet examen portera sur les diverses parties du programme que les surnuméraires auront dû étudier dans le cours du semestre.

Art. 8. — Il sera rendu compte au ministre du résultat des examens semestriels. — D'après ce résultat, et si les renseignements donnés sur la conduite d'un surnuméraire, son application au travail et son aptitude étaient défavorables, le ministre pourrait prononcer son licenciement. — Les surnuméraires de première année qui, par l'assiduité et l'utilité de leur concours, et, par le succès de leurs études administratives, mériteront d'être signalés favorablement au ministre, pourront recevoir une gratification en fin d'année.

Art. 9. — Les surnuméraires qui voudront se livrer à l'étude de la langue arabe recevront les facilités nécessaires pour assister aux leçons du cours public de cette langue. Il sera pris des mesures pour s'assurer de leur assiduité à ce cours.

Art. 10. — Les surnuméraires qui, en cours de stage, satisferont aux conditions d'aptitude prescrites par l'art. 1 du décret du 4 décembre 1849, auront droit à la prime déterminée par leur degré d'aptitude, avant même leur titularisation comme commis de 3ᵉ classe.

VAILLANT.

AM. — 12 fév.-19 mars 1855. — B. 476. — *Licenciés en droit. — Surnuméraires auxiliaires.*

Art. 1. — Les licenciés en droit qui n'auront pas dépassé l'âge de trente ans pourront être admis, en vertu d'une commission ministérielle, dans les bureaux des services administratifs civils de l'Algérie, au titre de surnuméraires auxiliaires. — Ils jouiront de l'indemnité annuelle de 1,200 francs attribuée à ce titre par l'art. 2 de l'arrêté du 12 sept. 1854. — Le stage qu'ils auront à accomplir ne sera que d'une année. — Toutefois, cette fixation ne constitue qu'un minimum de durée, et les surnuméraires de cette catégorie ne seront susceptibles d'être titularisés en qualité de commis ordinaires de 3ᵉ classe, au traitement de 1,800 fr. qu'après avoir été reconnus admissibles à cet emploi, à la suite de l'examen prescrit par l'art. 5 de l'arrêté du 17 mars 1854. — Ils restent d'ailleurs soumis à toutes les dispositions des arrêtés susvisés des 17 mars et 15 sept. 1854, auxquels il n'est pas expressément dérogé par les dispositions qui précèdent.

VAILLANT.

AM. — 12 sept.-8 oct. 1855. — B. 486. — *Programme d'examen des aspirants à l'emploi de commis de 3ᵉ classe pour 1855.*

Vu l'art. 5 de l'arrêté ministériel du 17 mars 1854, sur le recrutement du personnel des services administratifs civils en Algérie; — Ensemble les arrêtés ministériels des 13 sept. 1854 et 12 févr. 1855, sur le surnumérariat près des administrations civiles de l'Algérie;

Art. 1. — L'examen des aspirants à l'emploi de commis de troisième classe dans les bureaux des administrations civiles de l'Algérie aura lieu, en 1855, du 10 au 20 novembre prochain, devant une commission spéciale, qui siégera à Alger. — La liste des candidats agréés par nous, pour se présenter à cet examen, sera définitivement close le 15 octobre prochain.

Art. 2. — La commission d'examen sera composée de cinq membres, savoir : le secrétaire général du gouvernement, président; — Un conseiller civil, rapporteur au conseil de gouvernement; — Un agent supérieur de l'intendance militaire; — Un chef de bureau du secrétariat général du gouvernement; — Un chef de bureau de la préfecture d'Alger. — Les fonctions de secrétaire, sans voix délibérative, seront remplies par un sous-chef ou un commis principal du se-

crétariat général du gouvernement. — Le conseiller civil rapporteur et les autres membres ci-dessus désignés de la commission seront nommés par arrêté du gouverneur général. — Le même arrêté fixera l'époque précise de l'ouverture de la session d'examen.

Art. 3. — La voie du sort déterminera l'ordre dans lequel les aspirants seront examinés.

Art. 4. — Le programme des connaissances et épreuves exigées des candidats est fixé ainsi qu'il suit :

ÉPREUVE ORALE.

§ 1. — *Instruction générale.* — 1° Exposition du système métrique; — 2° Arithmétique jusqu'à la théorie des proportions, inclusivement; — 3° Notions sur l'histoire et la géographie physique et politique de l'Afrique septentrionale, et particulièrement de l'Algérie.

§ 2. — *Instruction spéciale.* — 1° Organisation politique et administrative de l'Algérie; — 2° Organisation municipale en Algérie; — 3° Organisation judiciaire; — 4° Constitution et régime de la propriété en Algérie; — 5° Régime des concessions en Algérie; — 6° Régime commercial en Algérie; — 7° Régime financier et comptabilité administrative. — Le nombre des questions proposées à chaque candidat sera de : — 8 sur les matières du § 1. — 12 sur celles du § 2. — Ces questions seront tirées au sort par le candidat. — Les questions afférentes au second paragraphe seront tirées des actes de la législation spéciale de l'Algérie, dont la nomenclature sera publiée à la suite du présent arrêté.

COMPOSITION ÉCRITE.

§ 1. — *Instruction générale.* — 1° Épreuves sur les principales difficultés de la langue française. — 2° Problèmes d'application de la théorie des proportions et du système métrique.

§ 2. — *Instruction spéciale.* — 1° Discussion d'une question de principe sur l'une des matières administratives comprises dans le § 2 de l'épreuve orale; — 2° Rapport sur un sujet donné, avec projet de décret ou d'arrêté administratif et lettres d'exécution dans l'hypothèse de l'adoption du rapport; — 3° Note de vérification ou de redressement sur un sujet donné en matière de comptabilité; — 4° Instruction pour notifier ou rappeler les principes de comptabilité, sur un sujet donné. — Toutes les compositions écrites seront faites sous les yeux de la commission. — Les seuls ouvrages qu'il sera permis aux candidats de consulter, séance tenante, sont : — La collection du bulletin des actes officiels du gouvernement, — Ou le Dictionnaire de la législation algérienne, par M. de Ménerville.

Art. 5. — Sur le rapport de la commission d'examen, auquel seront annexés les procès-verbaux des séances et les compositions écrites des candidats, le ministre arrêtera la liste de ceux qui auront été admis à concourir pour les emplois disponibles, au fur et à mesure des vacances, dans les limites déterminées par l'art 1 de l'arrêté du 17 mars 1854. VAILLANT.

Nomenclature des actes de la législation algérienne d'où seront tirées les questions à proposer aux candidats sur les matières comprises dans le § 2 de l'épreuve orale.

N° 1. — Organisation politique, etc. : — Arrêté du pouvoir exécutif des 9 et 16 déc. 1848; — Arr. min. du 18 déc. 1849, sur l'organisation des commissariats civils; — Arr. du 12 fév. 1844, sur l'organisation des bureaux arabes militaires; — Décrets du 8 août 1854, sur l'institution des bureaux arabes départementaux et sur l'administration de la population arabe dans les territoires civils.

N° 2. — Organisation municipale : — Ord. roy. du 28 sept. 1847; — Arrêté du pouvoir exécutif du 4 nov. 1848; — Ord. roy. du 21 déc. 1844, sur l'établissement de l'octroi de mer; — Arr. min. du 11 nov. 1844, sur la répartition de l'octroi de mer.

N° 3. — Organisation judiciaire : — Ord. roy. du 26 sept. 1842, sur la réorganisation de la justice en Algérie; — — Décret du 10 août 1854, sur l'institution des cours d'assises en Algérie; — Décret du 1er oct. 1854, sur l'organisation de la justice musulmane; — Ord. roy. du 24 nov. 1847, sur les tribunaux de commerce en Algérie; — Arr. du gouv. gén. du 5 août 1843, sur la juridiction des commandants de place en territoire militaire; — Décret du 22 mars 1852, sur les appels des jugements rendus par les commandants de place.

N° 4. — Constitution et régime de la propriété : — Loi du 16 juin 1851, sur la constitution de la propriété en Algérie; — Décret du 2 avr. 1854, sur le partage des biens indivis.

N° 5. — Régime des concessions : — Décret du 26 avr. 1851.

N° 6. — Régime commercial : — Loi des 3-11 janv. 1851, sur le régime commercial de l'Algérie; — Ord. roy. du 31 janv. 1847, sur l'assiette de la contribution des patentes en Algérie; — Décret du 5 sept. 1851, portant modification à l'ordonnance ci-dessus; — Ord. roy. du 26 déc. 1849, sur le service des poids et mesures; — Arr. min. des 22 mai 1846 et 26 déc. 1851, pour l'exécution de l'ordonnance précédente.

N° 7. — Régime financier et comptabilité : — Ord. des 17 janv. 1845 et 2 janv. 1842, sur le régime financier de l'Algérie; — Règlement du 1er déc. 1838 (tit. 1 et 2), sur la comptabilité de la guerre; — Loi du 9 juin 1853, sur les pensions de retraite.

Vu pour être annexé à notre arrêté du 12 sept. 1853.
Le ministre de la guerre, VAILLANT.

§ 2. — TRAITEMENTS. — FRAIS DE REPRÉSENTATION. RETRAITES.

DI. — 9 nov.-31 déc. 1853. — B. 451. — *Pensions civiles de retraite.* — *Règlement d'administration publique pour l'exécution de la loi du 9 juin 1853.* (Vol. 1, p. 283.) (1)

TIT. 1. — *Suppression des caisses de retraite et inscription des pensions au grand-livre de la dette publique.*

Art. 1. — A partir du 1er janv. 1854, la caisse des dépôts et consignations cessera d'être chargée du service des pensions imputées sur les caisses de retraite supprimées par l'art. 1 de la loi du 9 juin 1853. — Elle continuera néanmoins, jusqu'au 1er mai 1854, à effectuer le payement des arrérages et décomptes d'arrérages afférents à l'année 1853 et années antérieures, et elle fera également recette des retenues portant sur lesdites années.

A partir du 1er mai 1854, les arrérages antérieurs au 1er janv. de ladite année seront, jusqu'au terme de prescription, payés aux caisses du trésor public par imputation sur le crédit spécial de dépense affecté chaque année au service des pensions civiles. Les retenues arriérées

dévolues aux caisses de retraite supprimées, ou provenant de leur liquidation, seront portées au chapitre spécial qui sera ouvert au budget des recettes de l'année courante, sous le titre désigné à l'art. 6.

La caisse des dépôts et consignations arrêtera, au 1er juill. 1854, la situation des caisses de retraite supprimées, et versera au trésor leur solde en numéraire et leurs autres valeurs actives. — Les inscriptions de rentes appartenant à ces caisses seront annulées. — Un procès-verbal de clôture et de remise du service sera dressé contradictoirement entre un délégué du ministre des finances, le directeur général de la caisse des dépôts et consignations, et un membre de la commission de surveillance placée près de cet établissement, désigné par elle à cet effet.

Art. 2. — L'inscription au grand-livre de la dette publique des pensions existantes au 1er janv. 1854, à la charge des caisses de retraite supprimées, aura lieu d'après des états certifiés et transmis au ministre des finances par les ministres des divers départements. Ces états, conformes au modèle ci-annexé sous le n° 1, énonceront, pour chaque pension, la date, la nature et les motifs de l'acte qui l'aura constituée. Ils seront divisés en deux catégories : — 1° Pension liquidée et en cours de payement ; — 2° Pension liquidée, mais dont le payement sera suspendu pour cause de remplacement des titulaires, ou pour tout autre motif. — Des états dressés dans la même forme seront successivement transmis pour l'inscription des pensions en cours de liquidation au 1er janvier 1854.

Art. 3. — Les titulaires des pensions de retraite inscrites au grand-livre de la dette publique, en exécution de l'art. 2 de la loi du 9 juin 1853, recevront, à l'échéance du premier trimestre 1854, en échange de l'ancien titre, un certificat d'inscription au trésor délivré par le ministère des finances.

Art. 4. — Le payement de ces pensions aura lieu aux échéances des 1er janv., 1er avr., 1er juill. et 1er oct., et sera fait par les payeurs du trésor, sur les justifications, dans les formes et sous les garanties déterminées pour les pensions inscrites sur les fonds généraux de l'État.

A partir du 1er janvier 1854 : — Les pensions civiles concédées en vertu de la loi du 22 août 1790 et du décret du 13 sept. 1806, — Les pensions ecclésiastiques ; — Les pensions de veuves de militaires et les pensions de donataires cesseront d'être payées par semestre, et seront acquittées par trimestre aux échéances sus-indiquées.

---

(1) Les dispositions de l'art. 10 de la loi du 9 juin 1853, portant que les services civils rendus hors d'Europe seront comptés pour moitié en sus de leur durée effective, intéressent particulièrement les fonctionnaires et employés de l'Algérie, et il est utile de faire connaître la jurisprudence du conseil d'Etat à leur égard.

En ce qui concerne le personnel administratif, le conseil d'Etat, par deux décisions des 1er déc. 1852 et 9 mai 1853, a consacré le principe que la retraite devait être liquidée conformément à l'art. 5, tit. 2 de la loi des 3-22 août 1790, ainsi conçu : « Les années de service qu'on aurait remplies dans les emplois civils hors d'Europe, seront comptées pour deux années, lorsque les trente ans de service effectif seront d'ailleurs complets. » Il n'est rien changé à cette règle pour les services antérieurs au 1er janv. 1854, par la nouvelle loi dont l'art. 18, § 2, accorde aux fonctionnaires le droit d'obtenir pour ces services antérieurs la liquidation de leur pension conformément, soit aux règlements spéciaux, soit aux loi et décret des 3-22 août 1790 et 13 sept. 1806.

En ce qui concerne la magistrature d'Afrique, elle a, jusqu'au 1er janvier 1854, été régie par un règlement spécial, savoir : les ordonnances organiques des 10 août 1834 et 26 sept. 1842. Aux termes de l'art. 22 de la première de ces ordonnances et de l'art. 27 de la seconde, « les services des magistrats de l'Algérie sont comptés pour les droits à la retraite, comme s'ils avaient été rendus en France. » Dès lors, ils ne peuvent être admis à invoquer ni l'art. 24 de la loi du 18 avr. 1831 sur les pensions de l'armée de mer, applicable aux magistrats des colonies, ainsi que l'a déclaré le conseil d'Etat dans une décision du 11 janv. 1855, ni le bénéfice de la nouvelle loi qui, loin d'avoir un effet rétroactif et de déroger au règlement spécial résultant des dispositions des ordonnances de 1834 et 1842, en prescrit explicitement l'exécution, en déterminant par son art. 18 le mode de liquidation pour les services antérieurs.

Il est donc évident que ces services ne peuvent être comptés pour les magistrats de l'Algérie que conformément aux ordonnances des 23 sept. 1814 et 22 fév. 1821, qui règlent les pensions des magistrats de France, et que c'est seulement à partir du 1er janv. 1854 que le bénéfice de l'art. 10 de la loi du 9 juin 1853 leur est acquis.

— Il en sera de même des pensions des douanes, précédemment payées par mois par les receveurs principaux de cette administration.

Tit. 2. — *Perception des retenues.*

Art. 5. — Les traitements ou allocations passibles de retenues, qui seront acquittés par les comptables du trésor, sont *portés pour le brut* dans les ordonnances et mandats, et il y est fait mention spéciale des retenues à exercer pour pension. — Les comptables chargés du payement de ces ordonnances ou mandats les imputent en dépense pour leur montant intégral, et ils constatent en recette les retenues opérées au crédit du budget de chaque exercice et à un compte distinct intitulé : *Retenues sur traitements pour le service des pensions civiles.*

Art. 6. — Les traitements des fonctionnaires des services qui ont une comptabilité spéciale tels que l'administration de la dotation de la couronne, la Légion d'honneur, les chanceliers consulaires, les caisses d'amortissement et des dépôts et consignations ou autres, sont portés *pour le brut* dans les mandats délivrés sur les caisses particulières chargées de l'acquittement des dépenses de ces services, et il est fait mention spéciale des retenues à exercer. — Les décomptes des retenues sont établis sur les états mensuels du traitement. Un bordereau récapitulatif de ces retenues, visé par l'ordonnateur, est remis par lui, comme titre de perception, au receveur des finances, à qui il en fait en même temps verser le montant. Un duplicata de ce bordereau récapitulatif est adressé, par l'ordonnateur de chaque service, au ministre des finances. — Les règles établies par le présent article, en ce qui concerne les bordereaux fournis par les ordonnateurs comme titre de perception, ne sont pas applicables aux retenues sur les émoluments des receveurs de communes et d'établissements de bienfaisance, lesquelles doivent être soumises aux dispositions spéciales de l'art. 20.

Art. 7. — Les retenues afférentes aux traitements tant fixes qu'éventuels des fonctionnaires des lycées sont précomptées chaque mois ou chaque trimestre, à l'instant du payement, par l'économe, et par lui versées à la caisse du receveur des finances. — A l'appui de chaque versement et comme titre de perception, l'économe fournit au receveur une expédition des états de traitement certifiée par le proviseur et visée par le recteur.

Art. 8. — Les retenues à exercer sur les traitements des fonctionnaires des écoles secondaires de médecine et de pharmacie, et des colléges communaux en régie, au compte des villes, sont précomptées de la même manière par le receveur municipal et par lui versées dans la caisse du receveur des finances, auquel il remet, comme titre de perception, une expédition des états de traitements certifiée par le directeur de l'école ou par le principal et visée par le recteur.

Art. 9. — A l'égard des colléges communaux où le pensionnat est au compte des principaux, le montant des retenues est précompté par le receveur municipal sur les différents termes de la subvention allouée par la ville à l'établissement. A cet effet, le principal remet au receveur, chaque mois ou chaque trimestre, selon que les traitements sont acquittés mensuellement ou trimestriellement, un état des traitements dressé en double expédition, certifié par lui et visé par le recteur. Le traitement attribué au principal, pour le décompte de la retenue qu'il doit subir, sera calculé sur le traitement du régent le mieux rétribué, augmenté d'un quart. — Une des deux expéditions est produite par le receveur municipal au receveur des finances pour justifier le versement des retenues. — Dans les colléges auxquels la ville n'alloue pas de subvention, les retenues sont précomptées par le principal et versées directement par lui dans la caisse du receveur des finances, à qui il remet une expédition de l'état des traitements, certifiée comme il a été dit ci-dessus.

Art. 10. — Les retenues acquises au trésor sur le traitement des instituteurs communaux, quelle que soit l'origine des rétributions dont ce traitement se compose, sont prélevées par le receveur municipal lors du payement, lequel a lieu sur la production de mandats délivrés par le maire et indiquant le montant brut des rétributions, les retenues à exercer et le net à payer. — Lorsque l'instituteur est autorisé à percevoir lui-même la rétribution scolaire, conformément au deuxième paragraphe de l'art. 41 de la loi du 15 mars 1850, il remet le vingtième de cette rétribution au receveur municipal, qui le verse, avec les autres retenues acquises au trésor, dans la caisse du receveur des finances. — A l'appui des versements effectués, le receveur municipal produit des copies des mandats de payement, et, en outre, lorsque la rétribution scolaire a été perçue par l'instituteur, une copie du rôle de rétribution.

Art. 11. — Indépendamment des pièces mentionnées à l'article précédent, le receveur municipal adresse tous les trois mois au receveur des finances, pour être transmis au sous-préfet, un bordereau récapitulatif des sommes recouvrées dans le cours du trimestre, pour traitement de l'instituteur, et des retenues dont elles ont été frappées au profit du trésor. — Le sous-préfet, après avoir, de concert avec l'inspecteur des écoles primaires, opéré le rapprochement de l'état des mutations du personnel avec les bordereaux remis par le receveur des finances, arrête et transmet au préfet, en double expédition, un tableau général des traitements et rétributions de toute nature afférents aux instituteurs communaux de l'arrondissement, et des retenues qui ont été exercées sur ces traitements et rétributions pendant le trimestre écoulé. — Ce tableau est vérifié par le préfet, qui en adresse une expédition, visée de lui, au ministre de l'instruction publique et des cultes.

Art. 12. — Tous les trois mois, le ministre de l'instruction publique fait parvenir au ministre des finances un état récapitulatif, par catégorie de fonctionnaires, des retenues acquises au trésor pour tout le service de l'instruction publique. — Cet état indique le total brut des traitements qui ont été payés et le montant des retenues qui ont dû être précomptées par les payeurs ou versées dans les caisses des receveurs des finances. En ce qui concerne les instituteurs communaux, cette production n'a lieu que tous les six mois. L'état est dressé par arrondissement.

Art. 13. — Les fonctionnaires et employés rétribués sur d'autres fonds que ceux de l'État, qui ont néanmoins droit à pension, conformément au dernier paragraphe de l'art. 4 de la loi du 9 juin 1853, supportent la retenue sur l'intégralité de leurs rétributions. — Ceux qui sont placés en France et en Algérie doivent effectuer le versement de cette retenue, par trimestre et dans les premiers jours du trimestre qui suit le trimestre échu, à la caisse du receveur des finances ; ils transmettent la déclaration de ce versement au ministre du département auquel ils ressortissent. Ceux qui résident à l'étranger sont tenus de faire acquitter, pour leur compte, les retenues qui les concernent, et de faire faire en même temps la déclaration ci-dessus prescrits : ils sont autorisés à faire un seul versement par année. — Les ministres transmettent, chaque trimestre, au ministre des finances, des états nominatifs, par département, desdits fonctionnaires et employés ; ces états, indiquant le traitement applicable à chaque agent et la retenue à exercer, sont transmis, comme titres de perception à recouvrer, aux receveurs des finances.

Art. 14. — Pour les services tels que celui des haras, dans lesquels les traitements et salaires sont, comme les autres dépenses, payés par les comptables à titre d'avance et sauf justification ultérieure, l'ordonnancement des retenues a lieu tous les trois mois, au profit du trésor, par l'administration centrale. — La vérification et la liquidation définitive des décomptes de retenues perçues sur les agents des chancelleries diplomatiques et consulaires sont faites par le ministère des affaires étrangères, lors du règlement des comptes desdites chancelleries.

Art. 15. — Le compte général des retenues exercées pour le service des pensions civiles, établi par ministères et administrations, est annexé au compte définitif des recettes publié par le ministre des finances pour chaque exercice.

Art. 16. — Les fonctionnaires et employés ne peuvent obtenir, chaque année, un congé ou une autorisation d'absence de plus de quinze jours sans subir une retenue. Toutefois, un congé d'un mois sans retenue peut être accordé à ceux qui n'ont joui d'aucun congé et d'aucune autorisation d'absence pendant trois années consécutives. — Pour les congés de moins de trois mois, la retenue est de la moitié au moins et des deux tiers au plus du traitement. — Après trois mois de congé consécutifs, ou non, dans la même année, l'intégralité du traitement est retenue, et le temps excédant les trois mois n'est pas compté comme service effectif pour la pension de retraite. — Si, pendant l'absence de l'employé, il y a lieu de pourvoir à des frais d'intérim, le montant en sera précompté, jusqu'à due concurrence, sur la retenue qu'il doit subir. — La durée du congé avec retenue de la moitié au moins et des deux tiers au plus du traitement, peut être portée à quatre mois pour les fonctionnaires et employés exerçant hors de France, mais en Europe ou en Algérie, et à six mois pour ceux qui sont attachés au service colonial ou aux services diplomatiques et consulaires hors d'Europe.

Sont affranchies de toute retenue les absences ayant pour cause l'accomplissement d'un des devoirs imposés par la loi. — En cas d'absence pour cause de maladie dûment constatée, le fonctionnaire ou l'employé peut être autorisé à conserver l'intégralité de son traitement pendant un temps qui ne peut excéder trois mois. Pendant les trois mois suivants, il peut obtenir un congé avec la retenue de la moitié au moins et des deux tiers au plus du traitement. — Si la maladie est déterminée par l'une des causes exceptionnelles prévues aux premier et deuxième paragraphes de l'art. 11 de la loi du 9 juin 1853, le fonctionnaire peut conserver l'intégralité de son traitement jusqu'à son rétablissement ou jusqu'à sa mise à la retraite.

Les membres des cours et tribunaux qui n'ont pas joui des vacances peuvent obtenir, en une ou plusieurs fois dans l'année, un congé d'un mois sans retenue. — Ce congé pourra être de deux mois pour les magistrats composant la chambre criminelle de la cour de cassation.

Il n'est dérogé par le présent article ni aux dispositions des art. 16 et 17 des décrets des 13 oct. et 24 déc. 1851, concernant la mise en disponibilité, pour défaut d'emploi, des ingénieurs des ponts-et-chaussées et des ingénieurs des mines, ni aux règles spéciales concernant la mise en inactivité des agents extérieurs du département des affaires étrangères et des fonctionnaires de l'enseignement (1).

Art. 17. — Le fonctionnaire ou l'employé qui s'est absenté ou qui a dépassé la durée de ses vacances ou de son congé sans autorisation, peut être privé de son traitement pendant un temps double de celui de son absence irrégulière. — Une retenue, qui ne peut excéder deux mois de traitement, peut être infligée, par mesure disciplinaire, dans le cas d'inconduite, de négligence ou de manquement au service (2). — Les dispositions du présent article ne sont applicables ni aux magistrats, qui restent soumis, quant aux peines disciplinaires, aux prescriptions des art. 50 et 56 de la loi du 22 avr. 1810, 35 du décret du 28 sept. 1807 et 3 du décret du 10 mars 1852, ni aux membres du corps enseignant, qui restent soumis aux art. 83 de la loi du 15 mars 1850 et 3 du décret du 9 mars 1851. — Il n'est pas dérogé par le présent article aux dispositions des art. 20 et 21 du décret du 13 oct. 1851, concernant les ingénieurs des ponts-et-chaussées, ni à celles des art. 19 et 20 du décret du 24 déc. 1851, concernant les ingénieurs des mines.

Art. 18. — La retenue prescrite par les deux articles précédents s'exerce sur les rétributions de toute nature constituant l'émolument personnel passible de la retenue de 5 p. 100 aux termes du § 2 de l'art. 3 de la loi du 9 juin 1853.

Art. 19. — Les agents politiques et consulaires supportent les retenues déterminées par l'art. 8 de la loi du 9 juin 1853 sur l'intégralité des premiers 20,000 fr. de leurs émoluments personnels, sur les quatre cinquièmes des seconds 20,000 fr., sur les trois cinquièmes des troisièmes 20,000 fr., sur les deux cinquièmes des quatrièmes 20,000 fr., et, enfin, sur le cinquième de tout ce qui excède 80,000 fr.

Art. 20. — Les percepteurs des contributions directes qui sont en même temps receveurs municipaux et receveurs d'établissements de bienfaisance, sont appelés au bénéfice de la loi du 9 juin 1853 pour l'ensemble de leur gestion, et soumis aux retenues prescrites par l'art. 3 de ladite loi pour la totalité de leurs émoluments personnels payés, soit sur les fonds de l'État, soit sur ceux des communes. — Les liquidations établies sur les mandats de payement, en ce qui concerne les retenues sur les remises attribuées aux percepteurs comme agents de l'État, constatent et justifient les recettes à effectuer à ce titre par les receveurs des finances.

Quant aux retenues sur les émoluments des mêmes agents, en qualité de receveurs des communes et d'établissements de bienfaisance, le receveur des finances de chaque arrondissement forme, tous les trois mois, au vu des liquidations individuelles, un décompte des sommes dues pour le trimestre, et dont il fait opérer le versement. Des décomptes généraux sont établis en outre, pour l'exercice, par les soins des receveurs particuliers et du receveur général, et les résultats en sont soumis à la certification du préfet. Les décomptes trimestriels et d'exercice constituent les titres de perception.

Art. 21. — Sont affranchies des retenues pres-

----

(1) V. infrà, § 4, 8 mars et 12 sept. 1854, arrêtés spéciaux sur les congés du personnel de l'ordre administratif et de l'ordre judiciaire.

(2) V. eodem, décis. min. de 12 janv. 1855.

crites par l'art. 3 de la loi du 9 juin 1853, les sommes payées à titre d'indemnité pour frais de représentation et de stations navales, de gratifications éventuelles, de salaires de travail extraordinaire, d'indemnités pour missions extraordinaires, d'indemnités de perte, de frais de voyage, d'abonnements et d'allocations pour frais de bureau, de régie, de table et de loyer, de supplément de traitement colonial et de remboursement de dépenses. — Sont considérées comme payées à titre de frais de voyage, les indemnités attribuées aux présidents d'assises, et comme payées à titre de frais de bureaux, les indemnités attribuées aux procureurs impériaux des chefs-lieux de départements et aux juges de paix de Paris pour traitements des secrétaires.

Art. 22. — Pour les fonctionnaires et employés envoyés d'Europe dans l'Algérie ou dans les colonies, le traitement normal assujetti à la retenue est fixé, dans chaque grade, d'après le traitement de l'emploi correspondant, ou qui lui est assimilé en France. Dans les emplois qui se divisent en plusieurs classes en France et qui ne sont pas soumis, dans les colonies, à cette classification, le traitement normal est réglé d'après celui de la première classe du grade en France. Le surplus constitue le supplément de traitement colonial, qui est exempt de la retenue.

Art. 23. — Pour les fonctionnaires et employés qui sont rétribués par des remises et des salaires variables, la retenue du premier douzième des augmentations s'exerce en se reportant au dernier prélèvement subi par le titulaire, soit à titre de premier mois de traitement, soit à titre de premier douzième d'augmentation, et la différence existant entre la moyenne du traitement frappé de la dernière retenue et celle des émoluments afférents au nouvel emploi constitue l'augmentation passible de la retenue du premier douzième.

Art. 24. — Les prélèvements sur les amendes et confiscations en matière de douanes, de contributions indirectes et de postes, qui doivent être versés au trésor au compte des pensions civiles, aux termes de l'art. 35 de la loi du 9 juin 1853, sont exercés dans les proportions déterminées au tableau ci-annexé sous le n° 2.

Art. 25. — Le fonctionnaire démissionnaire, révoqué ou destitué, s'il est réadmis dans un emploi assujetti à la retenue, subit de nouveau la retenue du premier mois de son traitement et celle du premier douzième des augmentations ultérieures. — Celui qui, par mesure disciplinaire ou par mutation volontaire d'emploi, est descendu à un traitement inférieur, subit la retenue du premier douzième des augmentations ultérieures. — Le fonctionnaire placé dans la situation indiquée par le dernier paragraphe de l'art. 10 de la loi du 9 juin 1853 est assujetti à la retenue sur son traitement d'inactivité; mais il ne subit pas la retenue du premier douzième lorsqu'il est rappelé à un emploi actif.

Composition du traitement moyen.

Art. 26. — Pour déterminer la base de liquidation des pensions des conseillers référendaires de la cour des comptes, on divise par leur nombre le fonds annuel qui leur est réparti à titre de préciput et de récompense de travaux. — La somme produite par cette division est réunie au traitement fixe, pour former le total des émoluments sur lesquels la pension est liquidée. — Le montant annuel des salaires payés aux courriers et postulants courriers des postes est divisé par leur nombre, et le produit de cette division forme le traitement moyen à prendre

pour base du calcul de la pension des agents de cette classe.

A l'égard des principaux des colléges communaux qui administrent le pensionnat à leur compte, le traitement moyen est réglé sur le traitement du régent le mieux rétribué surévalué d'un quart.

Art. 27. — A l'égard des agents extérieurs du département des affaires étrangères et des fonctionnaires de l'enseignement qui sont admis à la retraite dans la position d'inactivité prévue par le quatrième paragraphe de l'art. 10 de la loi du 9 juin 1853, le traitement moyen s'établit sur les six années de services qu'ils ont rendus, comme titulaires d'emploi, avant leur mise en inactivité.

Art. 28. — Le traitement moyen des agents qui sont rétribués par des salaires ou remises variables sujets à liquidation est établi sur les six années antérieures à celle dans le cours de laquelle cesse l'activité.

Tit. 3. — *Justification du droit à pension, mode de liquidation.*

Art. 29. — L'admission du fonctionnaire à faire valoir ses droits à la retraite est prononcée par l'autorité qui, aux termes des règlements, a qualité pour prononcer sa révocation. — L'acte d'admission à retraite spécifie les circonstances qui donnent ouverture au droit à la pension, et indique les articles de la loi applicables au fonctionnaire.

Art. 30. — Lorsque l'admission à la retraite a lieu avant l'accomplissement de la condition d'âge imposée par l'art. 5 de la loi du 9 juin 1853, cette admission est prononcée dans les formes suivantes : — Si l'impossibilité d'être maintenu en activité résulte pour le fonctionnaire d'un état d'invalidité morale inappréciable pour les hommes de l'art, sa situation est constatée par un rapport de ses supérieurs dans l'ordre hiérarchique. — Si l'incapacité de servir est le résultat de l'invalidité physique du fonctionnaire, l'acte prononçant son admission à la retraite doit être appuyé, indépendamment des justifications ci-dessus spécifiées, d'un certificat des médecins qui lui ont donné leurs soins et d'une attestation d'un médecin désigné par l'administration et assermenté, qui déclare que le fonctionnaire est hors d'état de continuer utilement l'exercice de son emploi.

Art. 31. — Le fonctionnaire admis à la retraite doit produire, indépendamment de son acte de naissance et d'une déclaration de domicile : — 1° Pour la justification des services civils : — Un extrait dûment certifié des registres et sommiers de l'administration ou du ministère auquel il a appartenu, énonçant ses nom et prénoms, sa qualité, la date et le lieu de sa naissance, la date de son entrée dans l'emploi avec traitement, la série de ses grades et services, l'époque et les motifs de leur cessation et le montant du traitement dont il a joui pendant chacune des six dernières années de son activité. — Cet extrait est dressé dans la forme du modèle ci-annexé sous le n° 3. — Lorsqu'il n'aura pas existé de registres, ou que tous les services administratifs ne se trouveront pas inscrits sur les registres existants, il y sera suppléé soit par un certificat du chef ou des chefs compétents des administrations où l'employé aura servi, relatant les indications ci-dessus énoncées; soit par un extrait des comptes et états d'émargement certifié par le greffier de la cour des comptes. — Les services civils rendus hors d'Europe sont constatés par un certificat distinct, délivré par le ministre compétent. Ce certificat, conforme au modèle ci-annexé sous le n° 4, énonce, pour chaque mutation d'emploi, le traitement normal du grade et le supplément accordé à titre de traitement colonial. — A défaut de ces justifications, et lorsque, pour cause de destruction des archives dont on aurait pu les extraire ou du décès des fonctionnaires supérieurs, l'impossibilité de les produire aura été prouvée, les services pourront être constatés par acte de notoriété. — 2° Pour la justification des services militaires de terre et de mer : — Un certificat directement émané du ministère de la guerre ou de celui de la marine. — Les actes de notoriété, les congés de réforme et les actes de licenciement ne sont pas admis pour la justification des services militaires. Lorsque des actes de cette nature sont produits, ils sont renvoyés au ministère de la guerre ou à celui de la marine, qui les remplace, s'il y a lieu, par un certificat authentique.—Les services des employés de préfectures et de sous-préfectures sont justifiés par un certificat du préfet ou du sous-préfet, constatant que le titulaire a été rétribué sur des fonds d'abonnement, et ce certificat doit être visé par le ministre de l'intérieur.

Art. 32. — Les veuves prétendant à pension fournissent, indépendamment des pièces que leur mari aurait été tenu de produire : —1° Leur acte de naissance ; — 2° L'acte de décès de l'employé ou du pensionnaire ; — 3° L'acte de célébration du mariage ; — 4° Un certificat de non-séparation de corps, et, si le mariage est antérieur à la loi du 8 mai 1816, un certificat de non-divorce ; — 5° Dans le cas où il y aurait eu séparation de corps, la veuve doit justifier que cette séparation a été prononcée sur sa demande.

Les orphelins prétendant à pension fournissent, indépendamment des pièces que leur père aurait été tenu de produire : — 1° Leur acte de naissance ; — 2° L'acte de décès de leur père ; — 3° L'acte de célébration de mariage de leurs père et mère ; — 4° Une expédition ou un extrait de l'acte de tutelle ; — 5° En cas de prédécès de la mère, son acte de décès ; — En cas de séparation de corps, expédition du jugement qui a prononcé la séparation ou un certificat du greffier du tribunal qui a rendu le jugement ; — En cas de second mariage, acte de célébration. — Les veuves ou orphelins prétendant à pension produisent le brevet délivré à leur mari ou père, lorsqu'il est décédé en jouissance de pension, ou une déclaration constatant la perte de ce titre.

Art. 33. — Si le fonctionnaire a été justiciable direct de la cour des comptes, soit en deniers, soit en matières, il doit produire un certificat de la comptabilité générale des finances ou du ministère compétent, constatant, sauf justification ultérieure du quitus de la cour des comptes, que la vérification provisoire de sa gestion ne révèle aucun débet à sa charge. — Si le prétendant à pension n'est pas justiciable direct de la cour des comptes, sa situation en fin de gestion est constatée par un certificat du comptable supérieur duquel il relève.

Art. 34. — Les enfants orphelins des fonctionnaires décédés pensionnaires ne peuvent obtenir des secours à titre de réversion qu'autant que le mariage dont ils sont issus a précédé la mise en retraite de leur père.

Art. 35. — Dans les cas spécifiés aux §§ 1 et 2 de l'art. 11, 1 et 2 de l'art. 14 de la loi du 9 juin 1853, l'événement donnant ouverture au droit à pension doit être constaté par un procès-verbal en due forme dressé sur les lieux et au moment où il est survenu. A défaut de procès-verbal, cette constatation peut s'établir par un acte de notoriété rédigé sur la déclaration des témoins de l'événement ou des personnes qui ont été à même de le connaître et d'en apprécier les conséquences. Cet acte doit être corroboré par les attestations conformes de l'autorité municipale et des supérieurs immédiats du fonctionnaire. — Dans le cas d'infirmités prévu par le troisième paragraphe de l'art. 11 de la loi du 9 juin, ces infirmités et leurs causes sont constatées par les médecins qui ont donné leurs soins au fonctionnaire et par un médecin désigné par l'administration et assermenté. Ces certificats doivent être corroborés par l'attestation de l'autorité municipale et celle des supérieurs immédiats du fonctionnaire.

Art. 36. — Dans les cas exceptionnels prévus par les premier et deuxième paragraphes dudit art. 11, il est tenu compte à l'employé de ses services militaires de terre et de mer, suivant le mode spécial de rémunération réglé par l'art. 8 de la loi, indépendamment de la liquidation déterminée pour les services civils par les deux premiers paragraphes de l'art. 12. — La liquidation s'établit, dans les mêmes cas, sur le traitement moyen, lorsqu'il est plus favorable à l'employé que le dernier traitement d'activité.

Art. 37. — Les fonctionnaires et employés classés dans la partie active qui, antérieurement à la loi du 9 juin 1853, ne subissaient pas de retenues et n'étaient pas placés sous le régime des loi et décret des 22 août 1790 et 13 sept. 1806, sont liquidés à raison de 1/100° du traitement moyen pour chaque année de services assujettis à la retenue dans la partie active, et le montant de la pension ainsi fixée est augmenté de 1/25° par chacune des années liquidées.

Tit. 4.—*Dispositions d'ordre et de comptabilité.*

Art. 38. — En exécution de l'art. 20 de la loi du 9 juin 1853, le ministre des finances arrête, chaque année, dans les premiers jours de janvier, l'état des extinctions réalisées dans le cours de l'année précédente, et dont le montant sert de base pour la fixation du crédit d'inscription de l'année courante.—Un décret rendu sur le rapport du ministre des finances détermine : 1° la somme jusqu'à concurrence de laquelle ce crédit est employé ; 2° la portion afférente à chacun des départements ministériels.

Art. 39. — Le compte à rendre annuellement, lors de la présentation de la loi du budget, en exécution de l'art. 21 de la loi du 9 juin 1853, comprend par ministère, et avec la distinction des pensions d'employés, de veuves et d'orphelins : — 1° L'emploi du crédit d'inscription qui a été déterminé conformément aux dispositions de l'article précédent ; — 2° La situation, par accroissement et décroissement, des pensions concédées et inscrites au 31 décembre de l'année expirée pour services terminés avant le 1er janv. 1854 ; — 3° La situation, par accroissement et décroissement, des pensions concédées et inscrites à la même date pour services terminés postérieurement au 1er janv. 1854.

Art. 40. — En exécution de l'art. 24 de la loi 9 juin 1853, le ministère compétent réunit les pièces justificatives du droit à pension, arrête la liquidation, et après l'avoir communiquée au ministre des finances, la soumet, avec l'avis de ce ministre, à l'examen de la section des finances du conseil d'Etat. — Sur l'avis de cette section, le ministre liquidateur prépare le décret de concession, qui doit être contre-signé par le ministre des finances.

Art. 41. — Les décrets de concession, conformes au modèle ci-annexé sous le n° 5, mentionnent les nom, prénoms, grade, date et lieu de naissance du pensionnaire, la nature et la durée de ses services, la date des lois, décrets et ordonnances réglementaires en vertu desquels la pension a été liquidée, la quotité du traitement qui a servi de base à la liquidation, la part de rémunération afférente aux services militaires et celle afférente aux services civils, la limitation au maximum, la quotité de la pension, la date d'entrée en jouissance et le domicile de la partie. Ces décrets indiquent, en outre, la date de l'avis rendu par la section des finances, et, s'il y a lieu, celle de l'avis du conseil d'Etat. — Lorsque ces décrets sont collectifs, ils doivent être divisés en deux catégories, comprenant distinctement les pensions pour services terminés avant le 1er janv. 1854, et celles concédées pour services terminés postérieurement à cette date.

Art. 42. — La date de la présentation de la demande en liquidation est constatée par son inscription sur un registre spécial tenu dans chaque ministère. Un bulletin de cette inscription est délivré à la partie intéressée.

Art. 43. — Lorsqu'un fonctionnaire dont la pension est liquidée ou inscrite se trouve dans l'un des cas prévus par les deux derniers paragraphes de l'art. 27 de la loi du 9 juin 1853, sa perte du droit à la pension est prononcée par un décret rendu sur la proposition du ministre des finances, après avoir pris l'avis du ministre liquidateur et après avoir consulté la section des finances du conseil d'Etat.

Art. 44. — Lorsqu'un pensionnaire est remis en activité, il en est immédiatement donné avis par le ministre compétent au ministre des finances, pour que le payement de la pension soit suspendu ou pour qu'il soit fait application des dispositions de l'art. 31 de la loi du 9 juin relatives au cumul.

Art. 45. — Lorsqu'un fonctionnaire a disparu de son domicile, et que plus de trois ans se sont écoulés sans qu'il ait réclamé les arrérages de sa pension, sa femme ou les enfants qu'il a laissés peuvent obtenir, à titre provisoire, la liquidation des droits de réversion qui leur seraient ouverts par les art. 13 et 16 de la loi du 9 juin 1853 en cas de décès dudit fonctionnaire.

Art. 46. — Tout titulaire d'une pension inscrite au trésor doit produire, pour le payement, un certificat de vie délivré par un notaire, conformément à l'ordonnance du 6 juin 1839, lequel certificat contient, en exécution des art. 14 et 15 de la loi du 15 mai 1818, la déclaration relative au cumul. — La rétribution fixée par le décret du 21 août 1806 et l'ordonnance du 20 juin 1817, pour la délivrance des certificats de vie, est modifiée ainsi qu'il suit : — Pour chaque trimestre à percevoir : — De 800 fr. et au-dessus, 50 c.; de 600 à 801 fr., 35 c.; de 800 à 101 fr., 25 c.; de 100 à 50 fr., 20 c.; au-dessous de 50 fr., rien.

Art. 47. — Lorsque l'intérêt du service l'exige, le fonctionnaire admis à faire valoir ses droits à la retraite peut être maintenu momentanément en activité, sans que la prolongation de ses services puisse donner lieu à un supplément de liquidation. Dans ce cas, la jouissance de sa pension part du jour de la cessation effective du traitement. NAPOLÉON.

DI. — 18 mai-2 juin 1854. — B. 460. — *Traitement des préfets et sous-préfets en non-activité.*

Art. 1. — Sont déclarés applicables aux préfets et sous-préfets de l'Algérie, les dispositions du décret du 27 mars dernier. NAPOLÉON.

Décret du 27 mars 1854.

Art. 1. — Les préfets et sous-préfets qui, au moment où ils cesseront d'être en activité, ne réuniront pas les conditions voulues pour obtenir une pension de retraite, pourront recevoir un traitement de non-activité, pourvu qu'ils comptent au moins six ans de services rétribués par l'Etat.

Art. 2. — Le traitement de non-activité est fixé ainsi qu'il suit :

Pour les préfets de 1re classe, à 8,000 fr.
— de 2e et 3e classes, à 6,000
Pour les sous-préfets de 1re classe, 3,000
— de 2e et 3e classes, 2,400

Art. 3. — La durée du traitement de non-activité ne pourra s'étendre au delà de six ans.

Art. 4. — Le traitement de non-activité ne pourra se cumuler ni avec un traitement quelconque payé par le trésor public, ni avec une pension payée sur les fonds du trésor ou sur les fonds de la caisse des retraites centrales.

Art. 5. — Cette prohibition n'est point applicable aux pensions militaires. NAPOLÉON.

§ 2. — UNIFORMES.

AM. — 5 fév.-10 mars 1854. — B. 454. — *Uniforme des interprètes de l'armée.*

Art. 1. — L'uniforme des interprètes titulaires de l'armée d'Algérie est réglé comme il suit :

Grande tenue. — Frac en drap bleu de roi, boutonnant droit sur la poitrine; collet et parements en velours noir; passe-poils et retroussis en drap bleu, avec des étoiles en or pour ornement. — Boutons dorés à fond mat et à pourtour brillant, légèrement bombés, portant en relief deux branches d'olivier avec ces mots au milieu : *Interprètes de l'armée.* — Pantalon de drap bleu céleste, demi-large et sans plis, avec une bande bleu de roi de 40 mill. de largeur. — Képi du modèle général en drap bleu céleste, bandeau en velours noir, avec un lacet en or sur les coutures. — Bottes du modèle général, éperons en cuivre doré. — Broderies en or de deux branches d'olivier entrelacées et encadrées d'une baguette. — Les marques distinctives du grade sont : — Pour les interprètes principaux, une broderie au collet et aux parements; — Pour les interprètes titulaires de 1re classe, une broderie au collet et une baguette aux parements; — Pour les interprètes titulaires de 2e classe, une broderie au collet; — Pour les interprètes titulaires de 3e classe, une demi-broderie au collet.

Armement. — Une épée du modèle de l'état-major.

Petite tenue. — Tunique en drap bleu de roi, collet et parements en velours noir. — Pantalon bleu céleste, large et à plis. — Fécy garance au lieu de képi, — Bottes à éperons noirs. — Sabre de cavalerie légère. — Les mêmes broderies sur la tunique que sur l'habit, selon les classes. — Harnachement conforme au modèle adopté pour la cavalerie légère, tapis en drap bleu de roi, garni d'un large galon en poils de chèvre, et de couleur bleu céleste.

L'uniforme des interprètes auxiliaires est réglé ainsi qu'il suit : *Tenue unique.* — Tunique en drap bleu de roi, collet et parements de même. — Boutons demi-bombés en cuivre doré, portant au centre une étoile entourée de ces mots : *Interprètes de l'armée.* — Pantalon, chaussures, képi et fécy pour les expéditions (conformes au modèle de la petite tenue des interprètes titulaires). — Armement et harnachement, lorsqu'il y aura lieu.

A. de SAINT-ARNAUD.

V. ART MÉDICAL, § 3. — Uniforme de médecins de colonisation. — FONCTIONNAIRES, § 1, 17 mars 1854. Uniforme des employés des bureaux administratifs civils de l'Algérie. — TÉLÉGRAPHIE, 21 mars 1855.

§ 4. — Congés.

Décis. M. — 7 fév. 1850.-15 déc. 1853.— B. 440. — *Congés délivrés par les préfets et les généraux commandant les divisions.*

1° Les préfets délivrent les congés et prolongations de congés aux agents des services de l'Algérie, ressortissant au ministère de la guerre. — Toutefois, les préfets et sous-préfets ne peuvent s'absenter sans l'autorisation du ministre, hors le cas de maladie grave et de nécessité flagrante. — Les demandes formées par ces fonctionnaires, à l'effet d'obtenir soit des congés, soit des prolongations de congés, doivent être adressées au ministre par l'intermédiaire du gouverneur général.

2° Les congés doivent toujours être renfermés dans la proportion d'un dixième du cadre; à moins de maladies très-graves, les congés de faveur ne peuvent être accordés, quel qu'en soit le motif, lorsque la fixation déterminée se trouvera atteinte.

Décision complémentaire du 10 avril 1850 :

1° Les généraux commandant les divisions militaires délivrent les congés et prolongation de congés qu'il y a lieu d'accorder aux employés et agents des services civils en territoire militaire.

2° Ces congés et prolongations de congés demandés par les chefs des services dont l'action s'exerce à la fois dans le ressort départemental et en territoire militaire, sont délivrés par le gouverneur général, sur l'avis du préfet et du général.

AM. — 8 mars-8 avr. 1851. — B. 458. — *Nouveau règlement sur les congés, en exécution de la loi sur les pensions civiles de retraite* (V. ci-dessus § 2.)

Vu l'art. 10 du règlement d'administration publique du 9 nov. 1853, rendu en exécution de la loi du 9 juin précédent, sur les pensions;

Art. 1. — Les congés, soit pour cause de maladie, soit pour affaires personnelles, sont accordés par l'autorité supérieure de laquelle ils relèvent, aux fonctionnaires, employés et agents de l'Algérie, ressortissant au département de la guerre. — Toutefois, le ministre se réserve de statuer, sur la proposition du gouverneur général, sur les demandes de congé formées par les préfets, le secrétaire général, du gouvernement et les sous-préfets. — Les congés demandés par les fonctionnaires et agents, dont l'action s'exerce à la fois en territoire civil et en territoire militaire, sont délivrés par le gouverneur général, sur l'avis du préfet et du général. — Il est rendu compte au ministre de la guerre de tous les congés accordés.

Art. 2. — Les congés pour cause de maladie sont accordés par l'autorité compétente, sur le vu des certificats de visite et de contre-visite délivrés par les médecins en chef des hôpitaux de l'Algérie, constatant le genre et le degré de maladie, le temps probable nécessaire à la guérison, ainsi que la nécessité, pour le malade, de se faire traiter en France.

Art. 3.—Les congés doivent toujours être renfermés dans la proportion du dixième du cadre.

Art. 4. — Les fonctionnaires, employés et agents porteurs de congés de convalescence, se présenteront, à leur arrivée en France, devant la commission instituée pour visiter les militaires venant en France en vertu de semblables congés. Le ministre déterminera, sur le rapport de cette commission, la quotité du traitement à allouer, pendant leur congé, conformément à l'art. 10, § 7, du règlement du 9 nov.

1853, aux fonctionnaires, employés et agents de l'Algérie.

Art. 5. — Les prolongations de congé sont accordées par le fonctionnaire qui a accordé le congé primitif. — S'il s'agit d'une prolongation pour cause de maladie, elle ne peut être accordée que sur le vu de nouveaux certificats de visite et de contre-visite, délivrés par les officiers de santé en chef de l'hôpital militaire du lieu de séjour indiqué par le congé, ou de l'hôpital militaire qui en sera le plus voisin. — Néanmoins, dans le cas où, par suite de maladie grave, il y aurait impossibilité pour le porteur du congé de se transporter à une résidence voisine, les certificats des médecins civils pourront être considérés comme suffisants, lorsqu'ils seront dûment légalisés et qu'ils constateront l'impossibilité pour le malade de se déplacer.

Art. 6.—Le ministre de la guerre détermine, sur la proposition de l'autorité qui aura délivré le congé, la quotité du traitement à allouer aux porteurs de congés pour affaires personnelles, dans les limites de l'art. 10, § 5, du règlement du 9 nov. 1853.

Art. 7. — La durée des congés commence à courir du jour du débarquement en France, constaté par le vu arriver du sous-intendant militaire chargé des embarquements. — Les fonctionnaires, employés ou agents, doivent être de retour au port d'embarquement au plus tard le jour de l'expiration de leur congé. — Le retour et sa date réelle doivent être également constatés par le vu arriver du sous-intendant militaire chargé du service des embarquements. — Le traitement d'activité recommence à courir à dater du lendemain du jour de l'arrivée au port d'embarquement.

Art. 8.—L'arrêté ministériel du 20 août 1843 est abrogé.   A. DE SAINT-ARNAUD.

Circ. M. — 28 juin-13 juill. 1851. — B. 462.— *Congés.—Contre-visite en France.*

Monsieur le gouverneur général,

J'ai eu l'occasion de remarquer que des fonctionnaires de l'ordre administratif, venant en France, porteurs de congés de convalescence, se croyaient dispensés de se conformer aux dispositions de l'art. 4 de l'arrêté ministériel du 8 mars dernier sur les congés, et demandaient néanmoins à jouir de l'intégralité de leur traitement pendant toute la durée de leur séjour en France.

Quel que soit le motif ou le prétexte qu'on invoque pour ne pas se présenter devant la commission désignée par l'article précité, je ne saurais tolérer la tendance à généraliser une infraction aussi formelle aux règlements. Il importe donc que chacun soit averti que les prescriptions dont il s'agit sont générales, absolues, et ne comportent aucune exception.

La commission devant laquelle, aux termes de l'art. 4 précité, les fonctionnaires, employés et agents, porteurs de congés de convalescence, sont tenus de se présenter à leur arrivée en France, a été instituée en vertu de la décision ministérielle du 1er oct. 1835, insérée au *Journal militaire* de cette même année, n° 31, p. 175. Il suffit de se reporter à son texte pour comprendre toute la portée de l'art. 4 et la nécessité de s'y conformer. Voici en quels termes sont conçus les §§ 3 et 4 de cette décision :

§ 3. « Il sera établi à Marseille une commission pour la contre-visite des militaires venant d'Afrique avec des congés de convalescence, qui demanderont la solde entière. Ces militaires seront tenus, aussitôt après leur débarquement, de se présenter devant le maréchal de camp commandant le département des Bouches-du-Rhône, qui, au vu de leur congé, les renverra devant cette commission pour y être contre-visités. »

§ 4. « Il sera statué, sur la demande de solde entière, d'après le rapport motivé que la commission ci-dessus désignée adressera au ministre de la guerre, par l'intermédiaire du lieutenant général commandant la division. »

Conformément à ces dispositions, auxquelles se réfère implicitement l'arrêté du 8 mars dernier, et qui concordent d'ailleurs avec le § 2 de l'art. 4 dudit arrêté, je n'accorderai la solde entière aux fonctionnaires, employés et agents de l'Algérie, relevant de mon département, et porteurs d'un congé de convalescence, qu'autant que la commission instituée au port de débarquement aura constaté et reconnu leurs titres à cette faveur.

Quant à ceux qui croiront devoir se dispenser de se présenter devant ladite commission, cette abstention de leur part sera considérée comme une renonciation implicite à la solde entière, pour toute la durée de leur congé; leur traitement, dans cette position, sera donc réglé conformément au § 2 de l'art. 16 du décret du 9 nov. 1853, qui ne leur donne droit qu'au demi-traitement au maximum.

Je vous prie, monsieur le gouverneur général, de faire insérer la présente instruction au *Moniteur algérien*, ainsi qu'au *Bulletin officiel* des actes du gouvernement, pour servir de notification à qui de droit.

Le ministre de la guerre,   Vaillant.

Ar. — 12 sept.-30 oct. 1854. — B. 468. — *Arrêté du ministre de la justice sur les congés des magistrats de l'Algérie.*

Les congés de moins d'un mois à accorder aux magistrats, officiers ministériels et fonctionnaires de l'ordre judiciaire en Algérie, sont délivrés par le procureur général, qui doit. m'en rendre compte immédiatement.

Ces congés sont délivrés conformément aux prescriptions du règlement d'administration publique du 9 nov. 1853 et à la circulaire du 28 déc. suivant.

Le point de départ du congé, et le jour où le magistrat doit être de retour à son poste, sont fixés par le procureur général et doivent être renfermés dans la limite de vingt-neuf jours ci-dessus déterminés.

Le procureur général en Algérie et le président de la cour impériale ne peuvent s'absenter sans un congé délivré par le garde des sceaux.

Décis. M. — 12 janv.-8 fév. 1855. — B. 474.

Monsieur le gouverneur général, l'art. 17 du règlement d'administration publique du 9 nov. 1853 porte : « Le fonctionnaire ou l'employé qui s'est absenté ou qui a dépassé la durée de son congé sans autorisation, peut être privé de son traitement pendant un temps double de celui de son absence irrégulière. »

Mais le retard d'un employé à reprendre son service à l'expiration de son congé peut, dans certains cas, prendre le caractère d'un véritable manquement au service, et donner lieu, par conséquent, à l'application des peines édictées soit par le § 2 de l'art. 17 précité, soit par les §§ 3 et 4 de l'art. 8 du règlement ministériel du 17 mars dernier, sur le recrutement du personnel de l'administration civile en Algérie.

Consulté sur les mesures à prendre en pareil cas, j'ai décidé que le fonctionnaire ou l'employé qui n'aura pas rejoint son poste dans les délais

fixés par son titre de congé, ne pourra être l'objet d'aucun rappel de solde, jusqu'à ce qu'il m'ait été fait rapport des circonstances dans lesquelles le retard s'est produit, et que j'aie été mis à même d'apprécier la quotité de la retenue disciplinaire à exercer, sans préjudice de la pénalité plus grave que le délinquant aurait encourue.

Je vous prie, monsieur le gouverneur général, de vouloir bien faire insérer la présente instruction au *Bulletin officiel* des actes du gouvernement, pour servir de notification à qui de droit.

Le ministre de la guerre,   Vaillant.

§ 5. — Passage a bord des batiments a vapeur.

Décis. M. — 9 juill.-30 août 1855. — B. 485. — *Service télégraphique.*

« Les inspecteurs seront à l'avenir classés à la table du commandant ; — Les directeurs de station, les chefs de station et les stationnaires (service électrique), à la table de l'état-major ; — Les stationnaires (service aérien), à la table des maîtres.   Vaillant.

§ 6. — Étude de la langue arabe.

Programme *publié en 1853, au* Moniteur Algérien, *des examens à subir en exécution des décrets des 3 déc. 1849 et 4 avr. 1851 (vol. Ier, p. 202).*

Pour la 1re classe. — Prime de 400 francs.—

§ 1. — Exercice d'interprétation orale, en français et en arabe, sur tous les points du service en général. — Narration d'un fait, explications, détails sur l'administration.

§ 2. — Lecture et traduction orale et par écrit d'arabe en français.—Une lettre très-difficile et un passage d'ouvrage arabe manuscrit que les membres du jury détermineront.

§ 3. — Traduction écrite du français en arabe. — Une proclamation ou un document d'au moins vingt lignes en français. — Une heure sera accordée pour cette épreuve.

Pour la 2e classe. — Prime de 200 francs.—

§ 1. — Interprétation orale sur les points ordinaires du service.

§ 2. — Lecture et traduction orale et par écrit d'une lettre arabe d'un style simple.

§ 3. — Traduction par écrit du français en arabe d'une lettre ou d'un avis d'un ordre d'idées assez simple. — Les pièces à traduire pourront être préalablement soumises pendant un quart d'heure à l'examen des candidats. On pourra faire usage du dictionnaire.

Afin de mettre l'administration à même de s'assurer que les employés déjà en possession de primes n'ont négligé en rien l'étude de la langue arabe, ils seront soumis à des révisions périodiques. Ces révisions auront lieu tous les trois ans. Elles s'appliqueront seulement aux agents admis à la prime de 200 francs, sans distinction de résidence. Ceux qui auront obtenu la prime de 1re classe en seront exemptés de droit. La même faveur sera accordée aux agents qui auront satisfait trois fois de suite (y compris le 1er examen) aux épreuves du programme.

Di. — 13 oct.-17 nov. 1855. — B. 487. — *Employés des ponts et chaussées.*

Art. 1. — Le bénéfice des décrets des 4 déc. 1849 et 4 avr. 1851 (vol. Ier, p. 292), relatifs aux primes à accorder aux employés de différents services de l'Algérie, qui justifient de la connaissance de la langue arabe, est étendu aux agents des services des ponts et chaussées et des bâtiments civils.   Napoléon.

§ 7. — FRANCHISE.

DM. — 8 fév. 1855. — B. 474. — *Les chefs de service de l'enregistrement et des domaines, en Algérie, sont autorisés à correspondre entre eux et avec les directeurs de ce service dans les départements continentaux en franchise et sous bande.*

Forêts (service des).

AM. — 14 avr.-18 mai 1854. — B. 459. — *Indemnités de frais de tournée.*

Vu l'arrêté du 12 mars 1841 qui règle le chiffre des indemnités à allouer pour frais de tournées aux agents des services financiers en Algérie ; — Vu la nécessité d'introduire, en ce qui touche le service forestier, des modifications dans ce tarif et de le mettre en harmonie avec l'état des circonscriptions forestières actuelles ; — Considérant que s'il convient de tenir compte des avantages résultant aujourd'hui pour les agents de ce service de l'adoption du principe de l'indemnité de cheval à laquelle ils ont droit, il est également utile de les indemniser d'une manière plus simple que par le passé, des frais auxquels ils sont astreints, dans l'intérêt du service, par des tournées dans des lieux éloignés et souvent inhabités ;

Vu la décision du principe prise à ce sujet le 22 février dernier ;

Art. 1. — Il sera accordé, à partir du 1er avr. 1854, aux agents du service forestier employés en Algérie et chargés d'un service actif, des indemnités mensuelles de frais de tournées.

Art. 2. — Ces indemnités sont déterminées par le tarif ci-après, en raison du grade de l'agent, savoir : — Inspecteur chef de service, 50 fr.; — Sous-inspecteur, 45 fr.; — Garde général chargé des travaux d'art, 40 fr. ; — Id. adjoint, id. 35 fr.; — Id. à cautionnement, 25 fr.; — Id. adjoint, id., 20 fr.

Art. 3. — L'indemnité allouée par application des dispositions de l'arrêté du 12 mars 1841, précité aux préposés (brigadiers et gardes), est maintenue ; néanmoins, pour y avoir droit, ces préposés devront justifier que leur tournée a eu lieu en dehors d'un rayon d'au moins 26 kilomètres de leur résidence.

Art. 4. — Toutes autres indemnités pour frais de transport, location de bêtes de somme, etc., demeurent supprimées. Toutefois les missions spéciales à de grandes distances, les changements de résidence imposés dans l'intérêt du service et effectués par terre, et les intérim pourront donner lieu à des indemnités particulières, mais seulement en vertu d'une décision ministérielle distincte pour chaque affaire.

VAILLANT.

V. Bois et forêts (régime forestier). — Concessions, sect. III, § 3, et autres renvois au vol. Ier.

G

Gardes champêtres arabes.

·V. Affaires arabes, sect. I, § 2. 8 août 1854, art. 7.

Garde nationale.

V. Milice.

Gendarmerie.

DI. — 10 mars-28 avril 1855. — B. 479. — *Augmentation de la légion d'Afrique.*

Vu l'ord. du 31 août 1839, constitutive de la légion de gendarmerie d'Afrique ; — Vu la déc. roy. du 21 avr. 1844, qui a divisé cette légion en quatre compagnies ; — Vu l'art. du 19 déc. 1848, qui a déterminé l'effectif (vol. Ier, p. 296) ; — Considérant que le développement donné depuis plusieurs années à la colonisation en Algérie, et à la réduction des troupes de l'armée dans le cercle de l'occupation française ont fait reconnaître la nécessité d'augmenter l'effectif de la légion de gendarmerie d'Afrique ;

Art. 1. — Le nombre des brigades de cette légion est porté de 108 à 118. Le complet de son effectif est fixé à 661 officiers, sous-officiers, brigadiers, gendarmes et enfants de troupe, et à 443 chevaux.

Art. 2. — La nouvelle composition de la légion est arrêtée ainsi qu'il suit :

Officiers.	Hom.	Chev.
Colonel ou lieut.-col., chef de légion.	1	4
Chefs d'escadrons comm. de comp. .	3	9
Capitaines (command. de comp. .	1	2
Capitaines { trésorier.	1	1
Capitaines (commandant d'arrond.	3	6
Lieutenants ou s.-lieut. trésoriers .	3	3
Lieutenants ou s.-lieut.	9	18
Troupe.		
Arme (Adjudant sous-officier . .	1	1
Arme { Maréchaux des logis chefs.	3	3
à { Maréchaux des logis . . .	21	21
cheval. { Brigadiers.	50	50
(Gendarmes.	325	325
Arme (Maréchaux des logis . . .	14	»
Arme { Maréch. adj. aux trésoriers.	4	»
à { Brigadiers.	29	»
pied. { Brigadier secrétaire. . . .	1	»
(Gendarmes.	172	»
Enfants de troupe	20	»
Complet de la légion.		
Officiers.	21	43
Troupe { Arme à cheval	400	400
Troupe { Arme à pied.	220	»
Enfants de troupe	20	»
Total de l'effectif. . .	661	443

NAPOLÉON.

Gouvernement et administration générale.

Section I.

§ 7. — PRÉFECTURES ET DÉPARTEMENTS.

DI. — 8 juil.-23 août 1854. — B. 464. — *Auditeurs au conseil d'État, application à l'Algérie du décret du 25 nov. 1853.*

Art. 1. — Notre décret du 25 nov. 1853, concernant les maîtres des requêtes et les auditeurs au conseil d'État, sera promulgué en Algérie, pour y être appliqué dans ses dispositions relatives aux auditeurs attachés aux préfectures.

NAPOLÉON.

Décret du 25 nov. 1853 (1).

Art. 1. — Le titre de maître des requêtes en

---

(1) *Rapport à l'empereur.*
Sire, l'institution des auditeurs au conseil d'État

service extraordinaire pourra être conféré aux maîtres des requêtes en service ordinaire qui seront appelés à une fonction permanente, les obligeant à résider hors Paris, ou qui cesseront, par toute autre cause, d'appartenir au service ordinaire du conseil d'État,

Art. 2. — Le nombre des auditeurs au conseil d'État est porté à quatre-vingts, vingt de première classe, soixante de deuxième classe.

Art. 3. — Nul ne sera nommé auditeur s'il n'est âgé de vingt ans au moins et s'il n'a été reçu docteur ou licencié dans l'une des facultés ou admis aux écoles polytechnique, de Saint-Cyr ou navale, ou, enfin, s'il n'a été jugé admissible par une commission d'examen composée de trois membres du conseil d'État. — Ne seront admis à subir cet examen que les candidats qui auront été préalablement portés sur une liste agréée par nous.

Art. 4. — Indépendamment de leur participation aux travaux du conseil, les auditeurs peuvent être attachés au ministère auquel correspond la section à laquelle ils appartiennent.

Art. 5. — Un auditeur sera attaché aux préfectures par nous désignées. — Il sera mis à la disposition du préfet qui pourra le charger de remplacer provisoirement les sous-préfets du département absents ou empêchés, lui confier l'in-

struction des affaires administratives ou contentieuses, lui donner des missions dans le département ou lui déléguer dans l'arrondissement chef-lieu, quelques-unes des attributions déférées aux sous-préfets. — L'auditeur assistera aux séances du conseil de préfecture avec voix consultative : il pourra, dans les affaires non contentieuses, y remplir les fonctions de rapporteur.

Art. 6. — Les auditeurs placés auprès du préfet conformément à l'article précédent, seront considérés comme étant en mission et continueront d'appartenir au service ordinaire du conseil d'État. S'ils ne font partie que de la deuxième classe, ils recevront une indemnité annuelle égale au traitement des auditeurs de première classe. — Les auditeurs qui seraient nommés secrétaires généraux de préfecture, sous-préfets, attachés de légation, ou qui seraient appelés à toute autre fonction permanente qui les obligerait à résider hors Paris, pourront être autorisés par nous à conserver le titre d'auditeur en service extraordinaire.

Art. 7. — Chaque année un rapport nous sera fait par le président du conseil d'État sur le service et les travaux des auditeurs. — Ce rapport sera remis à notre ministre d'État, qui nous le présentera avec ses observations.

NAPOLÉON.

---

date de l'an XI ; elle fut créée par un arrêté des consuls, du 19 germ. de cette année, dont l'art. 1 portait qu'il y aurait auprès des ministres et auprès des sections du conseil d'État des auditeurs destinés, après un certain nombre d'années de services, à remplir des places dans la carrière administrative et dans la carrière judiciaire. — Cette organisation, développée par divers décrets, a été conservée pendant toute la durée de l'empire et a produit d'excellents effets. — Le résultat qu'on demanderait en vain à une école d'administration, l'institution des auditeurs l'avait donné. Ces jeunes fonctionnaires, attachés à un ministère et à une des sections du conseil d'État, s'initiaient tout à la fois à la pratique et à la théorie. — Dans les bureaux du ministère, ils se trouvaient mêlés aux affaires et à leur direction ; au conseil d'État, ils assistaient à des discussions où se débattaient successivement les plus graves questions que peut soulever l'application du droit administratif. Ils pouvaient ainsi suivre une affaire dans toutes ses phases, depuis la première indication donnée par le ministre jusqu'à la discussion qui, après l'instruction terminée, s'engage dans l'assemblée générale du conseil d'État.

La sagesse de Votre Majesté a compris toute l'utilité de cette institution ; aussi l'a-t-elle maintenue dans le décret du 25 janv. 1852, qui a organisé le conseil d'État sur les bases de la constitution nouvelle. — Mais ce décret, prenant les choses en l'état où les avaient laissées les derniers gouvernements, n'a pas, comme l'arrêté consulaire de l'an XI, rattaché les auditeurs tout à la fois aux ministères et au conseil d'État. — Une expérience de près de deux années a démontré combien il était nécessaire de revenir, à cet égard, à l'ancienne organisation : en faisant participer les auditeurs aux travaux actifs des ministères et à ceux du conseil d'État, on rendra plus utile pour eux le noviciat administratif auquel ils sont soumis, et ils seront plus vite et plus complètement préparés à remplir les fonctions auxquelles ils peuvent être appelés un jour.

C'est dans le même but que Votre Majesté a pensé qu'il était convenable de rétablir une ancienne disposition d'un décret impérial du 28 déc. 1809.

Dans les départements les plus importants de l'empire que Votre Majesté désignera, un auditeur sera attaché à la préfecture et mis à la disposition du préfet. — Ce haut fonctionnaire pourra charger l'auditeur de l'intérim des sous-préfectures pendant l'absence ou l'empêchement du titulaire. Il pourra lui confier des missions dans le département et le charger de l'instruction d'affaires contentieuses ou administratives ; l'auditeur assistera d'ailleurs, avec voix consultative, aux séances du conseil de préfecture. — Sans parler des services que les auditeurs placés dans cette condition pourraient rendre à l'adminis-

tration préfectorale, on ne peut douter qu'après des études ainsi successivement faites dans les bureaux d'une grande préfecture et dans les sections du conseil, un auditeur ne soit en état de remplir utilement soit des fonctions plus élevées dans le sein même du conseil, soit un poste dans l'administration active.

Cela sera vrai surtout si, comme j'ai l'honneur de le proposer à Votre Majesté, nul ne peut être reçu auditeur qu'en justifiant d'études sérieuses préalablement faites, soit par un diplôme de docteur ou de licencié dans une des facultés, soit par une admission dans les grandes écoles spéciales de l'État, soit enfin par un examen passé devant une commission composée de trois membres du conseil d'État. — Ainsi organisé, l'auditorat pourra devenir une grande école d'administration où se recruteront utilement les services publics. — Un certain nombre d'auditeurs devant être employés en dehors du conseil, il devient nécessaire d'élargir le cadre, et de porter à soixante le nombre des auditeurs de deuxième classe, jusqu'ici fixé à vingt.

Telles seraient, en principe, les bases de la réorganisation du service des auditeurs ; mais Votre Majesté pensera sans doute qu'il n'y aura pas lieu de pourvoir par des nominations immédiates aux nouvelles fonctions créées au conseil d'État, et qu'il conviendra d'attendre que le mouvement qui appellera des auditeurs dans les ministères et dans les préfectures, ait rendu nécessaire pour le service du conseil l'augmentation du nombre des auditeurs.

Une autre disposition a paru devoir trouver place dans le décret soumis à Votre Majesté. Le service extraordinaire n'a été établi par le décret organique de 1852 que pour les conseillers d'État qui cessent de remplir leurs fonctions en service ordinaire ou hors sections ; mais cette disposition n'a été appliquée ni aux maîtres des requêtes ni aux auditeurs. — Il semble utile d'établir à cet égard une règle unique pour tous les membres du conseil. — Ce n'est jamais sans regret qu'un auditeur, qu'un maître des requêtes se sépare du conseil d'État pour entrer dans le service actif. Ce regret serait diminué si, en acceptant de nouvelles fonctions, il voyait subsister un lien qui le rattachât au conseil. — Le titre de maître des requêtes ou d'auditeur en service extraordinaire, donné à ceux-là seuls qui auraient appartenu en la même qualité au service ordinaire, maintiendrait ce lien, et entretiendrait l'émulation et le zèle en laissant aux fonctionnaires qui seraient sortis du conseil d'État l'espérance d'y reprendre un jour leur place.

Telles sont les diverses dispositions que, d'accord avec M. le président du conseil d'État, j'ai cru utile de soumettre à Votre Majesté. — J'ai l'espérance qu'en modifiant en quelques points l'organisation du conseil d'État, elles ajouteront encore à l'utilité d'une des grandes institutions de l'empire. — Le ministre d'État, Achille FOULD.

DI.—9 déc. 1851-18 janv. 1855.—D, 413.—*Traitement des préfets.*

Art. 1. — Les traitements des préfets des départements de l'Algérie sont fixés ainsi qu'il suit (frais de tournée et de représentation compris) :

Préfet du départ. d'Alger. . . . 25,000 fr.
—   —   d'Oran. . . . 20,000
—   —   de Constant. 20,000
                                      NAPOLÉON.

V. AFFAIRES ARABES, sect. 1, § 2. Bureaux arabes départementaux. — FONCTIONNAIRES.

H

Hôpitaux.

AG.— 28 déc. 1851-18 janv. 1855.— B. 413. — *Prix de la journée de traitement dans les hôpitaux de l'Algérie pour l'année 1855.*

Vu, etc.;

Art. 1. — Par application des dispositions de l'art. 2 du règlement ministériel susvisé, le prix de la journée de traitement à rembourser par les malades dans les divers hôpitaux civils de l'Algérie, demeure fixé, pour l'année 1855, de la manière suivante :

Pour la 1re catégorie, à . . . . 1 fr. 50 cent.
Pour la 2e catégorie, à 0   75
                                      A. PÉLISSIER.

Hygiène publique.

V. SANTÉ ET SALUBRITÉ, sect. II, § 3, 1er mai 1854.

Hypothèques.

DI. — 4 juill.-8 août 1855.— B. 424. —*Promulgation de la loi sur la transcription.*

Art. 1.—La loi du 23 mars 1855, sur la transcription en matière hypothécaire, sera promulguée en Algérie.   NAPOLÉON.

Loi du 23 mars 1855.

Art. 1. — Sont transcrits au bureau des hypothèques de la situation des biens : — 1° Tout acte entre-vifs, translatif de propriété immobilière ou de droits réels susceptibles d'hypothèque ; — 2° Tout acte portant renonciation à ces mêmes droits ; — 3° Tout jugement qui déclare l'existence d'une convention verbale de la nature ci-dessus-exprimée ; — 4° Tout jugement d'adjudication, autre que celui rendu sur licitation au profit d'un cohéritier ou d'un copartageant.

Art. 2.—Sont également transcrits : —1° Tout acte constitutif d'antichrèse, de servitude, d'usage et d'habitation ; — 2 Tout acte portant renonciation à ces mêmes droits ; — 3° Tout jugement qui en déclare l'existence en vertu d'une convention verbale ; — 4° Les baux d'une durée de plus de dix-huit années ; — 5° Tout acte ou jugement constatant, même pour bail de moindre durée, quittance ou cession d'une somme équivalente à trois années de loyers ou fermages non échus.

Art. 3. — Jusqu'à la transcription, les droits résultant des actes et jugements énoncés aux articles précédents ne peuvent être opposés aux tiers qui ont des droits sur l'immeuble et qui les ont conservés en se conformant aux lois. — Les baux qui n'ont point été transcrits ne peuvent jamais leur être opposés pour une durée de plus de dix-huit ans.

Art. 4. — Tout jugement prononçant la résolution, nullité ou rescision d'un acte transcrit, doit, dans le mois, à dater du jour où il a acquis l'autorité de la chose jugée, être mentionné en marge de la transcription faite sur le registre. — L'avoué qui a obtenu ce jugement est tenu, sous peine de 100 fr. d'amende, de faire opérer cette mention, en remettant un bordereau rédigé et signé par lui au conservateur, qui lui en donne récépissé.

Art. 5. — Le conservateur, lorsqu'il en est requis, délivre, sous sa responsabilité, l'état spécial ou général des transcriptions et mentions prescrites par les articles précédents.

Art. 6. — A partir de la transcription, les créanciers privilégiés ou ayant hypothèque, aux termes des art. 2123, 2127 et 2128, du code Napoléon, ne peuvent prendre utilement inscription sur le précédent propriétaire.—Néanmoins, le vendeur ou le copartageant peuvent utilement inscrire les priviléges à eux conférés par les art. 2108 et 2109 du code Napoléon, dans les quarante-cinq jours de l'acte de vente ou de partage, nonobstant toute transcription d'actes faits dans ce délai. — Les art. 834 et 835 du code de procédure civile sont abrogés.

Art. 7. — L'action résolutoire établie par l'art. 1654 du code Napoléon ne peut être exercée après l'extinction du privilége du vendeur, au préjudice des tiers qui ont acquis des droits sur l'immeuble du chef de l'acquéreur et qui se sont conformés aux lois pour les conserver.

Art. 8. — Si la veuve, le mineur devenu majeur, l'interdit relevé de l'interdiction, leurs héritiers ou ayants cause, n'ont pas pris inscription dans l'année qui suit la dissolution du mariage ou la cessation de la tutelle, leur hypothèque ne date, à l'égard des tiers, que du jour des inscriptions prises ultérieurement.

Art. 9. — Dans le cas où les femmes peuvent céder leur hypothèque légale ou y renoncer, cette cession ou cette renonciation doit être faite par acte authentique, et les cessionnaires n'en sont saisis à l'égard des tiers que par l'inscription de cette hypothèque prise à leur profit, ou par la mention de la subrogation en marge de l'inscription préexistante. — Les dates des inscriptions ou mentions déterminent l'ordre dans lequel ceux qui ont obtenu des cessions ou renonciations exercent les droits hypothécaires de la femme.

Art. 10. — La présente loi est exécutoire à partir du 1er janvier 1856.

Art. 11. — Les art. 1, 2, 3, 4, et 9 ci-dessus ne sont pas applicables aux actes ayant acquis date certaine et aux jugements rendus avant le 1er janvier 1856. Leur effet est réglé par la législation sous l'empire de laquelle ils sont intervenus. Les jugements prononçant la résolution, nullité ou rescision d'un acte non transcrit mais ayant date certaine avant la même époque, doivent être transcrits conformément à l'art. 4 de la présente loi. — Le vendeur dont le privilége serait éteint au moment où la présente loi deviendra exécutoire pourra conserver vis-à-vis des tiers l'action résolutoire qui lui appartient, aux termes de l'art. 1654 du code Napoléon, en faisant inscrire son action au bureau des hypothèques, dans le délai de six mois à partir de la même époque. — L'inscription exigée par l'art

8 doit être prise dans l'année à compter du jour où la loi est exécutoire; à défaut d'inscription dans ce délai, l'hypothèque légale ne prend rang que du jour où elle est ultérieurement inscrite.

— Il n'est point dérogé aux dispositions du code Napoléon relatives à la transcription des actes portant donation ou contenant des dispositions à charge de rendre; elles continueront à recevoir leur exécution.

Art. 12. — Jusqu'à ce qu'une loi spéciale détermine les droits à percevoir, la transcription des actes ou jugements qui n'étaient pas soumis à cette formalité avant la présente loi est faite moyennant le droit fixe d'un franc.

DI. — 29 sept.-2 déc. 1855. — B. 488. — *Délai pour l'enregistrement des actes sous seing privé* (1).

Vu le 1er alinéa de l'art. 3, et l'art. 11 de la loi du 25 mars 1855;

Voulant lever les obstacles qui pourraient s'opposer à la régularisation des actes sous signatures privées ;

Art. 1. — Il est accordé jusqu'au 1er janvier 1856, pour soumettre au visa pour timbre et à l'enregistrement sans droits en sus ou amendes, les actes sous seings privés translatifs de propriété immobilière ou de droits réels susceptibles d'hypothèques, ou constitutifs d'antichrèse, de servitude d'usage ou d'habitation et tous les baux de biens immeubles.

Art. 2. — Cette disposition ne s'applique qu'aux contraventions existantes au jour de la publication du présent décret.

NAPOLÉON.

DI. — 5-31 déc. 1855. — B. 490. — *Salaires des conservateurs.*

Vu le décret du 24 nov. 1855, portant modification du salaire alloué aux conservateurs des hypothèques, pour la transcription des actes de mutation dans la métropole ; — Vu l'art. 7 de l'ord. du 19 oct. 1841 sur les droits d'enregistrement de greffe et d'hypothèque, et sur les frais de rédaction des actes passés ou reçus par les officiers publics et ministériels en Algérie (vol. Ier, p. 252) ; — Considérant que les dispositions du décret précité sont susceptibles d'être appliquées en Algérie aussi bien qu'en France ;

Art. 1. — Le décret du 24 nov. 1855 sur le nouveau salaire à allouer aux conservateurs des hypothèques pour la transcription des actes de mutation, sera promulgué en Algérie.

NAPOLÉON.

Décret du 24 novembre 1855.

Vu le décret du 21 sept. 1810, portant fixation des salaires attribués aux conservateurs des hypothèques ; — Vu l'ord. du 1er mai 1816, concernant les salaires pour la transcription des actes de mutation; — Vu l'art. 10 de la loi du 23 mars 1855 ;

Art. 1. — À partir du 1er janvier 1856, le salaire alloué aux conservateurs des hypothèques par le n° 7 du tableau annexé au décret du 21 sept. 1810, pour la transcription des actes de mutation, est réduit à 50 cent. par rôle de vingt-cinq lignes à la page et de dix-huit syllabes à la ligne.

Art. 2. — A compter de la même époque,

---

(1) Ce décret, promulgué d'urgence par le gouverneur général le 2 déc. 1855, a été déclaré exécutoire en Algérie par un décret impérial spécial rendu à Paris, le 12 du même mois, et promulgué le 31 déc. à Alger. B. 490.

l'art. 4 (unique) de l'ord. du 1er mai 1816, cessera de recevoir son exécution.

NAPOLÉON.

I

Impôts.

DI. — 18-28 juill. 1855. — B. 483. — *Application à l'Algérie de l'art. 5 de la loi du 14 juill. 1855.*

Art. 1. — L'art. 5 de la loi du 14 juill. 1855 est déclaré applicable à l'Algérie.   NAPOLÉON.

Loi du 14 juill. 1855.

Perception temporaire d'un nouveau décime.

Art. 5. — Le principal des impôts et produits de toute nature soumis au décime par les lois en vigueur, sera augmenté temporairement d'un nouveau décime à dater de la promulgation de la présente loi jusqu'au 1er janv. 1858.

V. AFFAIRES ARABES, sect. IV, § 1. Centimes additionnels à l'impôt arabe. — COMMUNE. — FINANCES.

Imprimerie du gouvernement.

AM. — 27 fév.-3 avr. 1854. — B. 456. — *Règlement sur les frais d'impression.*

Art. 1. — Les services ressortissant aux départements ministériels autres que celui de la guerre, et la commune d'Alger, rembourseront les frais des impressions qu'ils demanderont à faire exécuter pour leur compte à l'imprimerie du gouvernement. — Ce remboursement aura lieu aux prix du tarif ci-annexé.

Art. 2. — Le papier nécessaire au tirage sera fourni par les services.

Art. 3. — Les demandes d'impression seront adressées au directeur de l'imprimerie et transcrites par lui sur un registre spécial disposé de manière à présenter le compte particulier des services débiteurs.

Art. 4. — Le remboursement des frais d'impression s'exécutera de la manière suivante (2) : — Il aura lieu par trimestre ; — A cet effet, le directeur de l'imprimerie adressera au secrétaire général du gouvernement dans les quinze jours qui suivront l'expiration de chaque trimestre, des états indicatifs des imprimés fournis à chaque service. Ces états seront appuyés des demandes d'impression et porteront décompte des sommes dues conformément au tarif. — Ils seront visés et arrêtés par le secrétaire général du gouvernement et transmis par lui aux chefs des services débiteurs qui devront en verser le montant au service des domaines.

Art. 5. — Les dispositions ci-dessus seront applicables à partir du 1er avr. 1854.

A. DE SAINT-ARNAUD.

Tarif annexé à l'arrêté ministériel du 27 fév. 1854, et devant servir au remboursement des frais des impressions exécutées par l'imprimerie du gouvernement à Alger.

Typographie.

Le prix de la composition des ouvrages d'administra-

---

(2) Modifié par l'arrêté suivant.

tion n'étant point de nature à être fixé par un tarif constant et invariable, l'imprimerie du gouvernement devra, à cet égard, tenir ses prix au-dessous de ceux ordinaires du commerce. Néanmoins, pour les compositions courantes, et toutes les fois qu'il sera possible d'en établir les prix au mille, ils le seront d'après le tarif ci-après.

Composition.

CORPS des caractères.	PRIX par 1000 ×.	PRIX PAR PAGE ISOLÉE.				
		in-4°.	in-8°.	in-12.	in-18.	in-32.
	fr. c.	fr. c.	fr. c.	fr. c.	fr. c.	fr. c.
Parisienne 5	0 90	15 0	10 0	6 00	5 00	3 00
Nonpareille 6	0 80	10 0	7 00	5 00	4 00	2 50
Mignonne 7	0 60	7 00	5 00	4 00	3 00	2 00
Petit-texte 7 1/2	0 60	6 00	4 00	3 00	2 25	1 75
Gaillarde 8	0 55	5 00	3 50	2 50	1 50	1 50
Petit-romain 9	0 55	4 50	3 00	2 00	1 50	1 25
Philosoph. 10	0 55	4 50	3 00	2 00	1 25	1 25
Cicéro 11	0 55	4 00	2 50	1 75	1 00	1 00
S.-August. 12	0 60	3 50	2 00	1 50	1 00	1 00
Arabe 7 1/2	1 20	12 0	8 00	6 00	4 50	3 50
Arabe 13	1 20	7 00	4 00	3 00	2 00	2 00

Tableaux. — Chaque colonne vide, 30 c. — Cadre, 1 fr. — Accolade, 15 c. — Manchette, 1 fr.

Tirage.

FORMATS.	NOMBRE DE TIRAGES.									
	100	200	300	400	500	600	700	800	900	1000
	fr. c.	fr. c.	fr. c.	fr. c.	fr. c.	fr. c.	fr. c.	fr. c.	fr. c.	fr. c.
Carré et au-dessous.	1 50	2 00	2 50	3 00	3 00	3 50	4 00	4 50	4 50	5 00
Grand raisin.	2 00	2 50	3 00	3 50	4 00	4 50	5 00	5 50	5 50	6 00
Jésus.	2 50	3 00	3 50	4 00	4 50	5 00	5 50	6 00	6 50	7 00

Affiches, carré et au-dessous, le 100, 2 fr.; grand raisin, 2 fr. 50 c.; jésus, 3 fr.

Lithographie.

	Poulet.	Coquille.	Cloche.	Tellière.	Couronne.	Écu.	Carré.	Double cloche.	Grand raisin.	Jésus.
Transp..	1	1	1	1 00	1 00	1	1	1 25	1 50	2
T. le 100	1	1	1	1 50	1 50	2	2	2 00	2 50	3

Nota. — 50 c. en sus pour la retiration.

Étoffes.

Il sera ajouté aux prix ci-dessus 25 p. 100 pour les dépenses de correction et de surveillance, l'entretien et le renouvellement du matériel et le loyer du bâtiment.

Le ministre de la guerre, A. DE SAINT-ARNAUD.

AM. — 24 janv.-19 mars 1855. — B. 410. — Modifications à l'arrêté précédent.

Vu l'art. 210 du règlement du 1er déc. 1838, sur la comptabilité du département de la guerre;

Vu l'arr. min. du 27 fév. 1854;

Art. 1. — L'art. 4 de l'arrêté du 21 fév. 1854 est modifié ainsi qu'il suit : — « Le remboursement des frais d'impression s'exécutera de la manière suivante : — A la fin de chaque mois, le directeur de l'imprimerie adressera, au secrétariat général du gouvernement, des états indicatifs des imprimés fournis à chaque service. Ces états seront appuyés des demandes d'impression et porteront décompte des sommes dues conformément aux tarifs. — Ils seront visés et arrêtés par le secrétaire général du gouvernement et transmis par lui aux chefs des services débiteurs, qui devront en verser le montant dans les caisses des trésoriers payeurs de l'Algérie. — Les récépissés seront ensuite transmis, par les soins du gouverneur général au département de la guerre, pour que le montant en soit, s'il y a lieu, rétabli au crédit du chap. 23. »　　VAILLANT.

Inhumations.

AG. — 7 janv.-2 fév. 1854. — B. 452. — Tarif des concessions dans diverses localités de la province d'Alger.

Vu, etc.;

Art. 1. — Les tarifs des concessions dans les cimetières européens des localités ci-après désignées, sont fixés ainsi qu'il suit :

Dans les localités de Mustapha (annexe de la commune d'Alger). — Bouffarik. — Koléah. — Douera. — Cherchell. — Médéah. — Millanah. — Tenès. — Orléansville. — Concessions perpétuelles, 30 fr. le mètre carré; — Concessions trentenaires pouvant se renouveler, 15 fr. id.; — Concessions temporaires de quinze ans au plus et ne pouvant se renouveler, 5 fr. id.

Dans les localités de El-Biar et Bouzareah (annexes de la commune d'Alger). — Birmandrais. — Birkhadem. — Saoula. — Chéragas. — Guyot Ville. — Dély Ibrahim et El Achour (un seul cimetière). — Drariah et Kaddous (un seul cimetière). — Fondouck. — Hussein Dey. — Kouba. Rassauta, Maison Carrée et Fort de l'Eau (un seul cimetière). — Ouled Fayet. — Sidi Ferruch. — Montenotte. — Novi. — Zurick. — Béni Méred, Dalmatie, Joinville, Montpensier (annexes de la commune de Blidah). — Soumah (annexe de la commune de Bouffarik). — L'Arba. — Rovigo. — Baba Hassem, Crescia, Sainte-Amélie, Saint-Ferdinand, Mabelma, Birtouta (annexes de la commune de Douera). — Oued el Halleg. — El Afroun. — Castiglione. — Teischoun. — Mouzala Ville. — La Chiffa. — Fouka, Douaouda, Zéralda (annexes de la commune de Koléah). — Damiette. — Lodi. — Mouzaïa les Mines. — Affreville. — Bou Medfa. — Ponteba. — La Ferme. — Concessions perp., 30 fr. le mètre carré; — Concess. trenten., 12 fr. id.; — Concess. temp., 5 fr. id.

Comte RANDON.

AG. — 31 déc. 1853-2 fév. 1854. — B. 452. — Id. dans la province d'Oran.

Vu, etc.;

Art. 1. — Les tarifs des concessions dans les cimetières européens des localités ci-après désignées sont fixés ainsi qu'il suit :

À Oran, concess. perp., 150 fr. le mètre carré; — Concess. trenten. pouvant se renouveler, 60 fr. id. ; — Concess. temp. de quinze ans au plus et ne pouvant se renouveler, 15 fr. id.

A Mostaganem.—Concess. perp., 100 fr. id.;—Concess. trenten., 40 fr. id, ; — Concess. temp., 10 fr. id.

A Misserghin. — Bou Tlelis. — Bousfer. — Aïn el Turck. — Valmy. — Mangin. — Sidi Chami.—Arcole. — Arzew. — Saint-Leu. — Damesme. — Kléber. — Mefessour.— Sainte-Léonie. — Saint-Cloud. — Fleurus. — Assi ben Okba. — Assi bou Nif. — Assi Ameur.— Saint-Louis. — Ben Ferréab. — Auréa. — Karouba. — Mazagran. — Aïn Tedeles. — Sourk el Mitou.—Les Libérés. — Aïn bou Dinar. — Tounin. — Aboukir. — Bled Touaria. — Sidi Chérif. — Rivoli.—Aïn Nouissy. — La Stidia. — Pont du Chélif — Saint-Hippolyte. — Saint-André. — Négrier. — Bréa. — Mansourah. — Hennaya. — Saf Saf. — Concess. perp., 30 fr. le mètre carré ;—Concess. trenten., 12 fr. id. ;—Concess. temp., 5 fr. id.

A Mascara et Tlemcem. Concess. perp., 40 fr. le mètre carré ;—Concess. trenten., 15 fr. id. ;—Concess. temp., 5 fr. id.   Comte RANDON.

AG. —(Même date.) — *Id. dans la province de Constantine.*

Vu, etc.;

Art. 1. — Le tarif des concessions de terrain dans les cimetières européens des villes ci-après désignées, est fixé comme suit :

A Constantine. — Bône. — Philippeville. — Concess. perp., 100 fr. le mètre carré ;—Concess. trenten., 40 fr. id.;—Concess. temp., 10 fr. id.

A Guelma. — La Calle. — Bougie. — Sétif. — Concess. perp., 40 fr. le mètre carré ; — Concess. trenten., 15 fr. id. ; — Concess. temp., 5 fr. id.   Comte RANDON.

AG. — 28 mars-3 avril 1854. — B. 456. — *Id. dans la province de Constantine.*

Vu, etc.;

Art. 1. — Le tarif des concessions de terrain dans les cimetières européens des localités ci-après désignées est fixé ainsi qu'il suit :

Arrondissement de Constantine. — Condé.
Arrondissement de Bône. — Duzerville. — El Hadjar. — Bugeaud. — Barral. — Nechmeia. — Penthièvre. — Mondovi. — Héliopolis. — Millesimo. — Petit. — Galaat ben Sbia oued Touta.
Arrondissement de Philippeville. — Stora. — Valée. — Damrémont. — El Arrouch. — Saint-Charles.—Gastonville.—Robertville.—Concess. perp., 30 fr. le mètre carré ;—Concess. trenten., 12 fr. id. ;—Concess. temp., 5 fr. id.   Comte RANDON.

AM. — 13 mars-20 avril 1854. — B. 457. — *Cimetière de Kouba.*

Art. 1. — Le préfet du département d'Alger est autorisé à acquérir, au nom de l'administration et pour le compte du budget local et municipal, moyennant le prix de 500 fr. en capital, une parcelle de terrain de la contenance de 60 ares, dépendant d'une propriété appartenant au sieur Camps père, telle qu'elle est indiquée au plan susvisé, et destinée à l'établissement du cimetière européen, à Kouba.   VAILLANT.

AG. — 13-18 mai 1854. — B. 459. — *Tarif des concessions dans diverses localités du territoire militaire de la division d'Alger.*

Le tarif des concessions de terrains dans les cimetières européens des localités ci-après désignées, du territoire militaire de la division d'Alger, sont fixés ainsi qu'il suit :

A Dellys (subdiv. d'Alger) et Aumale (subdiv. d'Aumale). Concess. perp., 40 fr. le mètre carré ; — Concess. trenten., 15 fr. id. ; — Concess. temp., 5 fr. id.

A Marengo et Bourkika (subdiv. de Blidah) ; Boghar et Laghouat (subdiv. de Médéah) ; Aïn Bénian, Aïn Sultan et Teniet el Hâad (subdiv. de Milianah). — Concess. perp., 30 fr. le mètre carré ;—Concess. trenten., 12 fr. id. ; — Concess. temp., 5 fr. id.   Comte RANDON.

Instruction publique.

DIVISION.

§ 1. — Dispositions générales.
§ 2. — Lycée d'Alger.
§ 3. — Écoles militaires.
§ 5. — École des arts et métiers.
§ 6. — Écoles musulmanes.

§ 1. — DISPOSITIONS GÉNÉRALES.

AM. — 30 déc. 1853-2 fév. 1854. — B. 452. — *Traitement des instituteurs.*

Art. 1. — A partir du 1er janv. 1854, le traitement des instituteurs et institutrices publics établis dans des localités de l'Algérie non érigées en communes, est fixé ainsi qu'il suit : — Instituteurs, 1,200 fr.; institutrices, 1,000 fr. — Ils cumuleront avec ce traitement le produit de la rétribution scolaire fixée à 2 fr. par élève et par mois. — Cette rétribution sera perçue directement par les ayants droit.

Pour les écoles gratuites tenues par des personnes appartenant à des congrégations religieuses, les traitements des frères et sœurs chargés de l'enseignement seront fixés par des traités spéciaux passés avec les supérieurs des communautés et approuvés par le ministre de la guerre.

Art. 2. — A la fin de chaque année, le préfet, pour le territoire civil, et le commandant de la division, pour le territoire militaire, fixent, sur l'avis de l'inspecteur de l'enseignement primaire, le nombre maximum des enfants qui pourront être admis gratuitement dans chaque école publique pendant le cours de l'année suivante.—La désignation des enfants à recevoir gratuitement est faite dans chaque localité par le maire ou celui qui en remplit les fonctions, de concert avec les ministres des différents cultes. Cette liste ainsi dressée est arrêtée par le préfet ou par le commandant de la division.

Art. 3. — Le traitement fixe des instituteurs et institutrices publics, désignés dans l'art. 1, sera acquitté par douzièmes sur les fonds de la caisse locale et municipale, sauf abandon à ladite caisse du crédit porté annuellement au budget de l'État pour l'enseignement primaire en Algérie.

Art. 4. — Dans les localités érigées en communes, le traitement des instituteurs et institutrices est fixé par le conseil municipal, sauf approbation de l'autorité supérieure. — Ce traitement est exclusivement à la charge du budget communal.

Art. 5. — La décision ministérielle du 15 nov. 1844 est rapportée.—(Cette décision, relative au traitement des instituteurs et institutrices en Algérie, n'a pas été publiée au bulletin officiel.)
Le ministre de l'instruction publique et des cultes, H. FORTOUL.
Le ministre de la guerre, A. DE SAINT-ARNAUD.

AM. — 1er-18 juin 1855. — B. 481. — *Prix pour un dictionnaire arabe.*

Vu l'arrêté du 29 nov. 1852 ;
Considérant qu'il résulte des délibérations de la commission instituée à l'effet de prononcer sur le mérite des ouvrages présentés au concours,

qu'aucun des auteurs n'a satisfait d'une manière suffisante au programme.

Art. 1. — Les deux prix de 5,000 fr. institués par l'arrêté du 29 nov. 1852, en faveur de l'auteur ou des auteurs des deux meilleurs dictionnaires français-arabe et arabe-français, sont maintenus.

Art. 2. — Un nouveau délai de trois ans est accordé, et les auteurs qui voudront concourir pour l'obtention de ces prix devront envoyer leurs ouvrages au gouverneur général de l'Algérie, le 30 juin 1858 au plus tard.

Art. 3. — Les autres dispositions de l'arrêté du 29 nov. 1852 sont confirmées (Même programme que celui inséré au vol. I⁰ʳ, p. 301).

VAILLANT.

§ 2. — LYCÉE D'ALGER.

AM. — 17 oct.-10 nov. 1853. — B. 446. — *Examen des candidats à des bourses* (1).

Vu les arrêtés des 16 août et 21 sept. 1818,

portant, entre autres dispositions, création de bourses de l'État dans le lycée d'Alger (vol. I⁰ʳ, p. 330 et 361); — Vu le décret du 7 fév. 1852, portant règlement pour la collation des bourses dans les lycées et collèges; — Vu les arrêtés des 9 fév. et 21 mai 1853;

Art. 1. — Les candidats aux bourses impériales dans le lycée d'Alger devront justifier désormais, par un examen préalable, subi devant une commission départementale, conformément aux programmes établis par l'arrêté du 21 mai 1853, ci-dessus visé, qu'ils sont en état de suivre la classe correspondante à leur âge. — Ledit examen ne sera pas obligatoire pour les candidats aux bourses spécialement affectées aux indigènes.

H. FORTOUL.

§ 3. — ÉCOLES MILITAIRES.

V. MONITEUR ALGÉRIEN du 30 janv. 1854, n° 1311. — *Instruction et programme pour l'admission à l'école militaire de Saint-Cyr en*

---

(1) *Note indicative des conditions et des formalités à remplir pour l'obtention d'une bourse impériale dans le lycée d'Alger, en exécution du décret du 7 janv. 1852 et des arrêtés du 9 dudit mois, du 21 mai et du 17 oct. 1853.*

'Alger, le 20 janv. 1854.

1. *Des différentes natures de bourses.* — Les bourses fondées aux frais de l'État, dans le lycée d'Alger, sont la récompense de services rendus en Algérie, préférablement à tous autres. — Les services militaires sont constatés par des états dûment certifiés; les services civils, par les préfets ou par les ministres compétents. — La désignation des élèves boursiers appartient pour les deux tiers au ministre de la guerre; les demandes lui sont adressées par l'intermédiaire du gouverneur général. — Le ministre de l'Instruction publique reçoit directement les pétitions relatives aux bourses réservées à son département.

2. *Commissions d'examen.* — Les candidats aux bourses impériales doivent justifier, par un examen préalable, qu'ils sont en état de suivre la classe correspondante à leur âge. — Les candidats examinés ne peuvent obtenir une bourse qu'autant qu'ils ont mérité, dans les résultats comparés des deux épreuves, au moins la moyenne cinq. Le chiffre dix exprime la note la plus favorable. — La commission chargée d'interroger les candidats se réunit, à la préfecture de chaque département, du 1ᵉʳ au 15 avr. et du 1ᵉʳ au 15 juill. — Le résultat de l'examen est valable pour les candidats aussi longtemps qu'ils appartiennent par leur âge à la catégorie dans laquelle ils ont été examinés.

3. *Formalités et conditions à remplir pour l'examen.* — Les familles des candidats doivent les faire inscrire, du 15 au 30 mars ou du 15 au 30 juin, au secrétariat de la préfecture du département de leur résidence ou de la résidence de leurs enfants. — Pour être admis à l'examen, les candidats doivent avoir neuf ans accomplis et moins de dix-sept ans. — Lors de l'inscription pour l'examen, les familles des candidats doivent produire : — 1° L'acte de naissance de l'enfant; — 2° Un certificat de bonne conduite délivré par le chef de l'établissement où le candidat a commencé ses études, s'il a déjà suivi des cours primaires ou secondaires.

4. *Programme des examens.* — Les candidats sont réunis pour l'examen de la manière suivante : — Les candidats ayant neuf ans accomplis et moins de onze ans, au 1ᵉʳ oct. de l'année où l'examen est subi; — Les candidats ayant onze ans accomplis et moins de douze ans; — Les candidats ayant douze ans accomplis et moins de treize ans; — Les candidats ayant treize ans accomplis et moins de quatorze ans; — Les candidats ayant quatorze ans accomplis et moins de dix-sept ans; — Chaque série de candidats aura à subir une épreuve écrite et une épreuve orale. — Ces épreuves consistent :

Pour la 1ʳᵉ série. — *Epreuve écrite :* Exercices d'orthographe française sur les noms, les adjectifs et les verbes. — *Epreuve orale :* Une lecture à haute voix; interrogations sur la grammaire française (noms, adjectifs

et verbes), sur la pratique des quatre règles (nombres entiers), sur l'histoire sainte (jusqu'à la mort de Salomon), sur la géographie (définitions, divisions principales du globe et de l'Europe), une explication d'une fable de Fénelon.

Pour la 2ᵉ série. — *Epreuve écrite :* Exercices de déclinaisons et de conjugaisons latines. — *Epreuve orale :* Une lecture à haute voix; interrogations sur la grammaire française, sur la grammaire latine (déclinaisons et conjugaisons), sur le système légal des poids et mesures, sur l'histoire sainte, sur la géographie de la France; une explication d'un passage choisi dans les vingt premiers chapitres de l'*Epitome historiæ sacræ.*

Pour la 3ᵉ série. — *Epreuve écrite :* Une version latine de la force de la classe de sixième. — *Epreuve orale :* Interrogations sur la grammaire française, sur la grammaire latine (syntaxe, premières règles de la méthode), sur la grammaire grecque (déclinaisons), sur les éléments d'histoire et de géographie ancienne; sur l'histoire de France (1ʳᵉ race), et sur la géographie correspondante; exercices de calcul au tableau; explication d'un passage tiré du *De viris illustribus urbis Romæ.*

Pour la 4ᵉ série. — *Epreuve écrite :* Une version latine de la force de la classe de cinquième. — *Epreuve orale :* Interrogations sur la grammaire française, sur la grammaire latine, sur la grammaire grecque (déclinaisons et conjugaisons), sur l'histoire de France (jusqu'au règne de François Iᵉʳ) et sur la géographie correspondante, sur la géographie physique de la France; exercices de calcul au tableau; une explication d'un passage tiré du *Selecta è profanis scriptoribus historiæ,* et des fables d'Esope.

Pour la 5ᵉ série. — *Epreuve écrite :* Une version latine de la force de la classe de quatrième. — *Epreuve orale :* Interrogations sur les grammaires française, latine et grecque, sur la prosodie latine, sur l'histoire et la géographie de la France, sur les éléments de l'arithmétique et de la géométrie plane; une explication d'un passage tiré des Métamorphoses d'Ovide et de la Cyropédie de Xénophon.

5. *Formalités à remplir pour les demandes en concession de bourse.* — Les familles des candidats aux bourses impériales doivent envoyer au ministre de l'Instruction publique, ou au ministre de la guerre, par l'intermédiaire du gouverneur général, à l'appui de leur demande en concession de bourse : — 1° L'acte de naissance de l'enfant; — 2° Le certificat de bonne conduite délivré par le chef de l'établissement où le candidat a commencé ses études, s'il a déjà suivi des cours primaires ou secondaires; — 3° Un extrait de la liste des admissibles, délivré au secrétariat de la préfecture, constatant le nombre de points obtenu par le candidat; — 4° Une note détaillée ou un état dûment certifié des services sur lesquels la demande est fondée; — 5° Un bulletin indicatif du montant annuel de leurs ressources de toute nature, ainsi que du nombre et de l'âge de leurs enfants, et des charges quelconques qu'elles ont à supporter. Cet état doit être certifié par le préfet du département.

1854, — et *Moniteur algérien du 5 avril 1851, n° 1324. Instruction et programme pour l'admission au prytanée militaire en 1854.*

§ 5. — ÉCOLE DES ARTS ET MÉTIERS.

V. ARTS ET MÉTIERS.

§ 6. — ÉCOLES MUSULMANES.

AM. — 17 janv.-8 fév. 1855. — B. 475. — *La Medressa de Médéah est transférée à Blidah.*

Interprètes militaires.

DI. — 4 fév.-10 mars 1854. — B. 454. — *Nouvelle organisation des interprètes militaires* (1).

Art. 1. — Le corps des interprètes de l'armée d'Algérie se compose d'interprètes titulaires et d'interprètes auxiliaires.

INTERPRÈTES.

TITRE I. — *Des interprètes titulaires.*

Art. 2. — Le cadre des interprètes titulaires comprend : — 5 interprètes principaux; — 8 interprètes de 1re classe; — 12 interprètes de 2e classe; — 15 interprètes de 3e classe. — Total, 40.

Art. 3. — A l'avenir, nul ne pourra entrer dans le cadre des interprètes titulaires de l'armée, s'il n'est Français ou naturalisé Français, et s'il n'a satisfait à la loi du recrutement. — Les interprètes titulaires sont nommés par nous, sur la proposition de notre ministre secrétaire d'État au département de la guerre.

Art. 4. — Les interprètes titulaires de 3e classe sont choisis parmi les interprètes auxiliaires de 1re classe et, exceptionnellement, parmi les candidats qui, après avoir satisfait aux épreuves auxquelles sont soumis les interprètes de 3e classe, seraient proposés par la commission instituée par l'art. 6 ci-après.

Art. 5. — L'avancement a lieu, en totalité, au choix, dans l'ordre des grades et des classes.

---

(1) *Rapport à l'empereur.*

Sire, j'ai l'honneur de soumettre à la signature de Votre Majesté un projet de décret destiné à organiser, sur des bases définitives et plus régulières, le corps des interprètes de l'armée d'Algérie, dont les services, je me plais à leur rendre cette justice, ont été constamment, depuis plusieurs années, à la hauteur de la mission difficile qui leur a été dévolue. — La position de ces agents utiles n'a pas été, jusqu'à ce jour, entourée des garanties qu'il convient d'assurer aux serviteurs de l'État; il appartenait au gouvernement de Votre Majesté de combler une lacune préjudiciable aux intérêts d'un corps qui est l'auxiliaire intelligent et dévoué de l'armée d'Algérie et du gouvernement des Arabes.

Tel est, sire, le but du projet de décret ci-annexé. — Ce projet divise le corps des interprètes en deux catégories distinctes : celle des interprètes titulaires, dont le cadre est fixé, comme précédemment, à quarante, répartis en quatre classes, et celle des interprètes auxiliaires, répartis eux-mêmes en deux classes, et dont le nombre sera déterminé chaque année, suivant les besoins du service. — Les postes les plus importants sont réservés aux premiers, la position des interprètes auxiliaires ne devant être considérée que comme un stage qui leur permettra de se perfectionner par la pratique.

Jusqu'à ce jour, et en présence de la pénurie des candidats ayant reçu une éducation française suffisante, et connaissant la langue arabe et les coutumes du pays, mon département s'était vu dans la nécessité de maintenir l'organisation des interprètes de l'armée d'Algérie à l'état d'essai, en quelque sorte, et d'admettre dans ce corps des étrangers et des indigènes. — Mais actuellement les mêmes motifs n'existent plus. Le nombre des personnes qui se livrent à l'étude de la langue arabe augmente; d'autre part, beaucoup d'officiers de l'armée se sont initiés à la connaissance de l'arabe parlé, et peuvent traiter directement avec les indigènes les détails courants du service. Le concours des interprètes n'est plus indispensable, sur un certain nombre de points de l'Algérie, que pour la traduction des pièces et pour les affaires importantes où le chef politique a besoin d'avoir pour intermédiaire un agent possédant à fond la langue arabe. Ces circonstances nouvelles permettent de réserver aux seuls Français ou naturalisés Français les emplois d'interprètes titulaires, les étrangers et les indigènes devant continuer à être admis comme interprètes auxiliaires.

Les fonctions de l'interprétation, en rendant un agent l'intermédiaire obligé de mesures politiques ou de plans d'opérations militaires, exigent naturellement qu'elles ne soient accordées qu'à des nationaux et à des hommes sur la fidélité et la discrétion desquels on puisse compter. C'est à ce titre que j'ai cru devoir proposer à Votre Majesté de soumettre les interprètes de l'armée à un serment spécial.

Aux termes du projet, nul ne peut entrer dans le corps des interprètes de l'armée que par le concours. Ce concours a lieu devant une commission d'examen dont un arrêté ministériel détermine la composition. Nul interprète ne peut passer d'un grade à un autre qu'après deux années de service dans le grade inférieur, sur la présentation de cette commission, et lorsque, d'ailleurs, les notes de l'inspection générale viennent prouver que le candidat est méritant sous tous les autres rapports. Cette mesure est une garantie et pour le corps des interprètes et pour le gouvernement, puisqu'en excluant toute faveur elle récompense le seul mérite.

Toutefois, sire, une exception m'a paru devoir être apportée à ce principe, en faveur des interprètes de l'armée qu'une action d'éclat, des services exceptionnels, recommanderaient particulièrement à la bienveillance du gouvernement. Dans ce cas, et sur un rapport spécial du gouverneur général, constatant ces services, il peut être dérogé à la règle posée ci-dessus.

En principe, aucun interprète ne peut être admis que dans la catégorie des interprètes auxiliaires; cependant, ici encore, j'ai l'honneur de proposer à Votre Majesté une exception en faveur des candidats qui justifieraient, devant la commission d'examen, de connaissances tellement hors ligne qu'elles paraîtraient à cette commission de nature à justifier leur admission dans la dernière classe des interprètes titulaires. — L'intérêt qu'a le gouvernement à ouvrir la carrière de l'interprétation à des candidats qui auraient acquis, en dehors de la classe des interprètes auxiliaires, des connaissances exceptionnelles, m'a paru devoir dicter cette mesure.

En relevant la condition des interprètes titulaires de l'armée d'Algérie, le projet leur accorde deux garanties principales : ils sont nommés par Votre Majesté, comme cela a lieu pour les interprètes judiciaires dont les fonctions ne sont ni plus utiles ni plus importantes que les leurs; ils ne peuvent être révoqués que d'après l'avis de la commission d'examen, convoquée par le gouverneur général, constituée en conseil d'enquête, et procédant conformément à l'ordonnance du 21 mai 1836. — Les mêmes garanties ne pouvaient pas être attribuées aux interprètes auxiliaires. Leur nombre est indéterminé; il est fixé, par le ministre de la guerre, selon les besoins du service; enfin il est nommé à ces emplois, d'après le tableau arrêté par la commission d'examen, par le ministre de la guerre, ou en vertu de sa délégation, par le gouverneur général.

L'art. 16 me laisse le soin de déterminer l'uniforme des interprètes de l'armée, et de régler le programme des examens auxquels ils sont soumis. — Enfin, sire, le tableau annexé au décret ci-joint fixe, conformément à ce qui est actuellement en vigueur, la solde des interprètes ainsi que les accessoires auxquels ils ont droit.

Telles sont les principales dispositions que j'ai l'honneur de soumettre à l'approbation de Votre Majesté, pour organiser, d'une manière définitive, le corps des interprètes de l'armée d'Algérie. Je me propose, de mon côté, de prendre, en faveur de ces agents, diverses mesures de détail qui amélioreront leur position, et témoigneront ainsi du prix que le gouvernement attache à leurs services.

Le ministre de la guerre, A. de SAINT-ARNAUD.

— Nul ne peut être nommé à une classe supérieure, s'il n'a servi deux ans au moins dans la classe immédiatement inférieure, et s'il n'a été porté au tableau d'avancement. — Nul ne peut être nommé interprète principal, s'il n'a servi pendant trois ans comme interprète de 1re classe, et s'il n'a été inscrit au tableau d'avancement.

Art. 6. — Une commission d'examen, composée ainsi qu'il sera réglé par notre ministre secrétaire d'État de la guerre, se réunira à Alger, Oran et Constantine, tous les deux ans, à l'époque des inspections générales, pour dresser le tableau d'avancement des interprètes titulaires. — Ce tableau, arrêté définitivement par le gouverneur général, sera transmis à notre ministre secrétaire d'État de la guerre, et devra reproduire textuellement les notes données par les officiers généraux commandant les divisions et subdivisions dans lesquelles ils sont employés.

Art. 7. — Le temps exigé pour passer d'un grade ou d'une classe à une autre (article 5) ne sera pas obligatoire dans le cas d'une proposition spéciale du gouverneur général, basée sur des services extraordinaires constatés par un rapport circonstancié.

Art. 8. — Les interprètes titulaires qui justifieront des connaissances spéciales suffisantes, pourront être admis, après quatre années d'exercice à titre de récompense des services qu'ils auront rendus, à concourir pour des emplois dans l'administration civile.

Art. 9. — Nul interprète titulaire ne peut être révoqué que d'après l'avis de la commission d'examen des interprètes de l'armée, convoquée par le gouverneur général et constituée en conseil d'enquête. — Cette commission, à laquelle seront adjoints deux interprètes du même grade que celui de l'interprète qui sera l'objet de l'enquête, procédera conformément aux dispositions des art. 10, 11, 13, 14, 17, 18 (§§ 1, 2, 3 et 4), 19, 20 et 21 de l'ord. du 21 mai 1836.

TIT. 2. — *Des interprètes auxiliaires.*

Art. 10. — Le nombre des interprètes auxiliaires est fixé par notre ministre secrétaire d'État de la guerre, suivant les besoins du service.

Art. 11. — Les interprètes auxiliaires sont divisés en deux classes; ils sont nommés par notre ministre secrétaire d'État de la guerre, ou, en vertu de sa délégation, par le gouverneur général de l'Algérie.

Art. 12. — Nul ne peut être admis en qualité d'interprète auxiliaire de 2e classe, s'il n'est présenté par la commission d'examen, et s'il ne satisfait aux conditions suivantes : — 1° Justifier d'une moralité irréprochable; — 2° Être âgé de 18 ans révolus. — L'avancement à la 1re classe a lieu ainsi qu'il est déterminé par les art. 5 et 7 ci-dessus.

Art. 13. — Les interprètes auxiliaires peuvent être licenciés lorsque leur concours n'est plus nécessaire, ou révoqués pour motif de discipline, par le gouverneur général, sous l'approbation du ministre secrétaire d'État de la guerre.

TIT. 3. — *Dispositions générales.*

Art. 14. — Avant d'entrer en fonctions, les interprètes titulaires ou auxiliaires sont tenus de prêter, entre les mains du général commandant la division, ou de l'officier général ou supérieur qu'il aura délégué à cet effet, le serment dont la teneur suit : « Je jure obéissance à la constitution et fidélité à l'empereur; je jure également d'interpréter fidèlement les pièces ou discours que je serai chargé de traduire, et d'en garder le secret. »

Art. 15. — La solde et les accessoires de solde, ainsi que les diverses prestations en nature auxquelles ont droit les interprètes titulaires et auxiliaires, sont déterminés par le tableau annexé au présent décret.

Art. 16. — Des arrêtés de notre ministre secrétaire d'État de la guerre régleront l'uniforme des interprètes de l'armée et le programme des examens auxquels ils seront soumis.

Art. 17. — Sont abrogés les arrêtés ministériels des 3 nov. 1845, 30 mai 1846 et 17 février 1848 (vol. 1er, p. 370). NAPOLÉON.

Tarif de la solde des interprètes.

GRADES.	SOLDE DE PRÉSENCE, par an. (fr.)	par mois. (fr. c.)	par jour. (fr. c.)	SOLDE D'ABSENCE PAR JOUR, en semestre ou en congé. (fr. c.)	à l'hôpital. (fr. c.)	à l'hôpital étant en congé. (fr. c.)	en captivité. (fr. c.)
Interprète principal	4,000	333 33	11 11	5 55	8 11	2 55	5 55
Interprète de 1re classe	3,000	250 00	8 33	4 16	6 33	1 65	4 16
Interprète de 2e classe	2,400	200 00	6 66	3 33	5 16	1 55	3 33
Interprète de 3e classe	1,800	150 00	5 00	2 50	3 50	1 00	2 50
Interprète auxiliaire de 1re classe	1,500	125 00	4 16	2 08	2 91	0 85	2 08
Interprète auxiliaire de 2e classe	1,200	100 00	3 33	1 66	2 08	0 66	1 66

Indemnités mensuelles aux interprètes.

GRADES.	Logement. (fr.)	Ameublement. (fr.)	NOMBRE de rations (par j.) Chauffage.	Fourrages.	Vivres.
Interprète principal	60	25	4	2	3
Interprète de 1re cl.	35	15	4	1	2
Interprète de 2e cl.	25	15	4	1	2
Interprète de 3e cl.	25	15	4	1	2
Interprètes auxiliaires (1re et 2e cl.)	25	17	4	1(1)	2

(1) *Observation.* La ration de fourrages n'est allouée aux interprètes auxiliaires que lorsque les besoins du service, sur un ordre du gouverneur général, les obligent à être montés.

NAPOLÉON.

AM. — (Même date.) — *Commission et programme d'examen.*

Art. 1. — La commission d'examen des interprètes de l'armée sera composée des membres ci-après désignés :

Pour la division d'Alger. — 1° Le chef de l'état-major général, président; — 2° Le chef du bureau politique des affaires arabes; — 3° Un interprète principal à la désignation du gouverneur général; — 4° Un officier d'état-major du grade de capitaine, id. — 5° Le professeur d'arabe à la chaire d'Alger, rapporteur. — *Pour les divisions d'Oran et de Constantine :* — 1° Un officier général, à la désignation du gouverneur général, président; — 2° Le directeur des affaires arabes de la division; — 3° Un interprète principal, à la désignation du gouverneur général. — 4° Un officier d'état-major du grade de capitaine, id.; — 5° Le professeur d'arabe à la chaire d'Alger, rapporteur.

Art. 2. — Le programme pour l'examen des interprètes titulaires et auxiliaires comprendra les matières suivantes : — 1° Interprétation orale en français ou en arabe sur les points du service en général; — 2° Lecture et traduction orale et par écrit d'arabe en français; — 3° Traduction écrite de français en arabe; — 4° Notions générales de géographie et d'histoire de l'Afrique septentrionale et éléments de la jurisprudence musulmane; — 5° Questions relatives à l'étude de la langue française. — Il sera tenu compte aux interprètes de la connaissance qu'ils auraient d'autres langues étrangères. — La commission d'examen déterminera à l'avance les pièces qui serviront aux épreuves et graduera les difficultés en raison de la différence des classes.

Art. 3. — Les interprètes qui se rendront au chef-lieu de la division pour y subir les examens recevront une indemnité de déplacement pour chaque jour d'absence de leur poste.

Cette indemnité sera ultérieurement fixée sur la proposition du gouverneur général.

A. DE SAINT-ARNAUD.

AM. — 5 fév. 1854. V. FONCTIONNAIRES, § 3, uniformes des interprètes militaires.

J

Justice.

SECTION I.

Organisation judiciaire.

§ 1. — DISPOSITIONS GÉNÉRALES.

DI. — 19 août-22 nov. 1854. — B. 470. — *Extension de la compétence des juges de paix. — Institution de cours d'assises.*

TIT. 1. — *Des juges de paix à compétence étendue.*

Art. 1. — La compétence des juges de paix peut être étendue, par décret impérial, dans les localités où cette extension est jugée nécessaire.

Art. 2. — Les juges de paix à compétence étendue connaissent de toutes actions personnelles et mobilières, en matières civile et commerciale, en dernier ressort, jusqu'à la valeur de 500 fr., et en premier ressort seulement jusqu'à celle de 1000 fr. — Ils exercent, en outre, les fonctions des présidents des tribunaux de première instance, comme juges de référé, en toutes matières, et peuvent, comme eux, ordonner toutes mesures conservatoires. — En matière correctionnelle, ils connaissent : 1° de toutes les contraventions de la compétence des tribunaux correctionnels qui sont commises ou constatées dans leur ressort; 2° des infractions aux lois sur la chasse; 3° de tous les délits n'emportant pas une peine supérieure à celle de six mois d'emprisonnement ou de 500 fr. d'amende. — Un officier de police désigné par le procureur général remplit auprès du juge de paix les fonctions du ministère public.

TIT. 2. — *De l'appel des jugements de police correctionnelle.*

Art. 3. — Les appels des jugements rendus en police correctionnelle par les tribunaux de première instance sont portés à la cour impériale. — Les appels des jugements rendus en matière correctionnelle par les juges de paix sont portés au tribunal dans la circonscription duquel est située la justice de paix. — L'appel est interjeté conformément aux art. 202, 203, 204 et 205 du code d'instruction criminelle.

TIT. 3. — *Des cours d'assises.*

Art. 4. — Les cours d'assises connaissent de tous les faits qualifiés crimes par la loi. — Elles jugent sans l'assistance de jurés.

Art. 5. — La tenue des assises a lieu tous les quatre mois dans chacun des chefs-lieux d'arrondissement de l'Algérie où est établi un tribunal de première instance. — Toutefois, notre garde des sceaux, ministre de la justice, peut ordonner que la cour d'assises siégera dans un lieu autre que celui où elle siége habituellement. Il peut également ordonner la tenue d'assises extraordinaires.

Art. 6. — La cour d'assises se compose : — A Alger : 1° de cinq conseillers de la cour impériale, dont l'un remplit les fonctions de président; 2° du greffier de la cour impériale, ou de l'un de ses commis assermentés. — Dans les autres arrondissements : 1° de trois conseillers à la cour impériale, dont l'un remplit les fonctions de président; 2° de deux magistrats pris parmi les présidents ou juges composant le tribunal de première instance dans la circonscription duquel siége la cour d'assises; 3° du greffier du tribunal ou de l'un de ses commis assermentés. — Les fonctions du ministère public sont remplies, auprès de chaque cour d'assises, par le procureur général près la cour impériale ou par l'un de ses substituts.

Art. 7. — Notre garde des sceaux, ministre secrétaire d'État au département de la justice, nomme, pour chaque session d'assises, le conseiller président, et les conseillers assesseurs. — Les président et juges du tribunal de première instance sont appelés dans l'ordre du tableau. — Le juge d'instruction peut être membre de la cour d'assises. — Les mêmes président et conseillers assesseurs sont désignés pour chaque département. Ces magistrats se transportent successivement dans les divers arrondissements pour y exercer leurs fonctions.

Art. 8. — La nomination du président des assises et des conseillers assesseurs doit être faite quatre mois au moins avant l'ouverture de chaque session; à défaut, il y est procédé par le procureur général. — La nomination est déclarée par une ordonnance du procureur général, qui fixe l'époque de l'ouverture des assises, et qui est publiée deux mois au moins avant cette ouverture.

Art. 9. — En cas d'empêchement du président des assises, il est remplacé par l'un des conseillers assesseurs. — En cas d'absence ou d'empêchement des conseillers assesseurs, constaté avant l'ouverture des assises dans un département, ils sont remplacés par ordonnance du procureur général. — Dans les autres cas où l'un des membres de la cour d'assises est empêché, le président appelle pour le remplacer l'un des magistrats du siège pris dans l'ordre du tableau.

Art. 10. — Si une session extraordinaire d'assises est ordonnée, le président et les conseillers assesseurs de la dernière session sont de droit président et membres de la cour. En cas d'empêchement, ils sont remplacés à l'instant où la nécessité des assises extraordinaires est connue. — Le remplacement est fait par le procureur général. — Une ordonnance de ce magistrat détermine l'époque de l'ouverture de cette session extraordinaire.

Art. 11. — Les cours d'assises prononcent à la majorité, et par des dispositions distinctes, — Sur chaque chef d'accusation, — Sur les circonstances aggravantes, — Sur les circonstances atténuantes, — Et sur l'application de la peine. — Les arrêts sont rendus par cinq juges.

Art. 12. — Les dispositions du chapitre 3 de la loi du 20 avr. et du titre 2 du décret du 6 juill. 1810, relatives à l'ouverture, à la tenue et à la clôture des assises, les chapitres du code d'instruction criminelle relatifs, 1° à la formation des cours d'assises, 2° à la procédure devant la cour d'assises, 3° enfin à l'examen, au jugement et à l'exécution, sont applicables, en Algérie, dans tout ce qui n'est pas contraire au présent décret et aux dispositions des lois et ordonnances antérieures non abrogées par ledit décret.

Dispositions transitoires.

Art. 13. — Les cours d'assises instituées par le présent décret entreront en fonctions à partir du 1er janvier 1855. — Jusqu'à cette époque, les juridictions actuellement existantes continueront à connaître des affaires criminelles qui leur seront renvoyées. — Pour la première session d'assises, dans chaque département, les nominations des présidents et des conseillers assesseurs devront être faites deux mois au moins avant l'ouverture de la session. — Dans le mois qui suivra ces nominations, les époques de la tenue des assises dans toute l'Algérie seront fixées par un arrêté du procureur général. — Cet arrêté sera envoyé à tous les tribunaux de première instance. — Lecture en sera faite dans les trois jours de sa réception à l'audience publique, sur la réquisition du procureur impérial; il sera publié dans les journaux et affiché dans tous les chefs-lieux d'arrondissement et siéges des tribunaux de première instance.

NAPOLÉON.

DI. — 1er nov.-8 déc. 1854. — B. 171. — *Cours d'assises. — Indemnité aux conseillers délégués.*

Vu le décret du 10 août dernier, art. 5, 6, 7 et 13;

Considérant qu'il importe de fixer le supplément de traitement qui doit être alloué aux magistrats délégués et qu'il convient de prendre pour base le nombre des arrondissements compris dans chaque département, la durée moyenne des assises et la population des villes où elles se tiennent; — Considérant que les frais extraordinaires de voyage et de séjour auxquels sont assujettis les magistrats appelés à présider ou composer les cours d'assises, sont les mêmes pour tous; — Sur le rapport de notre garde des sceaux, ministre secrétaire d'État au département de la Justice;

Art. 1. — Les conseillers délégués pour présider ou composer les cours d'assises ordinaires en Algérie, en dehors de l'arrondissement d'Alger, recevront chacun un supplément de traitement qui est fixé comme suit, savoir: — 1° A 500 fr. pour le département de Constantine; — 2° A 300 fr. pour le département d'Oran; — 3° A 150 fr. pour l'arrondissement de Blidah.

Art. 2. — Les mêmes magistrats appelés à présider et composer une cour d'assises extraordinaire recevront chacun une indemnité de 15 fr. par jour, pendant la durée de l'assise.

Art. 3. — Le procureur général près la cour impériale ou son substitut qui ira remplir les fonctions de ministère public dans une cour d'assises de l'Algérie aura droit aux mêmes suppléments de traitement et indemnité, selon les distinctions précédentes; — Si son séjour ne s'étend pas à toute la durée de la session, il aura droit seulement à une indemnité de 15 fr. par jour.

NAPOLÉON.

DI. — 15 nov. 1854. — (V. *sect. II, § 1*). — *Justices de paix auxquelles la compétence étendue est attribuée en exécution du décret du 10 août.*

DI. — 18 nov.-29 déc. 1854. — B. 172. — *Cours d'assises. — Logement des conseillers délégués.*

Vu notre décret du 10 août dernier; — Vu le décret du 27 fév. 1811;

Art. 1. — Dans toute commune de l'Algérie où se tiendront les assises, le président et les conseillers assesseurs seront logés, par les soins et aux frais de la commune, dans des appartements convenables et meublés.

NAPOLÉON.

DI — 18 juill.-8 août. 1855. — B. 484. — *Promulgation de la loi du 2 mai 1855 sur les justices de paix.* (V. *l'arrêté de promulgation,* v° *Contrainte par corps.*)

Loi du 2 mai 1855.

Art. 1. — L'art. 3 de la loi du 25 mai 1838, modifié par la loi du 20 mai 1854, est remplacé par la disposition suivante:

Art. 3. — Les juges de paix connaissent, sans appel, jusqu'à la valeur de 100 fr., et, à charge d'appel, à quelque valeur que la demande puisse s'élever, des actions en payement de loyers ou fermages, des congés, des demandes en résiliation de baux fondées sur le seul défaut de payement des loyers ou fermages, des expulsions de lieux et des demandes en validité de saisie-gagerie, le tout lorsque les locations verbales ou par écrit n'excèdent pas annuellement 400 fr.

Si le prix principal du bail consiste en denrées ou prestations en nature, appréciables d'après les mercuriales, l'évaluation sera faite sur celle du jour de l'échéance, lorsqu'il s'agira du payement des fermages. Dans tous les autres cas, elle aura lieu suivant les mercuriales du mois qui aura précédé la demande.

Si le prix principal du bail consiste en prestations en nature, appréciables d'après les mercuriales, ou s'il s'agit de baux à colons partiaires, le juge de paix déterminera la compétence, en prenant pour base du revenu de la propriété le principal de la contribution foncière de l'année courante, multiplié par cinq.

Art. 2. — L'art. 17 de la loi du 25 mai 1838 est modifié ainsi qu'il suit:

Art. 17. — Dans toutes les causes, excepté celles qui requièrent célérité et celles dans lesquelles le défenseur serait domicilié hors du canton ou des cantons de la même ville, il est interdit aux huissiers de donner une citation en justice, sans qu'au préalable le juge de paix n'ait appelé les parties devant lui, au moyen d'un avertissement sur papier non timbré, rédigé et délivré par le greffier, au nom et sous la surveillance du juge de paix, et expédié par la poste, sous bande simple, scellée du sceau de la justice de paix, avec affranchissement.

A cet effet, il sera tenu par le greffier un registre sur papier non timbré, constatant l'envoi et le résultat des avertissements ; ce registre sera coté et paraphé par le juge de paix. Le greffier recevra pour tout droit et par chaque avertissement, une rétribution de 25 cent., y compris l'affranchissement, qui sera, dans tous les cas, de 10 cent.

S'il y a conciliation, le juge de paix, sur la demande de l'une des parties, peut dresser procès-verbal des conditions de l'arrangement ; ce procès-verbal aura force d'obligation privée.

Dans les cas qui requièrent célérité, il ne sera remis de citation non précédée d'avertissement qu'en vertu d'une permission donnée, sans frais, par le juge de paix, sur l'original de l'exploit.

En cas d'infractions aux dispositions ci-dessus de la part de l'huissier, il supportera, sans répétition, les frais de l'exploit.

V. Douanes, 11 août 1853. Compétence en matière de délits et contraventions de douanes.

§ 2. — Ressort des tribunaux.

DI. — 7 mars-7 avr. 1855. — B. 477. — *Arrondissement de Blidah. — District de Cherchell.*

Vu le décret du 28 août 1854, par lequel le district de Cherchell a été distrait de la circonscription administrative d'Alger et réuni à celle de Blidah (1) ;

Art. 1. — Le district de Cherchell est distrait de l'arrondissement judiciaire d'Alger, et réuni à l'arrondissement judiciaire de Blidah.

NAPOLÉON.

V. *Infrà*, sect. II, § 1, Création de justices de paix et désignation des tribunaux dans le ressort desquels elles sont placées.

SECTION II.

Juridictions spéciales.

§ 1. — Justices de paix et leur ressort.

DI. — 7-29 déc. 1853. — B. 450. — *Création*

---

(1) Le décret visé est du 28 oct. 1854 et non du 28 août. V. *infrà* Ressorts civils, § 1.

de justices de paix à Sidi bel Abbès, Aumale et Bathna.

Art. 1. — Il est créé des justices de paix : — 1° A Sidi bel Abbès, ressortissant au tribunal civil d'Oran ; — 2° A Aumale, ressortissant au tribunal civil de Blidah ; — 3° A Bathna, ressortissant au tribunal civil de Constantine.

Art. 2. — La compétence et les attributions de ces justices de paix sont les mêmes que celles déterminées par l'arrêté du 12 déc. 1843 pour la justice de paix de Mostaganem.

Art. 3. — Le ressort de la justice de paix de Sidi bel Abbès comprendra tout le territoire déterminé par le décret du 20 mars 1852, conformément au plan y annexé. — Celui de la justice de paix d'Aumale s'étendra sur un rayon de 4,000 mètres autour du chef-lieu. — Celui de la justice de paix de Bathna s'étendra également sur un rayon de 4,000 mètres autour du chef-lieu et comprendra, en outre, le territoire de Lambèse. — Chacun de ces ressorts s'augmentera ultérieurement des territoires militaires qui seront réunis à celui sur lequel s'exercera leur juridiction respective. NAPOLÉON.

DI. — 29 avr. 1854-31 déc. 1855. — B. 490. — *Compétence en matière de crimes et délits dans le ressort des justices de paix.*

Vu les art. 4 et 42 de l'ord. du 26 sept. 1842 ; — Vu l'art. 2 du décret du 10 avr. 1851 (vol. Ier, p. 387 et 391) :

Art. 1. — En Algérie, dans le ressort des justices de paix qui existent ou qui seront créées en territoire militaire, la connaissance des crimes et délits commis par les indigènes continue d'appartenir aux conseils de guerre.

NAPOLÉON.

DI. — 24 juin-3 sept. 1854. — B. 465. — *Ressort de la justice de paix d'Aumale.*

Vu l'art. 1 du décret du 7 déc. 1853, portant création d'une justice de paix à Aumale (Algérie) ; — Considérant que la facilité des communications rattache cette ville à celle d'Alger ;

Art. 1. — La justice de paix établie à Aumale ressortira, ainsi que son territoire, au tribunal d'Alger. NAPOLÉON.

DI. — 21 oct.-22 nov. 1854. — B. 470. — *Création d'une justice de paix à Sétif.*

Art. 1. — Il est créé à Sétif une justice de paix, ressortissant au tribunal civil de Constantine, et dont la circonscription comprendra tout le territoire attribué au commissariat civil par l'arrêté du 12 septembre 1853.

NAPOLÉON.

DI. — 15 nov.-8 déc. 1854. — B. 471 — *Justices de paix à compétence étendue.*

Vu l'art. 1 du décret du 19 août 1854 ;

Art. 1. — La compétence étendue, telle qu'elle est déterminée par l'art. 2 du décret du 19 août 1854, est attribuée aux juges de paix de Médéah, Tenès, Aumale, Mostaganem, Tlemcen, Sidi bel Abbès, Guelma, Bathna et Sétif.

NAPOLÉON.

DI. — 23 avr.-30 mai 1855. — B. 480. — *Création de justices de paix à Mascara, Orléansville, Milianah et Bougie.*

Art. 1. — Sont créées des justices de paix : — 1° A Mascara, ressortissant au tribunal civil d'Oran ; — 2° A Orléansville, ressortissant au tribunal d'Alger ; — 3° A Milianah, ressortissant au tribunal de Blidah ; — 4° A Bougie, ressortissant au tribunal de Philippeville.

Art. 2. — La circonscription de chacune de ces justices de paix sera la même que celle du commissariat civil.

Art. 3. — La compétence étendue, telle qu'elle est déterminée par l'art. 2 du décret du 10 août 1854, est attribuée aux juges de paix des quatre localités ci-dessus désignées. NAPOLÉON.

DI. — 22 déc. 1855. — *Ressort de la justice de paix de Guelma.*

Vu les art. 5 et 7 du décret du 9 juill. 1849, portant institution d'une justice de paix à Guelma (vol. Ier, p. 391);

Vu le décret du 12 sept. 1853, qui a délimité la circonscription civile de l'arrond. de Bône (V. RESSORTS CIVILS, § 1);

____

(1) *Rapport à l'empereur.*

Paris, le 1er oct. 1854.

Sire, l'administration de la justice distributive, ce premier besoin des peuples, est liée, dans les pays musulmans, d'une manière plus étroite que chez les nations de l'Occident, à la constitution de la société elle-même. Aujourd'hui encore, malgré les diverses phases traversées par les populations arabes depuis treize siècles, le pouvoir politique, le pouvoir religieux et le pouvoir civil puisent leur consécration dans un même livre, le Coran.

Lorsqu'en 1830 la France prit possession de l'Algérie, elle se trouva en présence de ce livre, code religieux et civil à la fois des trois millions de sujets que la conquête nous donnait. Dès le premier jour, sous l'inspiration d'un sentiment élevé de tolérance, elle comprit la nécessité de ne pas toucher à une législation cimentée si fortement dans les mœurs et les croyances, qu'on ne pouvait tenter de la modifier sans porter atteinte au dogme et aux pratiques les plus essentielles du culte.

Les tribunaux musulmans furent donc maintenus avec la juridiction civile et criminelle qu'ils avaient avant la conquête. — Mais on ne tarda pas à reconnaître les graves dangers qu'il y avait à laisser s'exercer en dehors de notre action la justice criminelle, qui est une des plus importantes prérogatives de la souveraineté. Un premier arrêté du 16 août 1832 soumit les jugements correctionnels des cadis à l'appel devant la cour de justice, et les jugements criminels à l'appel devant le conseil d'administration. Après une expérience de plusieurs années, il fut démontré que nous ne pouvions nous contenter de surveiller et de reviser les actes de la justice musulmane au criminel; un progrès plus décisif fut accompli, et l'ordonnance du 28 fév. 1841 attribua aux tribunaux français la connaissance exclusive des crimes, délits et contraventions prévus par le code pénal.

La même ordonnance apporta une autre dérogation à l'état de choses antérieur; elle soumit à l'appel devant nos tribunaux les jugements en matière civile rendus par les cadis. Sur ce dernier objet, on dépassa le but. — Il est facile de concevoir, en effet, qu'étrangers à la langue, aux mœurs, à la législation arabe, notre surveillance sur les magistrats indigènes était à peu près illusoire. Plusieurs fois ils avaient profité de cette situation, soit pour dresser des actes irréguliers, soit pour détourner des dépôts, soit pour rendre des jugements contraires à tout principe d'équité.

On crut trouver un remède à ces abus en ouvrant aux parties, en matière civile, l'appel devant la cour. Mais le résultat ne répondit pas à ce qu'on attendait. — Combien de fois, en effet, n'a-t-on pas vu, surtout dans les localités éloignées du chef-lieu de la cour d'appel, des hommes riches condamnés par le cadi et par une instance à une composition arbitraire la partie adverse plus pauvre, en la menaçant d'un pourvoi et en lui faisant entrevoir les dépenses qu'entraîneraient le voyage, un séjour prolongé à Alger, et les nombreuses formalités de la juridiction française !

On se trompa donc; car, ce qu'il importait d'obtenir, c'était, non pas la substitution de nos tribunaux aux tribunaux indigènes, mais la moralisation de ces derniers par le choix de magistrats probes et éclairés, et par une surveillance constante et efficace. — Pour exercer utilement cette surveillance, il importait d'être initié à une législation souvent

Art. 1. — Le ressort de la justice de paix de Guelma comprend tout le territoire attribué par le décret du 20 oct. 1855 au commissariat civil de ce nom (V. *infrà*, Ressorts civils, § 1).

Art. 2. — Le surplus des territoires civils compris dans le décret du 12 sept. 1853, sauf toutefois celui qui compose le district ayant la Calle pour chef-lieu, est rattaché à la justice de paix de Bône. NAPOLÉON.

§ 4. — TRIBUNAUX MUSULMANS.

DI. — 1er-30 oct. 1854.' — B. 468. — *Nouvelle organisation de la justice musulmane* (1).

Art. 1. — La loi musulmane régit toutes les

en opposition avec la nôtre, embarrassée de commentaires confus, et complétement dépourvue de formules précises; il fallait, en outre, posséder la connaissance de la langue arabe. des mœurs et des habitudes des différentes classes de la population des villes et des tribus.

Ce qui me confirme dans l'opinion que j'ai l'honneur d'exposer à Votre Majesté, c'est que, depuis que la surveillance de la justice musulmane a été remise à l'autorité politique, des améliorations sensibles ont été réalisées dans ce service; les magistrats indigènes ne sont plus que très-rarement l'objet des plaintes des justiciables; des précautions ont été prises pour la conservation des jugements et des actes, et pour empêcher le détournement des dépôts; déjà même, sur plusieurs points, on a mis à exécution quelques-unes des mesures que je viens prier Votre Majesté d'étendre à toute l'Algérie.

Sans entrer dans le détail des dispositions successives qui ont modifié les juridictions musulmanes, il me suffira, avant d'exposer les bases du nouveau décret, de résumer en quelques mots l'état présent de la législation à cet égard. — 1° Les tribunaux indigènes n'ont actuellement aucune compétence en matière criminelle, correctionnelle ou de police. Les crimes, délits et contraventions sont du ressort des tribunaux français. — 2° En matière civile et commerciale, y compris les questions d'état, les tribunaux indigènes sont les seuls juges des contestations entre musulmans. — 3° L'appel des jugements rendus par les cadis est porté devant le medjlès, tribunal supérieur composé de muphtis, cadis et oulémas. En territoire civil, le jugement qui devrait être rendu en dernier ressort par le medjlès, peut cependant être attaqué devant la cour, tandis qu'en territoire militaire il est définitif.

Ce simple exposé permet de comprendre combien cet entrelacement des autorités judiciaires, administratives et militaires a dû engendrer de tiraillements, de difficultés et de conflits, combien il est difficile d'établir l'ordre au milieu de cette confusion d'attributions.

Le gouverneur général, frappé d'une semblable situation et désireux d'y porter remède, a chargé une commission spéciale de préparer un projet de décret sur l'organisation de la justice musulmane. C'est cette organisation qui a fait l'objet d'un examen approfondi de la part du comité consultatif de l'Algérie, que j'ai l'honneur de soumettre, sire, à votre approbation.

Je m'empresse d'abord de faire remarquer à Votre Majesté que ce projet ne porte aucune atteinte à la loi musulmane; il n'en est que l'application ou le commentaire. Il trace des règles écrites là où il n'y avait que des usages; il établit une homogénéité qui n'existait pas, il comble des lacunes; il organise, enfin, le personnel des tribunaux musulmans.

Le principe qui domine ce travail est celui de l'indépendance, en matière civile, de la justice musulmane vis-à-vis de la justice française, laquelle, en matière criminelle, demeure seule juge des crimes, délits et contraventions, quelle que soit la nationalité de l'inculpé. — Par conséquent, les tribunaux français continuent à connaître de tous les délits contre la sûreté de l'État, contre les personnes et contre les propriétés; les tribunaux indigènes restent, de leur côté, juges de toutes les questions d'état, de toutes les contestations civiles entre les musulmans.

Les ordonnances du 28 fév. 1841 et du 26 sept. 1842, il faut le reconnaître, avaient voulu tenter un rapproche-

conventions et toutes les contestations civiles et commerciales entre indigènes musulmans, ainsi que les questions d'état.

---

ment entre deux législations qui se heurtent à chaque pas, en érigeant la cour en une sorte de medjlès supérieur revisant, au point de vue d'un droit différent du nôtre, les sentences des tribunaux indigènes. J'ai fait connaître à Votre Majesté combien les conséquences de cette mesure avaient été en opposition avec le but que l'on s'était proposé. Les inconvénients sont nés du croisement des juridictions; en les séparant, les difficultés seront aplanies et le progrès deviendra plus facile.

Le décret que je soumets à Votre Majesté se divise en trois livres qui traitent, l'un de la *justice*, l'autre du *conseil de jurisprudence musulmane*, le troisième, enfin, de l'*administration judiciaire*. Indépendamment de ces trois livres, un titre préliminaire résume les dispositions de principe qui forment les bases du système d'organisation de la justice musulmane, formulée dans le reste du projet. Il détermine : — Les limites de la compétence générale de la justice musulmane; — Les règles d'après lesquelles la justice doit être administrée ; — La division du territoire en circonscriptions judiciaires musulmanes ; — L'autorité dont relève la justice indigène.

Le tit. 1 du liv. 1 constitue la justice musulmane à ses divers degrés. — Il dispose que le territoire de l'Algérie tout entier sera divisé, par arrêté du gouverneur général, en circonscriptions judiciaires formant le ressort d'autant de tribunaux de cadis; un certain nombre de ces circonscriptions constituera le ressort du medjlès ou tribunal d'appel.

Le tit. 2 règle la composition des tribunaux des cadis, ainsi que celle des medjlès. — Les cadis des chefs-lieux de divisions et de subdivisions, de préfectures et de sous-préfectures, les membres des medjlès établis dans ces mêmes localités sont à la nomination du ministre de la guerre. Le gouverneur général pourvoit directement à la nomination des cadis et des membres des medjlès des autres résidences. — Le tit. 2 prévoit comment doivent s'opérer les remplacements provisoires en cas de décès, d'absence ou d'empêchement; il laisse, en cas d'urgence, au gouverneur général le droit de suspendre les cadis et les membres des medjlès qui ne sont pas à sa nomination.

L'un des titres les plus importants du projet est le tit. 3, qui fixe la compétence des tribunaux musulmans. — Il dispose que les cadis jugent en dernier ressort lorsque le chiffre de la demande n'excède pas 200 fr., ou lorsque le litige ne porte pas sur une question d'état. — Dans le cas contraire, les parties peuvent attaquer le jugement des cadis devant le medjlès de la circonscription, qui prononce souverainement. — Au premier degré, le cadi ; au deuxième degré de juridiction, le medjlès ; plus d'appel des décisions du medjlès devant la cour : séparation complète des deux justices.

Votre Majesté voudra bien remarquer qu'en rentrant dans l'exécution du droit musulman, nous nous rapprochons également de notre droit français, qui n'admet que deux degrés de juridiction. — Cependant, sire, si le projet proclame en principe la séparation des juridictions, et cela dans une pensée de haute tolérance religieuse et de respect pour les mœurs et la législation arabes, il n'a pas voulu fermer l'accès de nos tribunaux aux musulmans qui préféreront y porter leurs différends. L'art. 28 dispose que les parties peuvent, d'un *commun accord*, se pourvoir devant les tribunaux français de leur domicile; mais leur option doit être faite avant que la juridiction musulmane ait été saisie; car une fois saisie, il ne dépend plus des parties, fussent-elles d'accord, de recourir à la juridiction française. Par conséquent, il ne pourra désormais pas plus y avoir d'appel d'un jugement de cadi devant la cour que d'appel d'un jugement de première instance devant le medjlès. Des deux côtés, la jurisprudence sera une à tous les degrés.

La disposition renfermée dans l'art. 29 dérive du principe posé par l'art. 28. — Si le tribunal musulman saisi, une partie se voyant sur le point d'être condamnée, pouvait céder ses droits litigieux à un justiciable des tribunaux français, il en résulterait, soit que le cadi ne pourrait plus prononcer, soit que l'instance serait introduite à nouveau devant un tribunal français. Ce sont ces cessions qui ouvriraient trop facilement la porte à des manœuvres coupables que l'art. 29 a pour but d'empêcher.

Je ne m'arrêterai pas aux dispositions contenues dans le tit. 4, relatif aux ajournements, à la comparution des parties, aux débats et à la police de l'audience. — Le projet ne fait, en cette matière, que se conformer aux usages musulmans.

Le tit. 5 généralise une mesure qui est déjà en vigueur dans les territoires civils. — Pour apprécier toute son importance, il faut se rappeler qu'autrefois, dans les territoires civils, et actuellement encore dans les territoires militaires, les cadis écrivent leurs jugements sur des feuilles détachées sujettes à se perdre ou à être lacérées.

L'art. 33 exige que les jugements soient inscrits sur un registre spécial et signés par les cadis et par les *adels*, greffiers, témoins et assesseurs consultatifs dont la présence est requise pour la validité des jugements. Il résulte de cette prescription que la trace des jugements ne pourra plus se perdre, que les cadis, fussent-ils tentés de ne pas rendre à l'une des parties bonne justice, y seront forcés par la crainte de voir facilement constater leur prévarication.

L'art. 35 exige que l'expédition des jugements, autrefois rédigés sans aucun soin, contienne, outre les noms, qualités et domicile des parties, l'explication du point de fait, les dires des parties, les motifs et le dispositif du jugement, ainsi que la date.

Les règles pour l'appel des jugements de cadis devant le medjlès sont fixées par le tit. 6, et renferment des dispositions d'ordre nécessaires pour la prompte distribution de la justice. — La demande doit être formée dans le mois qui suit la date du jugement attaqué; elle est reçue par le bach-adel (premier adel) du cadi qui a rendu le jugement, et transmise au bach-adel du medjlès. Ce tribunal doit prononcer dans les deux mois, à partir de l'inscription sur le rôle.

Le tit. 7 a trait à l'exécution des jugements. Mais si, d'un côté, il déclare que cette exécution a lieu d'après les règles en vigueur, il consacre de l'autre une innovation sur laquelle je crois devoir appeler l'attention de Votre Majesté. L'art. 40 veut que, sur toute terre française, la justice, quelle que puisse être la diversité de ses formes, celle de la législation qu'elle applique, soit toujours rendue au nom de l'empereur. Par conséquent, sire, bien que marchant parallèlement et ayant des justiciables différents, désormais la magistrature musulmane empruntera tous ses pouvoirs à la même origine que la magistrature française ; ce ne sont plus que deux courants partant d'une même source.

Telles sont les dispositions comprises dans la première partie du décret que j'ai l'honneur de présenter à l'approbation de Votre Majesté; il me reste à lui exposer celles qui sont contenues dans les deux derniers livres.

La législation musulmane renferme beaucoup d'obscurités, et plus encore d'opinions divergentes sur des points d'une haute importance. Cela se comprend facilement, car c'est sur la tradition, commentée par des auteurs différents, que repose une partie importante des lois. — Afin d'établir l'uniformité dans la jurisprudence, il m'a paru nécessaire de créer, sous l'autorité du gouverneur général, un conseil de jurisprudence musulmane, composé de neuf membres choisis parmi les muphtis, cadis, oulémas les plus distingués par leur science, et chargé de donner un avis motivé sur les questions de législation et de jurisprudence qui lui seront soumises par l'autorité supérieure. — Ce conseil n'est donc pas un troisième degré de juridiction; les parties n'ont pas le droit de se pourvoir devant lui : c'est un simple conseil consultatif ayant pour unique mission d'éclairer les points obscurs de la législation musulmane, et dont les avis n'ont aucune force tant qu'ils n'ont pas été homologués par le ministre de la guerre. — Le registre sur lequel devront être consignés les avis de ce conseil sera la première assise de la jurisprudence des tribunaux musulmans.

J'espère les plus heureux résultats de cette institution. — Les cadis, dont les fonctions participent de celles du juge et du notaire, ont en cette dernière qualité, diffé-

---

fractions qui, d'après la loi française, ne constituent ni crime, ni délit, ni contravention, et sont spécialement punies par la loi musulmane, sans que ces tribunaux puissent, en aucun cas, prononcer la peine de mort. — Les tribunaux musulmans sont, s'il y a lieu, saisis d'office de la connaissance de ces infractions par l'autorité civile ou militaire, selon le territoire, et tenus de statuer sur leurs réquisitions.

Art. 3. — La poursuite et la répression des crimes, délits et contraventions prévus et punis par le code pénal français, ainsi que par les lois, ordonnances, décrets et arrêtés locaux, appartiennent aux tribunaux français.

Art. 4. — Les pouvoirs militaires et politiques des commandants militaires, khalifas, bach-aghas, aghas et caïds sont et demeurent maintenus. — Toutefois, les khalifas, bach-aghas, aghas et caïds ne pourront à l'avenir prononcer une amende ni aucune autre peine contre les cadis. Ils en référeront à l'autorité française qui statuera.

Art. 5. — Les berranis continueront de relever de la juridiction des amins pour les faits spécifiés par le décret du 3 sept. 1850, dans les localités où ce décret est exécutoire.

Art. 6. — Sous quelque prétexte que ce soit, même celui du silence ou de l'obscurité de la loi, les tribunaux musulmans ne peuvent, sous peine de déni de justice, refuser de statuer sur la demande des parties.

Art. 7. — Le territoire de l'Algérie, pour l'administration de la justice musulmane, est divisé en circonscriptions judiciaires, déterminées ainsi qu'il sera spécifié ci-après.

Art. 8. — La direction et la surveillance de la justice musulmane appartiennent, sous l'autorité du gouverneur général, en territoire militaire, au général commandant la division, et en territoire civil, au préfet du département.

Art. 9. — Les membres et agents des tribunaux musulmans ne peuvent être traduits en justice pour actes relatifs à leurs fonctions, qu'après autorisation du gouverneur général. — Ils seront directement traduits, en cas d'autorisation, devant la cour impériale d'Alger, lorsqu'ils exerceront leurs fonctions en territoire civil, et devant les conseils de guerre permanents de la division, lorsque leur siége sera établi en territoire militaire.

Art. 10. — Un règlement spécial de notre ministre secrétaire d'État de la guerre, rendu sur la proposition du gouverneur général détermine, pour chaque juridiction, les conditions et le mode selon lesquels seront rémunérés ou rétribués les membres des tribunaux musulmans, ainsi que les agents qui y sont attachés (1).

LIV. 1. — DE LA JUSTICE.

TIT. 1. — De l'organisation des tribunaux musulmans.

Art. 11. — L'organisation des tribunaux musulmans comprend : — Des cadis, des medjlès.

Art. 12. — Il y a, par circonscription judiciaire déterminée par des arrêtés du gouverneur général, un cadi-maléki et, lorsque le chiffre de la population hanéfite le rend nécessaire, un cadi-hanéfi. — Les arrêtés du gouverneur général fixant les circonscriptions judiciaires des cadis sont pris par lui en conseil de gouvernement.

Art. 13. — Des arrêtés du gouverneur général instituent des medjlès partout où besoin en sera : ces arrêtés, pris en conseil de gouvernement, déterminent les m'hakmas (tribunaux) de cadis qui ressortissent à chacun des medjlès.

TIT. 2. — De la composition des m'hakmas de cadis, des medjlès, et de la nomination de leurs membres.

Art. 14. — Le personnel de chaque m'hakma de cadis est fixé selon les besoins du service, par arrêté du gouverneur général, pris sur l'avis du général commandant la division, pour les territoires militaires, et du préfet, pour les territoires civils. — Ce personnel doit se composer du cadi et de deux adels au moins, dont l'un remplira les fonctions de naïb ou suppléant, en cas d'empêchement du cadi, et dont l'autre remplira les fonctions de greffier.

Art. 15. — Les medjlès se composent de quatre membres choisis parmi les muphtis, cadis et oulémas de la circonscription du medjlès, et de deux adels, dont l'un remplira les fonctions de bach-adel.

---

rentes attributions qui sont réglementées par le livre 3. — Ils sont chargés, d'après la législation musulmane : — De procéder à la liquidation et au partage de toutes les successions musulmanes ; — De recevoir les dépôts ; — De rédiger les actes publics. — Ces attributions leur sont conservées ; elles font l'objet des trois premiers titres du livre 3.

Les cadis continueront à procéder directement au partage des successions musulmanes, lorsque les héritiers seront présents ; dans le cas contraire, c'est au cadi du bit-el-mal, institution de bienfaisance, qui a en même temps pour mission de recueillir les successions dans lesquelles des absents sont intéressés, que ce soin appartiendra.

Dans les premiers temps de la conquête, les cadis, comme dépositaires, n'ont pas toujours été à l'abri de reproche ; mais depuis qu'en territoire civil ils ont été astreints à transcrire sur un registre spécial, et à verser à l'administration du bit-el-mal les dépôts qui leur étaient confiés, les détournements sont devenus impossibles.

Le tit. 2 généralise pour toute l'Algérie l'application des mesures de précaution prises dans les territoires civils, et réserve à un arrêté spécial les dispositions de détail et d'exécution.

Le tit. 3, tout en maintenant aux cadis le droit de recevoir, comme par le passé, les conventions des parties, laisse cependant aux musulmans la faculté de faire retenir leurs actes par des notaires. Mais en même temps l'exécution des conventions ainsi reçues est soumise à la loi française, et par conséquent il n'y a point à craindre cette confusion de juridictions auxquelles le projet a pour but de mettre un terme. — Les art. 54, 55, 56, 57 et 58 concernent la délivrance des expéditions d'actes ; ils fixent, dans l'intérêt des parties, certaines règles de précaution.

Les quatre derniers titres du livre 3 s'expliquent suffisamment par la lecture des articles, et n'ont besoin d'aucun commentaire. Ils obligent les cadis et les medjlès à la tenue de différents registres destinés à conserver la trace tant de leurs jugements que des actes qu'ils reçoivent ; enfin ils maintiennent purement et simplement la législation actuelle en matière de timbre et d'enregistrement.

Telle est, sire, le projet. — Rédigé dans un sens pratique, éloigné de toute innovation prématurée, il n'est que la confirmation et le développement de principes en vigueur. — S'il établit des obligations nouvelles pour les magistrats indigènes, ce n'est que dans l'intérêt des justiciables et pour rendre les abus impossibles ; s'il développe des règles déjà consacrées par l'usage, c'est pour les compléter et leur donner l'uniformité qui leur manque.

J'ajouterai, sire, que je crois ce projet tellement bien adapté aux besoins de la justice musulmane, tellement conforme aux principes qui la rattachent au dogme, que je ne serais pas surpris de voir ceux des gouvernements musulmans qui marchent dans la voie de la civilisation faire de nombreux emprunts à ce travail. — Ce serait un éclatant hommage rendu à notre tolérance religieuse et aux intentions bienveillantes de Votre Majesté pour le peuple arabe.   Le ministre de la guerre, VAILLANT.

(1) V. infrà, 31 déc. 1859.

Art. 16. — Les cadis des chefs-lieux de divisions, de préfectures, de subdivisions et de sous-préfectures, sont nommés par notre ministre secrétaire d'État de la guerre. — Les cadis des autres localités, ainsi que les adels composant chaque m'hakma, sont nommés par le gouverneur général, sur la proposition des généraux commandant les divisions, pour les territoires militaires, et des préfets, pour les territoires civils. — Si, par exception, les cadis et les adels ont à exercer leurs fonctions dans une circonscription composée de territoire militaire et territoire civil, la nomination aura lieu par le gouverneur général, sur une double liste de présentation, dressée, l'une par le général commandant la division, l'autre par le préfet.

Art. 17. — Les membres des medjlès des localités spécifiées au § 1 de l'article précédent sont nommés par notre ministre secrétaire d'État de la guerre; les autres sont nommés par le gouverneur général, qui pourvoit également à la nomination des adels et des bach-adels de tous les medjlès.

Art. 18. — Aucun membre d'un tribunal musulman, aucun adel ou bach-adel ne peut, sous peine de révocation, connaître d'une cause dans laquelle il doit se récuser, d'après les dispositions de la loi musulmane.

Art. 19. — En cas de décès, d'absence ou d'empêchement des membres du medjlès, il est pourvu à leur remplacement provisoire par les généraux commandant les divisions ou les subdivisions en territoire militaire, et par les préfets ou les sous-préfets en territoire civil, selon le lieu où siége le tribunal.

Art. 20. — En cas de décès, d'absence ou d'empêchement des adels ou de l'un d'eux, le cadi se fait assister de témoins par lui requis. — S'il y a lieu au remplacement provisoire d'un des adels, le cadi y pourvoit par la désignation d'un thaleb.

Art. 21. — Il est attaché à chaque tribunal musulman un ou deux aouns (1), selon les besoins du service, lesquels sont nommés par les généraux commandant les divisions ou les subdivisions, ou par les préfets, selon que le tribunal siége en territoire civil ou militaire.

Art. 22. — Des oukils ou mandataires musulmans peuvent seuls représenter les parties ou défendre leurs intérêts devant les tribunaux musulmans, lorsque les parties ne se présentent pas ou ne se défendent pas elles-mêmes. — Les oukils sont nommés par l'autorité à qui appartient la nomination des membres du tribunal auquel ils sont attachés. — Un règlement spécial pris par le gouverneur général, fixe le nombre des oukils près chaque tribunal, selon les besoins du service, et règle tout ce qui concerne leur discipline.

Art. 23. — Les membres, adels, bach-adels, aouns et oukils des tribunaux musulmans sont suspendus ou révoqués par les autorités dont émane leur nomination. — En cas d'urgence, le gouverneur général peut suspendre les cadis, et les membres des medjlès nommés par notre ministre secrétaire d'État de la guerre. — Les arrêtés de suspension ou de révocation doivent être motivés et transmis à notre ministre secrétaire d'État de la guerre.

Tit. 3. — *De la compétence des tribunaux musulmans.*

Art. 24. — Les cadis connaissent de toutes

les matières comprises en l'art. 2 du présent décret.

Art. 25. — Les contestations judiciaires entre indigènes musulmans du rite maléki et du rite hanéfi peuvent être portées devant l'un ou l'autre des deux tribunaux, s'il en existe un de chaque rite dans la circonscription judiciaire de la résidence des parties. — En cas de désaccord, le choix du cadi appartient au demandeur.

Art. 26. — Les cadis statuent, sans recours au medjlès, lorsque le chiffre de la demande n'excède pas 200 fr., ou lorsque le litige ne porte pas sur une question d'état.

Art. 27. — Lorsque le chiffre de la demande excède 200 fr., ou lorsque le litige concerne une question d'état, les cadis peuvent, avant de statuer, ordonner que l'affaire sera portée devant le medjlès institué par l'art. 13 du présent décret. — Les parties peuvent également demander la révision du jugement des cadis en assemblée de medjlès, dans les deux cas prévus par le paragraphe précédent. — Les jugements rendus par les medjlès sont souverains et ne peuvent être attaqués devant aucune juridiction.

Art. 28. — Les parties peuvent, d'un commun accord, porter leur contestation devant les tribunaux français de leur domicile, qui statuent alors selon les règles de compétence et les formes de la loi française. — L'option doit avoir lieu avant que la juridiction musulmane n'ait été saisie; une fois consentie, elle oblige et lie les parties jusqu'à la fin du litige. — Le consentement des parties résulte de la comparution volontaire devant le tribunal français et de l'acte que le juge saisi doit donner du consentement des parties à procéder devant lui.

Art. 29. — Les tribunaux musulmans légalement saisis du litige en conservent la connaissance, nonobstant toute vente, cession ou subrogation des droits litigieux faits pendant l'instance à un justiciable des tribunaux français.

Tit. 4. — *Des ajournements, de la comparution des parties, des débats, de la tenue et de la police des audiences.*

Art. 30. — Les dispositions de la loi musulmane et les usages locaux concernant le mode d'introduction de la demande, la comparution des parties, leur représentation par des oukils, la procédure et les débats, la tenue et la police des audiences, continueront à recevoir leur exécution, sauf les modifications apportées par les articles qui suivent.

Art. 31. — Les cadis et les medjlès siégent aux lieux, jours et heures fixés par un règlement émané de l'autorité française, approuvé par le gouverneur général. — Le règlement est fait par les préfets pour les cadis et les medjlès siégeant en territoire civil; il émane des généraux commandant les divisions et les subdivisions, pour les cadis et les medjlès siégeant en territoire militaire. — Si la circonscription du cadi ou du medjlès s'étend tout à la fois à des territoires militaires et civils, le règlement devra être concerté entre les autorités militaires et civiles.

Art. 32. — Les débats devant les cadis et devant les medjlès sont publics, à moins d'une décision motivée du tribunal, sur ce que la publicité porterait atteinte à l'ordre ou aux mœurs.

Tit. 5. — *Des jugements.*

Art. 33. — Les jugements de cadis ou de

---

(1) Sorte d'huissier audiencier.

medjlès sont prononcés publiquement. (1) — Ces jugements sont inscrits en entier sur un registre à ce destiné et signés, ceux émanés du cadi par le cadi et les adels ; les jugements émanés du medjlès sont signés par les membres du medjlès ; ils doivent être, en outre, revêtus du cachet du cadi ou des membres du medjlès.

Art. 24. — Les jugements n'entraînent aucuns frais pour les parties, lorsque celles-ci se présentent et se retirent sans réclamer expédition du jugement rendu. — Expédition doit en être délivrée sur la demande des parties, à la charge par elles de payer les droits qui seront fixés par un règlement spécial, pris par notre ministre secrétaire d'État de la guerre, sur la proposition du gouverneur général et l'avis du conseil de gouvernement.

Art. 35. — L'expédition de tout jugement contient : — 1° Les noms, qualités et domicile des parties ; — 2° Le point de fait ; — 3° Les dires des parties ; — 4° Les motifs et le dispositif du jugement ; — 5° La date du jugement.

L'expédition indique, en outre, si le jugement est rendu en présence des parties elles-mêmes, ou si l'une d'elles était représentée par un oukil chargé de sa procuration ou nommé d'office. — L'expédition de tout jugement est signée par le cadi ou par l'un de ses adels ; elle doit, en outre, être revêtue du cachet du cadi. L'expédition des jugements des medjlès est signée par le bach-adel.

TIT. 6. — *De la révision des jugements des cadis en assemblée de medjlès.*

Art. 36. — Le délai pour demander la révision des jugements rendus par les cadis court du jour où ils ont été rendus. — La demande doit être formée dans le mois.

Art. 37. — La demande en révision est reçue par l'un des adels du cadi qui a rendu la décision attaquée, et qui doit la transmettre immédiatement au bach-adel du medjlès dont relève le cadi. — Le bach-adel du medjlès l'inscrit sur le rôle et fait notifier aux parties le jour de la comparution devant le medjlès.

Art. 38. — Il doit être statué sur la demande dans les deux mois qui suivent le jour de son inscription sur le rôle du medjlès.

TIT. 7. — *De l'exécution des jugements.*

Art. 39. — Les jugements définitifs, émanés des tribunaux musulmans, doivent être exécutés selon les voies actuellement en vigueur, en tant qu'il n'y est pas dérogé par le présent décret.

Art. 40. — Les expéditions de tout jugement émané des tribunaux musulmans doivent être revêtues de la formule suivante : « Louange à Dieu unique ! — N. (le nom de l'empereur), par la grâce de Dieu et la volonté nationale, empereur des Français, — A tous présents et à venir, salut. » — (Copier le jugement avec les mentions indiquées en l'article ci-dessus.) — « Mandons et ordonnons à tous fonctionnaires et agents de l'autorité publique de faire exécuter ou d'exécuter le présent jugement. — En foi de quoi le présent jugement a été signé par (signature du cadi ou des membres du medjlès et du bach-adel. — Apposition du cachet). »

LIV. 2. — DU CONSEIL DE JURISPRUDENCE MUSULMANE.

Art. 41. — Il est établi à Alger un conseil de jurisprudence musulmane placé sous l'autorité immédiate du gouverneur général.

Art. 42. — Ce conseil se compose de neuf membres choisis parmi les muphtis, cadis ou oulémas de l'Algérie. — Ils sont nommés par notre ministre secrétaire d'État de la guerre, qui désigne le président.

Art. 43. — Le conseil ne peut se réunir que sur convocation expresse du gouverneur général. — Il ne peut délibérer que sur les questions qui font l'objet spécial de la convocation.

Art. 44. — Le conseil donne son avis motivé sur les questions de jurisprudence musulmane qui lui sont soumises par le gouverneur général. — Cet avis motivé, quand il est revêtu de l'approbation de notre ministre secrétaire d'État de la guerre, devient à l'avenir obligatoire pour les tribunaux musulmans.

Art. 45. — Les séances du conseil ne sont pas publiques.

Art. 46. — Il doit être tenu un registre sur lequel est inscrit en entier, pour chaque affaire soumise à l'examen du conseil : — 1° L'ordre de convocation ; — 2° L'objet de la convocation ; — 3° L'avis donné par le conseil, suivi de la signature des membres qui y ont pris part, et de l'apposition de leurs cachets.

LIV. 3. — DE L'ADMINISTRATION JUDICIAIRE.

TIT. 1. — *Des successions.*

Art. 47. — Les cadis continueront à être chargés de procéder à la liquidation et au partage de toutes les successions musulmanes selon le rite dont était le défunt et les usages établis.

Art. 48. — Néanmoins, le cadi du Bit el Mâl procède à la liquidation et au partage des successions musulmanes où sont intéressés le Bit el Mâl ou des absents, dans toutes les localités où il en existe. — Les décisions du cadi du Bit el Mâl peuvent être attaquées devant le medjlès de la circonscription, dans les cas prévus par l'art. 27 du présent décret.

TIT. 2. — *Des dépôts.*

Art. 49. — Les dépôts de toute nature, faits entre les mains des cadis sont transcrits par eux sur un registre spécial et versés à l'administration du Bit el Mâl, qui en donnera récépissé.

Art. 50. — Un arrêté pris par notre ministre de la guerre, sur la proposition du gouverneur général, détermine la valeur et la nature des dépôts qui peuvent être opérés entre les mains des cadis, le mode de versement au Bit el Mâl, le mode de restitution ainsi que les obligations et la responsabilité des cadis et des agents du Bit el Mâl, en ce qui concerne tous les dépôts qui leur sont faits en leur qualité (1).

TIT. 3. — *Des actes publics.*

Art. 51. — Les actes publics entre musulmans continuent à être reçus par les cadis dans les formes prescrites par la loi musulmane. Ils sont transcrits en entier sur un registre à ce destiné, et signés par le cadi et les adels.

Art. 52. — Si deux musulmans font choix d'un

---

(1) V. (art. 29 ....) ... décret sur les mesures à prendre en cas de ... entre les juges des medjlès.

(1) V. CADI 2 nov. 1855. Arrêté min. pris en exécution de cette disposition du décret.

notaire pour retenir acte de leurs conventions, cet acte contiendra, sous peine de nullité, la mention expresse que les deux contractants entendent se soumettre, pour son exécution, à la loi française.

Art. 53. — Les conventions entre musulmans et individus appartenant à un autre culte seront reçues par des notaires ; en ce cas, les parties contractantes auront le droit de réclamer qu'expédition de l'acte soit transcrite sur le registre du cadi de la résidence des parties musulmanes.

Art. 54. — Toute partie peut requérir expédition des actes qui la concernent. Les expéditions d'actes sont signées par le cadi et par l'un des adels, et doivent être, en outre, revêtues du cachet du cadi.

Art. 55. — Les cadis délivrent copie des actes publics qui leur sont présentés. Ces copies sont certifiées par eux dans la forme prescrite pour l'expédition des actes. Mention de la délivrance de la copie en est faite tant sur l'acte lui-même que sur un registre spécial.

Art. 56. — Les actes reçus par les cadis et les copies ou expéditions délivrées par eux sont payés par les parties, conformément au tarif arrêté par le gouverneur général, sur l'avis du conseil de gouvernement, et approuvé par notre ministre secrétaire d'Etat au département de la guerre. — Ce tarif est exposé d'une manière permanente à l'entrée du local dans lequel les cadis et les medjlès tiennent leurs audiences.

Art. 57. — Le produit des actes appartient au cadi et aux adels ; il sera réparti entre eux dans les proportions déterminées par le tarif mentionné en l'article précédent.

Art. 58. — Le montant des droits payés par les parties doit être inscrit en toutes lettres au bas de chaque acte, de chaque expédition ou copie d'acte, sous peine pour l'adel copiste d'une amende de 5 fr. par contravention. — Cette amende est prononcée par le préfet, le sous-préfet ou par le général commandant la division, ou la subdivision, selon le territoire et le siège de la juridiction.

Art. 59. — Tout agent de la justice musulmane qui reçoit ou exige d'autres rétributions que celles portées dans le tarif, peut être suspendu ou révoqué, sans préjudice des poursuites qui peuvent être dirigées contre lui, conformément à l'art. 174 du c. pén.

Tit. 4. — *Des registres à tenir par les cadis.*

Art. 60. — Il est tenu dans chaque m'hakma de cadi : — 1° Un registre pour les jugements ; — 2° Un registre pour les demandes en révision ; — 3° Un registre pour les actes et les contrats entre parties, ainsi que pour la mention des copies faites en vertu des art. 54 et 55 ; — 4° Un registre pour les successions et tutelles ; — 5° Un registre pour les dépôts.

Art. 61. — Les jugements, actes et dépôts sont inscrits sur chacun des registres qui leur sont destinés par ordre de date, sans blancs ni interlignes. — Toutefois, lorsque les cadis auront un grand nombre d'actes à inscrire, ils pourront, pour faciliter les recherches, diviser leurs registres en autant de parties qu'il y aura de natures différentes d'actes à y inscrire. — Les ratures et les renvois sont approuvés et signés par le cadi et par les adels.

Art. 62. — Les registres sont cotés et paraphés en territoire civil par le chef de l'administration civile du lieu où siège le tribunal ; en territoire militaire, par le commandant supérieur de la localité, ou par des agents qu'ils auront délégués à cet effet.

Art. 63. — Les registres sont fournis par l'Etat et établis sur des modèles uniformes pour toutes les circonscriptions. — Ils doivent être représentés sans déplacement à l'autorité qui les a cotés et paraphés, ou à son délégué, toutes les fois qu'elle juge convenable de réclamer cette représentation pour s'assurer de la bonne et exacte tenue.

Tit. 5. — *Des registres à tenir par les medjlès.*

Art. 64. — Il doit être tenu dans chaque medjlès : — 1° Un registre pour les déclarations, réceptions et inscriptions des demandes en révision sur le rôle ; — 2° Un registre pour les jugements.

Art. 65. — Les registres sont cotés et paraphés par les commandants des divisions militaires ou leurs délégués, par les préfets ou leurs délégués, selon le territoire.

Art. 66. — Les dispositions des art. 61, 62 et 63 sont applicables aux registres tenus dans chaque medjlès.

Tit. 6. — *Du timbre et de l'enregistrement.*

Art. 67. — Tous les registres dont la tenue est prescrite par le présent décret sont affranchis du droit et de la formalité du timbre.

Art. 68. — Aucun extrait, copie ou expédition d'actes ou de jugements ne pourra être délivré aux parties que sur papier timbré, conformément à l'art. 12 de la loi du 13 brum. an VII, sous peine de l'amende prononcée contre le fonctionnaire public par l'art. 26 de la même loi. — Toutefois, ces copies, extraits ou expéditions pourront être délivrés par les cadis sur papier d'une dimension inférieure à celle du papier dit *papier moyen* ou *d'expédition.*

Art. 69. — En territoire civil, les expéditions des jugements et actes qui emporteront transmission de propriété ou d'usufruit, de biens immeubles, les baux à ferme, à loyer ou à rente, les sous-baux, cessions ou subrogations de baux et les engagements de biens de même nature, seront soumis à l'enregistrement, dans les trois mois de leur date. — Pour tous autres actes, l'enregistrement ne sera de rigueur que lorsqu'il en sera fait usage soit par acte public, soit en justice ou devant toute autre autorité constituée.

Art 70. — Les jugements et actes autres que ceux mentionnés dans les articles précédents ne seront soumis au timbre et à l'enregistrement que dans les cas prévus par les lois, ordonnances, décrets et arrêtés réglant la matière en Algérie, en ce qui les concerne.

Tit. 7 — *Dispositions générales.*

Art. 71. — Le montant des amendes prononcées en vertu des dispositions du présent décret sera versé dans la caisse du receveur de l'enregistrement, ou dans celle des contributions diverses, suivant le territoire.

Art. 72. — Le présent décret, ainsi que tout arrêté pris pour son exécution, sera traduit en arabe : une expédition en sera remise, au moment de leur nomination, à chaque cadi et à chacun des adels du cadi, ainsi qu'à chaque membre de medjlès et au bach-adel qui y est attaché. — La traduction arabe du présent décret ne sera valable qu'après approbation de notre ministre secrétaire d'Etat au département de la guerre, et elle devra être publiée dans la même forme que le décret. (Cette traduction a été publiée au bulletin officiel n° 478).

Art. 73. — Sont abrogées toutes les dispositions des décrets, ordonnances et arrêtés contraires au présent.
                                          NAPOLÉON.

AM. —27 avril-18 juin 1855. —B. 481. — *Nomination des membres du conseil de jurisprudence musulmane.*

AG. —12-18 juin 1855. — B. 481. — *Fixation de l'époque d'ouverture de la session de 1855, et nomination des commissaires du gouvernement près le conseil de jurisprudence musulmane.*

AG. —30 nov.-2 déc. 1855. — B. 488. — *Circonscriptions judiciaires de m'hakma de cadi.*

Vu les art. 11 et 12 du décret du 1er oct. 1854, sur la justice musulmane en Algérie;

Art. 1. — La division du territoire de l'Algérie, en circonscriptions judiciaires de m'hakmas de cadi, est fixée ainsi qu'il suit à partir du 1er janv. 1856.

Province d'Alger.

Circonscription 1re (*Rite Hanéfi*). — Territoire des communes ci-après et de leurs annexes, savoir: Alger, Douera, Koubba, Hussein Dey, Birmandreis, Birkadem, Dely Ibrahim, Drariah, Ouläd Fayet, Chéraga, Sidi-Ferruch. —2. (*Rite Maleki*). — Id. — 3. Partie E. de la Mitidja; partie E. de l'arrondissement d'Alger, limitée par l'Arache et comprenant les communes ci-après et leurs annexes, savoir: Rovigo, l'Arba, Fondouk, Reghaïa, Aïn Taya, Rouiba, Hassania. — 4. Khachna, Ammal, Zouatna. — 5. Isser, Ouläd Moussa. — 6. Flissa, Abid, Beni Khalfoun. — 7. Dellys et banlieue, Taourga, Isser, Sebaou el Kedim, Beni Slyem, Beni Thour. — 8. Ameraoua, Beni Aïssi, Beni Khelifa, Beni Zemenzer, Beirouna, Hassenaoua, Beni bou Chaïb, Beni Flik, Beni Ghobri. — 9. Maatka. — 10. Beni Ouaguennoun. — 11. Beni Fraoussen, Beni Khelili. — 12. Beni Ittouragh. — 13. Beni Hocein. — 14. Ouad el Hammam. — 15. Zerkhfaoua. — 16. Beni Djennad. — 17. Flisset el Bahr. — 18. Nezlioua, Harchaoua, Mzala, Mkira, Ferka, Abid. — 19. Beni Ismaïl, Beni Koufi, Beni Mendas, Beni bou Gherdane, Beni bou Ouaddou. — 20. Cherfa Igheliken, Ighilimoula, Mechteras. — 21. Beni Mahmoud, Ouadia. — 22. Territoire des communes ci-après et de leurs annexes, savoir: Blidah, Boufarik, Ouad el Halleg, la Chiffa, Mouzaïa ville, El Afroun, Amer el Aïn, district de Marengo et annexes. — 23. Territoire des communes ci-après et de leurs annexes: Coléah, Castiglione. — 24. Hadjoute, Soumata. — 25. Beni Khelil, Beni Salah, Feroukha, Ghellaïa Beni Messaoud, Beni Miscerah. — 26. Beni Mouça. — 27. Beni Sliman Cheraga, Ouläd Thân, Ouläd Messellem. — 28. Beni Sliman Gheraba. — 29. Djouab, Ouläd Meriem, Ouläd bou Arif, Ouläd Farehh. — 30. Ouläd Edris, Ouläd Barka, Ouläd el Mouçaa. — 31. Adaoura Cheraga, Adaoura Gheraba, Sahari. — 32. Ouläd Ali ben Daoud, Ouläd Sidi Aïssa. — 33. Ouläd Abdallah, Ouläd Selame, Ouläd el Amer. — 34. Ouläd sidi Hadjerès, Ouläd Selamat. — 35. Beni Jutassen, Ouläd Messelem. — 36. Ouläd Sälem, Beni Amar, Beni Ieddou. — 37. Ouläd bou Abid, Ouläd Bellil, Beni Meddour, Merkalla, Ouläd el Aziz. — 38. Beni bel Hassan, Beni Maned, Ouläd sidi Sälem, Ouläd Selim. — 39. Senbadja, Zouatna. — 40. Cherfa du nord, Cherfa du sud. — 41. Ouläd Brahim, Beni Amran. — 42. Metennan. — 43. Arib Cheraga, Arib Gheraba. — 44. Cherfa, Beni Mansour, Sebkha, Ksar Beni Yala, Beni Aïssi, Mecheddala. — 45. Territoire du district de Médéah. — 46. Mouzaïa, Ouamery. — 47. Ouzera, Beni Bou Iacoub. — 48. Hannacha, Gherib, Righa. — 49. Haouara, Hassen ben Ali. — 50. Douair, Ouläd Deid, Ouläd sidi Nadj, Ouläd Hedim. — 51. Ouläd Marref, Soudry, Dbeïmat. — 52. Abid, Beni Hassen. — 53. Rebala, Ouläd sidi Ahmed ben Youcef. — 54. Ouläd Alane, Tittery, Mebädba. — 55. Ouläd Mokhtar, Moutadat, Ouläd sidi Aïssa el Adal, Sahari ouläd Brahim. — 56. Ouläd Antar, Ouläd Helal, Ouläd Hamza, Ouläd Ahmed. — 57. Zenakha el Mohoucha, Zenakha el Gourt, Abadlia. — 58. Emfatha, Ksar el Bokhari. — 59. Ouläd Mokhtar Gheraba, Moutadat Gheraba, Abaris. — 60. Rahman. — 61. Bouaïch, Ouläd sidi Aïssa Ahl Ouerk, Ouläd sidi Aïssa Souägul. — 62. Ouläd Chaïb, Ouläd Ahmed, Ksar ben Hammad. — 63. Ouläd Sälen, Mamra, Hadjedj, Harazlia, Ouläd el Atallah, Mehhalif, Laghouat, Aïn Madi, Tadjmount, El Aouïta, Ksar el Hatran, El Assafia. — 64. Ouläd el Ahmed. —

65. Abäziz el Chäref. — 66. Ouläd el Ghouini ben Mohammed. — 67. Ouläd Dia. — 68. Ouläd Aïssa Gheraba. — 69. Ouläd Aïssa Cheraga. — 70. Ouläd Oum Häni. — 71. Ouläd Yähia ben Sälem. — 72. Ouläd Saad ben Sälem. — 73. Territoire du district de Millanah. — 74. Tahella, Mouhabbas, Abid, Sbahia, Bou Rached, Arib, Ouläd Abbou. — 75. Righa, Hachem. — 76. Beni Ahmed, Djendel. — 77. Aziz Cheraga, Aziz Gheraba, Siouf. — 78. Doui Hasseni, Matmata Ouläd Saada, Matmata Ouläd Moussa, Matmata Ouläd Hemida, Beni Fätem. — 79. Belal, Beni Soumer, Belal Ouläd sidi Sliman, Belal Souhata. — 80. Bouhalouan Gontas, Bouhalouan Zmoul. — 81. Ouläd Mira, Ouzaghera, Ahl el Ouäd — 82. Ouläd Cheikh, Haraouät Cheraga, Haraouät Gheraba. — 83. Belhïa, Khobbaza, Taïabin, Ouläd Meriem. — 84. Beni Ghomrian, Braakabyles. — 85. Harrar, Beni Bonkni, Ouläd Aïssa, Ouläd Yahia, Beni Mahoussin. — 86. Attaf. — 87. Beni Ferah. — 88. Beni Menad. — 89. Beni Boudouan, Beni bou Attab. — 90. Territoire du district de Che.chell. — 91. Beni Menasser (Sahel). — 92. Beni Menasser (montagne). — 93. Chenoua. — 94. Zougagha, Beni bou Melek, Zatyma, Beni Solimán. — 95. Gouraya, Aghbal. — 96. Beni Zioui, El Arhât. — 97. Beni Merhaba, Tacheta. — 98. Beni Mehares, Ouläd Ayad, Bou Hasseni. — 99. Ouläd Ammär, Ouläd Aradj, Beni Maïda, Beni Lint. — 100. Beni Chaïb, Beni el Hassen, Ouläd Bessam Cheraga, Ouläd Bessam Gheraba. — 101. Territoire du district d'Orléanville. — 102. Dahra, Heranfa. — 103. Mechata, Ouläd Ziad, Djabla, Sobha. — 104. Beni Ouarzân, Ouläd bou Sliman. — 105. Sbeih du sud. — 106 Ouläd Farès, Hemis. — 107. Ouläd Kosseïr Cheraga, Ouläd Kosseïr Gheraba. — 108. Medjadja. — 109. Sendjas. — 110. Beni Rached, Beni Derdjin. — 111. Ouarsenis, Beni bou Khanous. — 112. Chouchaoua, Ouläd Sidi Säleh. — 113. Territoire du district de Ténès. — 114. Banlieue de Ténès, Maïn. — 115. Ouläd Boufrid, Chebeïbia, Tälassa. — 116. Beni Tamoun, Beni Merzoug, Baghdoura. — 117. Zongagha. — 118. Sinfta, Beni Madoun. — 119. Beni Haoua.

Division d'Oran.

Circonscription 1re. — Territoire de l'arrondissement d'Oran, moins celui d'Arzew. — 2. Territoire du district d'Arzew, moins les enclaves résultant du cantonnement des Gheraba et des Hamyan. — 3. Territoire du district de Saint-Denis-du-Sig, moins les enclaves résultant du cantonnement des Gheraba. — 4. Partie de l'aghalik (Douairs) proprement dit. — 5. Partie ouest de l'Aghalik (Ghamra, Ouläd Abdallah). — 6. Zmela, Hemyan. — 7. Gheraba, Taïlayt. — 8. Ouläd Khalfa, Ouläd Zaïr. — 9. Territoire de l'arrondissement de Mostaganem. — 10. Hachem Darough, Dradeb, Abid Cheraga, Bordjia. — 11. Ghoufrat, Ouläd Malef, Ouläd Sidi Abdallah, Ouläd Chafa, Akerma Gheraba. — 12. Ouläd bou Kamel, Cherfa Amadia Djebala, Chellala. — 13. Ouläd Khelouf Djebalia, Ouläd Khelouf Souahlia, Tazgaït, Zerrifa. Ouläd Riah. — 14. Achacha, Mediouna. — 15. Ouläd el Abbas, Ouläd Khouldem. — 16. Mazouna. — 17. Mstla, Ouläd Sidi Brahim, Ouläd Maallah. — 18. Beni Zentis, Ouläd Siama, Ouläd Si bou Abdallah. — 19. Ouläd Ahmed, Akerma Cheraga, Mehalla, Ahl Ahmed ben Soultan. — 20. Mekahlia, Sahari. — 21. Anatra, Zaouia de Si Mohammed, Ouläd Jahia, Hassasna. — 22. Ouläd Souïd, Harraïsa, Beni Dergoun, Ouläd Sidi Yahia. — 23. Ouläd Sidi Lazräg, Chouala. — 24. Ouläd Barkät, Beni Louma, Ouläd Rached, Ouläd Amer. — 25. Ouläd Sidi Yahia ben Ahmed, Ouläd bel Helah, Ouläd Si Ahmed ben Mohammed. — 26. Ouläd Isner, Ouläd Moudjer, Ouläd bou Ikni, Ouläd el Abbas, Ouläd Ali, Marioua, Ouläd Defelten, Ouläd Edjema. — 27. Ouläd bou Riah, Ouläd Yaïch, Chekkala, Ouläd Säber. — 28. Meknassa, Hallouya-Gheraba, Hallouya Cheraga. — 29. Ouläd Tigrin Ben Bakhta, Ouläd Tighrin ben Baïkar, Keraïch Gheraba, Keraïch Cheraga, Massem, Matmata. — 30. Oulad Ali Fouaga, Ouläd Ali Thata, Maadja, Ghoualem. — 31. Ouläd Sliman (Arabes et marabouts), Cherfa, Guetarnia. — 32. Ouläd Brahim, Hazedj, Hassasna, Hamyan, Ouläd Sidi Ali ben Atoub. — 33. Djaïra, Ouläd Sidi Khelifa. — 34. Beni Mathar, Ouläd Balegh. — 35. Territoire et district de Mascara. — 36. Aïta, Bathen el Ouäd, Ferraga, Ouläd Saïd. — 37. Beni Nasir, Hadjadja, Ouläd Sidi Dahno. — 38. Tmaïmia, Ouläd Riah. — 39. Mattia, Sedjerara. — 40. Haboucha, Ouläd el Abbas, Ouläd Sidi Amar ben Douba. — 41. Kalaa, Beni Ghoddou, Douaïr

FlIta, Oulâd bou Ali. — 42. Abl Eghriss. — 43. Mahamid. — 44. Ouâd el Hammam-Fougani, Ouâd el Hammam Tahtani. — 45. Zoua. — 46. Mechachil Fekan, Mechachil Aoudja. — 47. Oulâd Abd el Ouahed. — 48. Oulâd Alhad. — 49. Chellog. — 50. Oulâd bou Ziri. — 51. Khellafa Cheraga, Khellafa Gheraba. — 52. Oulâd Sidi ben Halim, Beni Elansar, Kselna. — 53. El Haouareth, Beni Ouindjell. — 54. Oulâd Chérif Cheraga, Oulâd Chérif Gheraba, Oulâd Fares. — 55. Oulâd El Akrad. — 56. Oulâd bou Gheddou, Oulâd Mansour, El Aouissat. — 57. Akerma, Oulâd Messaoud, Oulâd ben Affan, Beni Median. — 58. Beni Meniarin Tahta, Beni Meniarin Fouaga. — 59. Oulâd Khaled Cheraga, Oulâd Khaled Gheraba, Doul Tabet. — 60. Oulâd Auf. — 61. Oulâd Brahim, Beni Hassen. — 62. Maalif, Ouchaïba, Oulâd Daoud. — 63. Hassasna Cheraga, Hassasna Gheraba, R'zaïna, Ksar Bou Semghoun. — 64. Territoire du district de Tlemcén. — 65. Oulâd Si Ahmed ben Youssef, El Fehoul, Meguennia, Oulâd Aala, Aouamer et Zenata, Mediouna Cheraga, Mediouna Gheraba, Oulâd Chiba. — 66. Beni Ournid, Abl el Ouâd, Beni Smiel Ouchba, Oum el Alou. — 67. Oulâd Riah, Bou Yahia (4 fractions), Oulâd Sidi Mejahed, Abl Zelboun, Beni Mester, Aïn Douz. — 68. Beni Ouarsous, Beni Khaled. — 69. Beni Riman, Beni Fouzèche. — 70. Beni Ouazzan, Oulâd Mimoun, Oulâd Sidi Abdelli. — 71. Nedromah, Beni Mishel, Beni Menir. — 72. Souhalia, Msirda. — 73. Djebala, Achache. — 74. Oulâd Mellouk, Oulâd Mansour, Maazin, Djouldat, Zemmara. — 75. Oulâd Ouriach. — 76. Beni Hediel, Beni Bou Saïd, Beni Snous. — 77. Oulâd En Nahr. — 78. Oulâd Ali Bel Hamed (Angade). — 79. Hamian Chefaa. — 80. Hamian Djembaa. — 81. Seflsfa, Moghar Tahtani, Moghar Foukani, Aïn Safra. — 82. Tyout, Asela.

Division de Constantine.

Circonscription 1re (*Rite Hanefi*). — Territoire de l'arrondissement de Constantine. — 2. (*Rite Maleki*) — Territoire de l'arrondissement de Constantine. — 3. Partie des Azels et melks administrés directement par la direction divisionnaire des affaires arabes. — 4. Id. — 5. Id. — 6. Id. — 7. Amer Cheraga, Beheira Toulja. — 8. Segnia. — 9. Telaghma. — 10. Oulâd Abd el Nour. — 11. Zmouls. — 12. Milah, Ouâd Kebir, Moula. — 13. Kharabeb. — 14. Oulâd Zenati. — 15. Oulâd Djemilah, Oulâd Bou Saleh. — 16. Ferdjioua. — 17. Oulâd Kebbâb. — 18. Beni Ketit. — 19. Sarraouia. — 20. Barrania. — 21. Tebessa. — 22. Nemancha. — 23. Si Yahia ben Taleb. — 24. Khararèb de l'Ouest, Oulâd Khanfar. — 25. Kharabeb de l'Est. — 26. Oulâd Saïd, Oulâd Amara, Oulâd Slouan. — 27. Territoire de l'arrondissement de Philippeville. — 28. Tribus et fractions administrées directement par le bureau arabe de Philippeville. — 29. Redjata, Oulâd Atia. — 30. Beni Mehenna. — 31. Elma. — 32. Blad ben Boughich. — 33. Oulâd Maarouz, Ouïcbaona, Oulâd Hamidech. — 34. Beni Toufout. — 35. Oulâd Atia. — 36. Djidjelli, Beni Kaïd, Oulâd bou Bekr, Oulâd Saad, Oulâd Mohammed, Chekeroua Altir, Beni Sekfal, Oulâd Tebban, Oulâd Chafer, Beni Ahmed, Beni Amran, Beni Khettab, Beni Siar, Oulâd Bel Afou. — 37. Kheracha, Beni Aïssa, Beni Maad, Oulâd Nabet, Oulâd Ali, Aït Achour, Beni Narmi, Beni Khézer. — 38. Beni Foughal, Beni Ouerzeddin. — 39. Beni Afer, Beni Ider. — 40. Beni Moammar, Beni Saleh, El Djenah. — 41. La limite N. et les limites E. et O. de l'arrondissement de Bône jusqu'au Fedjroudj qui forme la limite S. de la circonscription de la M'bkama. — 42. Kherraza, Drid, Aouaouda, El Mraouna, Beni Ourdjine, Beni Merdas, Oulâd Besbas. — 43. Reste du caïdat de Bône. — 44. Caïdat de l'Edough. — 45. Territoire du district de Lacalle. — 46. Caïdat de l'E., caïdat de l'O. — 47. Caïdat de l'Oued bou Hadjar. — 48. Territoire du district de Guelma. — 49. Caïdat de Guelma. — 50. Sellaoua, Sellaoua Blad bou Deb, Blad Gandoura, caïdat de Guerfa. — 51. Caïdat du Nador. — 52. Caïdat des Beni Foughal. — 53. Zerdaza. — 54. Hanencha. — 55. Oulâd Cheikb, Maïa, Aouaïd, Mgana, Kselna. — 56. Lakhdar el Halfaouïa, Oulâd Sidi Yahia ben Zekri. — 57. Oulâd Chelih, Haracta, Telets, Oulâd si Ali Taamenst, Oulâd si Ahmed ben Saïd, Oulâd si Ahmed ben Bouzid, Oulâd si Ahmed bel Kadi. — 58. Oulâd bou Aoun. — 59. Oulâd Soltan. — 60. Oulâd Sellâm. — 61. Oulâd Ali ben Saber. — 62. Oulâd Sahnoun. — 63. Oulâd Zoui. — 64. Oulâd Ammour, Oulâd Nedja. — 65. Achaïche. — 66. Oulâd Daoud. — 67. Beni Oudjena. — 68. Amamra. — 69. Oulâd Abdi. — 70. Biskra. — 71. Zab Chergui, Oulâd Ammour. — 72. Zab Guebli. — 73. Ahmar Khaddou. — 74. M'Doukal. — 75. Sidi Okba, Lakhdar. — 76. Oulâd Djellal, Oulâd Zekri. — 77. Sahari. — 78. Oulâd Zian, Beni Ferabt. — 79. El Kantara. — 80. Arabes Cheraga. — 81. Zab Dahraoui. — 82. Djebel Chechar. — 83. Arabes Gheraba. — 84. Territoire du district de Sétif. — 85. Amer Guebala, Amer Dehara, Oulâd Gassem. — 86. Oulâd Nabet. — 87. Beni Iala. — 88. Sahel Guebli, Sebila. — 89. El Arach, Beni Ourtbilan. — 90. Elma. — 91. Oulâd Saïd ben Slama. — 92. Righa Guebala. — 93. Righa Dehara, Guellal. — 94. Aïn Taghrout, Aïn Toure, Oulâd Mosli. — 95. Guergour. — 96. Amoucha, Beni Dracen, Oulâd Saleh, Beni Menallah, Beni Felkaï. — 97. Beni Aïdel, Illoulet Açammer. — 98. Beni Ismaïl, Larbaa, Beni Meraï, Beni Djebroun, Lalem. — 99. Beni Sliman, Beni Tizi. — 100. Beni Chebana. — 101. Oulâd Madi. — 102. Oulâd Feradj, Oulâd Amer. — 103. Bouçaada. — 104. El Souama. — 105. Oulâd Adi, Miarfa. — 106. Oulâd Aïssa, Oulâd Khaled. — 107. Fractions administrées directement par le bureau arabe de Bordj Bou Arerid). — 108. Ayad. — 109. Medjana (partie N.). — 110. Medjana (partie S.) — 111. Mzita. — 112. Beni Abbâs. — 113. El Mahin, Djaafra. — 114. Zemmoura. — 115. Ouennougha. — 116. Maadid. — 117. Beni Iadel. — 118. Msila. — 119. Territoire du district de Bougie. — 120. Beni Amram, Toudja, Mzaïa, Beni bou Messaoud. — 121. Beni Mimoum, Beni Amrous, Beni Mohammed, Beni Melloul, Beni bou Aïssi, Beni Hassein, Beni Sigoual. — 122. Djebabra, Beni Abdel Aziz, Beni Kharoun, Berbacha, Guilcer, Beni bou Bakr, Beni Khaleb, Mellaha, Adjism, Messisna, Beni Djelil, Beni Immel, Senhadja. — 123. Ouzellaguen, Beni Ouaghlis, Beni Mançour, Tifra, Beni Amar, Msala, Beni Ksila.

Art. 2. — Jusqu'à ce qu'il en soit autrement disposé, seront rattachées:

Dans la province d'Alger : — La circonscription n° 101 (territoire du district d'Orléanville) à la circonscription n° 107 (Oulâd Kosseir Cheraga, Oulâd Kosseir Gheraba);

Dans la province d'Oran : — La circonscription n° 3 (territoire du district de Saint-Denis-du-Sig) à la circonscription n° 7 (Gheraba, Tallayt);

Dans la province de Constantine : — La circonscription n° 45 (territoire du district de La Calle) à la circonscription n° 46 (caïdat de l'E. et de l'O.); — La circonscription n° 48 (Guelma) à la circonscription n° 49 (caïdat de Guelma); — La circonscription n° 84 (territoire du district de Sétif) à la circonscription n° 85 (Amer Guebala, Amer Dahara, Oulâd Gassem).   Comte RANDON.

AG. — (Même date.) — *Institution des Medjlès.*

Art. 1. — Un medjlès est institué dans chacune des localités ci-après désignées :

Province d'Alger. — Alger, Blidah, Aumale, Médéah, Laghouat, Millanah, Orléansville.

Province d'Oran. — Oran, Mostaganem, Mascara, Sidi bel Abbès, Tlemcen.

Province de Constantine. — Constantine, Djidjelly, Guelma, Batna, Biskra, Sétif, Bougie.

Art. 2. — Les m'hakmas de cadis qui ressortissent à chacun de ces medjlès sont déterminées ainsi qu'il suit :

Province d'Alger. — Medjlès d'*Alger.* Toutes les m'hakmas comprises dans l'arrêté fixant les circonscriptions judiciaires de cadis, du n° 1 au n° 21 inclusivement. — Medjlès de *Blidah. Id.* du n° 22 au n° 28. — Medjlès d'*Aumale. Id.* du n° 29 au n° 44. — Medjlès de *Médéah. Id.* du n° 45 au n° 62. — Medjlès de *Laghouat. Id.* du n° 63 au n° 72. — Medjlès de *Millanah. Id.* du n° 73 au n° 100. — Medjlès d'*Orléanville. Id* du n° 101 au n° 119.

Province d'Oran. — Medjlès d'*Oran. Id.* du n° 1 au n° 8. — Medjlès de *Mostaganem. Id.* du n° 9 au n° 29. — Medjlès de *Sidi bel Abbès. Id.* du n° 30 au n° 34. —

Medjlès de *Mascara. Id.* du n° 35 au n° 63. — Medjlès de *Tlemcen. Id.* du n° 64 au n° 84.

Division de Constantine. — Medjlès de *Constantine. Id.* du n° 1 au n° 35. — Medjlès de *Djidjelly. Id.* du n° 36 au n° 40. — Medjlès de *Guelma. Id.* du n° 41 au n° 55. — Medjlès de *Batna. Id.* du n° 56 au n° 69. — Medjlès de *Biskra. Id.* du n° 70 au n° 84. — Medjlès de *Sélif. Id.* du n° 85 au n° 118. — Medjlès de *Bougie. Id.* du n° 119 au n° 123.

Art. 3. — Les medjlès établis dans les localités qui sont chefs-lieux de préfecture ou de sous-préfecture, seront placés sous l'autorité des préfets et des sous-préfets; dans les autres localités, sous l'autorité des commandants militaires. — Toutefois, pour faciliter la surveillance de l'administration de la justice musulmane, les deux registres prescrits par l'art. 64 du décret du 1er oct. 1854 seront tenus en double. — Sur l'un des doubles seront portées les affaires jugées en premier ressort par les cadis des territoires civils; sur l'autre, les affaires jugées en premier ressort par les cadis des territoires militaires. Ces registres seront cotés et parafés, conformément à l'art. 66 du décret précité, par l'autorité de laquelle relève le cadi qui aura rendu le jugement attaqué.

Art. 4. — Les généraux commandant les divisions et les préfets des départements sont chargés, chacun en ce qui le concerne, de l'exécution du présent arrêté, qui ne recevra toutefois son effet qu'à partir du 1er janv. 1856.

Comte RANDON.

AG. — (Même date.) — *Personnel des m'hakmas.*

Art. 1. — Le personnel de chaque m'hakma de cadi comprend : — Un cadi; — Un 1er adel (bach adel) faisant fonctions de naïb; — Un 2e adel.

Art. 2. — Toutefois, dans les circonscriptions ci-après désignées, le nombre des adels, y compris le bach adel, est fixé ainsi qu'il suit :

Province d'Alger. — Circonscriptions 1re et 2, huit adels.

Province d'Oran. — Circonscriptions 4, 5, 6, 7, 11, 12, 13, 16, 18, 28, 29, 32, 42, 73, trois adels. — Circonscriptions 27, 30, 31, 33, quatre adels.

Province de Constantine. — Circonscriptions 1re et 2, huit adels. — Circonscriptions 10, 13, 22, 57, trois adels.

Comte RANDON.

AG. — (Même date.) — *Règlement sur la profession d'oukil.*

Art. 1. — Tout aspirant au titre d'oukil (défenseur près des tribunaux musulmans), devra : — 1° Être âgé de vingt-cinq ans accomplis; — 2° Justifier de sa moralité et de son aptitude par un certificat délivré par un medjlès; — 3° Être inscrit, pour une zouïdja au moins, au rôle de l'impôt de l'achour, ou, à défaut, justifier d'un revenu annuel mobilier ou immobilier de 500 fr.

Art. 2. — Le nombre des oukils est fixé à quatre au maximum par m'hakma de cadi. — Les oukils pourront exercer leur ministère près de toutes les m'hakmas de cadi et près des medjlès.

Art. 3. — Le consentement verbal, donné en présence du juge, tient lieu à l'oukil de pouvoir écrit de représenter la partie qui ne jugera pas à propos de se défendre elle-même.

Art. 4. — Les oukils pourront être désignés d'office, à tour de rôle, pour défendre gratuitement les indigents. Le certificat constatant l'indigence sera délivré par l'autorité locale ou par le caïd de la tribu et visé par le chef du bureau arabe. — Les oukils seront également désignés d'office dans les cas prévus par la législation musulmane. — Toutes les fois qu'ils auront été désignés d'office, les oukils ne pourront refuser leur ministère sans avoir fait agréer leurs excuses par le cadi ou le medjlès.

Art. 5. — Il est interdit aux oukils, à peine de révocation : — 1° De se rendre directement ou indirectement acquéreurs de biens meubles et immeubles dont ils sont chargés de poursuivre la vente; — 2° De se rendre cessionnaires de droits successifs ou litigieux; — 3° De faire avec leurs parties des conventions aléatoires ou autres, subordonnées à l'issue des procès; — 4° De s'associer, soit entre eux, soit avec des tiers, pour l'exploitation de leur office et le partage de ses produits.

Art. 6. — Les oukils ne pourront exiger des parties d'autres honoraires que ceux fixés ci-après. — Pour les affaires qui n'excéderont pas 100 fr., et n'exigeront pas de déplacement, l'oukil recevra 3 fr. — Pour les affaires de 101 fr. à 1000 fr., l'oukil recevra 3 fr. plus 1 p. 100 à partir de la seconde centaine. — Pour les affaires excédant 1000 fr., l'oukil recevra pour les premiers 1000 fr. la rémunération indiquée au paragraphe précédent, et pour le surplus 1/2 p. 100.

Art. 7. — Dans les affaires dont la quotité ne peut être déterminée, l'oukil aura droit à 3 fr. par séance dans laquelle il aura plaidé.

Art. 8. — Dans les affaires qui exigeront des déplacements, l'oukil aura droit à 3 fr. par journée ou partie de journée de trois heures au moins.

Art. 9. — En cas de contestation entre les oukils et les parties, au sujet de la fixation des honoraires, le tribunal qui aura connu de l'affaire réglera la rémunération de l'oukil.

Art. 10. — Les honoraires de l'oukil lui seront payés intégralement, quelle que soit l'issue du procès.

Art. 11. — S'il survient un arrangement à l'amiable entre les parties, après que l'oukil a été chargé de l'affaire, mais avant que celle-ci n'ait été appelée au tribunal, l'oukil aura droit à la moitié des honoraires fixés aux art. 6, 7, et 8.

Art. 12. — Le tarif des honoraires dus aux oukils sera affiché dans le local des m'hakmas et des medjlès.

Art. 13. — Un tableau indiquant les noms et domicile des oukils nommés près des m'hakmas dans le ressort de chaque medjlès, sera affiché dans le local de ce tribunal et dans toutes les m'hakmas du cadi du ressort.

Comte RANDON.

DI. — 29 déc. 1855. — *Dispositions complémentaires du décret du 1er oct. 1854.*

Vu l'art. 1. du décret du 1er oct. 1854.

Art. 1. — En cas de partage de voix entre les juges des medjlès, il sera appelé, pour vider le partage, un ou plusieurs oulémas qui n'auront pas connu de l'affaire, et toujours en nombre impair.

Art. 2. — Les oulémas à appeler comme juges supplémentaires seront désignés par les généraux commandant les divisions ou par les préfets des départements, suivant la situation des medjlès.

NAPOLÉON.

AM. — 31 déc. 1855. — *Traitements et indemnités des magistrats musulmans.*

Vu l'art. 10 du décret du 1er oct. 1854.

Art. 1. — Les traitements et indemnités à allouer aux membres et agents des tribunaux musulmans sont fixés de la manière suivante :

Medjlès. — Présidents des Medjlès. — Lorsqu'ils ne touchent pas déjà, à d'autres titres, des rétributions sur les fonds de l'État, traitement fixe 1,800 fr. par an. — Lorsqu'ils occupent déjà un emploi rémunéré sur les fonds de l'État, supplément de traitement 600 fr. id.

Membres des Medjlès. — Lorsqu'ils n'ont pas déjà, à d'autres titres, des rétributions sur les fonds de l'État, traitement fixe 900 fr. id. — Lorsqu'ils occupent déjà un emploi rémunéré sur les fonds de l'État, supplément de traitement 500 fr. id. — Bach-Adels des Medjlès, 500 fr. id. — Adels des Medjlès, 300 fr. id.

Cadis de 1re classe, 1,500 fr. id.; de 2e cl., 1,200 fr. id.; de 3e cl., 900 fr. id.; de 4e cl., 600 fr. id.

Art. 2. — Indépendamment de ces traitements ou suppléments de traitement, les membres et agents des tribunaux musulmans reçoivent les honoraires qui leur sont attribués sur le produit des expéditions de jugements ou sur le produit des actes, en exécution des art. 34, 50 et 57 du décret du 1er oct. 1854.   VAILLANT.

§ 3. — CONSEILS DE GUERRE.

MI. — 29 avril 1854 — (V. suprà sect. II. § 1) *compétence des conseils de guerre en matière criminelle dans le ressort des justices de paix créées en territoire militaire.*

V. MARINE MARCHANDE, 24 mars 1852. Tribunaux maritimes commerciaux. — CONTRAINTE PAR CORPS, 20 mars 1855.

K

V. les articles et renvois du premier volume.

L

V. les articles et renvois du premier volume.

M

Maison centrale de l'Harrach.

V. PRISONS.

Marchés.

DIVISION.

§ 1. — Dispositions générales.
§ 3. — Marchés dans les villes du littoral et de l'intérieur.

§ 1. — DISPOSITIONS GÉNÉRALES (1).

AG. — 5-13 avr. 1855. — B. 478. — *Droits de place sur les ânes, mules, etc.*

Vu l'art. 8 de l'arrêté du 28 juill. 1842, qui exempte du droit de place les ânes, mules et mulets exclusivement destinés à la promenade et stationnant sur la voie publique (vol. 1er, p. 423); — Vu l'art. 1er de l'ord. du 17 janv. 1845, sur l'assiette des impôts, taxes de ville et de police en Algérie (vol. 1er, p. 263); — Vu l'ord. du 28 sept. 1847, et notamment l'art. 52 de cette ordonnance concernant le règlement des tarifs de voirie dans les communes constituées (vol. 1er, p. 124); — Considérant que l'exemption édictée par l'art. 8 de l'arr. du 28 juill. 1842, prive les communes d'une taxe essentiellement municipale et leur enlève, en matière d'impôt, un droit d'initiative qu'elles tiennent de la loi :

Article unique. — L'art. 8 de l'arr. sus-visé du 28 juill. 1842 est rapporté.

Comte RANDON.

AG. — 5-13 avr. 1855. — B. 478. — *Revenus de la commune d'Alger. — Droits de place sur les chevaux, etc.*

Vu l'art. 1er de l'ord. du 17 janv. 1845, sur l'assiette des impôts, taxes de ville et de police en Algérie; — Vu l'art. 52 de l'ord. du 28 sept. 1847, sur le règlement des droits de voirie dans les communes constituées; — Vu la délibération du conseil municipal de la commune d'Alger, en date du 8 nov. 1854, tendant à assujettir les chevaux, ânes, mules et mulets, exclusivement destinés à la promenade, et stationnant sur la voie publique, à un droit de place de 10 cent. par tête et par jour; — Considérant que la commune d'Alger est obligée de recourir à la création de nouvelles ressources pour faire face à ses charges; — Que le tarif voté n'a rien d'exagéré; qu'il est basé sur la superficie du terrain occupé,

Arrête :

Le tarif d'un droit de place, sur les chevaux, ânes, mules et mulets, exclusivement destinés à la promenade, et stationnant sur la voie publique, voté par le conseil municipal de la commune d'Alger, le 8 nov. 1854, est approuvé.

Comte RANDON.

AG. — 28 juin-13 juill. 1855. — B. 482. — *Revenus de la commune d'Oran. — Droits de place.*

Vu les art. 1er de l'ord. du 17 janv. 1845, 41 et 52 de l'ord. du 28 sept. 1847;

Vu la délibération de la commission municipale d'Oran en date du 20 mai 1854, portant qu'il y a lieu d'assujettir les voitures de place à un droit de stationnement de 25 cent. par voiture et par jour ou de 6 fr. par mois, par abonnement;

Considérant que les droits de stationnement des voitures de place sur la voie publique constituent un élément de revenu que la commune d'Oran ne saurait négliger;

Considérant que le tarif voté par la commission municipale d'Oran n'a rien d'exagéré, qu'il est basé sur le mouvement de la population de cette ville.

Le tarif d'un droit de stationnement des voitures de place sur la voie publique, voté par la

---

(1) Diverses condamnations prononcées à Constantine par application de l'arrêté réglementaire du 28 juill. 1842 (inséré vol. Ier, p. 423), ont été suivies de pourvois en cassation, sur lesquels il a été statué par l'arrêt dont suit le sommaire :

Est légal et obligatoire l'arrêté du gouverneur général de l'Algérie, qui interdit ailleurs que sur les halles, foires et marchés, la vente des grains, bestiaux, etc., et qui édicte la peine d'amende contre celui qui y contrevien-

droit; et, dès lors, le juge de police doit prononcer cette peine contre le marchand qui, transportant ses grains, les vend sur la route, près d'une ville dans laquelle il doit passer pour arriver à son lieu de destination, sans les avoir menés sur le marché de cette ville. — Mais cet arrêté est illégal et non obligatoire dans la partie qui édicte la peine de la confiscation; la confiscation, en effet, est une peine qu'il appartient au pouvoir législatif seul de prononcer, et qui ne rentre pas dans les pouvoirs du gouverneur général. — Cass., ch. crim., 15 fév. 1856.

commission municipale de la commune d'Oran, le 29 mai 1854, est approuvé.

Comte RANDON.

§ 5. — MARCHÉS DANS LES VILLES DU LITTORAL
ET DE L'INTÉRIEUR.

6 août-20 sept. 1853. — B. 443. — *Approbation ministérielle donnée à l'arr. du 10 juill. 1853 relatif au marché de Dellys* (vol. 1er, p. 421).

AG. — 12-30 oct. 1853. — B. 445. — *Application à Orléansville de l'arr. du 28 juill. 1842.*
Vu, etc.

Art. 1. — Les marchés journaliers actuellement établis dans l'intérieur d'Orléansville, continueront à se tenir sur les emplacements déterminés par l'autorité locale.

Art. 2. — La perception des droits de place et de stationnement s'effectuera sur ces marchés conformément au tarif de l'arr. du 28 juill. 1842, sus-visé. (Approuvé par décis. min. du 28 oct. 1853.)

Comte RANDON.

AG. — 19-30 oct. 1853. — B. 445. — *Marché de Dellys. — Droit sur les huiles.*

Vu l'arr. du 10 juill. 1853, rendant applicables à la ville de Dellys, les dispositions de l'arr. du 28 juill. 1842, en ce qui concerne la perception des droits de place et de mesurage sur les marchés (vol. 1er, p. 421); — Vu l'art. 1 de l'ord. du 17 janv. 1845, relatif à l'assiette des impôts en Algérie; — Considérant que le mesurage des huiles sur le marché actuel de Dellys occasionne des pertes de temps et des frais accessoires nuisibles à la promptitude des opérations et aux intérêts du commerce;

Art. 1. — A partir du 1er novembre prochain, les huiles introduites à Dellys pourront être soumises à un droit de peage, en remplacement du droit de mesurage fixé par l'arr. du 28 juill. 1842 sus-visé.

Art. 2. — Les droits de pesage sont fixés à 0 fr. 25 cent. par quintal métrique d'huile. — Lors du pesage, il sera fait déduction du poids de la tare fixée ainsi qu'il suit : — Pour des huiles contenues dans des outres, 5 pour 0/0 ; — Pour des huiles contenues dans des tonneaux, 12 pour 0/0.

Art. 3. — Il n'est pas dérogé aux règles tracées par l'arr. du 28 juill. 1842, pour la perception des droits, la constatation des contraventions, les poursuites et les transactions. (Approuvé par déc. min. du 23 nov. 1853.)

Comte RANDON.

AG. — 23 janv.-8 fév. 1855. — B. 474. — *Marché de Sétif.*

Art. 1. — Le marché aux grains établi à Sétif continuera à se tenir sur les lieu et emplacement déterminés par l'autorité locale.

Art. 2. — Ce marché donnera lieu à la perception, au profit de la caisse municipale, des droits de mesurage sur les grains et légumes secs, conformément aux dispositions de l'arr. du 28 juill. 1842, sus-visé. (Approuvé par déc. min. du 0 mars 1855.)

Comte RANDON.

AG. — 23 fév.-1er mars 1855. — B. 475. — *Marché d'Orléansville.*

Art. 1. — Les dispositions de l'arr. du 28 juill. 1842, concernant la perception des droits de mesurage des huiles, des grains et des légumes secs, sont rendues exécutoires sur les marchés intérieurs d'Orléansville. (Approuvé par déc. min. du 12 fév. 1855.)

Comte RANDON.

AG. — 23 juin-18 juill. 1855. — B. 482. — *Marché de Koléah.*

Art. 1. — Les dispositions de l'arr. du 28 juill. 1842, en ce qui concerne les droits de place et de mesurage, sont rendues applicables à Koléah.

Comte RANDON.

AG. — 4-17 nov. 1855. — B. 487. — *Marché de Saint-Denis du Sig.*

Art. 1. — Le marché quotidien existant dans l'intérieur de la ville de Saint-Denis du Sig, le marché hebdomadaire existant en dehors de l'enceinte de cette ville et le marché hebdomadaire existant sur le territoire du village de Sainte-Barbe (Tlélat) continueront à se tenir sur les lieux et emplacements déterminés par l'autorité compétente.

Art. 2. — Ces marchés seront régis conformément aux dispositions de l'arr. du 28 juill. 1842, en ce qui concerne la perception des droits de place et des droits de mesurage. Les droits de mesurage seront payés en numéraire. (Approuvé par déc. min. du 3 déc. 1855.)

Comte RANDON.

AG. — 8 nov.-31 déc. 1855. — B. 490. — *Marché de Nemours.*

Art. 1. — Les dispositions de l'arr. du 28 juill. 1842, sus-visé, sont rendues applicables à la ville de Nemours, en ce qui concerne la perception sur les marchés, des droits de place et des droits de mesurage. — Les droits de mesurage seront payés en numéraire. (Approuvé par déc. min. du 18 déc. 1855.)

Comte RANDON.

AG. — 13 nov.-31 déc. 1855. — B. 490. — *Marché de Guelma.*

Art. 1. — Les droits de place et de mesurage, fixés par le tarif de l'arr. du 28 juill. 1842, seront perçus sur les marchés de la commune de Guelma à partir du 1er janv. 1856.

Comte RANDON.

AG. — 12-31 déc. 1855. — B. 490. — *Marchés de l'Arba, du Fondouk et de Marengo.*

Art. 1. — Sont maintenus les marchés hebdomadaires qui se tiennent sur les territoires des villages ci-après désignés, savoir : — De l'Arba, le mercredi ; — Du Fondouk, le jeudi ; — De Marengo, le mercredi.

Art. 2. — Le marché hebdomadaire, qui se tient le samedi sur le territoire des Hadjoutes, est supprimé. Ce marché sera transféré sur le territoire du village de Mouzaïa-ville.

Art. 3. — Les marchés ci-dessus désignés seront soumis, à partir du 1er janv. 1856, à l'application du tarif fixé par l'arr. du 28 juill. 1842, en ce qui concerne la perception : — 1° Des droits de place; — 2° Des droits de mesurage; — 3° Des droits de marque sur les animaux abattus dans les emplacements non clos et couverts.

Art. 4. — La perception de ces droits s'effectuera au profit de la caisse locale et municipale.

Comte RANDON.

AG. — 21-31 déc. 1855. — B. 490. — *Marché de Sétif.*

Art. 1. — Les dispositions de l'arr. du 28 juill. 1842, concernant la perception des droits de permis de stationnement, de vente et de location sur la voie publique et des droits de mesurage des huiles, sont rendues exécutoires sur les marchés de la commune de Sétif. (Approuvé par déc. min. du 20 janv. 1856.)

Comte RANDON.

Marine marchande.

DI. — 1ᵉʳ nov.-15 déc. 1853. — B. 449. — *Promulgation, en Algérie, du décret disciplinaire et pénal du 24 mars 1852, sur la marine marchande.*

V. TRAITÉS. — 15 sept. 1853, traité avec le royaume des Deux-Siciles pour l'arrestation et la remise des marins déserteurs. — 23 fév. 1853, traité avec les États-Unis relativement aux opérations de sauvetage.

Médecins de colonisation.

V. ART MÉDICAL, § 3.

Milice.

DI. — 10 fév.-10 mars 1854. — B. 454. — *Conseils de discipline. Modification au décret du 12 juin 1852. (Vol. Iᵉʳ, p. 435.)*

Art. 1. — Les art. 57, 58 et 60 du décret ci-dessus visé sont remplacés par les dispositions suivantes :

« Art. 57. — Il y a par conseil de discipline de bataillon ou de légion, un rapporteur ayant rang de lieutenant ou de capitaine, et un secrétaire ayant rang de sous-lieutenant ou de lieutenant.— Lorsque la milice d'une commune est composée d'une seule compagnie ou de plusieurs compagnies non réunies en bataillon, le conseil de discipline a pour rapporteur un officier du rang de sous-lieutenant ou de lieutenant, et un secrétaire ayant rang de sous-officier.

» Art. 58. — Les officiers rapporteurs et secrétaires sont nommés par le gouverneur général, dans les formes prescrites par le § 1ᵉʳ de l'art. 33, et sont toujours hors cadre. — Les sous-officiers secrétaires sont nommés par le préfet ou le général commandant la division, suivant le territoire.

» Art. 60. — Les conseils de discipline sont permanents. Ils ne peuvent juger que lorsque cinq membres au moins sont présents dans les conseils de bataillon ou de légion, et trois membres au moins dans les conseils de compagnie. — Les juges sont renouvelés tous les ans ; néanmoins, à défaut d'autres officiers du même grade, ceux qui en font partie ne sont pas remplacés. »

NAPOLÉON.

AG. — 27 fév.-10 mars 1854. — B. 454. — *Milice d'Aïn Arnat.*

Art. 1. — Il est créé une compagnie de milice à Aïn Arnat (territoire militaire de la province de Constantine).

Art. 2. — L'effectif de cette compagnie est fixé à 80 hommes.

Art. 3. — Le cadre des officiers, sous-officiers, caporaux et tambours, est fixé comme suit : — 1 capitaine ; — 1 lieutenant ; — 2 sous-lieutenants ; — 1 sergent-major ; — 1 sergent-fourrier ; — 4 sergents ; — 8 caporaux ; — 1 tambour.

Art. 4. — Le conseil de recensement, composé de deux membres, non compris le président de droit, se réunira dans le délai d'un mois pour procéder à la formation des contrôles du service ordinaire et du service de réserve, ainsi qu'au classement des miliciens. Comte RANDON.

AG. — 17 déc. 1853-1ᵉʳ mars 1855. — B. 475. — *Milice de Jemmapes.*

Art. 1. — Il est créé un corps de milice dans les localités de la circonscription de Jemmapes (territoire militaire de la province de Constantine), indiquées au tableau A, annexé au présent arrêté.

Art. 2. — La composition du cadre est déterminée par le tableau B, également ci-annexé.

Art. 3. — Le conseil de recensement se réunira dans le délai d'un mois, pour procéder à la formation du contrôle du service ordinaire et du service de réserve, ainsi qu'au classement des miliciens par corps et par compagnie. Comte RANDON.

TABLEAU A.

Les localités où il est créé un corps de milice sont : —Jemmapes, Ahmed ben Ali, et Sidi Nassar.—L'organisation de ce corps comprend : — A Jemmapes, 1 compagnie d'infanterie et 1 section de pompiers qui sera rattachée pour l'action disciplinaire à la compagnie d'infanterie. — A Ahmed ben Ali et à Sidi Nassar, 1 section d'infanterie, qui sera réunie à la compagnie de Jemmapes.

Le conseil de recensement de cette compagnie sera composé de quatre membres, non compris le président de droit de ce conseil.

TABLEAU B.

La composition du cadre de cette compagnie est fixée ainsi qu'il suit : — 1 capitaine. — 1 lieutenant. — 1 sous-lieutenant. — 1 sergent-major. — 1 sergent-fourrier. — 3 sergents à Jemmapes. — 1 à Ahmed ben Ali. — 1 à Sidi Nassar. — 6 caporaux à Jemmapes. — 2 à Ahmed ben Ali. — 2 à Sidi Nassar. — 1 tambour.

Pour la section de pompiers : — 1 sous-lieutenant commandant. — 1 sergent. — 2 caporaux.

Le commandement des corps réunis, sections de pompiers et d'infanterie, appartient au capitaine de la compagnie d'infanterie.

AG.— 12 janv. 1854-1ᵉʳ mars 1855.— B. 475.— *Milice de Biskara.*

Art. 1. — Une section de sapeurs-pompiers composée de vingt-cinq hommes est créée à Biskara (territoire militaire de la province de Constantine).

Art. 2. — Le cadre de cette section est fixé ainsi qu'il suit : — 1 sous-lieutenant commandant ;—2 sergents ;—4 caporaux ;—1 tambour.

Art. 3. — Le conseil de recensement composé de quatre membres, non compris le président de droit, se réunira dans le délai d'un mois pour procéder à la formation des contrôles. Comte RANDON.

AG. — 13-19 mars 1855. — B. 476. — *Uniforme obligatoire.*

Art. 1. — L'uniforme est rendu obligatoire pour toutes les milices de l'Algérie.

Art. 2. — Dans les localités autres que les chefs-lieux de département et d'arrondissement, les sous-officiers et miliciens pourront remplacer la tunique par une blouse en toile bleue. Dans les prises d'armes et les exercices, les miliciens qui useront de cette faculté prendront la gauche des compagnies. Comte RANDON.

AG. — 27 juin-13 juill. 1855. — B. 482. — *Milice de Penthièvre, Nechmeya, etc.*

Art. 1. — Il est créé une subdivision de milice dans chacune des localités suivantes : Penthièvre, Nechmeya, Guelaat bou Sba et Oued Touta (cercles de Bône et de Guelma).

Art. 2. — La composition de ces milices est fixée conformément au tableau ci-après :

A Penthièvre et Nechmeya réunis, 1 compagnie d'infanterie composée de 1 section à Penthièvre, comprenant : — 1 lieutenant. — 1 sergent-major. — 2 sergents. — 2 caporaux. — 1 tambour. — Et de 1 section à Nechmeya, comprenant : — 1 sous-lieutenant. — 2 sergents. — 4 caporaux.

A Guelaat, ainsi qu'à Oued Touta, 1 section d'infanterie composée chacune de 1 sergent et 2 caporaux. Ces deux sections seront réunies à l'une des compagnies de Guelma.

Art. 3. — Les conseils de recensement composés, non compris le président, de quatre membres pour Penthièvre, et de deux membres pour Guelaat bou Sba, se réuniront, dans le délai d'un mois, pour procéder à la formation du contrôle du service ordinaire et de la réserve.

Comte RANDON.

AG. — 8-30 août 1855. — B. 485. — *Milices de diverses communes du département d'Oran.*

Art. 1. — Il est créé des corps de milices dans les diverses communes et localités du département d'Oran, indiquées dans le tableau A, annexé au présent arrêté.

L'organisation de ces milices et la composition des conseils de recensement sont fixées conformément aux indications du même tableau.

Art. 2. — La composition des cadres est déterminée par le tableau B, également annexé au présent arrêté.

Art. 3. — Les conseils de recensement se réuniront dans le délai d'un mois, pour procéder à la formation des contrôles du service ordinaire et du service de réserve, ainsi qu'au classement des miliciens par corps et par compagnie.

Comte RANDON.

TABLEAU A.

Localités où il est créé des corps de milice : — Bou Tlélis. — Aïn el Turck (Bou Sefer). — Sidi Chami (Arcole, Assi el biar et l'Etoile). — Valmy (Mangin). — Bréa (Mansoura, Heunaya, Négrier, Saf Saf). — Saint-André (Saint-Hippolyte). — Aboukir (Si Chérif, Bled Touaria). — Rivoli (Aïn Nouissy, La Stidia). — Les Libérés (Tounia, Aïn Boudinar). — Aïn Tedelès (Sourk el Mitou, Pont du Chélif). — Arzew (Saint-Leu, Damesme). — Saint-Cloud. — Kléber (Melessour, Sainte-Léonie). — Saint-Louis (Assi ben Fereah). — Fleurus (Assi ben Okba, Assi Ameur, Assi bou Nif).

(Voir le bulletin officiel n° 485 pour l'effectif des compagnies et sections d'infanterie et de pompiers créées dans les centres de populations ci-dessus, ainsi que pour la composition des conseils de recensement et celle des cadres).

AG. — 13-30 août 1855. — B. 485. — *Milices de diverses communes du département de Constantine.*

Art. 1. — Il est créé des corps de milice dans les diverses localités du département de Constantine, indiquées dans le tableau A, annexé au présent arrêté.

L'organisation de ces milices et la composition des conseils de recensement sont fixées conformément aux indications du même tableau.

Comte RANDON.

TABLEAU A.

Localités où il est créé des corps de milice : — Gastonville. — Robertville. — Mondovi. — Barral. — Millésimo. — Petit. — Héliopolis. — Bugeaud. — (Même observation qu'au tableau précédent.)

Mines.

DIVISION.

§ 1. — Service administratif.
§ 2. — Législation.

§ 1. — SERVICE ADMINISTRATIF.

AM. — 27 juin-3 sept. 1854. — B. 405. — *Allocations aux ingénieurs.*

Vu les arr. min. des 31 oct. 1846, 21 déc. 1848 et 20 juin 1849, fixant les traitements et accessoires de traitement attribués au personnel des mines de l'Algérie (vol. 1er, p. 451); — Vu le décret du 24 déc. 1851, portant organisation du corps des mines ; — Considérant que certaines réductions, déterminées par les arrêtés des 27 déc. 1848 et 29 juin 1849 ne sont plus motivées :

Art. 1. — L'allocation pour frais de déplacement et de tournées attribuée aux ingénieurs en chef des mines servant en Algérie, est élevée de 3,500 fr. à 4,400 fr., et le supplément colonial accordé aux gardes-mines est rétabli tel qu'il avait été fixé par l'arr. du 31 oct. 1846.

Art. 2. — Sont et demeurent abrogées toutes les dispositions contraires à celles du présent arrêté, qui recevra son exécution à partir du 1er janv. 1854 (1).　　VAILLANT.

§ 2. — LÉGISLATION.

AM. — 29 janv.-30 avr. 1854. — B. 458. — *Règlement général sur l'exploitation des mines et carrières en Algérie.*

Vu la loi sur les mines, carrières, etc., du 20 avr. 1810 ; — Vu la loi du 16 juin 1851, sur la constitution de la propriété en Algérie (vol. 1er, p. 566) :

Art. 1. — Les carrières de toute nature, ouvertes ou à ouvrir en Algérie, sont soumises aux mesures d'ordre et de police ci-après déterminées.

TIT. 1. — *Des déclarations.*

Art. 2. — Tout propriétaire ou entrepreneur qui voudra continuer l'exploitation d'une carrière, soit à ciel ouvert, soit par galeries souterraines, ou en ouvrir une nouvelle dans un terrain particulier, ou dans un terrain domanial, est tenu d'en faire la déclaration au maire de la commune où la carrière est située.

Art. 3. — La déclaration sera faite en deux expéditions, dont une sur papier timbré. — Elle contiendra l'énonciation des noms, prénoms et demeure des propriétaire ou entrepreneur, et de ses droits à la propriété ou à la jouissance du fonds où la carrière est située; elle fera connaître d'une manière précise l'emplacement de la carrière et sa situation par rapport aux habitations, bâtiments et chemins les plus voisins; elle indiquera la nature de la masse à extraire, l'épaisseur et la nature des terres ou bancs de rochers qui la recouvrent, le mode d'exploitation à ciel ouvert ou par galeries souterraines.

Art. 4. — Si l'exploitation doit avoir lieu par galeries souterraines, il sera joint à la déclaration un plan des lieux, également en deux expéditions et à l'échelle de 2 millimètres par mètre; sur ce plan seront indiqués le périmètre du terrain sur lequel l'exploitant aura acquis le droit d'établir des fouilles, ainsi que ses tenants et aboutissants, les chemins, édifices, canaux, rigoles et constructions quelconques existant sur ledit terrain ou dans son voisinage, dans un rayon de 25 mètres au moins, l'emplacement des orifices des puits ou des galeries projetées. — S'il existe des travaux souterrains déjà exécutés, ils seront figurés sur le plan en projection horizontale et en coupe verticale.

Art. 5. — Si l'exploitation est entreprise par

<hr>

(1) Les arrêtés des 31 oct. 1846 et 27 déc. 1848 (B. 243 et 304) n'ont pas été reproduits au premier volume, parce qu'ils étaient abrogés par l'arrêté du 29 juin 1849. La disposition de l'arrêté du 31 oct. 1846, qui est remise en vigueur par l'arrêté du 27 juin 1854, en faveur des

gardes-mines, fixe le supplément colonial qui leur est attribué ainsi qu'il suit : — Pour les gardes-mines de première classe, 600 fr. ; — pour ceux de deuxième classe, 500 fr. ; — pour ceux de troisième classe, 400 fr.

une personne étrangère à la commune où la carrière est située, cette personne devra faire élection de domicile dans ladite commune. — Dans le cas où l'exploitation devrait se faire pour le compte d'une société, le représentant de la société devra faire également élection de domicile dans la commune. — Le domicile élu, dans l'un comme dans l'autre cas, sera indiqué dans la déclaration.

Art. 6. — La déclaration sera faite : — 1° Pour les carrières actuellement en activité, dans le délai de deux mois, à dater de la promulgation du présent décret ; — 2° Pour les carrières nouvelles à ouvrir, un mois au moins avant le commencement des travaux. — Sera considérée comme carrière nouvelle : — 1° Toute carrière abandonnée et dont l'on voudrait reprendre l'exploitation ; — 2° Toute carrière à ciel ouvert dans laquelle on voudrait introduire le mode d'exploitation par galeries souterraines.

Art. 7. — Les déclarations seront classées dans les archives de la mairie. Un extrait de chacune d'elles, contenant les nom, prénoms et domicile du déclarant, l'indication de la situation de la carrière, de la nature de la masse à extraire et du mode d'exploitation sera inscrite à la date de la réception sur un registre spécial.—(Une des expéditions de la déclaration et du plan qui y est joint, quand il s'agit de carrière souterraine, sera transmise sans délai au préfet par l'intermédiaire du sous-préfet de l'arrondissement ou du commissaire civil. — Le préfet renverra à son tour ces pièces à l'ingénieur des mines, qui les conservera et en inscrira la mention sur un registre ouvert à cet effet dans son bureau.

Art. 8. — Faute par les propriétaires ou entrepreneurs d'avoir fait la déclaration ci-dessus prescrite, l'administration pourra ordonner la suspension provisoire des travaux illicitement entrepris, sans préjudice de la peine encourue pour la contravention résultant du défaut de déclaration.

Tit. 3. — *Des règles de l'exploitation.*

Sect. 1.—*Des carrières exploitées à ciel ouvert.*

Art. 9. — Les terres qui recouvrent la masse seront coupées en retraite par banquettes ou avec talus suffisant pour prévenir tout éboulement.

Art. 10. — L'exploitation de la masse ne pourra être poursuivie que jusqu'à la distance horizontale de dix mètres des chemins à voiture, édifices ou constructions quelconques, augmentée d'un mètre par chaque mètre d'épaisseur des terres de recouvrement.

La distance prescrite par le paragraphe précédent pourra être augmentée par le préfet du département, sur le rapport de l'ingénieur des mines, lorsque la nature des terres de recouvrement ou toute autre circonstance particulière l'exigeront.

Art. 11. — Le préfet détermine par des arrêtés pris sur l'avis du maire et le rapport de l'ingénieur des mines, les distances à observer par rapport aux sentiers de piétons et aux rigoles ou tuyaux de conduite des eaux. — Lorsqu'il s'agira de rigoles ou tuyaux de conduite d'eau dépendant du domaine national ou départemental, l'avis du maire ne sera plus obligatoire, mais l'ingénieur des ponts et chaussées sera nécessairement consulté.

Art. 12. — Lorsque l'abord d'une carrière sera reconnu dangereux, il devra être garanti, soit par un fossé creusé au pourtour et dont les déblais seront rejetés du côté des travaux pour y

former une berge, soit par un mur ou une palissade en bois de 1 mètre 0 cent. de hauteur au moins, soit par tout autre moyen de clôture qui sera reconnu offrir des conditions équivalentes de sécurité. Ces clôtures seront accompagnées, s'il y a lieu, d'une rigole pour détourner les eaux. — Les dispositions qui précèdent seront applicables aux carrières abandonnées. Les travaux de clôture seront, dans ce cas, à la charge du propriétaire du fonds dans lequel la carrière est située, sauf son recours contre l'ancien exploitant.

Art. 13. — Les procédés d'abattage de la masse exploitée ou des terres de recouvrement, qui seront reconnus dangereux pour les ouvriers, pourront être interdits par des arrêtés du préfet rendus sur l'avis de l'ingénieur des mines. — Dans le tirage à la poudre, l'exploitant se conformera à toutes les mesures de précaution et de sûreté qui lui seront prescrites par l'autorité. — S'il est fait usage de mines à fourneaux chargées d'un kilogramme ou plus de poudre, il sera placé, avant que l'on ne mette le feu, des signaux apparents pour prévenir les passants, dans un rayon de trois cents mètres au moins de distance du centre du fourneau. L'exploitant sera tenu, en outre, de prévenir, avant le chargement du fourneau, le maire de la commune, qui pourra prescrire telles autres mesures de précaution qu'il jugera convenables, et même interdire le chargement, s'il pense que l'explosion puisse compromettre la solidité des chemins, édifices ou constructions quelconques, sauf recours au préfet de la part de l'exploitant. Le chargement du fourneau sera, en tous cas, ajourné jusqu'à la décision du préfet.

Sect. 2. — *Des carrières souterraines.*

Art. 14. — Les voies par lesquelles on entrera dans les carrières, puits ou galeries, seront toujours maintenues en bon état. Leurs parois seront consolidées par des revêtements en bois ou en maçonnerie, quand il en sera besoin. — Les puits seront garnis d'échelles construites et assujetties solidement, pour l'entrée et la sortie des ouvriers. — Les machines, câbles et tonnes d'extraction seront solidement établis et constamment entretenus en bon état.

Art. 15. — Aucune excavation souterraine ne pourra être ouverte ou poursuivie sans une autorisation spéciale du préfet, que jusqu'à une distance horizontale de dix mètres des habitations, chemins, rivières, rigoles ou conduites d'eau, édifices et constructions quelconques existant à la surface. — Cette distance sera augmentée d'un mètre par chaque mètre de hauteur de l'excavation.

Art. 16. — Les exploitants se conformeront, pour tout ce qui concerne la sûreté des ouvriers et la solidité des travaux, notamment pour les moyens de consolidation des puits, galeries et autres excavations, les dispositions ou les dimensions des piliers de masse, les précautions à prendre pour prévenir les accidents dans le tirage à la poudre, aux mesures qui leur seront prescrites par le préfet, sur le rapport de l'ingénieur des mines.

Tit. 3.— *Dispositions générales applicables aux carrières à ciel ouvert et aux carrières souterraines.*

Art. 17. — Tout propriétaire ou entrepreneur de carrières est tenu : — 1° De faciliter la visite de sa carrière à tous les fonctionnaires chargés de la surveillance des travaux ; — 2° D'adresser au maire de la commune, toutes les fois qu'il en fera la demande, la déclaration du nombre d'ouvriers qu'il emploie et la liste nominative desdits ouvriers ; — 3° De n'employer que des ouvriers porteurs de livrets, aux termes de la loi du 22 germ. an XI et des règlements de l'Algérie ; — 4° De ne pas admettre dans ses travaux d'enfants au-dessous de dix ans.

Tit. 4. — *De la surveillance administrative.*

Art. 18. — L'exploitation des carrières est surveillée, sous l'autorité du préfet, par les ingénieurs des mines et les agents sous leurs ordres, et concurremment par les maires et autres officiers de police municipale, conformément aux dispositions des art. 47, 48, 50, 81 et 82 de la loi du 21 avr. 1810, de l'art. 40 du décret du 18 nov. 1810, et du décret du 3 janv. 1813 sur la police souterraine.

Art. 19. — Les ingénieurs des mines, gardes-mines et autres agents sous leurs ordres visiteront les carrières dans leurs tournées ; ils rédigeront des procès-verbaux de ces visites et laisseront, s'il y a lieu, aux exploitants, des instructions écrites pour la conduite des travaux sous le rapport de la sûreté et de la salubrité. Les ingénieurs adresseront au préfet une copie desdits procès-verbaux ou instructions.

Art. 20. — L'ingénieur des mines informera le préfet de tout vice ou abus qu'il aurait observé dans sa visite, et provoquera les moyens d'amélioration et les mesures d'ordre dont il aura reconnu l'utilité. Il sera statué par le préfet sur les propositions de l'ingénieur.

Art. 21. — Dans le cas où, par une cause quelconque, l'exploitation d'une carrière compromettrait la sûreté publique, la conservation des puits, la solidité des travaux, la sécurité des ouvriers, celle du sol ou des habitations de la surface, le propriétaire ou l'entrepreneur sera tenu d'en donner immédiatement avis au maire de la commune où la carrière est située et au préfet du département.

Art. 22. — L'ingénieur des mines, aussitôt qu'il sera prévenu par le préfet ou autrement, et à son défaut le garde-mines, se rendra sur les lieux, dressera procès-verbal de leur état, et enverra ce procès-verbal au préfet en y joignant l'indication des mesures qu'il jugera convenables pour faire cesser le danger. — Le maire pourra aussi adresser au préfet ses observations en ce qui concerne la sûreté des personnes et des propriétés. — Le préfet statuera après avoir entendu l'exploitant, et sauf recours au gouverneur général, le conseil de gouvernement entendu. En cas d'urgence, l'ingénieur en fera mention dans son rapport, et le préfet pourra ordonner que son arrêté soit provisoirement exécuté.

Art. 23. — Si le propriétaire ou l'entrepreneur, sur la notification qui lui sera faite de l'arrêté du préfet, ne se conforme pas aux mesures prescrites dans le délai qui lui aura été fixé, il y sera pourvu d'office et à ses frais par les soins de l'administration.

Art. 24. — En cas de péril imminent reconnu par l'ingénieur des mines dans la visite d'une carrière, cet ingénieur fera, sous sa responsabilité, les réquisitions nécessaires aux autorités locales pour qu'il y soit pourvu sur-le-champ conformément à l'art. 5 du décret du 3 janv. 1813. — Le maire pourra toujours d'ailleurs, dans le cas prévu au présent article et en l'absence de l'ingénieur, prendre toutes les mesures que lui paraîtra commander l'intérêt de la sûreté publique.

Art. 25. — En cas d'accident survenu dans une carrière, et qui aurait occasionné la mort ou des blessures à une ou plusieurs personnes, ouvriers ou autres, le propriétaire ou l'entrepreneur est tenu d'en donner avis immédiatement au maire de la commune. — Le maire en informera sans délai le préfet et l'ingénieur des mines ou le garde-mines à la résidence la plus rapprochée. En outre, il se transportera immédiatement sur le lieu de l'événement et dressera un procès-verbal qu'il transmettra au procureur impérial et dont il enverra copie au préfet. — L'ingénieur des mines ou à son défaut le garde-mines se rendra sur lieux aussitôt que possible : il visitera la carrière, recherchera les circonstances et les causes de l'accident, et dressera du tout un procès-verbal qu'il adressera au procureur impérial et dont il enverra copie au préfet. — L'ingénieur des mines ou le garde-mines se conformera, pour les autres mesures à prendre, aux dispositions du décret du 3 janv. 1813. — Sur le vu des pièces, le procureur impérial poursuivra, s'il y a lieu, les auteurs de l'accident devant le tribunal de police correctionnelle pour l'application des peines prononcées par les art. 319 et 320 du code pénal, sans préjudice de tous dommages-intérêts.

Art. 26. — Il sera procédé ainsi qu'il est dit aux art. 21, 23, 24, et 25 ci-dessus dans le cas où à défaut d'avis donné par le propriétaire ou l'entrepreneur de la carrière, les faits seront parvenus autrement à la connaissance du maire ou de l'adjoint, sans préjudice des poursuites qui pourront être exercées contre ledit propriétaire ou entrepreneur pour la contravention résultant du défaut d'avertissement.

Art. 27. — Tout propriétaire ou entrepreneur de carrières souterraines sera tenu de faire dresser ou compléter le plan de ses travaux dès qu'il en sera requis par le préfet, et dans le délai fixé par ce magistrat. — S'il refuse ou néglige d'obtempérer à cette réquisition, le plan sera levé d'office à ses frais à la diligence de l'administration.

Art. 28. — Lorsque des travaux auront été exécutés ou des plans levés d'office dans les cas prévus par les art. 23 et 27 ci-dessus, le montant des frais sera réglé par le préfet, et le recouvrement s'en opérera contre qui de droit, comme en matière de contributions, sur des rôles rendus exécutoires par le préfet. — En cas de réclamation, le conseil de préfecture sera appelé à statuer, sauf recours au conseil d'État.

Art. 29. — Tout propriétaire ou entrepreneur qui voudra abandonner une carrière souterraine, est tenu d'en faire la déclaration au préfet par l'intermédiaire du maire de la commune où la carrière est située. Le préfet fera reconnaître les lieux par l'ingénieur des mines et prendra, sur son rapport, les mesures qu'il jugera nécessaires dans l'intérêt de la sûreté publique.

Art. 30. — Les dispositions des art. 22, 23 et 24 ci-dessus sont applicables à toute époque, aux carrières souterraines abandonnées, dont l'existence compromettrait la sûreté publique. — Les travaux prescrits seront, dans ce cas, soit à la charge du propriétaire du fonds dans lequel la carrière est située, soit à la charge de l'entrepreneur en terrain domanial, sauf recours contre l'ancien exploitant.

Tit. 5. — *De la constatation, de la poursuite et de la répression des contraventions.*

Art. 31. — Les contraventions aux dispositions du présent règlement et aux arrêtés préfectoraux rendus en exécution de ce règlement, commises par les propriétaires, entrepreneurs ou exploitants de carrières, seront constatées par les maires et adjoints, par les commissaires de police, gardes champêtres et autres officiers de police judiciaire, et concurremment par les ingénieurs des mines et les gardes-mines ou agents placés sous leurs ordres et ayant qualité pour verbaliser.

Art. 32. — Les procès-verbaux seront visés pour timbre et enregistrés en débet : ils seront affirmés dans les formes et délais prescrits par la loi, pour ceux de ces procès-verbaux qui ont besoin de l'affirmation.

Art. 33. — Lesdits procès-verbaux seront transmis en originaux à qui de droit, et les contrevenants poursuivis d'office devant la juridiction compétente, sans préjudice des dommages-intérêts des parties. — Copies des procès-verbaux seront transmises aux préfets.

Art. 34. — Les contraventions aux dispositions du présent règlement, qui auraient pour effet de porter atteinte à la conservation des routes nationales et départementales, des canaux, rivières, ports ou autres ouvrages dépendant du domaine public, seront constatées et poursuivies par voie administrative, conformément à ce qui est prescrit par la loi du 29 floréal an XI, et les décrets des 18 août 1810 et 16 décembre 1811. — Les procès-verbaux dressés par les ingénieurs ou conducteurs des ponts et chaussées, par les ingénieurs des mines et gardes-mines, et par les autres fonctionnaires et agents désignés en l'art. 2 de la loi du 29 floréal an X, seront visés pour timbre et enregistrés en débet : ils seront après affirmation, s'il y a lieu, transmis sans délai au sous-préfet, ou au commissaire civil, qui ordonnera par provision, et sauf recours au préfet, ce que de droit pour faire cesser le dommage. — Il sera statué définitivement par le conseil de préfecture, conformément aux lois et règlements.

Tit. 6. — *Dispositions générales.*

Art. 35. — Les attributions conférées aux préfets, sous-préfets, commissaires civils et maires, seront remplies, en territoire militaire, par le général commandant la division et par les officiers investis sous ses ordres de commandements militaires, conformément à la législation de l'Algérie.

Art. 36. — Les attributions conférées aux tribunaux de police correctionnelle, aux tribunaux de simple police et aux conseils de préfecture, seront remplies, en territoire militaire, par les juridictions correspondantes.

Art. 37. — Par dérogation aux dispositions contenues dans les tit. 4 et 5 du présent règlement, les attributions confiées par ces dispositions aux ingénieurs des mines seront exercées respectivement par les ingénieurs des ponts et chaussées ou par les officiers du génie militaire pour les carrières du domaine de l'État, qui sont exploitées pour le compte du service des ponts et chaussées ou pour celui du génie militaire.

Art. 38. — Dans les zones de servitude des places de guerre, les carrières ne peuvent être ouvertes sans l'autorisation préalable du génie militaire.

Art. 39. — Le présent arrêté sera publié à la diligence du gouverneur général de l'Algérie et des préfets, et par les soins des maires dans les communes où il existe des exploitations de carrières. Il en sera, en outre, donné connaissance spéciale par les maires aux entrepreneurs de carrières.   A. DE SAINT-ARNAUD.

DI. — 5 janv.-1ᵉʳ mars 1855. — B. 475. — *Concessions antérieures à la loi du 16 juin 1851, sur la propriété* (1).

Vu l'art. 5 de la loi du 16 juin 1851, sur la constitution de la propriété en Algérie (vol. 1ᵉʳ, p. 560). — Vu l'arr. du 9 oct. 1848 (vol. 1ᵉʳ, p. 452). — Vu le décret du 6 fév. 1852 (vol. 1ᵉʳ, p. 452). — Vu la loi du 11 janv. 1851, relative au régime commercial en Algérie (vol. 1ᵉʳ, p. 240).

---

(1) *Rapport à l'empereur.*

Sire, les diverses concessions de mines instituées en Algérie, antérieurement à la loi du 16 juin 1851 (sur la propriété), qui a rendu exécutoire la législation générale de France, sur les mines, ont été faites conformément aux principes généraux de cette législation, mais avec certaines modifications qu'il avait été jugé nécessaire d'y apporter. — Ainsi la durée des concessions, au lieu d'être perpétuelle aux termes de l'art. 7 de la loi sur les mines, du 21 avr. 1810, avait été limitée à quatre-vingt-dix-neuf ans, et, par dérogation au principe de la libre transmissibilité des concessions de mines, posé par le même article, il avait été stipulé que la propriété des concessions ne pourrait être cédée, vendue ou transmise d'une manière quelconque par les concessionnaires, sans l'autorisation du gouvernement. — Enfin, par des clauses exceptionnelles, l'exportation à l'étranger des minerais provenant des exploitations avait été interdite d'une manière générale, et les concessionnaires étaient astreints à traiter leurs minerais soit en Algérie, soit en France, au lieu d'être simplement soumis en cela aux lois de douane de la métropole.

A ces diverses dispositions, résultant uniquement des actes de concessions antérieurs à la loi du 16 juin 1851, est venue s'ajouter, mais par la voie réglementaire, une autre dérogation à la loi du 21 avr. 1810 : un arrêté du chef du pouvoir exécutif, du 9 oct. 1848, a déclaré provisoirement inapplicables, en Algérie l'art. 3 et les art. 59 à 69 de cette loi, relatifs aux minerais de fer d'alluvion et aux mines de fer en filons ou en couches exploitables à ciel ouvert, et a rangé ces minerais et mines dans la classe des substances minérales énoncées en l'art. 2 de ladite loi et qui, conformément à l'art. 5, ne peuvent être exploitées qu'en vertu d'une concession. La loi du 16 juin 1851 avait d'abord eu pour effet d'anéantir implicitement l'arrêté du 9 oct. 1848; mais il a été statué ulté-

rieurement, par décret du 6 fév. 1852, que cet arrêté continuerait à ressortir son plein et entier effet.

Dans cette situation s'est élevée la question de savoir quelles doivent être les conséquences de la loi du 16 juin 1851 à l'égard des concessions antérieures, et cette question a été l'objet d'un examen approfondi de la part du département de la guerre, du département de l'agriculture, du commerce et des travaux publics, du comité consultatif de l'Algérie, et, en dernier lieu, du conseil d'État; examen dont le résultat a été de constater la nécessité d'un règlement d'administration publique pour faire rentrer lesdites concessions sous l'application de la législation française, à l'exception, toutefois, de ce qui concerne les minerais de fer exploitables à ciel ouvert, lesquels sont et doivent rester régis par le décret du 6 fév. 1852.

En effet, à l'égard de la perpétuité des concessions, il existe un précédent qui doit servir de guide dans cette circonstance. Sous l'empire de la loi sur les mines, du 28 juill. 1791, les concessions de mines en France étaient temporaires; la loi du 21 avr. 1810, qui remplaça cette législation, étendit le bénéfice de la perpétuité à toutes celles de ces concessions dont le terme n'était pas expiré. On avait compris que, pour donner aux exploitations l'impulsion que réclamait l'intérêt public, il fallait en affermir la possession dans les mains des concessionnaires. Ce que la loi de 1810 a fait en France à l'égard des anciennes concessions de mines, il importe, par les mêmes motifs, de le faire aujourd'hui pour l'Algérie, où l'on ne saurait laisser subsister, sans de graves inconvénients, deux catégories distinctes de concessions : les unes temporaires, les autres perpétuelles.

Quant à la libre transmissibilité des concessions, elle dérive de droit de l'art. 7 de la loi du 21 avr. 1810 (portant que les concessions de mines sont perpétuelles et transmissibles comme tous autres biens), sauf certains cas

— Vu le décret du 23 oct. 1852 (vol. I", p. 453).
— Vu les ordonnances, arrêtés et décrets antérieurs à la loi ci-dessus visée, du 18 juin 1851, portant concessions des mines en Algérie, et les cahiers de charges y annexés ;

Art. 1. — Les concessionnaires de mines en Algérie, dont le titre est antérieur à la promulgation de la loi du 16 juin 1851, sur la constitution de la propriété, en sont reconnus propriétaires incommutables, sauf les droits des tiers.
— Leurs concessions sont disponibles et transmissibles, comme les autres biens, dans les termes de l'art. 7 de la loi du 21 avril 1810, et sauf les restrictions résultant du décret du 23 oct. 1852.

Art. 2. — Sont considérées comme non avenues, dans les actes constitutifs des concessions mentionnées en l'article précédent, toutes clauses et conditions contraires à la législation générale de la France sur les mines et la loi du 11 juin 1851, sur le régime commercial en Algérie. — Continueront néanmoins à recevoir leur pleine et entière application, l'arrêté du président du conseil chargé du pouvoir exécutif, du 9 oct. 1848, et le décret du 6 fév. 1852, aux dispositions desquels il n'est en rien dérogé.

NAPOLÉON.

Mont-de-piété.

AM. — 18 oct.-5 déc. 1853. — B. 448. — *Obligations négociables. — Mode d'émission.*

Vu les art. 10 et 11 du décret du 8 sept. 1852 (vol. I", p. 454). — Considérant qu'il importe de régler le mode suivant lequel les obligations dont il s'agit devront être souscrites ou négociées.

Art. 1. — Les obligations négociables à émettre par le mont-de-piété d'Alger, en échange des avances à lui faites par la caisse locale et municipale, en exécution du décret du 8 sept. 1852, seront nominatives et négociables par voie de transfert. — Elles seront souscrites par les membres délégués à cet effet du conseil d'administration, au nom du mont-de-piété, à l'ordre du receveur des domaines à Alger, pour le compte de la caisse locale et municipale.

Art. 2. — Les obligations ainsi souscrites resteront déposées dans la caisse du receveur des domaines, et n'en pourront sortir que par suite de remboursement ou qu'en vertu d'une décision du ministre de la guerre autorisant le transfert.
— Cette décision sera prise sur un avis conforme du conseil de gouvernement.

A. DE SAINT-ARNAUD.

DI. — 19 déc. 1853.-2 fév. 1854. — B. 452. — *Suppression d'un emploi d'appréciateur.*

Art. 1. — Le deuxième emploi d'appréciateur, attaché au mont-de-piété d'Alger, par l'art. 11 du règlement général sus-visé (vol. I", p. 456), et qui devait être rempli par un orfévre-bijoutier indigène, est et demeure supprimé.

NAPOLÉON.

N

Navigation.

§ 1. — DISPOSITIONS GÉNÉRALES.

DI. — 27 mars-30 avr. 1854. — B. 458. — *Déclaration relative aux bâtiments de commerce russes et qui leur accorde un délai de six semaines pour sortir des ports français.*

DI. — 15 avr.-18 mai 1854. — B. 459. — *Dispositions complémentaires de la déclaration précédente.*

§ 2. — NAVIGATION A VAPEUR.

AG. — 12 août-3 sept. 1854. — B. 465. — *Réorganisation de la commission de surveillance des bateaux à vapeur à Bône.*

Vu l'arrêté du 17 juill. 1848, qui institue à Bône une commission spéciale de surveillance des bateaux à vapeur du commerce français (vol. I", p. 462). — Considérant que cette commission se trouve aujourd'hui désorganisée, par suite du changement de résidence des membres qui en faisaient partie et qu'il y a lieu de la reconstituer d'une manière permanente et définitive.

Art. 1. — La commission de surveillance des bateaux à vapeur français à Bône sera désormais composée de la manière suivante : — L'Officier chef du génie de la place ; — L'Officier commandant de la marine ; — Le Sous-commissaire de la marine ; — L'Ingénieur ordinaire des

---

dans lesquels l'autorisation du gouvernement est exigée, par exemple quand il y a vente par lots ou partage d'une concession de mine (art. 7 précité), ou lorsqu'il s'agit de la réunion par vente, association, acquisition ou autrement de plusieurs concessions de mines, de même nature, entre les mains d'une seule personne ou d'une société (décret du 23 oct. 1852, sur les réunions de mines).

Reste la clause qui obligeait les concessionnaires à traiter ou à faire traiter, soit en Algérie, soit en France, les minerais provenant de leurs exploitations, et prohibant l'exportation à l'étranger. Or, cette clause est devenue sans objet en présence de la loi du 11 janv. 1851, sur le régime commercial de l'Algérie dont l'art. 9, notamment, a rendu facultative, par décret, l'exploitation des minerais de cuivre.

Le projet de décret ci-joint, adopté par le conseil d'État, consacre les principes ci-dessus énoncés ; il reconnaît comme propriétaires incommutables, sauf les droits des tiers, les concessionnaires de mines en Algérie dont

le titre est antérieur à la promulgation de la loi du 16 juin 1851, et déclare que leurs concessions sont disponibles et transmissibles, comme les autres biens, dans les termes de l'art. 7 de la loi du 21 avr. 1810, et sauf les restrictions résultant du décret du 23 oct. 1852. — Il abroge en même temps dans les actes constitutifs de ces concessions toutes clauses et conditions contraires à la législation de France sur les mines, ainsi qu'à la loi du 11 janv. 1851 sur le régime commercial de l'Algérie, et il donne, pour ainsi dire, une nouvelle sanction au décret du 6 fév. 1852 sur les minerais de fer exploitables à ciel ouvert. — En un mot, ce décret, qui établit entre toutes les concessions de mines en Algérie une uniformité aussi juste que nécessaire, me paraît destiné à exercer une heureuse influence au point de vue non-seulement de cette importante industrie, mais aussi du développement de la colonisation qu'elle seconde puissamment ; et c'est dans cette confiance, que j'ai l'honneur de le soumettre à l'approbation de Votre Majesté.

Le ministre de la guerre, VAILLANT.

ponts et chaussées ; —l'Ingénieur ordinaire des mines ; — Le Capitaine de la Santé.

Art. 2. — Conformément aux dispositions de l'arrêté du 17 juillet 1848 sus-visé, la présidence de la commission sera déférée au membre le plus élevé en grade, et, en cas d'absence ou d'empêchement, les fonctionnaires ou officiers faisant partie de la commission seront remplacés par leurs intérimaires ou leurs suppléants.

Comte RANDON.

V. DOUANES. — MARINE MARCHANDE 24 mars 1852, décret disciplinaire et pénal. — TRAITÉS.

Nitrate de soude.

V. DOUANES, § 2; 16 avr. 1854.

Notaires.

DI. — 8 juil.-3 août 1854. — B. 463. — *Création d'un office de notaire à Sidi bel Abbès.*

DI. — 7 juil.-8 août 1855. — B. 484. — *Création d'un 2e office de notaire à Constantine.*

O

Octroi.

V. DOUANES, § 2. — COMMUNES, sect. IV, § 2, 11 nov. 1854. Répartition du produit de l'octroi de mer.

Opérations topographiques.

DM. — 20 juin-20 sept. 1854. — B. 466. — *Tarif d'indemnités.*

Par décision du 20 juin 1854, M. le ministre de la guerre a adopté pour être substitué à celui du 12 mai 1851, le tarif ci-après des indemnités proportionnelles à accorder aux agents sé-

dentaires du service des opérations topographiques pour les différents travaux qu'ils exécutent au cabinet.

Calculs parcellaires et rédaction des cahiers.

	fr. c.
Par hectare.	» 012

Réduction des plans parcellaires en tableaux d'assemblage.

	fr. c.
Au 1/10,000 par hectare.	» 0038
— par parcelle.	» 03
Au 1/20,000 par hectare.	» 0035
— par parcelle.	» 014
Au 1/40,000 par hectare.	» 0018
— par parcelle.	» 0065

Copies ou calques des plans parcellaires.

	fr. c.
Au 1/2,000 par hectare	» 006
— par parcelle	» 045
Au 1/4,000 par hectare	» 003
— par parcelle	» 022

Copies ou calques tableaux d'assemblage.

	fr. c.
Au 1/10,000 par hectare.	» 002
— par parcelle.	» 016
Au 1/20,000 par hectare.	» 001
— par parcelle.	» 008
Au 1/40,000 par hectare.	» 0008
— par parcelle.	» 005

Copies des petits plans urbains et ruraux.

	fr. c.
Par plan.	» 40

Copies des tableaux indicatifs.

	fr. c.
Par parcelle.	» 008

Copies des listes alphabétiques.

	fr. c.
Par parcelle.	» 005

Comptabilité, expéditions, travaux d'ordre, écritures diverses, etc.

	fr. c.
Par mois.	30 »

Orphelinat.

V. CONCESSIONS, sect. III, § 1. 20 juin 1855. Orphelinat de Medjez Amar.

Ouvriers (1).

V. DOMESTIQUES A GAGE.

---

(1) L'arrêté du gouverneur général du 22 sep. 1843, qui avait réglementé les rapports des maîtres avec les ouvriers et domestiques à gages, et qui est inséré vol. Ier, p. 474, a donné lieu à un pourvoi en cassation, sur lequel il a été statué, ainsi qu'il suit, par arrêt de la cour de cassation, en date du 15 juill. 1854 : — Vu les art. 7 et 18 de l'arrêté du gouverneur général de l'Algérie, du 22 sept. 1843, qui défendent de recevoir ou employer un domestique, s'il n'est porteur d'un livret en forme, et punissent toute contravention à cette prohibition d'une amende de 5 à 15 fr ; — Vu également les art. 4 et 471, n° 15, c. pén., 408 et 413 inst. cr., ensemble les lois des 16-24 août 1790, 19-22 juill. 1791 ; — Attendu qu'il est de règle, aux termes de l'art. 4 précité, que nulle contravention, nul délit, nul crime, ne peuvent être punis de peines qui n'étaient pas prononcées par la loi avant qu'ils fussent commis ; — Attendu que le fait mis à la charge du sieur Choplet consistait, selon le procès-verbal dressé contre lui, et les constatations du jugement attaqué, dans cette circonstance qu'il aurait occupé chez lui le nommé Frasselin, sans avoir exigé de lui qu'il se munît au préalable d'un livret de domestique ; — Attendu qu'aucune loi n'astreint les domestiques à la nécessité d'un livret, et qu'on ne saurait leur appliquer, par voie d'extension, les dispositions, soit de la loi du 22 germ. an 11, soit de l'arrêté du 9 frim. an 12, puisqu'ils ne s'occupent que des

ouvriers, compagnons et garçons ; — Que d'ailleurs cette loi, qui édicte contre ces derniers diverses prohibitions, ne prononce aucune peine au cas d'infraction ; qu'elle ne saurait donc à aucun titre servir de point de départ et de sanction, soit à la prohibition, soit à la pénalité de l'arrêté du 22 sept. 1843, et qu'il importe pour apprécier sa valeur juridique, de rechercher si les pouvoirs appartenant en propre à cette époque au gouverneur général de l'Algérie l'autorisaient, au double point de vue des prescriptions et de la peine, à prendre un tel arrêté ; — Attendu qu'en 1843, le gouverneur général de l'Algérie tenait ses pouvoirs de l'ord. roy. du 22 juill. 1834, qui lui confiait spécialement, par son art. 1er, le commandement général et la haute administration des possessions françaises dans le nord de l'Afrique ; — Attendu que cette délégation générale et absolue en ce qui concerne les attributions militaires et administratives, ne s'étendait pas par cela seul au pouvoir législatif, qui, dès lors, restait pleinement réservé au chef de l'État ; — Qu'il est tellement certain que cette restriction dans les pouvoirs délégués était péremptoirement dans la pensée de l'ordonnance, que si par son art. 5 elle autorise le gouverneur général à rendre exécutoires par voie d'arrêtés les dispositions des projets d'ordonnances qu'il a fait délibérer en conseil pour les transmettre au ministre de la guerre, c'est uniquement à titre provisoire et dans les cas extraordinaires et urgents ; — Attendu qu'il suit

P

Passages maritimes.

V. Armée, Militaires libérés. — Fonctionnaires, § 5.

Passe-ports.

AM. — 17 fév.-20 mars 1854. — B. 455, — *Nouveau règlement sur les passe-ports.*

Vu les lois et décrets relatifs aux passe-ports, et notamment les lois et décrets des 1er févr., 28 mars 1792, 23 mess. an III, 10 vend. an IV, 14 et 17 vent. an IV, 28 vend. an VI, 18 sept. 1807 et 11 juill. 1810; — Vu les arrêtés rendus en Algérie sur le même objet, à la date des 27 juin 1833, 15 décembre 1834, 31 mars 1835 et 23 avr. 1840 (vol. 1er, p. 410).

Art. 1. — Tout individu arrivant en Algérie est tenu de présenter, dans les 24 heures, son passe-port au visa de l'autorité. — Le passe-port est visé par le maire, si le porteur est français, par le préfet, et, à défaut, par le sous-préfet, après visa préalable du consul, si le porteur est étranger. — Les passe-ports ainsi visés sont immédiatement rendus aux titulaires. — Les préfets pourront déléguer le visa des passe-ports étrangers aux commissaires civils.

Art. 2. — Nul ne pourra voyager en Algérie, s'il n'est porteur d'un passe-port dûment visé à l'arrivée, comme il vient d'être dit. — Sont seuls exceptés de cette disposition; — 1° Les fonctionnaires publics et employés munis d'une commission ou d'un ordre de service; — 2° Les militaires voyageant par détachement ou isolément avec feuille de route; — 3° Les membres des corporations indigènes, porteurs d'un permis de départ délivré conformément à l'art. 5 du décret du 3 sept. 1850 sur les corporations indigènes; — 4° Jusqu'à ce qu'il en soit autrement ordonné, les indigènes des tribus, voyageant dans l'intérieur de l'Algérie, et dont les obligations seront réglées par les instructions du gouverneur général.

Art. 3. — Les passe-ports français sont délivrés en Algérie, savoir: — Par le gouverneur général: Pour les Echelles du Levant, l'empire du Maroc, et les régences de Tunis et de Tripoli; — Par les préfets: pour les colonies françaises et l'étranger; — Par l'autorité municipale; pour la France et pour l'Algérie. — Les visa au départ sont délivrés par les mêmes autorités, suivant la destination du porteur et sous la réserve du visa préalable du consul, pour les passe-ports des étrangers.

Art. 4. — La formalité de l'affiche, prescrite par les arrêtés des 31 mars 1835 et 23 avr. 1840, est supprimée. — Néanmoins, continueront à être observés les règlements en vigueur pour la conservation des armes confiées par l'État aux miliciens de l'Algérie.

Art. 5. — Les formules de passe-ports en usage pour l'Algérie seront les mêmes que celles adoptées pour la France.

Art. 6. — Le prix des passe-ports est fixé, savoir: — Pour les passe-ports à l'intérieur de l'Algérie et à destination de France ou des colonies françaises, à deux francs; — Pour les passe-ports à l'étranger, à dix francs.

Art. 7. — Il ne sera perçu aucun droit pour le visa de l'autorité française. — En cas d'indigence constatée, il pourra être délivré des passe-ports gratis.

Art. 8. — Les attributions, conférées par le présent arrêté aux préfets, aux sous-préfets et à l'autorité municipale, sont exercées, dans les territoires militaires, conformément au régime administratif de ces territoires.

Art. 9. — Toutes dispositions contraires au présent arrêté sont abrogées.

A. de Saint-Arnaud.

Patentes.

DIVISION.

§ 2. — Tableaux de la population des communes.
§ 3. — Surtaxes.

§ 2. — TABLEAUX DE LA POPULATION DES COMMUNES.

AG. — 27 avr. 11 et 22 juin 1853; 15 mars 1854 et 28 fév. 1855. — B. 430, 439, 450, 476. — *Population dans les trois provinces au 31 déc. 1852, 31 déc. 1853 et 31 déc. 1854. — Tableaux publiés en exécution de l'art. 5 de l'ord. du 31 janv. 1847.*

AG. — 22 fév. 1856. — *Arrêté qui fixe pour 1856 le chiffre de la population des communes et centres des provinces d'Alger, Oran et Constantine ayant plus de cinq ans d'existence conformément au tableau A ci-annexé, et celui de la population des communes et centres des mêmes provinces ayant moins de cinq ans d'existence, conformément au tableau B ci-annexé (1)*

---

de ces principes, d'une part, que l'arrêté du 22 sept. 1843, pris en dehors des cas extraordinaires et urgents, et édictant une peine non autorisée, pour le fait poursuivi, par la législation existante, a été pris en dehors du cercle des attributions confiées au gouverneur général de l'Algérie, par la haute délégation qui lui avait été accordée; et, d'autre part, que cet arrêté ne pouvait trouver sa sanction pénale dans l'art. 471, n° 15, c. pén., puisqu'on ne saurait attribuer le caractère de règlement légalement fait par l'autorité administrative à un acte portant des prescriptions et des défenses sur un objet que la loi a laissé jusqu'à ce jour en dehors de ses prévisions, et qui échappe par sa nature au droit de réglementation accordé soit au pouvoir municipal par les lois ci-dessus visées, soit à l'administration supérieure elle-même, par les grands principes de notre droit public sur la séparation des pouvoirs; — Casse

le jugement du tribunal de simple police de Blidah, du 4 mai 1854. — DP, 54, 1, 291.

(1) Les tableaux de la population des communes au 31 déc. 1855 étant seuls utiles pour l'année 1854, nous ne reproduisons pas les tableaux des deux années précédentes. Il a paru inutile également de mentionner les dates de l'occupation ou de la création de chaque centre qui ont déjà été insérées en presque totalité au vol. 1er, p. 497 et suiv.

On fait remarquer pour l'intelligence du tableau qui suit que: — 1° Chaque arrondissement est divisé en communes; — 2° Chaque chef-lieu de commune est suivi de ses annexes; — 3° Les noms imprimés en italiques sont ceux de localités isolées qui ne sont pas encore constituées en communes de plein exercice.

TABLEAU A.

DÉSIGNATION des centres de population et de leurs annexes.	POPULATION agglomérée. Européenne.	POPULATION agglomérée. Indigène.	POPULATION éparse de la banlieue. Européenne.	POPULATION éparse de la banlieue. Indigène.	TOTAL de la population par localité.
PROVINCE D'ALGER.					
Territoire civil.					
Arrondissement d'Alger.					
ALGER.					
Alger (intra muros) ..	24,758	17,353	»	»	42,111
Bab el Oued (faubourg)	1,463	7	»	»	1,470
El Biar	220	»	762	223	1,205
Mustapha et l'Agha	3,159	»	»	382	3,541
Pointe-Pescade, Boudzareah et St-Eugène	570	»	974	1,265	2,809
Birmandreis	120	»	421	484	1,025
Hussein dey	396	7	927	254	1,584
Birkadem et Saoula	314	»	307	753	1,374
Drariah et Kaddous	211	»	206	430	847
Dely Ibrahim et El Achour	357	»	146	162	665
Chéragas et Aïn Benian	404	»	303	385	1,092
Kouba	202	»	383	278	863
L'Arba	278	6	283	»	567
Fondouk	380	»	»	»	380
Ouled Fayet	234	9	21	»	264
Sidi Ferruch	36	»	»	»	36
DOUERA.					
Douera, St.-Jules, Ouled Mendil, Les 4 chemins	1,007	»	453	»	1,460
Birtouta, Baba Hassein	237	»	»	»	237
Crescia	260	»	»	»	260
Mahelma	186	»	»	»	186
Ste-Amélie	175	»	»	»	175
Saint-Ferdinand, Boukandoura	251	»	»	»	251
TENÈS.					
Tenès	1,574	180	106	703	2,563
Tenès (vieux) Les Mines	»	760	»	»	760
Montenotte	507	350	»	»	857
Orléansville	996	144	»	»	1,140
Arrondissement de Blidah.					
BLIDAH.					
Blidah et b.	3,717	2,778	788	1,595	8,878
Joinville	190	5	10	»	205
Montpensier	202	6	»	»	208
Dalmatie	260	»	18	210	488
Beni Mered	477	»	35	425	937
Le Chiffa	246	»	»	»	246
Mouzaïaville	469	3	109	»	581
BOUFFARIK.					
Bouffarik	1,515	277	1,312	798	3,902
Souma	228	»	»	»	228
Chebli	»	»	»	»	»
KOLEAH.					
Koleah et b.	375	1,245	464	»	2,084
Douaouda	235	»	»	»	235
Fouka	339	»	»	»	339
Zeralda	145	»	»	»	145
MEDEAH.					
Medeah et b.	1,594	4,694	123	358	6,769
Damiette	320	»	»	»	320
Lodi	282	»	»	»	282
Mouzaïa les Mines	284	»	»	»	284
MILIANAH.					
Milianah et b. Affreville	1,128	973	330	1,750	4,181
(Oued Boutan)	65	»	32	980	1,077
CHERCHELL.					
Cherchell	983	1,263	220	674	3,143
Novi	319	64	»	»	383
Zurich	200	18	»	»	218
Territoire militaire.					
Dellys (Alger)	577	1,162	»	»	1,739
Aumale (Aumale)	1,010	380	»	»	1,390
Boghar (Médeah)	230	145	»	»	375
Teniet el Hdad (Milianah)	306	89	»	»	395
PROVINCE D'ORAN.					
Territoire civil.					
Arrondissement d'Oran.					
ORAN.					
Oran	13,560	6,531	776	108	20,775
Karguentah et banlieue d'Oran	3,713	1,992	719	318	6,742
Mers el Kebir	1,445	»	»	»	1,445
La Senia	581	»	»	»	581
Sidi Chami	516	»	»	»	516
Valmy (le Figuier)	421	»	»	»	421
Misserghin	1,250	95	»	»	1,345
Arcole (Assi el Chir)	198	»	»	»	198
Aïn el Turck	207	»	»	»	207
Arzew et b.	1,255	»	»	»	1,255
Ste-Léonie	270	»	»	»	270
MASCARA.					
Mascara et ses faubourgs	2,246	4,441	»	»	6,687
St-André	301	»	»	»	301
Saint-Hippolyte	54	»	»	»	54
TLEMCEN.					
Tlemcen et Sidi bou Medin	2,651	9,794	»	»	12,445
Bréa	177	»	»	»	177
Négrier	123	»	»	»	123
Mansourah	128	»	»	»	128
Seysaf	70	»	»	»	70
Hennaya	239	»	»	»	239

St-Denis du Sig . . .	2,558	42	»	»	2,600
L'Union du Sig . . .	»	»	387	323	710
Sainte-Barbe (Tlélat) . . .	349	72	»	»	421

Arrondissement de Mostaganem.

MOSTAGA-NEM.

Mostaganem .	3,562	2,907	»	»	6,469
Mazagran . .	253	681	»	»	934
Ourea . . .	41	»	»	»	41
Kharouba . .	21	»	»	»	21

Territoire militaire.

Nemours (Tlemcen) .	532	289	125	7	953
Sidi bel Abbès et banl. (Sidi bel Abbès) .	2,197	291	570	32	3,090

PROVINCE DE CONSTANTINE,

Territoire civil.

Arrondissement de Constantine.

CONSTAN-TINE.

Constantine et banlieue . .	3,920	24,169	584	5,742	34,415
Condé (Smendou) . . .	157	»	16	»	173

SÉTIF.

Sétif et banl.	2,000	600	»	»	2,600
Aïn Sba . .	56	»	»	»	56

Arrondissement de Bône.

BÔNE.

Bône et banl.	5,681	3,960	1,525	1,375	12,541
Bugeaud . .	197	»	»	»	197
Duzerville .	110	»	»	198	308
Penthièvre .	138	»	3	»	141

GUELMA.

Guelma . . .	1,908	730	434	497	3,569
Millesimo . .	285	»	»	19	304
Petit . . .	194	»	»	61	255
Héliopolis .	322	»	40	57	419
La Calle . .	957	137	133	140	1,367

Arrondissement de Philippeville.

PHILIPPE-VILLE.

Philippeville et banl. . .	6,375	1,253	422	»	8,050
Stora . . .	458	»	»	»	458
Damrémont .	111	»	»	»	111
Valée . . .	199	»	»	»	199
St-Antoine .	178	»	»	»	178
El Arrouch et el Kantour . .	517	59	»	»	576
St-Charles .	107	»	»	»	107
Bougie .	1,071	857	39	»	1,967

Territoire militaire.

Djidjelli (Philippeville) .	418	1,063	27	»	1,508
Batna (id.) .	1,266	»	»	»	1,266

TABLEAU B.

DÉSIGNATION des centres de population et de leurs annexes.	POPULATION agglomérée		POPULATION éparse de la banlieue.		TOTAL de la population par localité.
	Européenne.	Indigène.	Européenne.	Indigène.	

PROVINCE D'ALGER.

Territoire civil.

Arrondissement d'Alger.

Staoueli . . .	19	»	»	»	19
Fort de l'Eau Rassauta . . .	200	»	150	»	350
Maison Carrée . . .	60	»	250	»	310
Maison Blanche . . .	17	»	197	»	214
Aïn Taya . . .					
Aïn Belda . .					
Matifoux . . .	302	»	198	»	500
Rouiba . . .	203	»	112	»	315
Réghaïa . . .					
Rovigo . . .	473	»	»	»	473
Sidi Moussa .	45	»	»	»	45
La Ferme . .	174	43	»	»	217
Ponteba . . .	249	»	»	»	249

Arrondissement de Blidah.

Oued el Halleg	379	»	»	»	379
El Affroun .	333	»	»	»	333
Bou Roumi .					
Ameur el Aïn .	201	»	»	»	201
Castiglione Bou Ismaël .	274	»	49	»	323
Toleschoun .	310	»	»	»	310
Marengo . .	637	25	»	»	662
Vesoul Benian . . .	203	»	»	»	203
Bou Modia (Sidi Abd el Kader) . .	237	»	»	»	237
Tipaza . . .	24	»	»	»	24
Aïn Sultan .	183	»	»	»	183
Bourkika . .	213	»	»	»	213

Territoire militaire.

Dra el Mizan (Alger) . . .	29	»	»	»	29
Laghouat (Médeah)	»	»	»	»	»

PROVINCE D'ORAN.

Territoire civil.

Arrondissement d'Oran.

Bou Sfer . .	72	259	»	»	331
Bou Tlélis . .	512	2	»	»	514
Mangin . . .	203	»	»	»	203
Damesme . .	145	»	»	»	145
Saint-Leu . .	175	»	»	»	175
Mouley Magoun	»	»	»	»	»
Kléber	267	»	»	»	267
Mefessour . .	245	»	»	»	245
Christel . . .	»	»	»	»	»
Saint-Cloud .	897	»	»	»	897
Assi ben Okba	182	»	»	»	182

PATENTES, § 5.

Fleurus ...	250	»	»	»	250
Assi Ameur .	215	»	»	»	215
Assi bou Nif.	203	»	»	»	203
Saint-Louis .	386	»	»	»	386
Assi ben Fereah	203	»	»	»	203

Arrondissement de Mostaganem.

Rivoli , ...	351	»	»	»	351
Aïn Nouissi.	239	»	»	»	239
La Stidia. .	411	»	»	»	411
Aboukir .	203	»	»	»	203
Aïn si Chérif	202	»	»	»	202
Bled Touaria	316	»	»	»	316
Les Libérés. .	254	»	»	»	254
Tounin. . .	162	»	»	»	162
Aïn Boudinar . . .	175	»	»	»	175
Aïn Tedlès. .	409	2	»	»	411
Sourk el Mitou	291	»	»	»	291
Pont du Chelif	202	»	»	»	202

Territoire militaire.

Subdivision d'Oran.

Oran (banl. milit. et fermes isolés)	»	»	174	»	174
Aïn Temouchent. ...	603	172	97	»	871

Subdivision de Mostaganem.

Aïn Moussa..	31	24	»	»	55

Subdivision de Mascara.

Oued el Hammam....	156	»	21	»	177
Tiaret....	203	178	114	167	664
Saïda	95	49	47	16	207

Subdivision de Tlemcen.

Pont de l'Isser	15	»	»	»	15
Ouled Mimoun	4	»	»	»	4
Oued Ghouly et Lamiguier	3	»	»	»	3
Sebdou. . . .	15	»	»	»	15
Lella Maghrnia et les Mazzir. .	64	»	»	503	567

Subdivision de Sidi bel Abbès.

Daya	7	2	»	»	9
Sidi l'Hassen.	435	»	335	»	770
Le Rocher . .	78	»	»	»	78
Freada. . .	16	»	75	»	91
Sidi Khaled..	136	»	»	»	136
Sidi Brahim .	60	»	»	»	60
Sidi Amadouch. ...	63	»	»	»	63

PROVINCE DE CONSTANTINE.

Territoire civil.

Arrondissement de Constantine.

L'Anasser . .	59	»	»	»	59
Kalioun ...	100	»	»	»	100
Mesloug ...	50	»	»	»	50
Fernatou. . .	49	»	»	»	49

Arrondissement de Philippeville.

Gastonville. .	378	»	»	»	378
Roberiville. .	453	»	»	»	453

Arrondissement de Bône.

L'Aielick. . .	16	38	»	»	54
El Hadjar. .	46	»	»	»	46
Mondovi. . .	446	115	»	»	561
Barral. . .	345	11	»	»	356
Nechmeya . .	151	»	»	»	151
Guelda bou Sba. . . .	147	»	7	»	154
Oued Touta .	96	»	»	»	96

Territoire militaire.

Subdivision de Constantine.

Constantine (banl. milit. et territoires isolés) . . .	»	»	36	3	39
Vallée du bou Merzoug. .	50	»	39	6	95
Aïn Smara .	»	»	»	»	»
Fornier . . .	»	»	»	»	»
Mila.	»	352	9	»	361
Ouled Ramoun. . . .	11	22	»	»	133
Aïn Beïda. .	106	64	»	»	170
Tebessa . . .	120	1,835	»	»	1,955
Jemmapes . .	859	4	»	»	863
Ahmed ben Ali	100	»	»	»	100
Sidi Nassar..	51	»	»	»	51

Subdivision de Bathna.

Biskara (Ras el Ma) . . .	142	417	»	»	559

Subdivision de Sétif.

Aïn Arnat . .	344	»	»	»	344
Bordjbou Aréridj	48	»	»	»	48
Bougdada . .	44	3,403	»	»	3,457

§ 3. — SURTAXES.

DH. — 17 mars-18 mai 1851. — B. 459. — *Contribution spéciale de 22,400 fr. pour l'année 1854.*

Vu l'art. 11 de la loi du 23 juill. 1820, l'art. 4 de la loi du 14 juill. 1838, l'ord. du 31 janv. 1847 et l'art. 2 du décret du 20 janv. 1851, sur la comptabilité des recettes et des dépenses des chambres de commerce de l'Algérie (vol. 1er, p. 94);

Art. 1.—Une contribution spéciale de 22,400 fr. destinée à l'acquittement des dépenses des chambres et bourses de commerce de l'Algérie, pendant l'année 1854, et répartie conformément au tableau ci-annexé, plus 5 cent. par fr. pour couvrir les non-valeurs et 3 autres cent. par fr. pour les frais de perception, seront payés, en Algérie, par les patentés désignés dans l'art. 35 de l'ord. du 31 janv. 1847.

Art. 2. — Le produit de ladite contribution sera mis, au moyen de mandats délivrés par les préfets des départements algériens, à la disposition des chambres de commerce, qui rendront compte de leur gestion au ministre de la guerre.
NAPOLÉON.

Répartition.

Alger. — Patentés de toute la province, imposés à 7,700 fr., pour la chambre de commerce.
Alger. — Patentés de la ville d'Alger, imposés à 3,000 fr., pour la bourse id.

Oran. — Patentés de toute la province, imposés à 4,600 fr., pour la chambre id.

Philippeville. — Patentés de la province compris dans la circonscription de la chambre, imposés à 6,000 fr.

Bône. — Id., à 2,500 fr.

AG. — 4-18 mai 1854. — B. 450. — *Répartition de la contribution ci-dessus.*

Art. 1. — Le taux en principal de la contribution à percevoir en exécution du décret ci-dessus visé, demeure fixé conformément au tableau ci-après :

Alger. — Patentés de toute la province, imposés à 12 cent. par fr. du montant en principal des droits de patente, pour la chambre de commerce. — Patentés de la ville d'Alger, imposés à 7 cent. id. pour la bourse.

Oran. — Patentés de toute la province, imposés à 15 cent. id. pour la chambre.

Philippeville. — Patentés de la province, compris dans la circonscription de la chambre, imposés à 10 cent. id.

Bône. — Id., à 21 cent. id.

Art. 2. — Le recouvrement en sera opéré aux mêmes époques et de la même manière que celui des droits de patente par les receveurs des contributions diverses qui se conformeront, pour le versement à la caisse du trésorier payeur de la contribution dont il s'agit, aux dispositions de l'art. 3 du décret du 29 janv. 1851.

Comte RANDON.

DI. — 14 mars-30 mai 1855. — B. 480 — *Contribution spéciale pour 1855.*

Vu l'art. 11 de la loi du 23 juill. 1820, l'art. 4 de la loi du 14 juill. 1838, l'ord. du 31 janv. 1847 et l'art. 2 du décret du 20 janv. 1851, sur la comptabilité des recettes et des dépenses des chambres de commerce de l'Algérie ;

Art. 1. — Une contribution spéciale de 21,900 fr. destinée à l'acquittement des dépenses des chambres et bourses de commerce de l'Algérie, pendant l'année 1855, et répartie conformément au tableau ci-annexé, plus 5 cent. par fr. pour couvrir les non-valeurs et 3 cent. par fr. pour les frais de perception, seront payés, en Algérie, par les patentés désignés dans l'art. 35 de l'ord. du 31 janv. 1847.

Art. 2. — Le produit de ladite contribution sera mis, au moyen de mandats délivrés par les préfets des départements algériens, à la disposition des chambres de commerce, qui rendront compte de leur gestion au ministre de la guerre, par l'intermédiaire de l'administration supérieure de l'Algérie.

NAPOLÉON.

Répartition.

Alger. — Patentés de toute la province, imposés à 9,000 fr., pour la chambre.

Alger. — Patentés de la ville d'Alger, imposés à 1,000 fr., pour la bourse.

Oran. — Patentés de toute la province, imposés à 5,000, pour la chambre.

Philippeville. — Patentés de la province, compris dans la circonscription de la chambre, imposés à 5,400 fr.

Bône. — Id. id. à 2,500 fr.

AG. — 23-30 mai 1855. — B. 480. — *Répartition de la contribution ci-dessus.*

Vu le décret du 14 mars dernier ; — Vu le relevé des droits constatés à la charge des patentables assujettis à cette contribution ;

Art. 1. — Le taux en principal de la contribution à percevoir en exécution du décret ci-dessus visé demeure fixé conformément au tableau ci-après :

Alger. — Patentés de toute la province, imposés à 10 cent. par franc du montant en principal des droits de patente, pour la chambre. — Patentés de la ville d'Alger, imposés à 2 cent. id., pour la bourse.

Oran. — Patentés de toute la province, imposés à 12 cent. id., pour la chambre.

Philippeville. — Patentés de la province, compris dans la circonscription de la chambre, imposés à 12 cent. id.

Bône. — Id. id., 10 cent., id.

Art. 2. — Le recouvrement en sera opéré aux mêmes époques et de la même manière que celui des droits de patente par les receveurs des contributions diverses qui se conformeront, pour le versement à la caisse du trésorier payeur de la contribution dont il s'agit, aux dispositions de l'art. 3 du décret du 20 janv. 1851.

Comte RANDON.

Pêche côtière.

AM. — 30 oct.-8 déc. 1854. — B. 471. — *Surveillance des établissements de pêche.*

Vu le décret du 22 nov. 1852 ; — Considérant qu'aux termes des art. 2 et 4 du décret du 9 janv. 1852, tous les établissements de pêche de quelque nature qu'ils soient sont placés sous la surveillance du service maritime (vol. 1er, p. 503) ;

Art. 1. — Le contre-amiral, commandant supérieur de la marine en Algérie, demeurera seul chargé à l'avenir de la surveillance de tous les établissements de pêche existant sur le littoral algérien.

Art. 2. — Toutes dispositions contraires à la teneur du présent arrêté sont et demeurent abrogées.

VAILLANT.

Pensions de retraite.

V. FONCTIONNAIRES, § 2.

Pépinière du gouvernement.

AM. — 17 mai-30 juin 1854. — B. 401. — *Organisation du service de la pépinière centrale d'Alger.*

TIT. 1. — *Personnel.*

Art. 1. — La pépinière centrale du gouvernement et les établissements industriels qui en dépendent sont placés sous l'autorité du préfet d'Alger. — Le personnel se compose d'un directeur, d'un jardinier en chef, d'un régisseur comptable et d'un nombre indéterminé d'agents secondaires.

§ 1. — *Du directeur.*

Art. 2. — Le directeur, nommé par le ministre de la guerre, dirige et surveille tous les services. — Il choisit et congédie les ouvriers journaliers. — Tous les employés attachés à l'établissement, à l'exception du jardinier en chef et du régisseur comptable, dont la nomination ou la révocation appartiennent au ministre de la guerre, sont nommés, suspendus ou révoqués par le préfet, sur sa proposition.

Art. 3. — Le directeur prépare et remet au préfet, avant le 15 septembre de chaque année, le projet de budget des recettes et des dépenses présumées de l'établissement et de ses annexes pour l'année suivante. — Ce budget est établi par chapitres et par articles. — Le service des cultures et le service de chaque établissement industriel y forment des chapitres spéciaux.

Art. 4. — Aucune entrée ou sortie d'arbres,

arbustes, plantes, graines, fruits, d'objets mobiliers et matières de toute nature ne pourra avoir lieu qu'en vertu d'un bon du directeur ou de son délégué, le jardinier en chef. Ces bons seront remis au régisseur comptable, qui les inscrira sur un registre et délivrera en échange un laissez-passer, détaché d'un journal à souche, sur la présentation duquel les concierges devront seulement admettre les entrées ou les sorties. — Les bons seront détachés d'un registre à talon et porteront un numéro d'ordre. Ils seront conservés par le régisseur comme pièces justificatives et lui serviront de point de départ pour la tenue de sa comptabilité-matières. — Les laissez-passer délivrés par le régisseur, en échange des bons, seront remis à la fin de chaque journée par les concierges au directeur.

Art. 5. — Le directeur fixera au commencement de chaque mois la quantité des fourrages ou autres denrées à extraire des magasins pour l'alimentation journalière des animaux de service ou de curiosité, et il en donnera avis au régisseur comptable.

Art. 6. — Le directeur vérifie la comptabilité en deniers et en matières du régisseur comptable. — Il lui remet successivement, et dans la saison convenable, les catalogues ou états, approuvés par le préfet, des végétaux, graines, fruits récoltés, produits et autres objets susceptibles d'être vendus ou livrés, et dont le comptable doit prendre charge dans sa comptabilité. — Il préside aux achats des produits provenant des cultures industrielles, prescrit les mesures à prendre pour la conservation de ces produits et dirige les opérations de leur transformation. — Il propose à l'autorité les conditions de toutes ventes et livraisons. — Il propose également les achats de matériel et autres objets nécessaires au service.

Art. 7. — Le directeur correspond directement avec le préfet sur toutes les matières de son service. Il lui remet chaque trimestre un aperçu sommaire de la situation de l'établissement, et il présente à la fin de chaque exercice un compte administratif détaillé de toutes les opérations, en l'accompagnant d'observations sur l'état moral et matériel des divers services et sur les améliorations à introduire. — Ce compte annuel est appuyé : 1° de l'état des semis, des plantations, des collections, et 2° de l'inventaire du matériel.

§ 2. — *Du jardinier en chef.*

Art. 8. — Le jardinier en chef est chargé, sous les ordres exclusifs du directeur, de surveiller tous les travaux de culture. — En cas d'absence du directeur, il le remplace dans ses attributions. — Il a pour agents immédiats les chefs de carré.

Art. 9. — Le jardinier en chef tient un livre-journal de toutes les opérations et de tous les travaux de culture. Ce livre-journal est divisé en deux parties : dans la première partie sont consignés les ordres donnés par le directeur; la seconde partie contient l'exécution détaillée de ces ordres.

Art. 10. — Il tient au courant et à jour tous les catalogues des collections végétales, et il veille à ce que les catalogues partiels des chefs de carré soient tenus en règle.

Art. 11. — Il est responsable vis-à-vis du directeur du numérotage des collections et de l'exactitude de leur inscription au catalogue. — Il veille à la conservation des étiquettes et du numérotage des végétaux, mais il ne peut étiqueter les espèces nouvelles qu'après que le directeur en a reconnu l'identité et leur a donné

les dénominations qui leur appartiennent. — Il vérifie journellement le pointage des journées d'ouvriers fait par les chefs de carré, il s'assure que les inscriptions sont exactes et il vise les carnets à la fin de chaque quinzaine, avant de les remettre au directeur.

Art. 12. — Le jardinier en chef tient le registre à talon duquel il extrait les bons de livraison d'arbres, végétaux, graines, fruits et autres produits à délivrer aux parties prenantes. — Ce registre sera communiqué au régisseur comptable lorsqu'il en fera la demande. — Les bons de livraison sont remis par le jardinier en chef aux parties prenantes avec un bulletin indiquant à chaque chef de carré la nature et la quantité des produits qu'ils ont à livrer. — Les bons sont présentés au régisseur comptable qui perçoit le prix des objets et remet en échange une quittance et un laissez-passer pour la sortie. — En échange du bulletin, et sur le vu de la quittance, les chefs de carré délivrent les objets aux parties prenantes.

Art. 13. — Le jardinier en chef surveille et fait opérer les livraisons diverses d'arbres et de végétaux. Il s'assure par lui-même que les arrachages se font dans de bonnes conditions. Il porte aussi la plus grande attention sur les opérations de greffage, après avoir arrêté avec le directeur la série des espèces et variétés à greffer. Enfin il s'enquiert continuellement du bon état des plantes, plantations et cultures, signale au directeur leurs progrès, comme leurs chances de dépérissement, et lui propose les mesures qui lui semblent devoir être adoptées dans l'intérêt de l'établissement. — Il adresse et transmet au directeur qui, après les avoir approuvés, les remet au régisseur comptable, les états de dépérissement ou de destruction des produits pris en charge dans la comptabilité du régisseur, et dont il importe que ses écritures soient déchargées.

Art. 14. — Le jardinier en chef ne peut s'absenter sans l'autorisation du directeur. Lorsque son absence devra dépasser quarante-huit heures, elle devra être autorisée par le préfet.

§ 3. — *Du régisseur comptable.*

Art. 15. — Le régisseur comptable est chargé spécialement de la tenue de la comptabilité tant en deniers qu'en matières. — Son contrôle s'exerce sur toutes les opérations matérielles de l'établissement, sans qu'il ait à s'immiscer dans sa direction qui appartient exclusivement au directeur. Il doit signaler, sans retard, au directeur, tous les abus, irrégularités ou lacunes qu'il remarquera dans l'exécution du service, et en rendre compte dans le rapport trimestriel qu'il est appelé à fournir, conformément à l'art. 24. — Il doit également obtempérer à tous les ordres qui lui sont donnés par le directeur, sauf à réclamer, dans son rapport trimestriel, contre ceux de ces ordres qui lui paraissent engager sa responsabilité ou entraver sa mission de contrôle.

Art. 16. — Le régisseur comptable est tenu de fournir un cautionnement dont le chiffre est fixé, par décision ministérielle, sur la proposition du préfet.

Art. 17. — Les revenus de l'établissement seront divisés ainsi qu'il suit, dans les écritures du régisseur comptable : — Produits de la pépinière; — des établissements industriels; — des objets mobiliers hors de service.

Les produits de la pépinière seront perçus directement par le régisseur comptable, à la charge par lui d'en verser le montant, dans les cinq jours, entre les mains du receveur des domaines.

— Les produits des établissements industriels et des objets mobiliers hors de service continueront à être perçus par le receveur des domaines, qui sera tenu de donner avis de ses recettes au régisseur comptable, au fur et à mesure des rentrées, afin que celui-ci puisse les faire figurer, pour ordre, dans sa comptabilité.

Art. 18. — Le régisseur comptable prend en charge, à des comptes spéciaux, les végétaux, graines, fruits récoltés, produits et autres objets susceptibles d'être vendus ou livrés, et qui sont désignés par le directeur, conformément aux prescriptions de l'art. 7 (vol. I", p. 529).

Art. 19. — Le régisseur-comptable a, pour enregistrer les faits de sa gestion : — Un livre-journal de caisse, — Un grand-livre, — Des livres de détail, — Et des livres auxiliaires. — Il doit se conformer, pour la tenue de ces livres, aux dispositions des art. 18, 19, 20, 21, 22, 23, 24 et 25 du règlement ministériel du 9 fév. 1849, sur le service des régisseurs comptables de travaux publics en Algérie (vol. I", p. 529).

Art. 20. — Toutes les dépenses de l'établissement qui ne seraient pas ordonnancées directement par le préfet sont acquittées par le régisseur comptable, à l'aide de mandats d'avance par lui touchés à la caisse du trésorier payeur à Alger. — Pour l'ordonnancement et la liquidation de ces dépenses, pour les factures, mémoires et autres pièces justificatives dont elles doivent être appuyées pour leur acquittement dans la limite des crédits ouverts au budget de chaque article et des crédits supplémentaires ou virements de crédits régulièrement autorisés, pour le payement aux parties prenantes, aux fournisseurs eux-mêmes ou à leurs mandataires, le régisseur comptable devra se conformer aux règlements généraux sur la comptabilité publique en vigueur dans l'administration des finances, et auxquels il reste entièrement soumis pour tout ce qui concerne sa *comptabilité en deniers*. — Pour sa *comptabilité-matières*, il devra se conformer aux prescriptions de l'arrêté ministériel du 25 janv. 1845 et aux dispositions spéciales du présent règlement.

Art. 21. — Le régisseur comptable prend en charge tous les objets qui composent le matériel et les matières de l'établissement. — Il en est responsable. — Conformément à l'art. 3 de l'ordonnance du 20 août 1844, il est tenu d'inscrire sur des livres élémentaires l'entrée, la sortie, les transformations, les détériorations, les pertes, manquants, déchets, ainsi que les excédants pour tous les objets matériels et matières confiés à sa garde et soumis à sa responsabilité. — Pour arriver à ce résultat en ce qui concerne spécialement les cotons achetés aux particuliers ou récoltés dans l'établissement, les produits de la filature, la cochenille, l'opium et autres produits industriels, le régisseur comptable se conformera aux dispositions du présent règlement.

Art. 22. — Aucuns des objets ou matières en magasin ne pourront être livrés par le régisseur comptable que sur des bons du directeur ou de son délégué, détachés d'un registre à souche et indiquant leur destination — Ces objets seront portés au compte des chefs des divers services de l'établissement, lesquels en demeureront responsables et seront tenus de les représenter à toute réquisition du directeur ou du régisseur comptable. — Aucun objet ne devra entrer dans les magasins ou en sortir sans que le régisseur comptable en ait fait au préalable la reconnaissance et en ait constaté le poids ou la quantité dans ses écritures. — Le régisseur comptable

conserve les clefs des magasins : il est responsable de tout ce qu'ils renferment.

Art. 23. — Tous les objets mobiliers et outils hors de service ou à réintégrer dans les magasins comme n'étant plus nécessaires, seront remis, sur un bon du directeur, au régisseur comptable, qui devra les reprendre en charge dans ses écritures, en constatant leur état tel qu'il aura été indiqué par le directeur, sur le bon lui-même.

Art. 24. — Le régisseur comptable dressera, à la fin de chaque trimestre, des relevés récapitulatifs du matériel et des matières par masses ou catégories, suivant les dispositions des articles 79, 80 et 81 du règlement ministériel du 25 janv. 1845, modifié par le décret du 28 juillet 1849. — Il rédigera, en outre, un rapport sommaire des opérations auxquelles il s'est livré dans le courant du trimestre, en faisant connaître leur résultat ainsi que les faits, abus et irrégularités qu'il aurait eu à relever et à signaler au directeur. Ces documents seront remis par lui, dans la quinzaine qui suit l'expiration du trimestre, au directeur, qui les transmettra au préfet, avec ses observations.

Art. 25. — Indépendamment de ces états trimestriels, il dressera, à la fin de chaque année, en présence du directeur, un inventaire général détaillé et estimatif, conformément à l'art. 82 du même règlement. — Il devra présenter, en outre, à l'appui de cet inventaire, un compte de gestion divisé en plusieurs parties, qui présentera : — Dans la première partie, l'ensemble des recettes et des dépenses de l'établissement (y compris les produits perçus directement par le receveur des domaines) ; — Dans la deuxième partie, les comptes de recettes et de dépenses pour chaque espèce d'industrie ou de service, faisant connaître ce qu'a coûté et rapporté chaque industrie ou chaque service ; — Dans la troisième partie, par industrie et par magasin, le mouvement des matières, entrées, sorties, employées et celles restant en magasin d'après les inventaires de fin d'année : la différence formant le déchet ou l'excédant à expliquer par le directeur. — Ces documents seront remis en triple expédition au directeur, qui en transmettra deux expéditions au préfet, dont l'une sera adressée, par ce fonctionnaire, au ministre de la guerre.

Art. 26. — Tous les objets livrés pour le service, dont la représentation, l'emploi ou la perte ne pourront être justifiés par la partie prenante, seront laissés à sa charge.

Art. 27. — Le matériel en mauvais état sera mis en réparation sur les ordres du directeur, par les soins du comptable. Après la réparation, il figurera à l'effectif pour sa nouvelle valeur. — Le matériel hors de service sera versé au domaine tous les six mois.

Art. 28. — Aucun prêt d'instrument, outils, machines, arbustes, plantes et autres objets ne pourra avoir lieu que sur une autorisation expresse du préfet. — Toute perte ou détérioration de l'objet prêté sera mise à la charge de l'emprunteur. — Le régisseur comptable exigera un reçu de l'emprunteur en échange de l'autorisation du préfet, qu'il conservera comme pièce justificative.

Art. 29. — A la fin de chaque mois, le régisseur comptable remet en double expédition, au directeur, un bordereau de situation sommaire de ses écritures, tant en recettes qu'en dépenses, et de son solde de caisse. Une des expéditions de ce bordereau est transmise au préfet par le directeur, avec ses observations.

Art. 30. — En cas de vol, détournement ou

perte d'objets, par cas fortuits, procès-verbal, en
double original, en sera sur-le-champ dressé
par le régisseur comptable, en présence du directeur. Un des doubles sera transmis au préfet;
l'autre restera entre les mains du régisseur pour
sa décharge, laquelle ne deviendra définitive
qu'après approbation du préfet.

Art. 31. — Le régisseur comptable s'assure de
la régularité des registres tenus par les chefs de
carré. — Il surveille la bonne tenue des carnets
de travail des ouvriers et il appose son visa sur
ces carnets. — Il signale, sans retard, au directeur, les abus et irrégularités qui lui seraient
révélés par suite de cette surveillance.

Art. 32. — Le comptable tient un registre sur
lequel il inscrit, par ordre de date, l'analyse des
lettres qu'il reçoit pour son service et des ordres, injonctions ou instructions qui lui sont
donnés. — Il tient un autre registre destiné à
l'inscription de sa propre correspondance, avec
annotation en marge des réponses qui lui sont
faites.

Art. 33. — Le régisseur comptable ne pourra
s'absenter sans une autorisation du directeur.
Lorsque son absence durera plus de quarante-
huit heures, elle devra être autorisée par le préfet.

Art. 34. — Toutes les graines récoltées dans
l'établissement ou venues du dehors seront conservées dans un magasin, dont le service sera
confié à un agent spécial. — Cet agent devra se
conformer exclusivement aux instructions du
directeur pour le nettoyage, le chauffage, le
classement, l'empaquetage et l'étiquetage des
graines, ainsi que pour toutes les opérations de
manipulation. — Aussitôt les opérations de ma-
nipulations terminées, les graines seront pesées
et inscrites, avec indication de leur poids, sur
un registre d'entrée et de sortie, tenu par le régisseur comptable. — Les entrées et les sorties
ne pourront s'effectuer que conformément à ce
qui est prescrit ci-dessus, pour les objets et
matières dont le régisseur comptable a la responsabilité.

§ 4. — Des chefs de carré.

Art. 35. — Les chefs de carré sont chargés,
sous les ordres du directeur et du jardinier
en chef, de la direction et de l'exécution des
divers travaux de l'établissement dans la partie du service qui leur est confiée. — Ils ne
peuvent s'absenter sans l'autorisation du directeur.

Art. 36. — Chaque chef de carré doit tenir un
carnet sur lequel est pointé, jour par jour, le
travail des ouvriers placés sous sa surveillance;
ils sont personnellement responsables de l'exactitude des inscriptions portées sur les carnets.

Art. 37. — Les chefs de carré sont responsables, vis-à-vis du régisseur comptable, des outils et instruments qui leur sont confiés. — Un
local fermé est mis à leur disposition pour re-
miser ce matériel. — Les outils manquants
sont laissés à leur charge pour leur valeur estimative, sauf par eux à les faire payer par les
ouvriers qui les ont perdus.

Art. 38. — Ils tiennent en état, et selon les
indications qui leur sont données, les catalogues
des végétaux et collections confiés à leurs soins.
Ils sont responsables vis-à-vis du jardinier en
chef de l'exactitude des inscriptions au catalogue et du numérotage des végétaux. — Ils tiennent un carnet de constance des carrés confiés
à leur garde et y consignent les mutations ou les
dépérissements.

Art. 39. — Ils coopèrent aux livraisons et

PÉPINIÈRES.

font les arrachages qui leur sont indiqués par le
jardinier en chef, au moyen du bulletin prescrit par l'art. 12, et sur le vu de la quittance et
du laissez-passer délivré par le régisseur comptable, en conformité des dispositions du même
article. — Ils gardent et classent ces bulletins
par ordre de date; ils en inscrivent le montant
sur un carnet qui est arrêté chaque semaine
par le jardinier en chef, après qu'il s'est assuré
de l'exactitude des inscriptions. En fin de livraison, ces pièces sont remises au directeur, qui
en opère le dépouillement et les confronte avec
les écritures du comptable.

§ 5. — Des concierges.

Art. 40. — Les concierges sont chargés de
l'exécution des consignes données par le directeur, et approuvées par le préfet.

Tit. 2. — Dispositions spéciales aux produits des cultures industrielles.

Art. 41. — Les cocons provenant d'éducations
faites par les soins du directeur et ceux livrés
par les colons, seront pesés à leur entrée en
magasin et portés, par le régisseur comptable, à
un premier compte, qui sera apuré, par l'inscription du poids de ces cocons, à leur sortie
de ce premier magasin, la différence formant un
premier déchet. — La clef du magasin restera
entre les mains du régisseur comptable. — La
sortie des cocons pour l'opération de l'étouf-
fage et leur réintégration en magasin seront faites en présence du régisseur comptable. — Les
cocons livrés à la filature seront également
pesés, et leur poids sera inscrit par le régisseur
comptable sur un deuxième compte qui sera
apuré par l'inscription du poids de la soie et de
la bourre que ces cocons auront rendues, la différence entre les deux poids à l'entrée et à la
sortie formant un deuxième déchet. — Le rendement en soie et bourre, avec indication des
poids et qualités, sera porté à un troisième
compte et pris en charge par le régisseur comptable. Ce compte sera apuré par la sortie de la
soie et de la bourre de l'établissement. — Des
états dressés par le comptable et visés par le
directeur constateront ces opérations et leurs
résultats. Ils serviront de pièces probantes à
l'appui des comptes du régisseur comptable.

Art. 42. — Les cotons provenant soit des
cultures de l'établissement, soit des achats faits
aux colons seront pesés lors de leur entrée en
magasin. — Un premier compte sera ouvert
pour les cotons bruts tels qu'ils seront reçus et
pesés avant l'égrenage; ils seront enfermés dans
un magasin spécial dont la clef restera entre les
mains du régisseur comptable. — Ce compte
sera apuré par l'inscription du poids des cotons
à leur sortie du magasin, la différence formant
le premier déchet à constater. — Ce dernier
poids sera porté à un deuxième compte; qui
sera apuré par la constatation du poids net des
cotons après leur égrenage. Ce compte devra indiquer aussi le poids des graines à livrer au
magasin des graines où elles seront prises en
charge ainsi qu'il est dit à l'art. 34. — Les cotons une fois emballés et bons à livrer seront
pris en charge par le régisseur comptable dans
ses écritures et portés à un troisième compte
qui sera apuré au fur et à mesure que les cotons
sortiront de l'établissement. — Les balles de
coton seront plombées après l'emballage à l'aide
d'une pince-matrice portant le nom de l'établissement.

Art. 43. — Au fur et à mesure de la récolte des
tabacs, de la cochenille, de l'opium ou des pro-

duits d'autres cultures industrielles, chaque quantité recueillie sera prise en charge par le régisseur comptable sur des états de production délivrés par le directeur et après vérification contradictoire.

Art. 44. — La comptabilité du régisseur comptable sera déchargée des déchets constatés sur les cocons, cotons et autres produits de cultures industrielles, en vertu d'arrêtés du préfet, rendus sur un rapport du directeur, explicatif de ces déchets.

Tit. 3. — *Dispositions générales.*

Art. 45. — L'acquisition des objets mobiliers, outils, denrées et matières diverses nécessaires au service est faite, autant que possible, par voie d'adjudication publique.— Les cahiers des charges sont arrêtés par le préfet en conseil de préfecture, sur les projets présentés par le directeur. — Lorsqu'il n'est pas possible de traiter par adjudication publique, il est passé des marchés de gré à gré qui ne sont valables qu'après l'approbation du préfet. — Le régisseur comptable achète directement sur des bons du directeur les objets qui ne peuvent donner lieu à des conventions fixes.

Art. 46. — Des instructions spéciales du ministre de la guerre déterminent le mode et le tarif de livraison des végétaux et graines à livrer annuellement par la pépinière au commerce et aux services publics.

Art. 47. — Des arrêtés du préfet détermineront ceux des fruits et autres produits de l'établissement qui devront être vendus, ainsi que le mode de vente par adjudication ou par marché de gré à gré. — Les conditions des adjudications ou des ventes seront arrêtées par le préfet, en conseil de préfecture, sur les propositions du directeur.

Art. 48. — Le tarif des frais d'emballage des arbres, plantes, graines et autres objets de même nature livrés par la pépinière centrale, soit aux particuliers, soit aux services publics, est réglé par un arrêté du préfet, comme il est dit en l'article précédent. — Les produits auxquels donnera lieu la perception des recettes effectuées en vertu de ce tarif seront perçus par le régisseur comptable, et le montant sera versé à la caisse locale et municipale (ch. 3, recettes accidentelles). — Les dépenses et fournitures afférentes à ce service seront imputées sur le budget (ch. 10, § 1, même encouragement à l'agriculture, etc.).

Art. 49. — Aucun échange de plantes ou végétaux ne peut avoir lieu qu'en vertu d'une autorisation spéciale du préfet, qui rend immédiatement compte au ministre de chaque échange autorisé.

Art. 50. — Le directeur, le jardinier en chef, le régisseur comptable, les concierges ont seuls droit au logement dans les bâtiments de l'établissement. — Les chefs de carré et autres agents pourront également être logés, si l'état des locaux disponibles le permet et si les besoins du service l'exigent. — Des états descriptifs des logements affectés à chaque agent seront dressés par l'architecte en chef du département et approuvés par le préfet.

VAILLANT.

Personnel administratif.

V. FONCTIONNAIRES, § 1.

Pharmaciens.

V. ART MÉDICAL.

Plans.

V. OPÉRATIONS TOPOGRAPHIQUES. — VOIRIE.

Plantations d'arbres.

V. VOIRIE, § 1, art. 2. Chemins vicinaux.

Poids et mesures.

DIVISION.

§ 1. — Règlements généraux.
§ 3. — Époque des vérifications.

§ 1. — RÈGLEMENTS GÉNÉRAUX (1).

§ 3. — ÉPOQUE DES VÉRIFICATIONS.

Par divers arrêtés des 17 nov., 17 et 22 déc. 1853, 8 janv. 1855, 20 janv. 1856, insérés, B. 448, 451, 473, 491, l'itinéraire à suivre pour les vérifications a été fixé et l'empreinte que doivent porter les poinçons de vérifications a été déterminée ainsi qu'il suit :

Pour la vérification de 1854 la lettre B.
—   —   de 1855   —   C.
—   —   de 1856   —   D.

---

(1) Une décision du ministre de la guerre, insérée au *Moniteur Algérien*, a prescrit de se conformer en Algérie à la circulaire suivante :

Circulaire ministérielle au sujet des balances Roberval, des balances et des romaines-bascules.

Paris, le 22 mai 1855.

Depuis longtemps de nombreuses plaintes sont adressées à l'administration sur la mauvaise fabrication des balances de comptoir dites Roberval. — Dans l'état où ils sont aujourd'hui livrés au commerce, ces instruments sont, en effet, souvent défectueux, et, par cela même, ils peuvent prêter à la fraude ou à l'erreur. Cette considération en a fait demander la prohibition ; mais, d'une autre part, la balance système Roberval paraît être d'un usage facile, et elle est généralement employée dans le commerce. Dans cette situation, il m'a semblé qu'au lieu d'en prononcer immédiatement la suppression, l'administration devait se borner à prendre les mesures nécessaires pour ramener cet instrument à une meilleure fabrication.

A cet effet, et afin de garantir au public des conditions sérieuses de justesse, de solidité et de durée, je crois devoir, après avoir pris l'avis du comité consultatif des arts et manufactures, établir comme règles les dispositions suivantes : — A partir du 1er janv. 1856, les couteaux et les coussinets des balances Roberval devront être en acier fondu, ou du moins en acier de bonne qualité, trempé et poli ; les fléaux seront en fer forgé et non en fonte, et ils auront la force nécessaire pour la portée de la balance ; l'oscillation devra être parfaitement régulière, quelle que soit la place qu'occuperont les poids sur les plateaux ; et, pour s'assurer si les balances réunissent cette condition, les vérificateurs des poids et mesures placeront les poids, soit au centre, soit aux extrémités rapprochées ou éloignées du centre du plateau ; pendant le mouvement d'oscillation, les tiges devront être libres dans leur jeu et n'éprouver aucun frottement qui puisse rendre la balance sourde, après quelques jours d'usage ; les aiguilles indicatrices devront être saillantes et détachées de toute partie pouvant les soustraire à la vue du consommateur ; ces

AG. — 17-31 déc. 1853. — B. 451. — *Province d'Oran. — Classement.*

Art. 1. — Le tableau A, annexé à l'arrêté du 12 mai 1854 (vol. 1er, p. 519), est complété par l'addition des villages de Bou-Tiel's et d'Ouréa aux localités dans lesquelles la vérification s'opérera pendant les années de nombre pair.

Comte RANDON.

AG. — 22-31 déc. 1853. — B. 451. — *Province d'Alger. — Classement.*

Art. 1. — Le tableau A, annexé à l'arrêté du 11 fév. 1852 (vol. 1er, p. 519), est modifié de la manière suivante :

Les villes de Douera et Koleah sont distraites de la première série (localités à vérifier tous les ans), pour être classées dans la deuxième série (localités à vérifier tous les deux ans), savoir : — Douera, pendant les années de nombre pair ; — Koleah, pendant les années de nombre impair.

La ville de Médéah est distraite de la deuxième série (localités à vérifier pendant les années de nombre impair), pour être classée dans la première série (localités à vérifier tous les ans).

Comte RANDON.

AG. — 21-28 avr. 1855. — B. 479. — *Province d'Alger. — Classement.*

Art. 1. — Le tableau A, annexé à l'arrêté du 11 févr. 1852, susvisé, est modifié ainsi qu'il suit : — La ville de Milianah est distraite de la 2e série (localités à vérifier tous les deux ans), pour être classée dans la 1re série (localités à vérifier tous les ans) ;

Le village de Sidi Moussa est classé parmi les localités à vérifier pendant les années du nombre impair.

Le village de Castiglione (Bou-Ismaël et Tefeschoun) est distrait des localités à vérifier pendant les années du nombre pair, pour être classé parmi celles à vérifier pendant les années du nombre impair.

Comte RANDON.

Police.

§ 1. — ORGANISATION ADMINISTRATIVE.

AM. — 28 avril-2 juin 1854. — B. 461. — *Bureaux de police érigés en commissariats.*

Vu les arr. min. des 17 janv. 1851, 29 sept. 1852 et 2 avril 1853 (vol. 1er, p. 522, 524, 525) ;

Art. 1. — Les bureaux de police institués à Cherchell, Tenès, Orléansville, Médéah, Milianah, Koleah (département d'Alger) et Sétif (département de Constantine) sont érigés en commissariats de police.

VAILLANT.

AM. — 15 juin-13 juill 1854. — B. 463. — *Modification à l'arrêté du 29 sept. 1852.*

Vu les deux arr. min. du 29 sept. 1852 (vol. 1er, p. 525) ; — Le premier disposant, art. 2 : — Les commissaires de police de l'Algérie sont nommés et révoqués par le ministre de la guerre ; — Le deuxième portant création en Algérie d'une quatrième classe de commissaires de police ;

Art. 1. — A l'avenir, les commissaires de police de quatrième classe en Algérie seront nommés et révoqués par le gouverneur général, sur la proposition des préfets.

VAILLANT.

AM. — 17 oct.-22 nov. 1854. — B. 470. — *Création d'un nouvel emploi d'inspecteur de 2e classe dans le cadre du personnel de la police de la commune d'Oran, pour le service spécial du village de la Senia.*

AM. — 21 janv.-1er mars 1855. — B. 475. — *Le bureau de police d'Arzew est érigé en commissariat de 4e classe.*

AM. — 26 mars-28 avril 1855. — B. 479. — *Personnel des commissariats de Tlemcen et Mascara.*

Art. 1. — Les cadres du personnel des commissariats de police des villes de Tlemcen et de Mascara (département d'Oran) sont fixés ainsi qu'il suit, savoir :

	Tlemcen.	Mascara.
Commis. de police (de 3e ou de 4e cl.)	1	1
Inspecteurs de 2e classe.	1	1
Agents français de 1re classe.	1	1
Agents français de 2e classe.	2	1
Secrétaire de 2e classe.	»	1
Agents indigènes de 2e classe.	1	1
	6	6

VAILLANT.

AM. — 16 août-8 oct. 1855. — B. 486. — *Institution d'un commissariat à Saint-Denis du Sig.*

Vu le décret du 13 janv. 1855, portant institution d'un commissariat civil à Saint-Denis du Sig (dép. d'Oran) ;

Art. 1. — Il est créé, dans la ville de Saint-Denis du Sig, sous l'autorité du commissaire civil, un commissariat de police, qui sera composé comme il suit : — Un commissaire de police de 4e classe ; — Un agent français de 1re classe ; — Un agent français de 2e classe.

VAILLANT.

AM. — 14 sept.-8 oct. 1855. — B. 486. — *Répartition en cinq classes et traitements des commissaires de police.*

Vu l'ord. du 28 sept. 1847, sur l'organisation

---

balances présenteront sur le socle l'indication de leur portée au maximum.

En résumé, elles devront être solidement et régulièrement construites, et réunir toutes les conditions prescrites par l'instruction n° 10 annexée à l'ordonnance du 16 juin 1839. Il conviendra de prévenir les fabricants que l'intention de l'administration est d'exiger, en ce qui concerne ces balances, une construction irréprochable. — A l'avenir, les vérificateurs des poids et mesures ne devront admettre à la vérification que celles de ces balances qui présenteront les conditions ci-dessus indiquées, et ils rejetteront celles qui, mal fabriquées, n'offriraient pas de suffisantes garanties de solidité et de durée. — Dans les tournées périodiques et de surveillance, ils devront également s'assurer de la justesse desdits instruments et se montrer sévères à l'égard de ceux qu'ils reconnaîtraient défectueux. — De cette manière, on parviendra à prémunir les débitants contre la mauvaise fabrication, et il est permis de penser que, dans un avenir peu éloigné, le but auquel vise l'administration se trouvera atteint.

Il ne me reste plus que quelques instructions à adresser. — Désormais les fléaux des balances ne devront plus porter de goupille pour recevoir le poinçon primitif ; la marque de vérification sera apposée sur l'un des bras et aussi près que possible du centre du fléau. Lorsque les balances devront être présentées toutes montées et vernies, il sera réservé une place nette pour recevoir l'empreinte du poinçon. — A l'égard des balances et des romaines-bascules, le poinçonnage n'aura plus lieu sur la plaque qui, aux termes de l'instruction n° 10, est destinée à recevoir l'indication de la portée de la bascule : ce poinçonnage s'opérera également sur le bras.

Le ministre de l'agriculture, du commerce et des travaux publics, E. ROUHER.

communale en Algérie, en ce qui concerne les dépenses obligatoires des communes (vol. I", p. 124);—Vu les arr. min. des 11 janv. 1851, 29 sept. et 3 nov. 1852, sur les commissariats de police en Algérie (vol. I", p. 522 et 524);

Art. 1. — Les commissaires de police de l'Algérie seront répartis en cinq classes, dont les traitements et les frais de bureau sont fixés de la manière suivante :

	Traitement.	Frais de bureau.	Total.
1re classe.	3,000 fr.	600 fr.	3,600 fr.
2e —	2,500	500	3,000
3e —	2,100	420	2,520
4e —	1,800	360	2,160
5e —	1,500	300	1,800

Art. 2. — Toute promotion à une classe supérieure ne peut être conférée que par le ministre, sur la proposition du gouverneur général. — Nul ne peut être proposé pour l'avancement qu'après trois années d'exercice dans le même grade. — La classe est inhérente à la personne et non à la résidence; néanmoins, il ne peut y avoir de commissaire de police de 1re et de 2e classe que dans les chefs-lieux de département et d'arrondissement, ou dans les communes dont la population est d'au moins dix mille âmes.

Art. 3. — A partir du 1er janvier 1856, dans les localités érigées en communes, les traitements et frais de bureaux des commissaires de police, aussi bien que toutes autres dépenses du service de la police, seront imputés sur les budgets communaux, par application de l'art. 40, § n° 11, de l'ord. du 28 sept. 1847.—Il n'est pas dérogé aux dispositions antérieures concernant le traitement et les frais de bureau du commissariat central de police à Alger, des employés et agents attachés à ce commissariat.

Art. 4. — Toutes dispositions contraires sont et demeurent abrogées.   VAILLANT.

AM. —6 oct.-17 nov. 1855. — B. 487. — *Personnel du commissariat de Médéah.*

Vu, etc. ;

Art. 1. — Il est créé, dans le service de la police de Médéah (dép. d'Alger), un emploi d'agent français de 1re classe. — Le cadre du personnel du commissariat de police de cette ville est, en conséquence, fixé ainsi qu'il suit : — Un commissaire de police ; — Un agent français de 1re classe ; — Un agent français de 2e classe ;— Un agent indigène de 1re classe.

VAILLANT.

Politique générale.

V. NAVIGATION, 27 mars 1854.

Ponts et chaussées.

AM. — 16 janv.-25 fév. 1854. — B. 453. — *Allocations aux ingénieurs et conducteurs.*

Vu les arr. des 31 oct. 1846, 27 oct. 1848 et 29 juin 1849, portant fixation des traitements et accessoires de traitements attribués aux inspecteurs, ingénieurs, conducteurs et piqueurs des ponts et chaussées, en mission ou employés en Algérie (vol. I", p. 532, note); — Considérant que certaines réductions déterminées par les

deux derniers arrêtés susvisés ne sont plus motivées ;

Art. 1. — L'allocation pour frais de déplacements et de tournées, attribuée aux ingénieurs en chef des ponts et chaussées servant en Algérie, est élevée de 3,500 fr. à 3,400 fr., et le supplément colonial accordé aux conducteurs du même service est rétabli tel qu'il avait été fixé par l'arrêté du 31 oct. 1846.

Art. 2. — Sont et demeurent abrogées toutes dispositions contraires à celles du présent arrêté, qui recevra son exécution à partir du 1er janv. 1854 (1).   A. DE SAINT-ARNAUD.

V. FONCTIONNAIRES, § 6, Etude de la langue arabe.

Postes.

DI. — 20 août 1853. — *Taxe des lettres en Algérie.*

Vu la loi du 27 frim. an 8; — La loi du 3 juin 1820; — L'ord. du 20 juin 1835; — La déc. min. du 24 déc. 1846; — Le décret du 24 août 1848; — L'arrêté du ministre des finances du 13 déc. 1848;

Art. 1. — Les lettres circulant en Algérie d'une direction de poste à une distribution dépendant de cette direction, et réciproquement, seront soumises à la taxe progressive de 1 déc. déterminée par l'art. 4 de la loi du 3 juin 1829 à partir du 1er oct. prochain.

Art. 2. — Les lettres simples de et pour la même commune, et les lettres simples d'une direction de poste ou de distribution pour une commune que cette direction ou distribution dessert, et réciproquement de cette commune pour la direction ou la distribution, supporteront en Algérie, à partir du 1er oct. prochain, une taxe fixe de 1 déc.

Art. 3. — Seront considérées comme lettres simples celles dont le poids n'atteindra pas 7 grammes et demi.

Art. 4. — Les lettres dont le poids atteindra 7 grammes et demi et au-dessus seront soumises à la progression de poids fixée par l'art. 8 de la loi du 27 frim. an 8.

Art. 5. — Sont et demeurent abrogées, en ce qu'elles ont de contraire au présent décret, les dispositions de l'ord. royale du 20 juin 1835 et de la déc. min. du 24 déc. 1846.

NAPOLÉON.

DI. — 7 déc. 1853. — *Taxe des lettres en Algérie.*

Vu, etc.;

Art. 1. — A partir du 1er janv. prochain, les lettres circulant en Algérie d'une direction de poste à une distribution dépendante de cette direction, et réciproquement, seront soumises à la taxe progressive de 1 déc. déterminée par l'art. 4 de la loi du 3 juin 1829.

Art. 2. — A dater de la même époque, les lettres d'une direction ou d'une distribution en Algérie, pour une commune qui dessert cette direction ou cette distribution, et réciproquement de cette commune pour la direction ou la distribution, ainsi que les lettres d'une commune pour une autre commune du même arrondissement postal, seront soumises aux condi-

<hr>

(1) Les arrêtés des 31 oct. 1846, 27 oct. 1848 et 29 juin 1849, n'ont pas été rapportés dans le vol. I", parce qu'ils étaient abrogés par l'arrêté du 31 juill. 1852 (inséré p. 532), qui modifiait les traitements et allocations des ingénieurs et conducteurs. — Suivant le tableau qui y était annexé, le supplément colonial accordé aux conducteurs s'élevait seulement au quart de leur traitement. En remettant en vigueur les dispositions de l'arrêté de 1846, l'arrêté de 1854 porte ce supplément au tiers du traitement.

tions de taxe et de poids indiquées dans l'article précédent.

Art. 3. — Les lettres de et pour la même commune en Algérie seront soumises à la taxe progressive réglée par la loi du 27 frim. an VIII.

Art. 4. — Les dispositions de la décision du 14 déc. 1840 et du décret du 20 août 1853 sont abrogées par le présent décret. Sont également annulées les dispositions de l'ord. du 20 juin 1835 en ce qu'elles ont de contraire au présent décret.   NAPOLÉON.

Poudres.

V. ARMES, § 2.

Presse.

DI. — 14 mars-13 avr. 1855. — B. 478. — *Promulgation en Algérie du décret organique sur le régime de la presse en France.*

Vu l'art. 38 du décret du 17 fév. 1352; — Vu le décret du 28 mars 1852, sur le régime de la presse en Algérie (vol. 1er, p. 545);

Art. 1. — Le décret organique du 17 fév. 1852, sur le régime de la presse en France, sera promulgué en Algérie, pour y être exécuté selon sa forme et teneur, sous la réserve des modifications suivantes : — 1° Le gouverneur général continue de surveiller l'usage de la presse en Algérie, de donner les autorisations de publier les journaux, et de révoquer ces autorisations en cas d'abus. — 2° Le taux du cautionnement demeure fixé, conformément à l'art. 1 de la loi du 10 juill. 1850, à 3,000 fr. pour les journaux ou écrits périodiques publiés en Algérie, et paraissant plus de cinq fois par semaine. Il sera réduit à moitié de cette somme, pour les journaux ou écrits périodiques paraissant cinq fois par semaine seulement ou à des intervalles plus éloignés. — Le droit de timbre, fixé par la même loi, est également maintenu pour les journaux, gravures ou écrits périodiques publiés en Algérie. L'acquittement de ce droit continuera à valoir affranchissement pour les publications qui ne sortiront pas de l'Algérie. — 3° L'interdiction portée par l'art. 16 du décret du 17 fév. 1852 est étendue à toute publication ou article ayant pour objet les opérations militaires, les mouvements de troupes ou les travaux de défense des places de terre et de mer, en ce qui concerne la colonie. — Cette interdiction n'est applicable ni à la reproduction pure et simple des articles insérés dans les journaux officiels de la métropole ou de l'Algérie, ni aux publications qui auront été préalablement autorisées par l'administration.

Art. 2. — Sont abrogées toutes les dispositions contraires au présent décret, et notamment le décret du 28 mars 1852.   NAPOLÉON.

Décret du 17 février 1852.

CHAP. 1. — *De l'autorisation préalable et du cautionnement des journaux et écrits périodiques.*

Art. 1. — Aucun journal ou écrit périodique traitant de matières politiques ou d'économie sociale, et paraissant soit régulièrement et à jour fixe, soit par livraison et irrégulièrement, ne pourra être créé ou publié sans l'autorisation préalable du gouvernement. — Cette autorisation ne pourra être accordée qu'à un Français majeur, jouissant de ses droits civils et politiques. — L'autorisation préalable du gouvernement sera pareillement nécessaire, à raison de tous changements opérés dans le personnel des gérants, rédacteurs en chef, propriétaires ou administrateurs d'un journal.

Art. 2. — Les journaux politiques ou d'économie sociale publiés à l'étranger ne pourront circuler en France qu'en vertu d'une autorisation du gouvernement. — Les introducteurs ou distributeurs d'un journal étranger dont la circulation n'aura pas été autorisée seront punis d'un emprisonnement d'un mois à un an et d'une amende de 100 fr. à 5,000 fr.

Art. 3. — Les propriétaires de tout journal ou écrit périodique traitant de matières politiques ou d'économie sociale sont tenus, avant sa publication, de verser au trésor un cautionnement en numéraire, dont l'intérêt sera payé au taux réglé pour les cautionnements.

Art. 4. — Pour les départements de la Seine, de Seine-et-Oise, de Seine-et-Marne et du Rhône, le cautionnement est fixé ainsi qu'il suit : — Si le journal ou écrit périodique paraît plus de trois fois par semaine, soit à jour fixe, soit par livraisons irrégulières, le cautionnement sera de 50,000 fr. — Si la publication n'a lieu que trois fois par semaine ou à des intervalles plus éloignés, le cautionnement sera de 30,000 fr. — Dans les villes de cinquante mille âmes et au-dessus, le cautionnement des journaux ou écrits périodiques paraissant plus de trois fois par semaine sera de 25,000 fr. — Il sera de 15,000 fr. dans les autres villes, et, respectivement, de moitié de ces deux sommes pour les journaux ou écrits périodiques paraissant trois fois par semaine ou à des intervalles plus éloignés.

Art. 5. — Toute publication de journal ou écrit périodique sans autorisation préalable, sans cautionnement ou sans que le cautionnement soit complété, sera punie d'une amende de 100 à 2,000 fr. pour chaque numéro ou livraison publiés en contravention, et d'un emprisonnement d'un mois à deux ans. — Celui qui aura publié le journal ou écrit périodique et l'imprimeur seront solidairement responsables. — Le journal ou écrit périodique cessera de paraître.

CHAP. 2. — *Du timbre des journaux périodiques.*

Art. 6. — Les journaux ou écrits périodiques et les recueils périodiques de gravures ou lithographies politiques de moins de dix feuilles de 25 à 32 décim. carrés, ou de moins de cinq feuilles de 50 à 72 décim. carrés, seront soumis à un droit de timbre. — Ce droit sera de 6 cent. par feuille de 72 décim. carrés et au-dessous, dans les départements de la Seine et de Seine-et-Oise, et de 3 cent. pour les journaux, gravures ou écrits périodiques publiés partout ailleurs. — Pour chaque fraction en sus de 10 décim. carrés et au-dessous, il sera perçu 1 cent. et demi dans les départements de la Seine et de Seine-et-Oise, et 1 cent. partout ailleurs. — Les suppléments du journal officiel, quel que soit leur nombre, sont exempts de timbre.

Art. 7. — Une remise de 1 p. cent sur le timbre sera accordée aux éditeurs de journaux ou écrits périodiques pour déchets de maculature.

Art. 8. — Les droits de timbre imposés par la présente loi seront applicables aux journaux et écrits périodiques publiés à l'étranger, sauf les conventions diplomatiques contraires. — Un règlement d'administration publique déterminera le mode de perception de ce droit.

Art. 9. — Les écrits non périodiques traitant de matières politiques ou d'économie sociale qui ne sont pas actuellement en cours de publication, ou qui, antérieurement à la présente loi, ne sont pas tombés dans le domaine public, s'ils sont publiés en une ou plusieurs livraisons ayant moins de dix feuilles d'impression de 25 à 32 décim. carrés, seront soumis à un droit de timbre de 5 cent. par feuille. — Il sera perçu 1 cent. et demi par chaque fraction en sus de 10 décim. carrés et au-dessous. — Cette disposition est applicable aux écrits non périodiques publiés à l'étranger. Ils seront, à l'importation, soumis aux droits de timbre fixés pour ceux publiés en France.

Art. 10. — Les préposés de l'enregistrement, les officiers de police judiciaire et les agents de la force publique sont autorisés à saisir les journaux ou écrits qui seraient en contravention aux présentes dispositions sur le timbre. — Ils devront constater cette saisie par des procès-verbaux, qui seront signifiés aux contrevenants dans le délai de trois jours.

Art. 11. — Chaque contravention aux dispositions de la présente loi, pour les journaux, gravures ou écrits périodiques, sera punie, indépendamment de la restitution des droits frustrés, d'une amende de 50 fr. par feuille ou fraction de feuille non timbrée. Elle sera de 100 fr. en cas de récidive. L'amende ne pourra, au total, dépasser le chiffre du cautionnement. — Pour les autres écrits, chaque contravention sera punie, indépendamment de la restitution des droits frustrés, d'une amende égale au double desdits droits. — Cette amende ne pourra, en aucun cas, être inférieure à 200 fr. ni dépasser en total 50,000 fr.

Art. 12. — Le recouvrement des droits de timbre et des amendes de contravention sera poursuivi, et les instances seront instruites et jugées conformément à l'art. 10 de la loi du 28 avr. 1816.

Art. 13. — En outre des droits de timbre fixés par la présente loi, les tarifs existant antérieurement à la loi du 16 juill. 1850, pour le transport par la poste des journaux et autres écrits, sont remis en vigueur.

Chap. 8. — *Délits et contraventions non prévus par les lois antérieures. — Juridiction. — Exécution des jugements. — Droit de suspension et de suppression.*

Art. 14. — Toute contravention à l'art. 42 de la constitution sur la publication des comptes rendus officiels des séances du corps législatif sera punie d'une amende de 1,000 à 5,000 fr.

Art. 15. — La publication ou la reproduction de nouvelles fausses, de pièces fabriquées, falsifiées ou mensongèrement attribuées à des tiers, sera punie d'une amende de 50 à 1,000 fr. — Si la publication ou reproduction est faite de mauvaise foi, ou si elle est de nature à troubler la paix publique, la peine sera d'un mois à un an d'emprisonnement, et d'une amende de 500 à 1,000 francs. Le maximum de la peine sera appliqué si la publication ou reproduction est tout à la fois de nature à troubler la paix publique et faite de mauvaise foi.

Art. 16. — Il est interdit de rendre compte des séances du sénat, autrement que par la reproduction des articles insérés au journal officiel. — Il est interdit de rendre compte des séances non publiques du conseil d'État.

Art. 17. — Il est interdit de rendre compte des procès pour délits de presse. La poursuite pourra seulement être annoncée; dans tous les cas, le jugement pourra être publié. — Dans toutes affaires civiles, correctionnelles ou criminelles, les cours et tribunaux pourront interdire le compte rendu du procès. Cette interdiction ne pourra s'appliquer au jugement, qui pourra toujours être publié.

Art. 18. — Toute contravention aux dispositions des art. 16 et 17 de la présente loi sera punie d'une amende de 50 fr. à 5,000 fr., sans préjudice des peines prononcées par la loi, si le compte rendu est infidèle et de mauvaise foi.

Art. 19. — Tout gérant sera tenu d'insérer en tête du journal les documents officiels, relations authentiques, renseignements, réponses et rectifications qui lui seront adressés par un dépositaire de l'autorité publique. — La publication devra avoir lieu dans le plus prochain numéro qui paraîtra après le jour de la réception des pièces. — L'insertion sera gratuite. — En cas de contravention, les contrevenants seront punis d'une amende de 50 fr. à 1,000 fr. En outre, le journal pourra être suspendu par voie administrative pendant quinze jours au plus.

Art. 20. — Si la publication d'un journal ou écrit périodique frappé de suppression ou de suspension administrative ou judiciaire est continuée sous le même titre, ou sous un titre déguisé, les auteurs, gérants ou imprimeurs seront condamnés à la peine d'un mois à deux ans d'emprisonnement, et solidairement à une amende de 500 fr. à 8,000 fr., par chaque numéro ou feuille publiée en contravention.

Art. 21. — La publication de tout article traitant de matières politiques ou d'économie sociale et émanant d'un individu condamné à une peine afflictive et infamante, ou infamante seulement, est interdite. — Les éditeurs, gérants, imprimeurs qui auront concouru à cette publication, seront condamnés solidairement à une amende de 1,000 fr. à 5 000 fr.

Art. 22. — Aucuns dessins, aucunes gravures, lithographies, médailles, estampes ou emblèmes, de quelque nature et espèce qu'ils soient, ne pourront être publiés, exposés ou mis en vente sans l'autorisation préalable du ministre de la police de Paris ou des préfets dans les départements. — En cas de contravention, les dessins, gravures, lithographies et médailles, estampes ou emblèmes pourront être confisqués, et ceux qui les auront publiés seront condamnés à un emprisonnement d'un mois à un an et une amende de 100 fr. à 1,000 fr.

Art. 23. — Les annonces judiciaires exigées par les lois pour la validité ou la publicité des procédures ou des contrats seront insérées, à peine de nullité de l'insertion, dans le journal ou les journaux de l'arrondissement qui seront désignés, chaque année, par le préfet. — A défaut de journal dans l'arrondissement, le préfet désignera un ou plusieurs journaux du département. — Le préfet réglera en même temps le tarif de l'impression de ces annonces.

Art. 24. — Tout individu qui exerce le commerce de la librairie sans en avoir obtenu le brevet exigé par l'art. 11 de la loi du 2 oct. 1814, sera puni d'une peine d'un mois à deux ans d'emprisonnement et d'une amende de 100 fr. à 2,000 fr. L'établissement sera fermé.

Art. 25. — Seront poursuivis devant les tribunaux de police correctionnelle 1° les délits commis par la voie de la presse ou tout autre moyen de publication mentionné dans l'art. 1 de la loi du 17 mai 1819, et qui avaient été attribués par les lois antérieures à la compétence des cours d'assises; 2° les contraventions sur la presse prévues par les lois antérieures; 3° les délits et contraventions édictés par la présente loi.

Art. 26. — Les appels des jugements rendus par les tribunaux correctionnels sur les délits commis par la voie de la presse seront portés directement, sans distinction locale de ces tribunaux, devant la chambre correctionnelle de la cour d'appel.

Art. 27. — Les poursuites auront lieu dans les formes et délais prescrits par le code d'instruction criminelle.

Art. 28. — En aucun cas, la preuve par témoins ne sera admise pour établir la réalité des faits injurieux ou diffamatoires.

Art. 29. — Dans les trois jours de tout jugement ou arrêt définitif de condamnation pour crime, délit ou contravention de presse, le gérant du journal devra acquitter le montant des condamnations qu'il aura encourues ou dont il sera responsable. — En cas de pourvoi en cassation, le montant des condamnations sera consigné dans le même délai.

Art. 30. — La consignation ou le payement prescrits par l'article précédent sera constaté par une quittance délivrée en duplicata par le receveur des domaines. — Cette quittance sera, le quatrième jour au plus tard, remise au procureur de la République, qui en donnera récépissé.

Art. 31. — Faute par le gérant d'avoir remis la quittance dans les délais ci-dessus fixés, le journal cessera de paraître sous les peines portées par l'art. 5 de la présente loi.

Art. 32. — Une condamnation pour crime commis par la voie de la presse, deux condamnations pour délits ou contraventions commis dans l'espace de deux années, entraînent de plein droit la suppression du journal dont les gérants ont été condamnés. — Après une condamnation prononcée pour contravention ou délit de presse contre le gérant responsable d'un journal, le gouvernement a faculté, pendant les deux mois qui suivent cette condamnation, de prononcer, soit la suspension temporaire, soit la suppression du journal. — Un journal peut être suspendu par décision ministérielle, alors même qu'il n'a été l'objet d'aucune condamnation, mais après deux avertissements motivés et pendant un temps qui ne pourra excéder deux mois. — Un journal peut être supprimé soit après une suppression judiciaire ou administrative, soit par mesure de sûreté générale, mais par un décret spécial du président de la République, publié au Bulletin des lois.

CHAP. 4. — *Dispositions transitoires.*

Art. 33. — Les propriétaires de journaux ou écrits périodiques politiques, actuellement existants, sont dispensés de l'autorisation exigée par l'art. 1 de la présente loi. Il leur est accordé un délai de deux mois pour compléter leur cautionnement. A l'expiration de ce délai, si le cautionnement n'est pas complété et si la publication continue, l'art. 5 de la présente loi sera appliqué.

Art. 34. — Les dispositions de la présente loi, relatives au timbre des journaux et écrits périodiques, ne seront exécutoires qu'à partir du 1ᵉʳ mars prochain. — Les droits de timbre et de poste afférents aux abonnements contractés avant la promulgation de la présente loi seront remboursés aux propriétaires des journaux ou écrits périodiques. — Les réclamations et justifications nécessaires seront faites dans les formes et délais déterminés par le décret réglementaire du 27 juill. 1850. — Cette dépense sera imputée sur le crédit alloué au chap. 70 du budget des finances, concernant les remboursements sur produits indirects et divers.

Art. 35. — Un délai de trois mois est accordé pour obtenir un brevet de libraire à ceux qui n'en ont pas obtenu et font actuellement le commerce de librairie. — Après ce délai, ils seront passibles, s'ils continuent leur commerce, des peines édictées par l'art. 21 de la présente loi.

Art. 36. — La présente loi n'est pas applicable à l'Algérie et aux colonies.

Sont abrogées les dispositions des lois antérieures contraires à la présente loi, notamment les art. 14 et 18 de la loi du 16 juill. 1850.

         LOUIS-NAPOLÉON.

Primes.

V. AGRICULTURE. — VOIRIE, § 1, Plantations d'arbres.

Prisons.

AM. 7 nov-5 déc. 1853. — B. 448. — *Institution d'une commission de surveillance à Blidah.*

Vu l'arr. min. du 28 fév. 1851, portant règlement général pour la prison civile d'Alger (vol. 1ᵉʳ, p. 547);

Art. 1. — Il est institué près de la prison civile de Blidah (dép. d'Alger) une commission gratuite de surveillance. — Cette commission sera de cinq membres nommés par le préfet; ils ne pourront être révoqués que par le gouverneur général.

Art. 2. — Sont de droit membres supplémentaires de ladite commission : — Le sous-préfet, président-né; — Le président du tribunal de première instance; — Le procureur impérial; — Le maire, vice-président-né.

Art. 3. — Les membres nommés de la commission éliront entre eux tous les six mois, à la majorité absolue des suffrages, un vice-président pour les présider en l'absence du sous-préfet et du maire. — Le membre ainsi élu sera indéfiniment rééligible. — Les membres sortants par suite de décès, changement de domicile, démission ou révocation, seront immédiatement remplacés par le préfet.

Art. 5. — La commission pourra être dissoute par arrêté du gouverneur général, sur la proposition du préfet.

Art. 6. — La commission de surveillance exercera les attributions déterminées par le § 2 du chap. 2 de l'arrêté susvisé du 28 fév. 1851.

Art. 7. — La commission ne pourra délibérer que lorsque quatre de ses membres seront présents. Les décisions seront prises à la majorité des membres présents. — En cas de partage, la voix du président est prépondérante. Toutefois, aucune décision ne pourra être prise à une majorité composée de moins de trois voix.

Art. 8. — La commission de surveillance tiendra ses séances ordinaires au moins une fois par mois. Elle s'assemblera extraordinairement toutes les fois qu'elle sera convoquée par le sous-préfet.

Art. 9. — La commission établira, par un règlement spécial, la périodicité de ses réunions ordinaires, l'ordre de ses travaux, la police de ses séances et le roulement entre ses membres du service de semaine, prescrit par l'art. 40 du règlement du 28 fév. ci-dessus visé.

Art. 10. — Tout membre nommé de la commission qui, sans motif légitime d'excuse ou d'empêchement, admis par la commission, aura manqué soit au service de semaine, soit à trois réunions consécutives, sera considéré comme démissionnaire : il sera pourvu à son remplacement conformément aux prescriptions de l'art. 4 du présent.

Art. 11. — Il sera établi pour la prison civile de Blidah un règlement du service intérieur, comprenant toutes les parties de ce régime et la discipline tant des préposés à la surveillance que des détenus. — Ce règlement, discuté et proposé par la commission de surveillance, et arrêté par le préfet, ne sera définitif qu'après l'approbation du ministre.

Disposition générale.

Art. 12. — Les dispositions des art. 1, 5 et 10 du présent arrêté relatives soit au mode de nomination et de révocation des membres des commissions de surveillance, soit à la dissolution desdites commissions, sont rendues applicables à toutes les commissions précédemment instituées.　　　　A. DE SAINT-ARNAUD.

AM. — 9-28 juill. 1855. — B. 483. — *Fondation de la Maison centrale de l'Harrach.*

Considérant que l'encombrement des maisons centrales de détention du midi de la France ne permet plus d'y recevoir les condamnés indigènes de l'Algérie; — Considérant, d'ailleurs, que la translation de ces condamnés dans les prisons de la métropole a de graves inconvénients au point de vue de leur santé;

Art. 1. — Les bâtiments de l'ancien fort dit *La Maison-Carrée* (province d'Alger) sont affectés *provisoirement* à l'établissement d'une maison centrale de détention spéciale pour les condamnés indigènes de l'Algérie. — Cette maison, qui prendra la dénomination de *Maison centrale de l'Harrach*, est constituée, comme les maisons centrales de France : 1° en maison de force pour renfermer, conformément aux dispositions du Code pénal, art. 16 et 21, les individus des deux sexes condamnés à la peine de la réclusion, et les femmes et les filles condamnées à la peine des travaux forcés; 2° en maison de correction pour les condamnés par voie de police correctionnelle (art. 40 du Code pénal), lorsque la peine à subir sera de plus d'une année.

Art. 2. — Les décrets, ordonnances, arrêtés et règlements qui régissent les maisons centrales de la métropole, sont applicables à la maison centrale de l'Harrach, sauf l'exception ci-après.

Art. 3. — Les attributions qui, en France, appartiennent aux préfets des départements où sont situées les maisons centrales de détention, et celles qui sont réservées au ministre de l'intérieur, seront exercées, pour la maison centrale de l'Harrach, par le gouverneur général de l'Algérie, qui rendra compte au ministre de la guerre. — Néanmoins, le ministre de la guerre conserve la nomination du directeur et le règlement du budget des dépenses.　　VAILLANT.

Propriété.

SECT. I, § 1. — CONSTITUTION DE LA PROPRIÉTÉ.

OR. — 21 août 1839-1er fév. 1840. — B. 73. — *Constitution et administration du domaine de l'État* (1).

CHAP. 8. — *Du domaine.*

§ 1. — *Domaine de l'État.*

137. Le domaine de l'État comprend : — Les immeubles qui, en vertu de décisions régulières, ont été ou seront affectés à un service public rétribué sur les fonds de l'État; — Ceux qui ont été ou seront acquis, en rentes ou en capitaux, sur les fonds du trésor; — Ceux dont le revenu n'avait pas, sous l'ancienne administration, une affectation spéciale à des besoins locaux des villes, douars, outhans, tribus ou provinces, ou qui n'étaient pas la propriété de communautés, associations ou agglomérations d'habitants; — Les propriétés en déshérence; — Les biens reconnus vacants et sans maîtres.

§ 2. — *Domaine colonial.*

138. Le domaine colonial comprend : — Les immeubles qui, en vertu de décisions régulières, ont été ou seront affectés à un service public rétribué sur les fonds coloniaux; — Ceux qui seront acquis, en rentes ou en capitaux, sur les fonds coloniaux ; — Ceux dont le revenu était affecté à des dépenses locales concernant les villes, douars, outhans, tribus ou provinces, ou qui étaient la propriété de communautés, associations ou agglomérations d'habitants; — Les terres vaines et vagues, landes, bruyères, pacages, marais et autres énoncés en l'art. 1, tit. 4, de la loi du 10 juin 1793.

139. La colonie est tenue d'acquitter, comme charge de la propriété : — Les frais d'administration, d'entretien et de surveillance du domaine colonial; — Les indemnités dues pour démolition, occupation ou expropriation d'immeubles dans l'intérêt public, à l'exception toutefois de ceux qui, à partir du 1er janvier 1835, auraient été ou seraient affectés aux services militaires; — Et, généralement, toutes les dépenses de police, de salubrité, d'assainissement, de construction d'égouts, fontaines et abreuvoirs auxquelles des revenus spéciaux étaient autrefois affectés.

140. La colonie est tenue, en outre, d'abandonner à l'État, quand il y aura lieu, et sans indemnité, les terrains et bâtiments dont l'expropriation serait reconnue nécessaire dans l'intérêt d'un service public de l'État, sauf toutefois le remboursement des dépenses de construction ou d'appropriation effectuées sur les fonds coloniaux. — Le montant du remboursement sera fixé par le ministre de la guerre, au vu des pièces de dépense, ou, à défaut, sur expertises contradictoires.

§ 3. — *Dispositions communes.*

141. Il sera formé et arrêté en conseil d'administration, sur la proposition des chefs de service, des états distincts : — Du domaine de l'État, — Du domaine colonial, — Des biens séquestrés. — Ces états seront transmis au ministre et serviront de bases aux sommiers généraux tenus à la direction des finances, qui présenteront les mêmes divisions.

142. Aucune propriété ne peut cesser de figurer sur les états mentionnés en l'article précédent, ni être transportée d'un état à l'autre, qu'en vertu d'une décision du ministre. — Les

---

(1) Cette ordonnance, relative dans son ensemble à l'organisation du régime financier en Algérie, ayant été abrogée par celles postérieures des 17 janv. 1845 et 2 janv. 1846, n'avait pas été insérée dans le Ier vol. du *Dictionnaire de la législation*. Il en avait seulement été fait mention dans la notice historique placée en tête de l'article *Finances,*

p. 262. Toutefois, le chap. 8, spécialement consacré à la constitution du domaine de l'État, pouvant être utile pour l'examen des questions de propriété qui remontent à cette époque, il a été jugé convenable de le reproduire dans le supplément.

changements résultant de ces décisions donneront lieu, chaque année, à la formation d'un tableau de mutation qui sera transmis au ministre.

§ 4. — Administration du domaine.

143. Le domaine de l'État et le domaine colonial, lorsque les immeubles ne sont pas affectés à un service public, sont administrés, sous
les ordres du directeur des finances, conformément aux règlements sur la matière, par les
agents du domaine nommés par le ministre de
la guerre. — Les immeubles affectés à des services publics sont administrés et gérés par les
chefs des services auxquels ils sont affectés; il
est pourvu à leur entretien et à leur conservation sur les fonds de ces services.

144. Aucun immeuble appartenant à l'État
ou à la colonie ne peut être affecté à un service
public, même dans les cas d'urgence, qu'en
vertu d'une décision du gouverneur, prise sur
l'avis du chef de service qui réclame l'immeuble
et du directeur des finances. Il est immédiatement rendu compte de cette disposition au ministre.

145. Aucun immeuble administré par le domaine ne peut être aliéné qu'en exécution d'un
arrêté du gouverneur, délibéré en conseil d'administration, sur la proposition du directeur des
finances, et approuvé par le ministre. — L'arrêté
détermine le mode d'aliénation. — Un plan des
immeubles aliénés et une expédition du cahier
des charges sont joints au projet d'arrêté transmis au ministre.

146. Les dispositions de l'article précédent
sont applicables aux échanges.

147. La location des immeubles gérés par le
domaine aura lieu par adjudication publique et
aux enchères: néanmoins, et dans les cas qui
seront déterminés, les baux de gré à gré dont
la durée n'excédera pas trois ans, ou la prolongation, pour le même espace de temps, des baux
expirés, pourront être autorisés par le gouverneur général, sur la proposition du directeur
des finances. — Les baux de gré à gré d'une plus
longue durée seront approuvés par le ministre.
— Les baux de gré à gré sont personnels et
ne peuvent être cédés, à peine de résiliation.

148. Lorsque des immeubles ou parties d'immeubles affectés à des services publics seront
jugés, par les chefs de ces services, susceptibles
d'être mis en location, l'adjudication s'en fera
en présence du receveur des domaines, et les
produits seront versés au compte du trésor ou
de la colonie, suivant la nature des immeubles.

DI. — 2 avril-18 mai 1851. — *B. 459.* — *Partage
des biens indivis entre le domaine de l'État
et les particuliers (1).*

Vu les lois du 1er floréal an III, du 28 pluviôse

---

(1) *Rapport à l'empereur.*

Sire, je viens proposer à Votre Majesté de régler la
législation domaniale de l'Algérie, en un point par lequel
elle est restée jusqu'ici incomplète.

L'ordonnance du 21 juill. 1846, remplacée aujourd'hui
par la loi du 16 juin 1851 sur la constitution de la propriété
en Algérie, non plus que cette loi elle-même, n'ont rien
statué sur le mode à suivre pour le partage des immeubles
possédés par indivis par l'État et des particuliers.

Cette situation, éminemment contraire aux intérêts de
toutes les parties en présence, a été dans la métropole l'objet
d'une attention toute particulière, et les lois du 1er flor.
an III et du 28 pluv. an VIII, ainsi que le décret du 12 juin
1813, édictés en vue de remédier, contiennent un ensemble
de dispositions combinées de façon à ce que l'État puisse
sortir promptement, au moins quant à la part proportionnelle sur laquelle son droit est reconnu incontestable, d'une
indivision qui, pour la plupart du temps, s'oppose à la mise
en produit d'un immeuble.

Préoccupé pendant longtemps en Algérie du soin capital
de constituer la propriété en elle-même, on avait négligé
d'en assurer, par voie administrative, la libre disposition
à l'État dans les cas d'indivision et laissé aux tribunaux
civils la mission de statuer sur les actions en partage introduites, soit par le domaine, soit par ses copropriétaires.
Cependant ces actions ne conduisent qu'à travers de longs
délais à des licitations ruineuses pour toutes les parties;
quelquefois même elles restent sans résultats utiles, et
presque toujours elles paralysent le gouvernement dans la
distribution des terres aux nombreux demandeurs en concession. La grandeur des inconvénients de ce dernier résultat sera facilement appréciée par Votre Majesté, lorsqu'elle saura que dans la seule plaine de la Métidja une
commission instituée pour la recherche des biens domaniaux a constaté que vingt-huit propriétés d'une contenance de plus de vingt-trois mille hectares sont encore à
l'état d'indivision, et que plusieurs d'entre elles compren-
nent des parts qui se fractionnent par millièmes.

Dans cet état de choses, j'ai pensé, sire, qu'il importait
essentiellement de rendre communes à l'Algérie les règles
administratives en vigueur dans la métropole en matière
de partage des propriétés indivises entre l'État et des particuliers, règles qui, ainsi que je l'ai rappelé tout à l'heure,
ont leur base dans la loi du 1er prair. an III, tit. 5, et qui
ont été sanctionnées de nouveau par le décret rendu en
conseil d'État, le 12 juin 1813, lequel décide que, conformément à ladite loi et à celle du 28 pluv. an 8, les partages
de biens indivis entre l'État et les particuliers appartiennent aux préfets, et que le contentieux qui s'élève, tant
sur le fond que sur la forme des partages, doit être décidé
par le conseil de préfecture, et porté, en cas d'appel, devant le conseil d'État.

Le projet de décret que je soumets à l'approbation de
Votre Majesté a pour but de rendre ce dernier principe
applicable à l'Algérie et de déterminer, en même temps,
le mode de cette application.

Dans la crainte qu'au premier aperçu les dispositions de
ce projet de décret ne paraissent pas toutes également en
parfaite harmonie avec la loi précitée du 16 juin 1851, qui
a transporté des conseils de préfecture aux tribunaux civils
la connaissance des contestations que l'État peut avoir
à soutenir en matière de propriété avec des tiers, et qui a
abrogé l'ordonnance du 21 juill. 1846, notamment quant
au mode de justification de la propriété par ces tiers, je
prie Votre Majesté de me permettre d'entrer dans quelques
explications.

Le décret n'a en aucune façon pour but d'établir le droit
de propriété en lui-même. Son action ne commence qu'au
moment où ce droit est reconnu à chacune des parties en
présence sur le même immeuble et où il s'agit d'en régler
l'exercice en ce qui concerne le domaine de l'État par
rapport à ses copropriétaires. Il est donc évident que
lorsque les art. 1 et 3 du projet de décret chargent les
préfets d'abord, puis, sur l'appel des parties, les conseils
de préfecture, et enfin le conseil d'État, de statuer tant sur
le fond que sur la forme des allotissements ou abandonnements et des licitations, ils n'enlèvent rien aux attributions
des tribunaux civils, puisqu'il n'est plus question à ce
moment de la contestation des droits respectifs de propriété,
mais seulement du droit d'exercice de ce droit en ce qui
concerne l'État.

Il en est de même des dispositions combinées des art. 5
et 7. Il ne saurait en résulter une nouvelle déchéance du
droit de propriété, mais seulement l'impossibilité pour les
copropriétaires de l'État de contester la régularité des
opérations de partage, lorsque, mis en demeure d'y intervenir, ils auront négligé de remplir, dans les délais vou-
lus, les formalités indispensables pour cela. La production
de titres qu'on leur demande n'a pour but que d'indiquer
la quotité appartenant à chacun d'eux, et non point de
soumettre aux vérifications prescrites par l'ordonnance
du 21 juill. 1846 ceux de ces titres que la loi du 16 juin
1851 dispense desdites vérifications. Le partage opéré,
quant au domaine, les anciens copropriétaires de celui-ci
restent tous en présence les uns des autres, et également
en mesure de faire valoir leurs droits respectifs sur la

an VIII, le décret du 12 juin 1813 ; — Vu l'ord. du 21 juill. 1846 et la loi du 16 juin 1851, relatives à la constitution de la propriété en Algérie (vol. I⁴⁴. p. 559 et 560) ;

Tit. 1. — *Du partage des biens indivis.*

Art. 1. — Il sera procédé par l'autorité administrative au partage et, s'il y a lieu, à la licitation des biens indivis entre le domaine de l'État et les particuliers en Algérie, conformément aux dispositions du présent décret.

Art. 2. — Ceux de ces biens qui seront reconnus n'être susceptibles d'être partagés seront vendus en totalité aux enchères publiques, et le produit de la vente sera réparti entre l'État et les autres intéressés.

Art. 3. — Toutes contestations, tant sur le fond que sur la forme des partages, des allotissements ou abandonnements et des licitations seront déférées au conseil de préfecture, sauf appel au conseil d'État.

Art. 4. — La fixation de la quotité afférente à l'État, dans la propriété indivise, sera déterminée soit d'après les titres, soit, en cas d'absence ou d'insuffisance de titres, par voie d'enquête administrative.

Art. 5. — Les partages, en ce qui concerne la distinction et l'attribution de la part revenant à l'État et les ventes sur licitation, seront réputés contradictoires avec le domaine à l'égard de tout copropriétaire, après l'accomplissement des formalités prescrites au tit. 2. du présent décret.

Tit. 2. — *Du mode de procéder en matière de partage.*

Art. 6. — La demande en partage ou en licitation sera introduite devant le préfet, par simple requête, soit par le chef du service des domaines, soit par l'un des copropriétaires.

Art. 7. — Dans la quinzaine, à dater de la réception de cette demande, le préfet fera insérer au *Moniteur Algérien*, dans l'un des journaux du département, et, s'il s'agit d'indigènes, dans le *Mobacher*, l'avis qu'il sera procédé, contradictoirement avec le domaine, à la distraction de la part revenant à l'État, dans la propriété indivise, et qu'il sera fait masse du surplus pour être attribué aux copropriétaires. — Notification administrative de cet avis sera faite à chacune des parties intéressées. Dans le cas où celles-ci ne seraient pas connues comme dans celui où leur domicile actuel serait ignoré, la notification administrative sera faite au parquet du procureur impérial. — Cette notification contiendra sommation aux intéressés d'avoir à désigner, dans le délai d'un mois, un expert, pour procéder, avec celui qui sera désigné par le chef du service des domaines, aux opérations d'estimation et de formation des lots.

Art. 8. — Les copropriétaires de l'État, quel que soit leur nombre, ne pourront nommer qu'un seul expert.

Art. 9. — Dans le délai de soixante jours, à dater des publications et notifications prescrites par l'art. 7, toute partie intéressée sera tenue de produire ses titres, et de fournir par écrit

ses observations. Le dépôt en sera fait, sur récépissé, au secrétariat de la préfecture.

Art. 10. — A l'expiration du délai prescrit en l'article précédent, le préfet ordonnera qu'il soit procédé aux opérations du partage. — Il donnera acte aux parties de la nomination des experts ; et, à défaut de nomination, il y procédera lui-même d'office par le même acte, et fixera, en outre, le délai dans lequel les experts devront prêter serment devant l'autorité qu'il aura désignée.

Art. 11. — Faute par lesdits experts ou l'un d'eux de remplir cette formalité dans le délai prescrit, le préfet pourvoira d'office à leur remplacement.

Art. 12. — Les experts procéderont à l'estimation des immeubles et à la formation des lots, en raison des droits respectifs de l'État et des particuliers. En cas de désaccord, ils nommeront immédiatement un tiers expert ; à défaut de nomination dans la huitaine du désaccord, le choix du tiers expert sera fait d'office par le préfet. Le tiers expert devra prêter serment, dans la huitaine, devant l'autorité désignée en vertu de l'art. 10.

Art. 13. — Les experts devront procéder dans le mois, et le tiers expert dans la quinzaine qui suivront leur prestation de serment. Ils déposeront leur rapport au secrétariat de la préfecture.

Art. 14. — L'expert ou le tiers expert qui, après avoir prêté serment, ne remplira pas sa mission, sera remplacé d'office par le préfet. — Il pourra être condamné par le conseil de préfecture aux frais frustratoires.

Art. 15. — S'il s'élève des difficultés sur l'exécution de l'arrêté qui aura ordonné de procéder aux opérations du partage, le préfet renverra les parties devant le conseil de préfecture, pour être statué ce que de droit.

Art. 16. — Le procès-verbal de l'attribution des lots, soit par la voie du sort, soit par abandonnement, suivant qu'il aura été réglé par arrêté du préfet, sera homologué par l'arrêté du conseil de préfecture prononçant le partage. — Les arrêtés de partage seront notifiés administrativement aux parties intéressées, à la diligence de l'administration des domaines, dans la même forme que l'avis prescrit à l'art. 7 du présent décret. — Ils seront transmis au ministre de la guerre. — Ces arrêtés deviendront définitifs si les parties ne se sont pas pourvues au conseil d'État dans le délai de trois mois à partir de la notification.

Art. 17. — Les immeubles reconnus non susceptibles de partage seront vendus aux enchères publiques, d'après les formes établies en Algérie pour la vente des biens du domaine.

Art. 18. — Ces immeubles seront revendus dans la même forme à la folle enchère de l'adjudicataire qui n'effectuerait pas des payements aux échéances fixées.

Art. 19. — Le prix de ces adjudications sera versé par les acquéreurs, savoir : pour ce qui se trouvera dû à l'État, dans la caisse du receveur des domaines ; et pour ce qui sera dû aux copropriétaires, entre leurs mains, sur la déclaration qui leur aura été fournie par le pré-

---

portion restant de l'immeuble, qui n'est plus indivis qu'entre eux.

Tel est, sire, l'esprit du projet de décret que j'ai l'honneur de soumettre à Votre Majesté. Préparé par le conseil de gouvernement, à Alger, mûrement examiné à deux reprises différentes par le comité consultatif de l'Algérie

---

institué près mon département, il résout toutes les difficultés que présentait une matière si délicate, et c'est avec la confiance qu'il sauvegarde complétement tous les intérêts en présence, que je prie Votre Majesté de vouloir bien le revêtir de sa signature.

Le ministre de la guerre, VAILLANT.

fet, de la portion qui leur reviendra dans le produit de ces ventes.

Art. 20. — Les frais d'expertise et autres, faits pour parvenir à la vente, seront prélevés sur le prix, comme frais de poursuites privilégiés et payés immédiatement.

Art. 21. — Les frais de partage et de traduction de titres, s'il y a lieu, seront supportés par l'État et les copartageurs, au prorata de leurs droits. — Ces frais seront taxés par le préfet.

Art. 22. — Tous actes et pièces relatifs à l'exécution du présent décret seront dispensés de la formalité du timbre et enregistrés gratis.

Dispositions spéciales.

Art. 23. — A l'égard des partages de biens indivis situés dans les territoires militaires, toutes les attributions qui sont exclusivement du ressort du préfet seront exercées par le commandant de la division. — Les contestations qui s'élèveront seront déférées au conseil de préfecture. — En conséquence, les publications et notifications prescrites par l'art. 7 de l'arrêté déclaratif du partage mentionné aux art. 10 et 16, la nomination des experts et tiers experts, dans les cas prévus aux art. 10, 11, 12 et 14, seront faits par le commandant de la division. — Sera également faite, à sa diligence, devant le juge de la situation de l'immeuble, l'enquête administrative prescrite par l'art. 4. — Enfin, les dépôts de pièces et de rapports indiqués aux art. 9 et 13 seront effectués au secrétariat de la division, et le tout transmis au conseil de préfecture pour être, par lui, statué conformément aux art. 15 et 16.

Art. 24. — Dans toutes les instances en partage où des indigènes sont intéressés, les notifications administratives exigées par les art. 7 et 16 seront faites par l'intermédiaire du bureau arabe de la situation des biens.

Art. 25. — Les tribunaux civils de l'Algérie sont dessaisis des instances sur partage actuellement pendantes devant eux. Il sera statué sur ces instances dans les formes prescrites au présent décret.   NAPOLÉON.

DI. — 5 déc. 1855.-27 janv. 1856. — B. 491. — *Occupation temporaire. — Abrogation du chap. 4, tit. 4, de l'ord. du 1er oct. 1844, sur la propriété (1).*

Vu la loi du 17 juin 1851 sur la propriété en Algérie; — L'arrêt du conseil du 7 sept. 1765, les lois du 6 oct. 1791, du 28 pluviôse an VIII, du 16 sept. 1807, et le décret du 6 sept. 1813; — Les lois des 30 mars 1831 et 3 mai 1841, etc.;

Art. 1. — Lorsqu'il y aura lieu d'occuper temporairement des terrains, soit pour l'exécution des travaux publics, soit pour l'extraction des matériaux nécessaires à ces travaux, la désignation des propriétés, leur prise de possession

et le règlement de l'indemnité auront lieu d'après les mêmes lois et dans les mêmes formes qu'en France.

Art. 2. — Pour l'exécution du présent décret, en territoire militaire, les attributions du préfet y seront remplies par le général commandant la division, celles de l'ingénieur en chef par le directeur des fortifications, et la juridiction du conseil de préfecture du département s'étendra à tout le territoire de la province.

Art. 3. — Le chap. 4 du tit. 4 de l'ordon. du 1er oct. 1844 est abrogé.   NAPOLÉON.

V. AFFAIRES ARABES, sect. 1, § 2. 8 août 1854. Propriété arabe en territoire civil. — MINES, § 2. Règlement sur l'exploitation des mines et carrières.

SECT. II, § 2. — ARRÊTÉS SPÉCIAUX D'EXPROPRIATION.

AM. — 19 juin-3 sept. 1854. — B. 465. — *Expropriation à Alger.*

Art. 1. — Est prononcée, pour cause d'utilité publique, l'expropriation définitive des immeubles nécessaires pour le percement de la rue de la Lyre, à Alger, tels qu'ils sont détaillés au *Moniteur algérien* du 25 déc. 1853 (n° 1304).

Art. 2. — La prise de possession des immeubles ci-dessus aura lieu par les soins de l'administration civile, qui devra procéder à l'accomplissement des formalités voulues, conformément aux dispositions du tit. 4, chap. 1, de l'ord. du 1er oct. 1844.   VAILLANT.

AM. — 15 juin-20 sept. 1854. — B. 466. — *Expropriation à Constantine.*

Art. 1. — Est prononcée, pour cause d'utilité publique, l'expropriation des immeubles situés rue Damrémont, à Constantine, nécessaires pour la continuation de l'alignement de cette rue, à partir de la place Nemours jusqu'à la rue d'Aumale, et cotés au plan sous les numéros 1-2-3-4-5-7-9-10-11-13-14-15-16-17 et 19.

Art. 2. — (Comme au précédent.)   VAILLANT.

AM. — 31 août-17 nov. 1855. — B. 487. — *Expropriation à Alger.*

Art. 1. — L'expropriation définitive et immédiate de quatre immeubles sis à Alger, rue Médée, impasse de la Mer-Rouge et rue Porte-Neuve, nécessaires au percement de la rue Telemly, est ordonnée.   VAILLANT.

AM. — 7 sept.-8 oct. 1855. — B. 488. — *Expropriation à Alger.*

Art. 1. — L'expropriation définitive des trois parcelles de terrain, à El Biar, formant ensemble 1 hect. 20 ares 30 cent., et cotées au plan ci-annexé sous les lettres A, B, C, nécessaires pour construire l'église de ce village, est ordonnée.   VAILLANT.

---

(1) *Rapport à l'empereur.*

Sire, l'ordonnance du 1er oct. 1844, sur l'expropriation et l'occupation temporaire des propriétés privées pour cause d'utilité, publique avait eu en vue de réglementer l'Algérie à cet égard d'une manière spéciale; mais il a été reconnu qu'au lieu d'introduire dans cette colonie des formalités plus expéditives, elle y a multiplié les difficultés et rendu si lente la solution des affaires de cette nature, qu'elles y sont devenues de véritables entraves.

Pour remédier à ce fâcheux état de choses, une commission spéciale a été chargée d'étudier les réformes que pouvait comporter cette partie de la législation algérienne; et son avis, partagé par le conseil de gouvernement de l'Algérie, par mon département et aussi par le département des travaux publics consulté à cet effet, a été que la meilleure mesure à prendre en cette circonstance était d'appliquer sous ce rapport à l'Algérie la législation métropolitaine, notamment la loi du 16 sept. 1807 et le décret du 6 sept. 1813.

En conséquence, j'ai l'honneur de soumettre à l'approbation de Votre Majesté un projet de décret ayant pour but de rendre applicable à l'Algérie la législation de France sur l'occupation temporaire de terrains, soit pour l'exécution des travaux publics, soit pour l'extraction des matériaux nécessaires à ces travaux.

Le ministre de la guerre, VAILLANT.

R

Rabbins.

V. ENREGISTREMENT, 3 nov. 1851. Actes sous seing privé.

Receveurs municipaux.

V. COMMUNE, sect. 4, § 1.

Recrutement.

V. ARMÉE, § 2. Engagements volontaires.

Remonte.

V. CHEVAUX.

Ressorts civils.

DIVISION.

§ 1. — Ressort administratif.
§ 2. — Ressort judiciaire.

§ 1. — RESSORT ADMINISTRATIF.

AM. — 12 janv. 1853. — (V. Concession, sect. 2, § 4, vol. Ier, p. 174.) — *Circonscription administrative des colonies agricoles remises à l'autorité civile.*

AM. — 8 avril 1853. — (V. Concession, sect. 2, § 4, vol. Ier, p. 175.) — *Circonscription de la colonie de Bou Tlelis, province d'Oran.*

DI. — 12 sept.-10 nov. 1853. — B. 410. — *Circonscription civile des arrondissements de Constantine, Philippeville, Bône, Oran, Mostaganem, et des commissariats civils de Sétif, Arzew, Mascara* (1).

Vu les arrêtés des 9 et 10 déc. 1848 (vol. Ier, p. 322, 324) ;

Art. 1. — Les circonscriptions civiles des arrondissements de Constantine, Philippeville, Bône et du commissariat civil de Sétif, sont arrêtées ainsi qu'il suit, conformément aux plans ci-annexés.

Art. 2. — Le territoire de la banlieue civile

de Constantine reste délimité tel qu'il l'a été par le décret du 20 mars 1849 (vol. Ier, p. 588), sauf les modifications suivantes. — Ce territoire est délimité au N. : — 1° Par l'Oued el Hadjer, depuis sa source jusqu'à l'ancienne route de Philippeville ; — 2° Par une ligne brisée qui va rejoindre le chemin des Culma à Constantine ; — 3° Par une portion de ce chemin ; — 4° Par une ligne brisée partant dudit chemin et allant aboutir à un tremble, qui sert de point trigonométrique.

A l'O. : 1° Par un chemin qui, partant de ce point aboutit à une fontaine située sur le Chabet el Guerfe ; — 2° Par le Chabet el Guerfe, le Chabet Milouda, l'Oued el Malha et l'Oued el Akar ; — 3° Par une ligne brisée partant du chemin des Mouia, traversant celui de Malha el Kiner, et rejoignant l'Oued Mouia à Aïn Senned ; — 4° Par une portion du chemin de Debbobiah, jusqu'au marabout qu'on y rencontre, et une ligne droite partant de ce marabout et allant aboutir au Rummel ; — 5 Par le Rummel, le Chabet Karbara jusqu'à la rencontre du chemin de Milah à Constantine.

A partir de ce point, la limite de la banlieue de Constantine reste la même que celle fixée par le décret du 20 mars 1849 ; elle n'est modifiée qu'à partir du chemin d'El Gammas à Gouelsa Dardjab, qu'elle suit jusqu'au Chabet Garbous. — A l'E., la banlieue civile de Constantine est bornée : — 1° Par le Chabet Garbous jusqu'au chemin de Guiffa Hamma ; — 2° Par une portion de ce chemin jusqu'à Chabet Abiafa ; — 3° De ce point par une ligne brisée passant par un gros arbre et venant rejoindre le Chabet Louarat ; — 4° Par le Chabet Louarat, une portion de l'Oued Berquet et l'Oued Sidi Lakhdar ; — 5° Par une ligne qui suit le ravin, traverse les ruines romaines, l'Oued Mestbaouah, et remonte au marabout de Sidi Abd Allah ; — 6° Par le djebel Sidi Kelil et une ligne aboutissant à la source de l'Oued el Hadjar, point de départ. — Le tout conformément au plan ci-annexé.

Art. 3. — A partir du territoire de la banlieue civile, la circonscription de l'arrondissement de Constantine comprend les terrains situés à droite et à gauche de la route de Constantine à Philippeville, jusqu'au col du contour et délimités de la manière suivante : — 1° Une ligne brisée qui part du chemin des Culma à Constantine, remonte dans la direction du N. en suivant le chemin de Fedj el Amar jusqu'à la rencontre de l'Oued Smendou ; — 2° De ce point,

---

(1) *Rapport à l'empereur.*

Paris, le 12 sept. 1853.

Sire, j'ai l'honneur de présenter à Votre Majesté un projet de décret destiné à placer sous le régime civil plusieurs localités de l'Algérie, qui, par l'accroissement de la population et le développement des intérêts européens, sont en mesure d'accomplir fructueusement ce progrès.

Cette circonstance m'a paru favorable pour réunir au territoire civil un certain nombre de colonies agricoles que leur organisation encore incomplète n'avait pas permis jusqu'à présent de rattacher à la juridiction préfectorale.

Le décret que j'ai l'honneur de soumettre à la signature de Votre Majesté a pour objet :

1° D'agrandir le département d'Oran, de fixer les limites des arrondissements d'Oran et de Mostaganem, et celles des commissariats civils d'Arzew et de Mascara ;

2° D'augmenter le département de Constantine par l'adjonction de certaines localités maintenues jusqu'à présent sous l'autorité militaire, de déterminer les nouvelles limites des arrondissements de Constantine, de Bône et de Philippeville, et celles du commissariat civil de Sétif.

Si Votre Majesté daigne revêtir ces propositions de sa haute sanction, de nouveaux territoires seront ajoutés à ceux qui sont déjà placés en Algérie sous l'empire du droit commun.

Le département de la guerre est vivement préoccupé de la nécessité de hâter le moment où tous les centres de population habités par des Européens pourront être appelés à jouir du bénéfice des institutions civiles ; mais l'intérêt de la sécurité de ces populations et l'obligation d'attendre qu'elles constituent des groupes susceptibles de recevoir l'organisation communale ont dû souvent me contraindre à modérer ce mouvement de transformation. Cependant, tous les besoins légitimes à cet égard ont obtenu dans le passé et obtiennent chaque jour une satisfaction aussi large que possible.

L'annexion d'un certain nombre de localités au territoire civil ne serait qu'un bienfait incomplet si elle n'avait pour résultat une organisation judiciaire en rapport avec leur nouvelle constitution administrative. A cet effet, je me concerterai avec mon collègue du département de la justice, pour que ces localités soient dotées le plus promptement possible de justices de paix, dont la création est demandée avec instance par les populations.

Le ministre de la guerre, A. DE SAINT-ARNAUD.

 RESSORTS CIVILS, § 1.

une ligne remontant le cours de cette rivière jusqu'à la route de Philippeville à Constantine; — 3° Une portion de cette route jusqu'à la limite du territoire de Smendou et la limite nord de ce territoire, jusqu'à la ligne qui sépare la propriété des Culma de celle des Beni Brahim; — 4° La limite du territoire des Beni Brahim jusqu'à la crête du djebel Aïn Kerma. — A partir de la crête de cette montagne: 1° une ligne qui se dirige du N. au S. E., et va rejoindre l'ancien chemin de Constantine; 2° une portion de ce chemin jusqu'à la naissance du ravin de Chabet Mta Dourah; — 3° de là, une ligne suivant le cours de ce ravin, l'Oued Beni Brahim et l'Oued Kneg el Amour; 4° à partir de ce point, une ligne brisée suivant les limites sud des propriétés Bled Mehaida et Mbrouka et allant aboutir à l'Oued Smendou; 5° de là, une ligne qui se prolonge jusqu'au marabout Cbouf el Dieb suit la limite est du village d'Aïn Rmel jusqu'à la limite d'Aïn el Khlouti; 6° les limites de cette même propriété et une ligne brisée qui rencontre le Chabet el Kram; 7° enfin les limites sud de la propriété Ksar el Kief jusqu'au Koudiat Mechta, Mta ben el Ali, point où la ligne de délimitation vient rejoindre le territoire civil.

Art. 4. — L'arrondissement de *Philippeville* a pour limites: Au N., la mer; — A l'E., 1° la limite actuelle jusqu'au Djebel Alia; — 2° La crête du Djebel Alia allant rejoindre l'Oued Motznan; — 3° Le cours de cette rivière, celui de l'Oued Chebba, de l'Oued Chaid et Tgareb jusqu'à son confluent avec le Saf Saf; — 4° De ce point, le cours du Saf Saf jusqu'à son entrée sur le territoire de Saint-Charles, la limite est et sud de ce territoire jusqu'au point de sa rencontre avec la même rivière; — 5° Le cours du Saf Saf remontant vers le sud jusqu'à l'extrémité du territoire d'El Arrouch; — 6° Le ravin qui borne, au N., la concession Bonnart; — 7° Une ligne fictive partant de cette concession, passant par les deux sommets du mont Toumlette, le sommet des montagnes qui dominent le village d'El Kantour; au S., le col de ce nom, et joignant à l'O. un olivier placé sur une élévation, point trigonométrique.

A l'O.: 1° de cet olivier, une ligne fictive remontant au N. en passant par un autre olivier, par le point extrême O. du territoire de la tribu des Blacha, suivant la limite occidentale de ce territoire, puis se dirigeant, en passant par un rocher pyramidal, jusqu'à la concession de Ben Brahim et l'Oued Bou Grina; — 2° De ce point, les limites occidentales des territoires d'El Arrouch et de Robertville, jusqu'au confluent de l'Oued el Ourag avec l'Oued Medj; — 3° De ce confluent, une ligne tombant perpendiculairement sur l'oued Aïn el Héras, remontant le cours de ce ruisseau, celui de l'Oued Matmatia, et, du point de rencontre de ce dernier ruisseau avec celui dit Darbel Ouabm, une autre ligne fictive se prolongeant par un sentier arabe jusqu'à la rencontre du territoire de Saint-Antoine; — 4° Enfin, la limite du territoire de Saint-Antoine et celle de l'ancien territoire de l'arrondissement de *Philippeville* jusqu'à la mer.

Art. 5. — L'arrondissement de *Bône* a pour limites, au N.: la mer;

A l'E.: 1° une ligne brisée qui part de l'embouchure de la Mafrag, remonte le cours de cette rivière et celui de l'Oued Bou Namousa jusqu'à la crête des mamelons des Beni-Salah, tourne derrière ces mamelons dans la direction de l'E. à l'O. jusqu'au territoire de Barral, où elle rencontre la Seybouse, les limites des territoires de Barral et de Mondovi jusqu'au point B; — 2° De là, en descendant vers le S.-O., une ligne cou-

pant l'Oued Oultoba, joignant les limites est du territoire de Nechmeya jusqu'à la nouvelle route de Bône à Guelma, remontant cette route jusqu'à son arrivée à la limite du territoire de Bou Sbah, englobant ce territoire, l'annexe projeté de Millésimo et de Petit jusqu'à la Seybouse, qu'elle descend et qu'elle franchit à la limite du territoire de Petit; — 3° La limite est du territoire de Petit.

Au S: 1° la limite sud de ce territoire et de celui de Millésimo jusqu'à l'Oued Maiz; — 2° Une ligne brisée se dirigeant E. et O. contournant la concession de Medjez Amar et venant aboutir au point extrême du territoire d'Héliopolis.

A l'O: 1° en remontant vers le N., les limites O. de la colonie d'Héliopolis, celles de Bou Sbah et de Nechmeya, une ligne se prolongeant jusqu'aux points O et A, sur la rive occidentale du lac Fetzara, côtoyant ce lac, jusqu'au point trigonométrique X; — 2° De ce point une ligne droite se dirigeant jusqu'au plateau de Bouzizi et aboutissant à la mer, en suivant l'ancien tracé du territoire civil de l'arrondissement.

Art. 6. — Le ressort du commissariat civil de *Sétif* a pour limites: — Au N.: 1° du point d'intersection du chemin de Sidi Behir à Aïn Roua, avec le chemin de Bougie, une ligne suivant ce dernier chemin, puis remontant vers le N.-E., en passant par un gros rocher et fléchissant ensuite vers l'E. un peu avant le ravin qui débouche dans l'oued Hamra; — 2° Le cours de ce ruisseau en redescendant au S. jusqu'au chemin de l'En Nasser, et remontant vers le N. en suivant le pied des collines, englobant la fontaine dite Aïn el Hassi, reprenant le pied des collines, jusqu'au puits de Ras el Aïn; — De là remontant l'Oued Bou Selam jusqu'au pied du Djebel Deradj; — 4° De ce point une ligne redescendant au S.-E. en suivant le pied des collines jusqu'à l'Oued Fernatou au N. du Koudiat el Dib, remontant l'Oued Fernatou jusqu'au pied du Kef Zin Daoua pour venir joindre la route de Sétif à Djemalah et à Milah.

A l'E.: 1° du point d'intersection de la route de Milah avec le chemin de Bou Rouba, ce chemin jusqu'à Aïn Bou Chama; — 2° De ce point à Chabet Boutouar; — 3° Puis longeant l'oued Bou Chama jusqu'à Chabet Dhob et aboutissant par le chemin de la fontaine romaine et le cours de l'Oued Fidhyaya ben Ali au sentier de Tinnar à Toued.

Au S.: 1° ce sentier jusqu'au carrefour des gourbis du Tinnar; — 2° De ce point, une ligne droite aboutissant à Mzart Hirch, le chemin de Mdessana à Rira et le sentier dit de la rivière; — 3° L'Oued el Maleb jusqu'au pont en bois jeté sur l'Oued Mader; — 4° Une ligne droite allant jusqu'à la maison Saad ben Nelca el Hamlia.

A l'O.: 1° de cette maison une ligne qui, remontant au N.-N.-O. par sections brisées, et passant par El Gharef, Goul, Frida jusqu'à sa rencontre avec le chemin de Toumlet, vient aboutir au chemin d'Aïn Turk, en longeant l'Oued Mehta Semmar, l'Oued Chaih et l'Oued Loubouara jusqu'au chemin d'Aïn Turk, puis tourne à l'E. jusqu'à sa rencontre avec le chemin de Sidi Bekir et de ce point se dirige vers le N., en suivant ce chemin jusqu'à son point d'intersection avec le chemin de Bougie, point de départ.

Art. 7. — La circonscription civile de l'arrondissement d'*Oran* a pour limites: — Au N., la mer; — A l'O., l'Oued Boudroura, l'Oued Gadara, les limites extérieures des territoires de Millah et de Bou Tlelis; — Au S., la rive N. du grand lac, les limites extérieures de Valmy Mangin, Sidi Chami, Assi bou Nif, Saint Louis. — A l'E., la limite extérieure du lac salé d'Arzew prolongé jusqu'à un point A situé au N.-E des marais de la Makta à 2,000 mètres environ de la mer.

Art. 8. — L'arrondissement de *Mostaganem* a pour bornes: au N., le Chélif et les limites extérieures du village du Pont du Chélif; — A l'O., la mer; — Au S., une ligne partant du point A, indiqué à l'art. 7 et va aboutir à l'extrémité du village de Bled Touaria, en passant par Aïn Noussi; — A l'E., la limite extérieure de Bled Touaria prolongée jusqu'à Sourk el Mitou, parallèlement au chemin qui relie ces deux villages (1).

Art. 9. — Le commissariat civil d'*Arzew* a pour limites: — Au N., la mer, à partir du point où elle est rencontrée par la limite de la commune d'Arcole, jusqu'à l'embouchure de la Makta; — A l'O., les limites des communes d'Arcole et de Sidi Chami; — Au S., un tracé qui suit les limites des communes d'Assi bou Nif, Saint-Louis et Sainte-Adélaïde; — A l'E., la rive des salines d'Arzew et la ligne de démarcation de l'arrondissement d'Oran.

Art. 10. — Le commissariat civil de *Mascara* a pour limites: — Au N.-E., à partir du signe trigonométrique F, situé à l'extrémité du chemin de Mascara à Saint-Hippolyte, une ligne droite se prolongeant dans la direction du S.-E. jusqu'au ravin de Thirs qu'elle parcourt jusqu'à la rencontre de la route de Mascara à Tiaret.

A l'E. et au S.: 1° cette route jusqu'au ravin de l'Atela à un point indiqué par le signe trigonométrique C; — 2° A partir de ce point une ligne droite se dirigeant vers le S.-E., passant par le grand tremble de Sidi Osman ben Amar, par le marabout de Sidi Yousef el Baba, par le marabout de Sidi Ali Kodni et aboutissant à une borne plantée sur la route de Saïda à Mascara; — 3° De là, la limite se prolonge par cette dernière route sur une longueur de 1,200 mètres environ, et suit dans la direction de l'O. un petit ravin qui va aboutir à celui de Hahnia, ce dernier ravin, celui de Fakzen jusqu'à la rencontre de la route de Mascara à Oran.

A l'O., le territoire du commissariat civil de Mascara est borné par cette route par le chemin de Crèvecœur, le ravin des Ouled Zellat, le ravin Madouni jusqu'à celui de Surfa et de ce point par une ligne indiquée par les signes trigonométriques K. L. D. et rejoignant le point de départ F (2).   NAPOLÉON.

DI. — 30 sept.-8 nov. 1854. — B. 469. — *Territoire civil de Tlemcen.*

Vu le décret du 21 nov. 1851 (vol. 1er, p. 117);

Art. 1. — Le territoire civil de Tlemcen est délimité ainsi qu'il suit, conformément au plan ci-annexé, savoir:

Au N., par une ligne qui, partant d'un point situé sur le Saf Saf, coté au plan sous le n° 4, et aboutissant au marabout de Muley abd el Kader (point n° 5), arrive ensuite au mamelon d'El Hanouin (point n° 6).

A l'O.: 1° par une ligne d'environ 200 mètres, descendant sur le ravin Dermimin (point n° 7); — 2° Par ce ravin jusqu'à la route de Tlemcen à Lalla Maghnia (point n° 8); — 3° Par le ravin d'Aïn el Hadjar, jusqu'à son commencement; — 4° De là, par une ligne allant jusqu'au Djebel-Fateot (point n° 9), et aboutissant, après avoir suivi les points culminants de cette montagne aux grottes de Dar Amzen (point n° 10), sur le ruisseau de Bou Hemra; — 5° Enfin, par ce ruisseau, jusqu'au point où il est traversé par la route de Tlemcen au Maroc (point n° 11).

Au S.: 1° par une ligne partant de ce point n° 11, montant directement au Djebel Souratiman (point n° 12), suivant les crêtes de montagnes et traversant les mamelons d'El Halliga, Cheïr et Soughritaine (points n°s 13, 14 et 15), pour venir tomber dans la cascade de Loured (point n° 16), à l'endroit où le canal de Boue Medine prend son eau; — 2° Par le Saf Saf.

A l'E.: 1° par le Saf Saf, jusqu'au point de Lemteld (point n° 17); — 2° Par une ligne partant de ce point, aboutissant au Djebel Moulalan point n° 18), et arrivant de là directement au télégraphe, sur le Djebel Hadid (point n° 19); — 3° Par une ligne partant de ce point et rencontrant la route de Tlemcen à Oran, à 1,300 mètres environ du pont d'Ouzidan (point n° 1); — 4° Par le ravin partant de ce point, jusqu'au ruisseau d'Ouzid au point n° 2; — 5° Par ce ruisseau, jusqu'à son embouchure dans la Saf Saf (point n° 3); — 6° Enfin par cette rivière, jusqu'au point n° 4 (point de départ).

NAPOLÉON.

DI. — (Même date.) — *Territoire civil de Mascara.*

Vu les décrets des 4 nov. 1850 (vol. 1er, p. 116) et 12 sept. 1853;

Art. 1. — Le territoire civil de Mascara est délimité ainsi qu'il suit, conformément au plan ci-annexé, savoir:

Au N.: 1° par le ravin d'El Surfa; — 2° Par une ligne brisée suivant la crête de la montagne jusqu'à la borne D; — 3° Par une ligne allant aboutir de cette borne au point trigonométrique F, et se prolongeant jusqu'au point G, sur le chemin de Saint-Hippolyte, en suivant la crête du mamelon; — 4° De ce point G, par une ligne allant s'abattre sur la route de Mostaganem, à 700 mètres environ du point de jonction de cette route avec le chemin de Selatena.

A l'E., Par la route de Mostaganem, sur une longueur de 1,400 mètres environ, dans la direction de l'O., jusqu'au point où elle rencontre l'ancienne limite à laquelle il n'est apporté aucune autre modification.

Au S.: 1° par une ligne droite qui, partant du grand tremble de Sidi Aman ben Amar, va aboutir au marabout de Youssef et Baba; — 2° Par une ligne droite se dirigeant vers l'O., sur une longueur de 2,600 mètres environ; — 3° De là, par une ligne brisée et une ligne droite formant ensemble un angle, jusqu'à la borne R; — 4° De ce point, par une ligne droite aboutissant à un puits placé sur un sentier conduisant au marabout Si Mohamed ben Aïa; — 5° Par une ligne brisée qui, après avoir suivi ce sentier sur une longueur de 400 mètres environ, tourne à gauche, dans la direction de l'O., et, à 1,200 mètres environ, se dirige du N. au sud, sur la borne K; — 6° Enfin, par une ligne brisée passant par la borne M sur la route de Saïda, et allant joindre le chemin de Tlemcen.

---

(1) V. COMMUNE, sect. II, § 2, 14 juin 1854. Délimitation de cinq communes rurales dans cet arrondissement.

(2) V. *infrà*, 30 septembre 1854. Nouvelle délimitation.

A l'O. : 1° par le chemin de Tlemcen , sur une longueur de 1,800 mètres environ ; — 2° Par une ligne brisée aboutissant au marabout de Sidi Mohamed ben Ata ; — 3° Par la route de Saïda jusqu'au ravin de Ahnia ; — 4° Par ce ravin jusqu'à la route d'Oran ; — 5° Enfin, par le ravin de Ouled Zellat, jusqu'à sa jonction avec celui de El Zarfa, point de départ.

NAPOLÉON.

DI. — 28 oct.-29 déc. 1854. — B. 472. — *Territoire du département d'Alger.*

Vu l'arrêté du chef du pouvoir exécutif, en date du 9 décembre 1848 (vol. I", p. 322), portant organisation de l'administration générale en Algérie, et notamment l'art. 3. portant que : « des arrêtés du pouvoir exécutif désigneront les localités et circonscriptions territoriales qui seront classées dans le département ; » — Vu l'arrêté du gouverneur général de l'Algérie, en date du 12 janv. 1853, qui prescrit la remise des colonies agricoles de 1848 à l'administration civile (vol. I", p. 174) ;

Art. 1. — Le département d'Alger se divise en deux arrondissements : — L'arrondissement d'Alger comprenant la partie du territoire aggloméré à l'E. et les territoires isolés de Tenès et d'Orléansville ; — L'arrondissement de Blidah, comprenant la partie du territoire aggloméré à l'O., et les territoires isolés de Médéah, Cherchell (1). Milianah, Sidi Abd el Kader bou Medfa, Aïn Benian et Aïn Sultan ; — Le tout conformément au plan d'ensemble n° 1, et au plan n° 9, annexés au présent décret.

Art. 2. — La délimitation du territoire civil du département d'Alger, pour la partie agglomérée, est fixée de la manière suivante : — Au N., la mer ; — A l'O. : la limite O. du territoire de Castiglione, que l'on remonte jusqu'aux crêtes, par Chebat bou Aroum ; — La limite S. du même territoire jusqu'à sa rencontre avec la limite O. du territoire de Chaïba ; — La limite O. du territoire de Chaïba, que l'on suit jusqu'à Dra Khel Kaya ; — Le Faïd Tekkouk, que l'on descend jusqu'au Mazafran, et qui est voisin du confluent du Bou Roumi et de la Chiffa ; — La Chiffa, que l'on remonte jusqu'à son point de rencontre avec la limite N. du village de la Chiffa ; — La limite N. du village de la Chiffa ; — La limite N. des concessions libres, situées entre les villages de la Chiffa et de Mouzaïa ; — La limite N.-E. du territoire de Mouzaïa jusqu'à sa rencontre avec l'ancien chemin de Milianah à Alger ; — La limite E. du haouch Lakdar jusqu'à sa rencontre avec l'ancien chemin de Cherchell à Blidah ; — L'ancien chemin de Cherchell à Blidah et en contournant toutefois une parcelle du territoire de la colonie de Bourkika, jusqu'à la limite N. de la colonie de Marengo ; — La limite N. et la limite O. de la colonie de Marengo (2) jusqu'à l'Oued Meurad, que l'on remonte, ainsi que l'Oued el Kebir, jusqu'à la tête de la prise d'eau de Marengo ; — De ce point, la ligne des crêtes jusqu'à sa rencontre avec l'ancienne route de Cherchell à Milianah ; — Cette ancienne route jusqu'à sa bifurcation avec la nouvelle route de Milianah à Marengo, que l'on suit jusqu'à sa rencontre avec la limite S. de cette colonie.

Au S., la limite S. de la colonie de Marengo ; — La limite S. de la colonie de Bourkika ; — La limite S. des concessions libres du

haouch Ben Melda ; — La limite S. de la Zaouïa de Sidi el Kebir (Arabe) ; — La limite S. de la colonie d'Ameur el Aïn ; — La limite S. du haouch Chater Bache (Arabe) ; — La limite S. de la colonie d'El Affroun ; — La limite S. de la colonie de Bou Roumi ; — L'Oued Bou Roumi, que l'on remonte jusqu'à la limite S. des concessions libres entre le Bou Roumi et Mouzaïa ; — La limite S. desdites concessions ; — La limite S. du territoire des Mouzaïa, en contournant la concession Vergé ; — La limite S. des concessions libres entre le village de Mouzaïa et celui de la Chiffa ; — La limite S. du village de la Chiffa jusqu'à la rivière en remontant par la rive gauche la Chiffa, que l'on traverse à la hauteur du haouch Targhzout, situé sur la rive droite ; — La limite S. du haouch Targhzout ; — La limite N. du haouch Ticassin jusqu'au chemin de la montagne ; — Ce chemin jusqu'à sa rencontre avec l'ancienne route de Médéah ; — L'ancienne route de Médéah à Blidah jusqu'à l'oued Sidi el Kebir ; — Le cours de l'Oued Sidi el Kebir, que l'on remonte jusqu'à la hauteur de l'ancien fossé d'enceinte ; — L'ancien fossé d'enceinte, que l'on remonte jusqu'au blockhaus supérieur, dit Redoute de Beni Sala ; — Et de ce point, en suivant une ligne droite jusqu'au fort Memech, et, de là, jusqu'au barrage établi par les ponts et chaussées en 1848 ; — Le sentier qui conduit à Blidah et qui est situé sur la rive droite de l'Oued Sidi el Kebir, jusqu'au petit ravin dit Talte Dardara ; — Le ravin Talte Dardara, que l'on remonte jusqu'au mamelon dit Coudiat Miceraoui ; — La ligne des blockhaus Oulad Sultan, Sidi Yklef et celles des redoutes jusqu'à l'oued Beni Azza. — L'Oued Beni Azza, que l'on remonte jusqu'au point extrême S. de la limite du territoire de Dalmatie ; — Les limites E. et S. du territoire de ce village ; — Partie de la limite S. du territoire de Souma et du haouch Fezaah jusqu'à l'Oued Bou Chemala ; — L'Oued Bou Chemala, en le descendant jusqu'à la route de Blidah à Rovigo par le pied de l'Atlas ; — Cette route jusqu'à sa rencontre avec la limite O. du haouch Bahli ; — Les limites S. et E. du haouch Bahli jusqu'à la limite du haouch Amroussa ; — La limite S. du haouch Amroussa ; — Les limites O. et S. d'une Moksem dépendant du haouch El Cherif ; — La limite S. des haouchs Amroussa, Teffaha, Bouinan et de la Ferka Teffaha ; — Les limites S. et E. du haouch Ben Chérif, S. et O. du haouch Bou Derbour, en laissant en dehors le territoire d'une partie des Beni Meissera ; — De l'extrémité S. du haouch Bou Derbour, une ligne droite qui aboutit à la prise d'eau sur l'Arrach ; — De ce point, l'Arrach que l'on remonte sur la rive gauche et que l'on traverse à la hauteur de la limite S. du territoire de Rovigo ; — La limite S. du territoire de Rovigo ; — Les limites S. des haouchs Krodja, Beni Azzoun Merbouni ; — Les limites S.-E. du haouch Merbouni, de la Djemâa des Beni Séghir, Beni Kechneiz et Beni Attia ; — Les limites S. du haouch Bou Kandoura (Roumili), de la Tolba de Sidi Ali ; des haouchs Arba ben Amara, Rabadj, Arabadj et Bou Seddour, jusqu'à la rive gauche de l'Oued el Djemmâa ; — La rive gauche de l'Oued Djemmâa, en remontant ce cours d'eau que l'on traverse à la hauteur de la limite S. du haouch Tabarant ; — La limite S. de ce haouch ; — La limite S.-E. des haouchs Kheïr, Eddin et Cheurfa ; — Les limites S.-O., N.-O. et N.-E. du haouch Medjadji, qui reste en de-

---

(1) V. JUSTICE, sect. I, § 2, 7 mars 1855, décret qui réunit Cherchell à l'arrondissement judiciaire de Blidah.
(2) Modifié par suite de la création d'un village à Tipaza

(V. CONCESSIONS, sect. III, § 1), dont le territoire a été rattaché à la circonscription du district de Marengo, décret du 13 janv. 1855 (V. Commissariats civils).

hors du territoire civil; — Les limites S.-E. des haouchs Bohaan ou Baouni, haouch Kaïd Ahmed, haouch Mihelman; — Partie de la limite est du haouch Ben Hassem jusqu'à la limite S. du haouch Zéroual; — La limite S.-E. des haouchs Zéroual, Trekia, Bakalem, Teklare, Aïn Kadra, Ouled Saïd, Hassad Ali, Bou Abdeltif; — Partie de la limite S. du haouch Ben Hassein; — Les limites O. et S. du haouch Ben Djilali; — La limite E. du haouch Ben Chergui; — Partie de la limite E. et de la limite S. du haouch Ben Hassein; — La limite S. de la commune du Fondouk jusqu'à sa rencontre avec le chemin de Kara Mustapha; — Le chemin de Kara Mustapha jusqu'à sa rencontre avec la limite N. du haouch Kara Mustapha; — La limite N. des haouchs Kara Mustapha et Amarah, qui restent en dehors du territoire civil.

A l'E., l'Oued Bou Douaou, que l'on descend jusqu'à sa rencontre avec la grand'route d'Alger à Dellys; — La route d'Alger à Dellys jusqu'à l'Oued Corso; — De ce point, l'Oued Corso que l'on remonte par la rive gauche jusqu'au ruisseau dit Oued Hassenat; — Le ruisseau Oued Hassenat jusqu'au grand ravin; — Ce grand ravin jusqu'à la route d'Alger à Dellys; — La route d'Alger à Dellys jusqu'à l'Oued Acherkel Djerouden; — L'Oued Acherkel Djerouden jusqu'à son confluent avec l'Oued Bou Merdès; — L'Oued Bou Merdès jusqu'à la mer, au point dit Djezéir Kadra; — Le tout conformément au plan n° 2, annexé au présent décret.

Art 3. — La délimitation du territoire civil, pour les parties isolées, est fixée de la manière suivante :

Territoire de Cherchell.

A l'O., l'Oued Tamisda.

Au S., une ligne fictive longeant le pied du coteau Tazrourira jusqu'à l'Oued Anserrou; — Le chemin de Tazzout remontant au N.; — Le ruisseau de Tazzout remontant au S.; — Le chemin de Talan Saâda; — Le chemin Tazrourira, passant par les sommets Edjisy Baché, Ammous Nazcesse et Abd el Melouk; — Le sentier passant par les pics Ezentayette, Toucagne ou Hammam et Vegemestel; — Le ravin descendant dans l'Oued Hammam; — La rive gauche de l'Oued Hammam; — Le cours de l'Oued Bel Asker; — Le cours de l'Oued Ben Lazem; — L'Oued Thehaynen; — L'Oued Rhater y Kouernen jusqu'à la route de Millanah à Cherchell, par la Zouaïa; — La ligne des cours d'eau de l'O. à l'E., se déversant dans l'Oued Bellah; — Une ligne descendant la rive droite de l'Oued Bellah, puis contournant un ruisseau au S., traversant l'Oued Touchna et suivant l'Oued Bou Hamoud; — Une ligne partant de l'Oued Bou Hamoud et aboutissant à l'Oued Bou Hamoud, au S. du Djebel Bou Hamoud; — La crête passant par les grands aqueducs; — La traverse de l'aqueduc sur l'Oued El Kouas; — La crête des grands aqueducs; — Les crêtes de Tidafs, dites Koudiat Tazouda, Sidi Sekri, Tis Oula, Bou Ikkourden, Sidi Ali ou Amar; — La rive gauche de l'Oued El Bourmat; — Le gué Mokta Saf Saf; — Le chemin de Kanils.

A l'E., la branche S. de l'Oued El Hachem; — L'Oued Sidi Sliman; — Les crêtes Kerma el Mera, Koudiat Bou Rouer, et Bou Areug jusqu'au chemin de Cherchell à Blidah; — A partir de ce chemin, l'Oued Kersellah jusqu'à son embouchure dans l'Oued El Hachem; — La rive droite de l'Oued El Hachem jusqu'à la mer.

Au N., la mer.

Le tout conformément au plan n° 3, annexé au présent décret.

Territoire de Tenès.

Au N., la mer.

A l'O., le cours de l'Oued Kesseb, depuis son embouchure jusqu'au col de Tazaka; — Le chemin des crêtes, depuis le col de Tazaka jusqu'au télégraphe des Charer; — Une ligne droite partant du télégraphe des Charer, allant rejoindre la fontaine romaine; — La rive droite de l'Oued El Harour jusqu'au point d'intersection de ce ruisseau et du chemin qui conduit au col de Rebia; — Le chemin du col de Rebia jusqu'au col dit Bab el Rebia; — La rive gauche d'Aïn Kesseb, depuis ce col jusqu'au cimetière de Sidi Haddid; — Une ligne droite partant du cimetière de Sidi Haddid jusqu'au ravin situé à l'O. du cimetière de Montenotte; — Ce ravin longeant le cimetière de Montenotte jusqu'à l'Oued Allalah.

Au S. : une ligne droite partant de l'Oued Allalah, traversant l'Oued Ali, et gagnant le ravin de Toumiate; — Le ravin de Toumiate jusqu'à l'Oued Ali; — Le cours de l'Oued Ali, qu'on remonte jusqu'à l'Oued Bou Fadit; — L'Oued Bou Fadit jusqu'à sa jonction avec l'Oued Bou Chitan; — l'Oued Bou Chitan jusqu'au point d'intersection formé par la ligne droite partant du mont Si Bou Aïssi et allant joindre le Kef el Biat.

A l'O. : une ligne brisée partant de l'Oued Bou Chitan, atteignant Kef el Biat, Djebel Ammar, Djebel Zererzoumara et aboutissant au point de bifurcation principal de l'Oued Heni ou Oued Djedj; — Le cours de ce ruisseau jusqu'au confluent de l'Oued Allalah; — La rive droite de l'Oued Allalah jusqu'à sa sortie des gorges; — A partir de ce dernier point, la vallée qui sépare la plaine du nouveau Tenès de la partie montueuse, jusqu'à l'Oued Bou Souma; — Le cours de l'Oued Bou Souma, qui prend successivement en remontant les noms de Tefflet et de Grachia jusqu'aux sources de ces divers ruisseaux; — A partir de ce point, une ligne sinueuse suivant les limites de partage des eaux du bassin de Tefflet avec l'Oued Sidi Bou Yacob, et aboutissant au cap Tenès;

Le tout conformément au plan n° 4, annexé au présent décret.

Territoire d'Orléansville.

La délimitation du territoire civil d'Orléansville est maintenue telle qu'elle a été fixée par l'art. 1 du décret du 22 sept. 1852, ainsi conçu : (V. au vol. 1er, p. 118).

Territoire de Médéah.

La délimitation du territoire civil de Médéah est maintenue telle qu'elle a été fixée par l'art. 1 de l'arrêté du 11 août 1852, ainsi conçu : (V. au vol. 1er, p. 118.)

Territoire de Millanah.

La limite du territoire civil de Millanah est fixée de la manière suivante :

A l'E. : le gué de l'Oued Chélif, sur la route de Millanah à Teniet el Had; — La route de Teniet el Had à Millanah, remontant vers le N., jusqu'à l'ancien gué de l'Oued Souffray; — Le cours de l'Oued Souffray, en remontant jusqu'à son confluent avec l'Oued el Hammam.

Au N. : une ligne qui, de ce confluent suit, vers le N.-O., le lit de l'Oued Hammam, jusqu'au point où il reçoit les eaux de l'Oued Meroudj. — L'Oued Meroudj, remontant vers l'O. jusqu'à sa source et contournant le Djebel Zaccar Rarbi.

A l'O. : une ligne franchissant directement

le col et séparant le bassin de l'Oued Meroudj de celui de l'Oued Reham; — Le lit de l'Oued Reham, en descendant vers le S., jusqu'au sentier venant de Milianah; — Ce sentier contournant au S. la montagne où se trouve établi le télégraphe de Zaccar, et dans la direction de l'O., jusqu'à sa rencontre avec l'Oued Merzoug; — Le cours de l'Oued Zarour, que l'on remonte jusqu'à la route de Blidah à Orléansville; — La route de Blidah à Orléansville qu'on suit, à l'O., jusqu'au pont du Hakem sur l'Oued Boutan;

Au S. : l'Oued Boutan jusqu'à sa rencontre avec l'ancien chemin arabe de Milianah; — Ce chemin qu'on remonte au S. jusqu'au Chélif; — La rive droite du Chélif, qu'on remonte jusqu'au gué de la route de Milianah à Tenlet el Had, point de départ; — Le tout conformément au plan n° 7, ci-annexé.

Territoire de Sidi Abd el Kader Bou Medfa.

Le territoire de Sidi Abd el Kader Bou Medfa, comprenant une superficie de 1,318 hect., est délimité ainsi qu'il suit et conformément au plan n° 8 ci-joint.

Au S. : le cours de l'Oued Kaddour, que l'on remonte par la rive gauche jusqu'à la carrière;

A l'E. : — Le sentier arabe remontant au N., traversant le chemin du télégraphe et longeant le territoire des Ouleds sidi Bouzian; — La limite des terrains cultivés et des broussailles contournant vers le N. jusqu'à la forêt;

Au N. : une ligne droite longeant la forêt qu'elle laisse à gauche, traversant l'Oued Djer et se dirigeant au N.-O., à travers les terres de labours, jusqu'au tertre et gagnant le premier ravin à l'O.; — Le cours de l'Oued Djer en remontant cette rivière, qui prend plus haut le nom de l'Oued el Hammam, jusqu'à la rencontre du chemin de Blidah à Milianah; — A partir de ce point, une ligne droite de 320 mètres aboutissant à un jujubier;

A l'O. : une ligne fictive partant du jujubier, suivant le sommet de la montagne, allant gagner un premier ravier, puis un second sur l'ancienne route de Blidah à Milianah, et traversant cette route pour aller gagner l'Oued Adellia; — Le cours de cette rivière qui prend le nom de Oued Bou Alouan; — Le ravin de Ben Youssef dans tous ses contours jusqu'à sa rencontre avec le sentier conduisant au Gontas; — Ce sentier jusqu'au marabout de Sidi Boufferide; — Une ligne fictive de 680 mètres allant de l'O. au S.; — Le ravin de l'Oued Miloud; — Une ligne droite partant de l'extrémité de ce ravin, à l'embranchement de l'Oued Kaddour avec l'Oued Mamoudia, point de départ.

Territoire d'Aïn Benian.

Le territoire d'Aïn Benian, comprenant une superficie de 1,323 hect., est délimité ainsi qu'il suit, conformément au plan n° 8 ci-joint :

Au N. : l'Oued el Hammam; — A l'E., — Un chemin qui, partant de l'Oued el Hammam, passe Aïn Mezria et vient aboutir à un sentier à 100 mètres au S. d'Aïn Zebebaïd; — Un autre chemin, partant de ce dernier point, passant à 100 mètres environ à l'E. d'Aïn Sal Saf, et venant aboutir à une fontaine sans nom à la naissance d'un ravin; — Ce ravin, en se dirigeant vers l'E., jusqu'à sa jonction avec l'Oued Bellah; — Au S : l'Oued Bellah, en remontant son cours jusqu'au ravin connu sous le nom de Aïn el Hadjar; — Ce dernier ravin, en remontant sur une longueur de 300 mètres environ; — Un autre petit ravin se di-

rigeant vers le S. et venant aboutir à Aïn Sidi el Miloud. — Un autre ravin en remontant jusqu'aux crêtes; — Une ligne fictive passant par les crêtes et venant aboutir à Aïn el Azeri; — Un ravin, en remontant son cours et passant par le lieu El Bir, pour venir aboutir au Treik el Fekara; — Un autre ravin, une ligne de crêtes et un autre ravin, jusqu'au chemin appelé Treik Bakhedeur; — Le chemin jusqu'à l'Oued Bakhedeur; — L'Oued Bakhedeur, en remontant son cours; — Le lieu dit Frâ el Hadjaf et un ravin aboutissant à l'Oued Ben Chaouch; — L'Oued Ben Chaouch, en remontant son cours jusqu'à l'Oued Sebba; — L'Oued Sebba, jusqu'à sa naissance et une ligne de crêtes venant aboutir à l'Oued Attarfa;

A l'O. : l'oued Attarfa, jusqu'à sa naissance; — Un ravin qui passant par Aïn Rald, vient aboutir à l'Oued el Hammam.

Territoire d'Aïn Sultah.

Le territoire d'Aïn Sultan comprend une superficie de 1,804 hectares : il est délimité ainsi qu'il suit, conformément au plan ci-joint n° 8 ter.

Au N. : une ligne fictive brisée, partant de l'Oued el Kheroub et venant aboutir à la jonction du Chabat el Harrar avec l'ancienne route de Blidah à Milianah par le Gontas;

A l'E. : l'Oued Chabat el Harrar, jusqu'à son confluent; avec l'Oued Chabat el Agueur; — Une ligne fictive et brisée partant de ce confluent, enclavant le habous Aïn Alloul, et venant aboutir à l'Oued Chélif, au confluent de l'oued Méguit.

Au S. : l'Oued Chélif, depuis le confluent de l'Oued Méguit, en descendant son cours sur une longueur de 3,500 mètres environ jusqu'au point de départ de la limite O.

A l'O : — Un chemin partant du Chélif, coupant l'Oued Méguit, et venant aboutir à l'Oued Sidi Abet; — L'Oued Sidi Abet, en remontant son cours sur une longueur de 250 mètres environ; — Un autre chemin, partant de l'Oued Sidi Abet, coupant l'Oued Hallèle et venant joindre l'Oued el Kheroub; — L'Oued el Kheroub, en remontant son cours sur une longueur de 1,500 mètres environ.

Division des arrondissements d'Alger et de Blidah.

Art. 4. — Les arrondissements d'Alger et de Blidah, pour la partie agglomérée du territoire, sont limités de la manière suivante et conformément au plan n° 9: — A partir de la mer et en remontant au S. E. — Le cours de l'Oued Kerkour jusqu'à la limite des haouchs Makta el Chefa et Djoudria; — La limite de ces deux haouchs jusqu'à l'Oued el Naguar; — Le ravin de Maëlma, depuis l'Oued el Naguar jusqu'à la limite N. du haouch Ouled Chebel; — La limite du haouch Ouled Chebel jusqu'à sa rencontre avec le grand ravin séparant le territoire de Maëlma, à l'E., du haouch Ben Youssef, du haouch Maëlma, à l'O., une ligne traversant la route de Koleah à Maëlma; — Une ligne séparant le haouch Bled Djemaa Saïdia, limite et territoire de Maëlma, remontant l'Oued Zatria entre les haouchs Rabald Saïdia à l'E., et l'haouch Zatria à l'O.; — L'Oued ben Chaban, limitant à l'O. les Ouled Erbeit Ouadjeb et l'haouch Ben Chaban, et à l'E. l'haouch El Kadri; — La ligne de démarcation de ces deux derniers haouchs, traversant la route de Koleah et allant atteindre l'Oued Tleta; — L'Oued Tleta, courant de l'O. à l'E. et limitant au N. l'haouch Eddekakua et au S. l'haouch

Merdjd el Béylick ou Sidi Habed ; — Une ligne
droite laissant au S. les marais des maraboûts
de Sidi Aied ; — Une ligne droite remontant au
N., laissant à l'E. les marais de la Djemâa de
Sidi Aied jusqu'à l'Oued Tiela, traversant la
route de Boufarik à Alger ; — Une ligne droite
coulant au S. et séparant les marais de la Djemâa
de Sidi Aied des marais d'Ouled Mendil ; — La
limite de la Djemâa de Sidi Aied et de l'haouch
Mohamed ben Chérif ; — La limite entre l'haouch
Souk Ali à l'O., et les haouchs Omar et Zézia à
l'E. ; — La route de Boufarik à Sidi-Moussa,
longeant au N. le haouch Omar, les Djemâa de
Redem et des Ouled Chebel, l'haouch El Habbous,
et au S. la Djemâa de Redem ; l'haouch Sidi
Habchi, l'haouch Sidi Sahri, et aboutissant à
l'Oued el Harrach, qu'elle traverse au N. de
l'haouch Mimouche ; — La rive droite de l'Harrach, remontant le long du territoire O. de la
commune de Rovigo, jusqu'à la limite S. du département, à l'angle de l'haouch Krodja.

Art. 5. — Le territoire de Sidi Abd el Kader
bou Medfa demeure rattaché à la circonscription
civile de Miliahah. — Les villages de Marengo,
de Bourkika, d'Aïn Behiah et d'Aïn Sultan, avec
leurs territoires, tels qu'ils sont délimités aux
art. 2 et 3 du présent décret, seront distraits
provisoirement de la juridiction civile et continueront d'être administrés par l'autorité militaire jusqu'à ce qu'il en soit autrement ordonné.

Art. 6. — Sont abrogés : — L'arr. du 21 déc.
1842, en ce qui concerne la fixation des limites
du territoire civil d'Alger (vol. Ier, p. 115) ; —
Les ord. des 15 juill. et 21 août 1845, fixant les
limites du territoire de Cherchell (vol. Ier,
p. 100, 588) ; — L'art. 2 du décret du 22 sept.
1852, qui plaçait transitoirement la colonie de
Ponteba sous l'administration militaire (vol. Ier,
p. 112) ; — L'art. 2 du décret du 11 août 1852,
qui maintenait jusqu'à nouvel ordre les colonies
de Damiette et de Lodi sous l'autorité militaire
(eodem) ; — L'art. 2 du décret du 10 juill. 1851,
fixant l'ancienne délimitation du territoire civil
de Miliahah (vol. Ier, p. 117) ; — Et généralement
toutes les ordonnances, décrets et arrêtés contraires au présent décret.   NAPOLÉON.

DI. — 20 oct.-17 nov. 1855. — B. 485. — *Ressort du commissariat civil de Guelma.*

Vu notre décret du 12 sept. 1853, portant délimitation de la circonscription de l'arrondissement de Bône ;

Art. 1. — Le commissariat civil de Guelma a
pour limites, conformément au plan ci-joint, savoir :

Au N., la crête du Fedy-Zoudj ; au S., à l'E.
et à l'O., la ligne de démarcation du territoire
civil, telle qu'elle est déterminée par décret du
12 sept. 1853.   NAPOLÉON.

V. COMMISSARIATS CIVILS.—CONCESSIONS, sect. 2,
§ 4. Colonies agricoles.

§ 2. — RESSORT JUDICIAIRE.

V. CONCESSIONS, sect. 2, § 4. Colonies agricoles.—COMMISSARIATS CIVILS.—JUSTICE, sect. 1,
§ 2, et sect. 2, § 1.

Retraites.

V. FONCTIONNAIRES, § 2.

Revenus communaux.

V. ABATAGE. — COMMUNE. — MARCHÉS.

Roulage (police du).

DI. — 3 nov.-7 déc. 1855. — B. 480. — *Police
du roulage* (1).

Vu l'arr. du 20 janv. 1849, réglant la police du
roulage et des messageries en Algérie (vol. Ier,
p. 645) ; — La loi du 30 mai 1851, réglant la
même matière en France ; — Vu, etc.,

TIT. 1. — *Des conditions de la circulation des
voitures en Algérie.*

Art. 1. — Les voitures suspendues ou non
suspendues, servant au transport des personnes
ou des marchandises, peuvent circuler sur toutes
les voies publiques, en Algérie, sans aucune condition de réglementation de poids ou de largeur
de jantes.

Art. 2. — Des arrêtés du ministre de la guerre

<hr>

(1) *Rapport à l'empereur.*

Sire, la loi du 30 mai 1851, qui a affranchi le roulage,
dans la métropole, des entraves que l'ancienne législation
avait cru nécessaire de faire peser sur lui dans l'intérêt de
la conservation des routes, imposait l'obligation d'étudier
les moyens d'appliquer cette loi à l'Algérie, où les mêmes
besoins demandaient les mêmes réformes.

Un décret présidentiel du 29 janv. 1849, calqué sur les
anciens règlements de France, avait assujetti le roulage,
dans cette colonie, à de nombreuses restrictions concernant
le poids du chargement, la largeur des jantes, le nombre
des chevaux d'attelage ou autres bêtes de trait. Aussi les
inconvénients précédemment reconnus dans la métropole
y venaient gêner le transport des produits de toute nature,
surtout des produits agricoles, et retarder le développement de la colonisation.

A une époque où, dans l'intérêt général, le Gouvernement s'applique à rendre les communications plus rapides
et plus économiques par l'établissement de chemins de
fer qui, en abrégeant les distances et en diminuant les
frais de transport, procurent des débouchés plus nombreux
et plus fréquents aux produits du sol et de l'industrie, l'état
des choses à l'égard du roulage ne pouvait être maintenu.

Un grand principe, d'ailleurs, avait été posé dans la discussion qui a précédé l'adoption de la loi du 30 mai 1851 ;
c'est que « le commerce et l'industrie retirent de la liberté
du roulage des avantages tellement considérables, qu'ils ne

peuvent être mis en balance avec l'augmentation de dépense, relativement faible, que la dégradation des routes
et le surcroît de réparations peuvent faire supporter à
l'Etat.

Un tel argument serait susceptible, comme il le fut alors,
de décider la question ; mais un fait plus puissant encore
est venu à l'appui des dispositions de la loi nouvelle. Le
simple raisonnement avait déjà indiqué qu'il existait dans
l'organisation, dans l'essence même du roulage, des conditions qui naturellement empêcheraient d'abuser de la liberté
du chargement ; et en effet, l'expérience a constaté, en
France, que les routes placées en dehors des lignes de chemins de fer, et qui ont conservé leur ancienne circulation,
n'ont pas été plus détériorées par le roulage affranchi de
ses anciennes entraves, et que, par conséquent, l'Etat ne
consacre à leur entretien annuel qu'à peu près les mêmes
sommes qu'autrefois.

Telles sont, sire, les motifs qui m'ont déterminé à pro-
proposer à Votre Majesté de faire jouir l'Algérie des avantages qui viennent d'être indiqués, en y décrétant l'application des principes et des dispositions de la loi du 30 mai
1851, sur la liberté du roulage. Le projet de décret que j'ai
l'honneur de soumettre à la signature de Votre Majesté a
été élaboré dans ce but, en tenant compte, toutefois, des
modifications de détail nécessitées par l'organisation administrative du pays.

Paris, le 3 nov. 1855.

Le ministre de la guerre, VAILLANT.

détermineront ; — § 1er. Pour toutes les voitures ; — 1° La forme des moyeux, le maximum de la longueur des essieux, et le maximum de leur saillie au delà des moyeux ; — 2° La forme des bandes des roues ; — 3° La forme des clous des bandes ; — 4° Les conditions à observer pour l'emplacement et les dimensions de la plaque prescrite par l'art. 3 ; — 5° Le maximum du nombre des chevaux de l'attelage que peut comporter la police ou la libre circulation des routes ; — 6° Les mesures à prendre pour restreindre momentanément la circulation sur les routes ou sur les chemins vicinaux, ainsi que les précautions à prendre pour la protection des ponts.

§ 2. Pour les voitures ne servant pas au transport des personnes ; — 1° La largeur du chargement ; — 2° La saillie des colliers de chevaux ; — 3° Les modes d'enrayage ; — 4° Le nombre des voitures qui peuvent être réunies en un même convoi, l'intervalle qui doit rester libre d'un convoi à un autre, et le nombre de conducteurs exigé pour la conduite de chaque convoi ; — 5° Les autres mesures de police à observer par les conducteurs, notamment en ce qui concerne le stationnement sur les routes, et les règles à suivre pour éviter ou dépasser d'autres voitures. — Sont affranchies de toute réglementation de largeur de chargement les voitures de l'agriculture servant au transport des récoltes de la ferme aux champs et des champs à la ferme.

§ 3. Pour les voitures des messageries : — 1° Les conditions relatives à la solidité et à la stabilité des voitures ; — 2° Le mode de chargement, de conduite et d'enrayage des voitures ; — 3° Le nombre de personnes qu'elles peuvent porter ; — 4° La police des relais ; — 5° Les autres mesures de police à observer par les conducteurs, cochers ou postillons, notamment pour éviter ou dépasser d'autres voitures.

Art. 3. — Toute voiture circulant sur les voies publiques doit être munie d'une plaque conforme au modèle prescrit par l'arr. min. rendu en vertu de l'art. 2.

Sont exceptées de cette disposition : — 1° Les voitures particulières destinées au transport des personnes, mais étrangères à un service public des messageries ; — 2° Les voitures appartenant à l'administration des postes ; — 3° Les voitures d'artillerie, chariots et fourgons appartenant au département de la guerre et de la marine. — Des arrêtés ministériels détermineront les marques distinctives que doivent porter les voitures désignées aux §§ 2 et 3, et les titres dont leurs conducteurs doivent être munis ; — 4° Les voitures employées à la culture des terres, au transport des récoltes, à l'exploitation des fermes, qui se rendent de la ferme aux champs ou des champs à la ferme, ou qui servent au transport des objets récoltés du lieu où ils ont été recueillis jusqu'à celui où, pour les conserver ou les manipuler, le cultivateur les dépose ou les rassemble.

Tit. 2. — *De la pénalité.*

Art. 4. — Sera punie d'une amende de cinq à trente francs toute contravention aux règlements qui détermineront :

1° Pour toutes les voitures, — La forme des moyeux, le maximum de la longueur des essieux et le maximum de leur saillie au delà des moyeux ; — La forme des bandes des roues ; — La forme des clous des bandes ; — Le maximum du nombre des chevaux d'attelage que peut comporter la police ou la libre circulation des routes ; — Les mesures concernant la restriction momentanée de la circulation sur les routes ou les chemins vicinaux, et les précautions à prendre pour la protection des ponts ;

2° Pour les voitures ne servant pas au transport des personnes ; — La largeur du chargement ; — La saillie des colliers de chevaux ; — Les modes d'enrayage.

Art. 5. — Sera punie d'une amende de cinq à dix francs et d'un emprisonnement d'un à trois jours toute contravention aux dispositions déterminant : — Le nombre des voitures qui peuvent être réunies en un même convoi, l'intervalle qui doit rester libre d'un convoi à un autre, et le nombre de conducteurs exigé pour la conduite de chaque convoi ; — Les autres mesures de police à observer par les conducteurs, notamment en ce qui concerne le stationnement sur les routes, et les règles à suivre pour éviter ou dépasser d'autres voitures. — En cas de récidive, l'amende pourra être portée à 15 fr., et l'emprisonnement à cinq jours.

Art. 6. — Sera punie d'une amende de 16 à 200 fr. et d'un emprisonnement de cinq à dix jours, toute contravention aux règlements qui détermineront pour les voitures de messageries : — Les conditions relatives à la solidité et à la stabilité des voitures, — Le mode de chargement, de conduite et d'enrayage des voitures ; — Le nombre de personnes qu'elles peuvent porter ; — La police des relais ; — Les autres mesures de police à observer par les conducteurs, cochers ou postillons, notamment pour éviter ou dépasser d'autres voitures.

Art. 7. — Tout propriétaire d'une voiture circulant sur des voies publiques, sans qu'elle soit munie de la plaque prescrite par l'art. 3 et par les arrêtés rendus en exécution de l'art. 2, sera puni d'une amende de 5 à 15 fr., et le conducteur d'une amende de 1 à 5 fr.

Art. 8. — Tout propriétaire ou conducteur de voiture qui aura fait usage d'une plaque portant soit un nom, soit un domicile faux ou supposé, sera puni d'une amende de 50 à 200 fr., et d'un emprisonnement de six jours au moins et de six mois au plus. — La même peine sera applicable à celui qui, conduisant une voiture dépourvue de plaque, aura déclaré un nom ou un domicile autre que le sien ou que celui du propriétaire pour le compte duquel la voiture est conduite.

Art. 9. — Lorsque par la faute, la négligence ou l'imprudence du conducteur, une voiture aura causé un dommage quelconque à une route ou à ses dépendances, le conducteur sera condamné à une amende de 3 à 50 fr. — Il sera, de plus, condamné aux frais de la réparation.

Art. 10. — Sera puni d'une amende de 16 à 100 fr., indépendamment de celle qu'il pourrait avoir encourue pour toute autre cause, tout voiturier ou conducteur qui, sommé de s'arrêter par l'un des fonctionnaires ou agents chargés de constater les contraventions, aura refusé d'obtempérer à cette sommation et de se soumettre aux vérifications prescrites.

Art. 11. — Les dispositions du liv. 3, tit. 1, chap. 3, sect. 4, § 2, c. pén., sont applicables en cas d'outrage ou de violence envers les fonctionnaires ou agents chargés de constater les délits et contraventions prévus par la présente loi.

Art. 12. — Lorsqu'une même contravention ou un même délit prévu aux art. 4, 7 et 8, a été constaté à plusieurs reprises, il n'est prononcé qu'une seule condamnation, pourvu qu'il ne se soit pas écoulé plus de vingt-quatre heures entre la première et la dernière constatation. — Lorsqu'une même contravention ou un même délit prévu à l'art. 6 a été constaté à plusieurs reprises pendant le parcours d'un même relais, il n'est prononcé qu'une seule contravention. — Sauf les exceptions mentionnées au présent article, lorsqu'il aura été dressé plusieurs procès-verbaux de contravention, il sera prononcé autant de condamnations qu'il y aura eu de contraventions constatées.

Art. 13. — Tout propriétaire de voiture est responsable des amendes, des dommages-intérêts et des frais de réparation prononcés, en vertu des articles du présent titre, contre toute personne préposée par lui à la conduite de sa voiture.— Si la voiture n'a pas été conduite par ordre et pour le compte du propriétaire, la responsabilité est encourue par celui qui a préposé le conducteur.

Art. 14. — Les dispositions de l'art. 463 c. pén. sont applicables dans tous les cas où les tribunaux correctionnels ou de simple police prononcent en vertu de la présente loi.

Tit. 3. — *De la procédure.*

Art. 15. — Sont spécialement chargés de constater les contraventions et délits prévus par le présent décret, les conducteurs, agents voyers, cantonniers chefs et autres employés du service des ponts et chaussées ou de la petite voirie, commissionnés à cet effet, les gendarmes, les gardes champêtres, les employés des contributions indirectes, agents forestiers ou des douanes, et employés des poids et mesures ayant droit de verbaliser, et les employés de l'octroi ayant le même droit. — Peuvent également constater les contraventions et les délits prévus par le présent décret, les maires et adjoints, les commissaires et agents assermentés de police, les ingénieurs des ponts et chaussées, les officiers, les sous-officiers de gendarmerie et toute personne commissionnée par l'autorité pour la surveillance de l'entretien des voies de communication. — Les dommages prévus à l'art. 9 sont constatés, pour les routes et les chemins vicinaux, par les ingénieurs, les conducteurs et autres agents des ponts et chaussées commissionnés à cet effet, sans préjudice du droit réservé à tous les fonctionnaires et agents mentionnés au présent article de dresser procès-verbal du fait de dégradation qui a eu lieu en leur présence.

Art. 16. — Les contraventions prévues par les art. 4 et 6 ne peuvent, en ce qui concerne les voitures publiques allant au trot, être constatées qu'aux lieux de départ, d'arrivée, de relais et de stations desdites voitures, ou à l'entrée des villes ou villages, sauf toutefois celles qui concernent le nombre de voyageurs, le mode de conduite des voitures, la police des conducteurs, cochers ou postillons, et les moyens d'enrayage.

Art. 17. — Les procès-verbaux dressés en vertu du présent décret font foi jusqu'à preuve contraire. — Ils ne sont pas sujets à l'affirmation.

Art. 18. — Ces procès-verbaux sont enregistrés en débet dans la huitaine de leur date, à peine de nullité. — Ils sont adressés, dans les six jours de l'enregistrement, aux sous-préfets ou aux commissaires civils, qui les transmettent, dans les deux jours de leur réception, au préfet, s'il s'agit de la compétence des conseils de préfecture, ou au procureur impérial, s'il s'agit d'une contravention de la compétence des tribunaux.

Art. 19. — Les contraventions prévues par les art. 4 et 9 seront jugées pour toute la province par le conseil de préfecture. — Tous les autres délits et contraventions prévus par le

présent décret sont de la compétence des tribunaux.

Art. 20. — Lorsqu'une voiture est dépourvue de plaque et que le propriétaire n'est pas connu, la voiture est provisoirement retenue, et le procès-verbal immédiatement porté à la connaissance du maire de la commune où il a été dressé, ou de la commune la plus proche sur la route que suit le prévenu. — Le maire arbitre provisoirement le montant de l'amende et, s'il y a lieu, des frais de réparation, et il en ordonne la consignation immédiate, à moins qu'il ne lui soit présenté une caution solvable. — A défaut de consignation ou de caution, la voiture est retenue jusqu'à ce qu'il ait été statué sur le procès-verbal. — Les frais qui en résultent sont à la charge du propriétaire.— Le contrevenant est tenu d'élire domicile dans le département du lieu où la contravention a été constatée; à défaut d'élection de domicile, toute notification lui sera valablement faite au secrétariat de la commune dont le maire aura arbitré l'amende sur les frais de réparation.

Art. 21. — Il en est de même dans le cas de procès-verbal dressé à raison de l'un des délits prévus à l'art. 8. — Il sera procédé de la même manière à l'égard de tout conducteur de voiture de roulage ou de messageries inconnu dans le lieu où il serait pris en contravention, et qui ne serait point régulièrement muni d'un passe-port, d'un livret ou d'une feuille de route, à moins qu'il ne justifie que la voiture appartient à une entreprise de roulage ou de messageries, ou qu'il ne résulte des lettres de voitures ou des autres papiers qu'il aurait en sa possession, que la voiture appartient à celui dont le domicile serait indiqué sur la plaque.

Art. 22. — S'il s'agit d'une contravention de la compétence du conseil de préfecture, copie du procès-verbal est notifiée, avec citation, par la voie administrative, au domicile du propriétaire, tel qu'il est indiqué sur la plaque, ou tel qu'il a été déclaré par le contrevenant, et quand il y a lieu, à celui du conducteur. — Cette notification a lieu dans le mois de l'enregistrement, à peine de déchéance. — Le délai est étendu à deux mois lorsque le contrevenant n'est pas domicilié dans la province où la contravention a été constatée; il est étendu à un an lorsque le domicile du contrevenant n'a pu être constaté au procès-verbal. — Si le domicile du conducteur est resté inconnu, toute notification qui lui est faite au domicile du propriétaire, est valable.

Art. 23. — Le prévenu est tenu de produire, dans le délai de trente jours, ses moyens de défense devant le conseil de préfecture. — Ce délai court à compter de la date de la notification du procès-verbal; mention en est faite dans ladite notification. — A l'expiration du délai fixé, le conseil de préfecture prononce, lors même que les moyens de défense n'auraient pas été produits.

Art. 24. — L'arrêté du conseil de préfecture est notifié au contrevenant dans la forme administrative, dix jours au moins avant toute exécution. Si la condamnation a été prononcée par défaut, la notification faite au domicile énoncé sur la plaque est valable. — L'opposition à l'arrêté rendu par défaut devra être formée dans le délai de quarante jours, à compter de la date de la notification.

Art. 25. — Le recours au conseil d'État contre l'arrêté du conseil de préfecture peut avoir lieu par simple mémoire déposé au secrétariat général de la préfecture ou à la sous-préfecture, et sans l'intervention d'un avocat au conseil d'État. — Il sera délivré au déposant récépissé du mémoire, qui devra être immédiatement transmis par le préfet. — Si le recours est formé au nom de l'administration, il devra l'être dans les trois mois de la date de l'arrêté.

Art. 26. — L'instance à raison des contraventions de la compétence des conseils de préfecture est périmée par six mois, à compter de la date du dernier acte des poursuites, et l'action publique est éteinte, à moins de fausses indications sur la plaque et de fausse déclaration en cas d'absence de plaque.

Art. 27. — Les amendes se prescrivent par une année, à compter de la date de l'arrêté du conseil de préfecture, ou à compter de la décision du conseil d'État, si le pourvoi a eu lieu. — En cas de fausses indications sur la plaque, ou de fausses déclarations du nom ou du domicile, la prescription n'est acquise qu'après cinq années.

Art. 28. — Lorsque le procès-verbal constatant le délit ou la contravention a été dressé par l'un des agents désignés au § 1 de l'art. 15, le tiers de l'amende prononcée appartient audit agent, à moins qu'il ne s'agisse d'une contravention ou d'un délit prévu aux articles 10 et 11. — Les deux autres tiers sont attribués soit au trésor public, soit à la caisse locale et municipale, soit aux communes intéressées, selon que la contravention ou le dommage concerne une route impériale, une route provinciale ou départementale, ou un chemin vicinal. Il en est de même du total des frais de réparation réglés en vertu de l'art. 9, ainsi que du total de l'amende, lorsqu'il n'y a pas lieu d'appliquer les dispositions du § 1 du présent article.

Tit. 4.

Art. 29. — Le décret du 29 janv. 1819 est et demeure abrogé.

Tit. 5.

Art. 30. — Amnistie est accordée pour les peines actuellement encourues ou prononcées à raison des infractions aux règlements concernant le roulage et les messageries publiques. — Cette amnistie n'est point applicable aux frais avancés par l'État, ni à la part attribuée par les lois et règlements, sur le montant des amendes prononcées, aux divers agents qui ont constaté les contraventions. — Les sommes recouvrées avant la promulgation de la présente loi, en vertu des décisions des conseils de préfecture, ne seront pas restituées. NAPOLÉON.

AM. — (Même date.) — *Règlement sur l'exécution du précédent décret.*

Tit. 1. — *Dispositions applicables à toutes les voitures.*

Art. 1. — Les essieux des voitures ne peuvent avoir plus de 2 mèt. 50 c. de largeur, ni dépasser à leurs extrémités le moyeu de plus de 8 centim. — La saillie des moyeux, y compris celle de l'essieu, n'excédera pas plus de 12 centim. le plan passant par le bord extérieur des bandes. Il est accordé une tolérance de 2 centim. sur cette saillie, pour les roues qui ont déjà fait un certain service.

Art. 2. — Il est expressément défendu d'employer des clous à tête de diamant. Tout clou de bande sera rivé à plat, et ne pourra, lorsqu'il sera posé à neuf, former une saillie de plus de 5 millim.

Art. 3. — Il ne peut être attelé : — 1° Aux voitures servant au transport des marchandises, plus de cinq chevaux si elles sont à deux roues, plus de huit si elles sont à quatre roues, sans qu'il puisse y avoir plus de cinq chevaux de file ; — 2° Aux voitures servant au transport des personnes, plus de trois chevaux si elles sont à deux roues, plus de six si elles sont à quatre roues.

Art. 4. — Lorsqu'il y aura lieu de transporter des blocs de pierre, des locomotives ou d'autres objets d'un poids considérable, l'emploi d'un attelage exceptionnel pourra être autorisé, sur l'avis des ingénieurs ou des agents voyers, par les préfets des départements traversés.

Art. 5. — Les prescriptions de l'art. 3 ne sont pas applicables sur les parties des voies publiques affectées de rampes d'une déclivité ou d'une longueur exceptionnelle. — Les limites de ces parties de routes ou de chemins vicinaux sur lesquelles l'emploi de chevaux de renfort est autorisé sont déterminées par un arrêté du préfet, sur la proposition de l'ingénieur en chef du département, et indiquées sur place par des poteaux portant cette inscription : *Chevaux de renfort.* — Pour les voitures marchant avec relais réguliers et servant au transport des personnes ou des marchandises, la faculté d'atteler des chevaux de renfort s'étend à toute la longueur des relais dans lesquels sont placés les poteaux. — L'emploi de chevaux de renfort peut être autorisé temporairement sur les parties de routes ou de chemins vicinaux qui ne sont pas parvenues à l'état d'entretien, ou sur lesquelles, par suite de travaux de réparation ou d'autres circonstances accidentelles, cette mesure sera nécessaire. — Dans ce cas, le préfet fera placer des poteaux provisoires.

Art. 6. — Lorsqu'une route ou une partie de route, un chemin vicinal ou une partie de chemin vicinal ne sera pas encore parvenue à l'état d'entretien, et ne pourra, sans de trop grands dommages, être abandonnée à la liberté du roulage, le préfet pourra, sur l'avis de l'ingénieur en chef, y restreindre momentanément la circulation. — L'arrêté qu'il prendra à cet effet indiquera l'espace et le nombre des bêtes de trait qui pourront être attelées à chaque voiture. — Toute voiture prise en contravention aux dispositions du présent article sera arrêtée et les bêtes de trait seront mises en fourrière dans l'auberge la plus rapprochée ; le tout sans préjudice de l'amende stipulée à l'art. 4, titre 2, du décret du 3 novembre 1853, et des frais de réparation mentionnés dans l'art. 9 dudit décret.

Art. 7. — Pendant la traversée des ponts autres que les ponts en pierre, les chevaux seront mis au pas, les voituriers ou rouliers tiendront les guides ou le cordeau, les conducteurs et postillons resteront sur leurs sièges. — Défense est faite aux rouliers et aux voituriers de dételer aucun de leurs chevaux pour le passage des ponts. — Toute voiture attelée de plus de cinq chevaux ne doit pas s'engager sur le tablier d'une travée quand il y a déjà sur cette travée une voiture d'un attelage supérieur à ce nombre de chevaux. — Pour les ponts qui n'offriraient pas toutes les garanties nécessaires pour le passage des voitures lourdement chargées, il pourra être adopté par le préfet telles dispositions qui seront jugées nécessaires. — Dans des circonstances urgentes, les maires pourront prendre telles mesures que leur paraîtra commander la sûreté publique, sauf à en rendre compte à l'autorité supérieure. — Les mesures prescrites pour la protection des ponts seront, dans tous les cas, placardées à l'entrée et à la sortie de ces ponts.

Art. — Tout roulier ou conducteur de voiture doit se ranger à sa droite, à l'approche de toute autre voiture, de manière à lui laisser libre au moins la moitié de la chaussée.

Art. 9. — Il est interdit de laisser stationner sans nécessité sur la voie publique aucune voiture attelée ou non attelée.

Tit. 2. — *Dispositions applicables aux voitures ne servant pas au transport des personnes.*

Art. 10. — La largeur du chargement des voitures qui ne servent pas au transport des personnes ne peut excéder 2 mèt. 50 c. Il est accordé une tolérance de 1 mèt. en sus pour les voitures transportant des produits agricoles ou des fagots. Toutefois, le préfet peut délivrer des permis de circulation pour les objets d'un grand volume qui ne seraient pas susceptibles d'être chargés dans ces conditions. — Sont affranchis, conformément au décret du 3 novembre 1855, de toute réglementation de largeur, de chargement, les voitures d'agriculture, lorsqu'elles sont employées au transport des récoltes des champs à la ferme et de la ferme aux champs.

Art. 11. — La largeur des colliers des chevaux ou autres bêtes de trait ne peut dépasser 90 cent. mesurés entre les points les plus saillants des pattes des attelles.

Art. 12 — Lorsque plusieurs voitures marchent à la suite des unes des autres, elles doivent être distribuées en convois de quatre voitures au plus, si elles sont à quatre roues et attelées d'un seul cheval; de trois voitures au plus, si elles sont à deux roues et attelées d'un seul cheval, et de deux voitures au plus si l'une d'elles est attelée de plus d'un cheval. — L'intervalle d'un convoi à l'autre ne peut être moindre de 50 mèt.

Art. 13. — Tout voiturier ou conducteur doit se tenir constamment à portée de ses chevaux ou bêtes de trait et en position de les guider. — Il est interdit de faire conduire par un seul conducteur plus de quatre voitures à un cheval si elles sont à quatre roues, et plus de trois voitures à un cheval si elles sont à deux roues. — Chaque voiture attelée de plus d'un cheval doit avoir un conducteur. Toutefois, une voiture dont le cheval est attaché derrière une voiture attelée de quatre chevaux au plus n'a pas besoin d'un conducteur particulier. — Les règlements de police municipale détermineront, en ce qui concerne la traverse des villes, bourgs et villages, les restrictions qui peuvent être apportées aux dispositions du présent article et de celui qui précède.

Art. 14. — Aucune voiture marchant isolément ou en tête d'un convoi ne peut circuler pendant la nuit sans être pourvue d'un falot ou d'une lanterne allumée. — Il en est de même pour les voitures particulières employées au transport des personnes. — Cette disposition pourra être appliquée aux voitures d'agriculture par des arrêtés des préfets ou des maires.

Art. 15. — Tout propriétaire de voiture ne servant pas au transport des personnes est tenu de faire placer, en avant des roues et au côté gauche de sa voiture, une plaque métallique portant, en caractères apparents et lisibles, ayant au moins 5 millim. de hauteur, ses noms, prénoms et profession, le nom de la commune, du canton et du département de son domicile.

Sont exceptés de cette disposition, conformément au décret du 3 novembre 1855 : — 1° Les voitures particulières destinées au transport des personnes, mais étrangères à un service public des messageries; — 2° Les voitures appartenant à l'administration des postes; — 3° Les voitures d'artillerie, chariots et fourgons appartenant aux départements de la guerre et de la marine;

— 4° Les voitures employées à la culture des terres, au transport des récoltes, à l'exploitation des fermes, qui se rendent de la ferme aux champs ou des champs à la ferme, ou qui servent au transport des objets récoltés du lieu où ils ont été recueillis jusqu'à celui où pour les conserver ou les manipuler, le cultivateur les dépose ou les rassemble.

Tit. 3. — *Dispositions applicables aux voitures des messageries.*

Art. 16. — Les entrepreneurs de voitures publiques allant à destination fixe déclareront le siège principal de leur établissement, le nombre de leurs voitures, celui des places qu'elles contiennent, le lieu de destination, les jours et heures de départ et d'arrivée. Cette déclaration sera faite dans le département, au préfet ou aux sous-préfets. — Ces formalités ne sont obligatoires pour les entrepreneurs actuels qu'au renouvellement de leurs voitures, ou lorsqu'ils en modifieront la forme ou la contenance. — Tout changement aux dispositions arrêtées par suite du premier paragraphe du présent article donnera lieu à une déclaration nouvelle.

Art. 17. — Aussitôt après les déclarations faites en vertu des §§ 1 et 2 de l'article précédent, le préfet ou le sous-préfet ordonne la visite des voitures, afin de constater si elles sont entièrement conformes à ce qui est prescrit par les articles ci-après, de 18 à 2x inclusivement, et si elles ne présentent aucun vice de construction qui puisse occasionner des accidents. Cette visite, qui pourra être renouvelée toutes les fois que l'autorité le jugera nécessaire, sera faite en présence du commissaire de police, par un expert nommé par le préfet ou le sous-préfet. — L'entrepreneur a la faculté de nommer de son côté un expert pour opérer contradictoirement avec celui de l'administration. — La visite des voitures ne peut être faite qu'à l'un des principaux établissements de l'entreprise; les frais sont à la charge de l'entrepreneur. — Le préfet prononce sur le vu du procès-verbal d'expertise et du rapport du commissaire de police. — Aucune voiture ne peut être mise en circulation avant la délivrance de l'autorisation du préfet. — Le préfet adresse au directeur des contributions directes extrait des autorisations par lui accordées en vertu du présent article. — L'estampille prescrite par l'art. 117 de la loi du 25 mars 1817 n'est délivrée que sur le vu de cette autorisation, qui doit être écrite sur un registre spécial.

Art. 18. — La largeur de la voie pour les voitures publiques est fixée, au minimum, à 1 mèt. 65 c. entre le milieu des jantes de la partie des roues reposant sur le sol. — Si les voitures sont à quatre roues, la voie du devant pourra être réduite à 1 mèt. 55 c. — En pays de montagne, les entrepreneurs peuvent être autorisés par les préfets, sur l'avis des ingénieurs et des agents voyers, à employer des largeurs de voie moindres que celles réglées par les paragraphes précédents, mais à la condition que les roues seront au moins égales à la voie la plus large des voitures en usage dans la contrée.

Art. 19. — La distance entre les axes des deux essieux, dans les voitures publiques à quatre roues, sera égale au moins à la moitié de la longueur des caisses mesurées à la hauteur de leur ceinture, sans pouvoir néanmoins descendre au-dessous de 1 mètre 55 centim.

Art. 20. — Le maximum de la hauteur des voitures publiques, depuis le sol jusqu'à la partie la plus élevée du chargement, est fixé à 3 mètres pour les voitures à quatre roues et de 2 mèt.

60 c. pour les voitures à deux roues. — Il est accordé, pour les voitures à quatre roues, une augmentation de 10 centim., si elles sont pourvues à l'avant-train de sassoires et contre-sassoires formant chacune au moins un demi-cercle de 1 mèt. 15 c. de diam., ayant la cheville ouvrière pour centre. — Lorsque, par application du § 3 de l'art. 18, on autorisera une réduction dans la largeur de la voie, le rapport de la hauteur de la voiture avec la largeur de la voie sera, au maximum, de un trois quarts. — Dans tous les cas, la hauteur est réglée par une traverse en fer placée au milieu de la longueur affectée au chargement, et dont les montants, au moment de la visite prescrite par l'art. 18, sont marqués d'une estampille constatant qu'ils ne dépassent pas la hauteur voulue, ils doivent, ainsi que la traverse, être constamment apparents. — La bâche qui recouvre le chargement ne peut déborder ces montants ni la hauteur de la traverse. — Il est défendu d'attacher aucun objet en dehors de la bâche.

Art. 21. — Les compartiments des voitures publiques seront disposées de manière à satisfaire aux conditions suivantes : — Largeur moyenne des places, 48 centim.; — Largeur des banquettes, 45 centim.; — Distance entre deux banquettes, 45 centim.; — Distance entre la banquette du coupé et le devant de la voiture, 35 centim.; — Hauteur du pavillon au-dessus du fond de la voiture, 1 mèt. 40 c.; — Hauteur des banquettes, y compris le coussin, 40 centim.; — Pour les voitures parcourant moins de 50 kilom. et pour les banquettes à plus de trois places, la largeur moyenne des places pourra être réduite à 40 centim.

Art. 22. — Il peut être placé sur l'impériale une banquette destinée au conducteur et à deux voyageurs, ou à trois voyageurs lorsque le conducteur se placera sur le même siège que le cocher. — Cette banquette, dont la hauteur, y compris le coussin, ne dépassera pas 30 centim., ne peut être recouverte que d'une capote flexible. — Aucun paquet ne peut être chargé sur cette banquette.

Art. 23. — Le coupé et l'intérieur auront une portière de chaque côté. — La caisse de derrière, ou la rotonde, peut n'avoir qu'une portière ouverte à l'arrière. — Chaque portière sera garnie d'un marchepied. — Dans chaque compartiment des voitures publiques, il sera placé un cordon destiné à mettre les voyageurs en rapport avec le conducteur.

Art. 24. — Toutes les fois que les préfets feront application du § 3 de l'art. 18 du présent arrêté, ils pourront également réduire les fixations indiquées par les art. 20 et 21.

Art. 25. — Les essieux seront en fer corroyé, de bonne qualité, et arrêtés à chaque extrémité, soit par un écrou assujetti au moyen d'une clavette, soit par une boîte à huile fixée par quatre boulons traversant la longueur du moyeu, soit par tout autre système qui serait approuvé par le gouverneur général.

Art. 26. — Toute voiture publique doit être munie d'une machine à enrayer agissant sur les roues de derrière, et disposée de manière à pouvoir être manœuvrée de la place assignée au conducteur. — Les voitures doivent être, en outre, pourvues d'un sabot et d'une chaîne d'enrayage, que le conducteur placera à chaque descente rapide. — Les préfets peuvent dispenser de l'emploi de ces appareils les voitures qui parcourent uniquement des pays de plaine.

Art. 27. — Pendant la nuit, les voitures publiques seront éclairées par une lanterne à réflecteur placée à droite et à l'avant de la voiture.

Art. 28. — Chaque voiture porte à l'extérieur, dans un endroit apparent, indépendamment de l'estampille délivrée par l'administration, le nom et le domicile de l'entrepreneur, et l'indication du nombre des places de chaque compartiment.

Art. 29. — Elle porte à l'intérieur des compartiments : 1° le numéro de chaque place; 2° le prix de la place depuis le lieu du départ jusqu'à celui d'arrivée. — L'entrepreneur ne peut admettre dans les compartiments de ses voitures un plus grand nombre de voyageurs que celui indiqué sur les panneaux, conformément à l'art. 28.

Art. 30. — Chaque entrepreneur inscrit sur un registre coté et parafé par le maire le nom des voyageurs qu'il transporte; il y inscrit également les ballots et paquets dont le transport lui est confié. — Il remet au conducteur, pour lui servir de feuille de route, une copie de cet enregistrement, et à chaque voyageur un extrait de ce qui le concerne avec le numéro de sa place.

Art. 31. — Les conducteurs ne peuvent prendre en route aucun voyageur, ni recevoir aucun paquet, sans en faire mention sur les feuilles de route qui leur ont été remises au point de départ.

Art. 32. — Toute voiture publique dont l'attelage ne présentera de front que deux rangs de chevaux peut être conduite par un seul postillon ou un seul cocher. — Elle devra être conduite par deux postillons ou par un cocher et un postillon, lorsque l'attelage comportera plus de deux rangs de chevaux.

Art. 33. — Les postillons ou cochers ne pourront, sous aucun prétexte, descendre de leurs chevaux ou de leurs siéges. — Il leur est enjoint d'observer, dans les traversées des villes et des villages, les règlements de police concernant la circulation dans les rues. — Dans les haltes, les conducteurs et le postillon ne peuvent quitter en même temps la voiture, tant qu'elle reste attelée. — Avant de remonter sur son siége, le conducteur doit s'assurer que les portières sont exactement fermées.

Art. 34. — Lorsque, contrairement à l'art. 8 du présent arrêté, un roulier ou conducteur de voiture n'aura pas cédé la moitié de la chaussée à une voiture publique, le conducteur ou postillon qui aurait à se plaindre de cette contravention devra en faire la déclaration à l'officier de police du lieu le plus rapproché, en faisant connaître le nom du voiturier d'après la plaque de sa voiture. — Les procès-verbaux de contravention seront sur-le-champ transmis au procureur impérial, qui fera poursuivre les délinquants.

Art. 35. — Les entrepreneurs de voitures publiques feront, à la préfecture ou sous-préfecture du lieu où sont établis leurs relais, la déclaration des lieux où ces relais sont situés et du nom des relayeurs. — Une déclaration semblable sera faite chaque fois que les entrepreneurs traiteront avec un nouveau relayeur.

Art. 36. — Les relayeurs ou leurs préposés seront présents à l'arrivée et au départ de chaque voiture, et s'assureront par eux-mêmes et sous leur responsabilité, que les postillons ne sont pas en état d'ivresse. — La tenue des relais, en tout ce qui intéresse la sûreté des voyageurs, est surveillée par les maires des communes où ces relais se trouvent établis.

Art. 37. — Nul ne peut être admis comme postillon ou cocher s'il n'est âgé de seize ans au moins, et porteur d'un livret délivré par le maire de la commune de son domicile, attestant ses bonnes vie et mœurs et son aptitude pour le métier qu'il veut exercer.

Art. 38. — A chaque bureau de départ et d'arrivée et à chaque relais il y a un registre coté et parafé par le maire pour l'inscription des plaintes que les voyageurs peuvent avoir à former contre les conducteurs, postillons ou cochers. Ce registre est présenté aux voyageurs à toute réquisition par le chef du bureau ou par le relayeur.

Art. 39. — Les articles ci-dessus, de 15 à 37, seront constamment placardés, à la diligence des entrepreneurs des voitures publiques, dans le lieu le plus apparent de ces bureaux et des relais. — Les articles ci-dessus, de 27 à 37 inclusivement, seront imprimés à part, et affichés dans l'intérieur de chacun des compartiments des voitures.

Tit. 4. — *Dispositions transitoires.*

Art. 40. — L'emploi des voitures existantes peut être autorisé jusqu'à leur mise hors de service, bien qu'elles ne satisfassent pas aux conditions exigées par les art. 18, 19, 20 et 21, lorsque le préfet, sur l'avis des ingénieurs des ponts et chaussées, aura reconnu qu'elles ne présentent pas de défauts graves et que leur circulation peut avoir lieu sans danger pour les voyageurs.

Tit. 5.

Art. 41. — Les contraventions au présent arrêté seront constatées, poursuivies et réprimées conformément aux titres 2 et 3 du décret du 3 nov. 1855, sans préjudice des mesures spéciales prescrites par les règlements locaux.

Art. 42. — En territoire militaire, les attributions conférées par le présent arrêté aux préfets, sous-préfets, commissaires civils et maires, sont dévolues aux généraux commandant les divisions, aux généraux commandant les subdivisions et aux officiers chargés des fonctions municipales. — Les attributions conférées au service des ponts et chaussées sont dévolues au service du génie militaire.   Vaillant.

Routes.

V. Voirie, § 1. Plantation d'arbres.

Rues.

V. Voirie, § 3.

S

Sage-femme.

V. Art médical.

Salubrité.

V. Santé.

Santé et salubrité publiques.

DIVISION.

Sect. I. — Régime sanitaire.
  § 1. — Bureaux et commissions sanitaires.

Sect. II. — Salubrité.
  § 2. — Établissements dangereux ou insalubres.
  § 3. — Mesures spéciales de police.

Sect. I.

Régime sanitaire.

§ 1. — Bureaux et commissions sanitaires.

DI. — 12 août-2 oct. 1854. — B. 467. — *Régime sanitaire.*

Vu l'arrêté de l'intendant civil de l'Algérie, en date du 25 avr. 1832, relatif au régime sanitaire dans la colonie (vol. Ier, p. 589); — Vu les décrets des 24 déc. 1850 et 4 juin 1853, sur le régime sanitaire en France;

Art. 1. — Le décret du 24 déc. 1850, sur le service sanitaire, et le décret du 4 juin 1853, qui a pour objet d'assurer l'exécution de la convention sanitaire internationale et du règlement intervenus entre la France et plusieurs puissances étrangères, à l'effet d'établir un régime sanitaire uniforme applicable à la navigation dans la Méditerranée, seront promulgués en Algérie pour y être exécutés, sous la réserve des modifications suivantes.

Art. 2. — Les attributions dévolues à notre ministre secrétaire d'Etat au département de l'agriculture, du commerce et des travaux publics, par les décrets sus visés, seront exercées pour l'Algérie par notre ministre secrétaire d'Etat au département de la guerre.

Art. 3. — Les commissions sanitaires actuellement existantes en Algérie seront remplacées par des conseils composés ainsi qu'il suit : — Les préfets, sous-préfets, commissaires civils ou les autorités qui remplissent ces fonctions, présideront les conseils sanitaires au siége de leur résidence.

Feront partie de droit de ces conseils avec voix délibérative : — 1° Pour la ville d'Alger : le maire, le commandant de place, le chef du service des douanes de la circonscription, le commissaire de la marine, le directeur du port militaire et du commerce, l'agent supérieur de la santé ; — 2° Pour les villes d'Oran, de Bône et de Philippeville : le maire, le commandant de place, le directeur du port militaire et du commerce, le commissaire de la marine, l'agent principal du service de la douane, l'agent supérieur de la santé. — Deux conseillers de préfecture feront, en outre, partie de droit des conseils d'Alger et d'Oran; — 3° Pour les autres ports de l'Algérie : le maire ou l'autorité qui en tiendra lieu, le commandant de place, le directeur du port militaire et du commerce, l'agent principal du service de la douane, l'agent supérieur de la santé.

Chaque conseil sanitaire comprendra, en outre, trois membres au moins et six au plus, selon ce qui sera décidé par le gouverneur général, désignés un tiers par le conseil municipal, un tiers par la chambre de commerce, un tiers par le conseil d'hygiène publique de la circonscription, et, à leur défaut, par le préfet en territoire civil, et par le général commandant la division en territoire militaire.

Art. 4. — Le service sanitaire de l'Algérie sera ultérieurement reconstitué, quant à son personnel administratif rétribué, par des arrêtés du ministre de la guerre, conformément aux prescriptions des décrets sus visés et suivant les besoins de chaque localité.   Napoléon.

(Suit la publication : 1° du décret du 24 déc.

1850, précédé d'un rapport du ministre du commerce; — 2° De quatre tableaux annexes; — 3° De la convention sanitaire internationale conclue entre la France, la Sardaigne et diverses autres puissances maritimes; — 4° Du règlement international adopté en exécution de la convention qui précède; — 5° D'un décret du 4 juin 1853 réglant le mode d'application des dispositions de la convention et du règlement ci-dessus; — 6° D'une instruction générale pour l'exécution du décret du 4 juin 1853.)

AG. — 3-30 oct. 1854. — B. 468. — *Composition des conseils sanitaires.*

Art. 1. — Les conseils sanitaires institués dans chacun des ports de l'Algérie seront composés, indépendamment du président et des membres de droit désignés par l'art. 3 du décret précité, savoir : — Pour les villes d'Alger, Oran, Bône et Philippeville, de six membres désignés, un tiers par le conseil municipal, un tiers par la chambre de commerce, un tiers par le conseil d'hygiène publique de la circonscription; — Pour les villes de Mostaganem, Cherchell, Tenès et Bougie, de trois membres désignés, un par le conseil municipal, un par le préfet du département et un par le conseil d'hygiène publique; — Pour les villes d'Arzew et la Calle, de trois membres désignés, deux par le préfet du département, un par le conseil d'hygiène publique. — Pour les villes de Dellys, Djidjelli et Nemours, de trois membres désignés, deux par le général commandant la division, un par le conseil d'hygiène publique.   Comte RANDON.

SECT. II.

Salubrité.

§ 2. — ÉTABLISSEMENTS DANGEREUX OU INSALUBRES.

AM. — 24 fév.-7 mai 1853. — B. 439. — *Porcherie au fort l'Empereur.*

Vu, etc.;

Art. 1. — Le sieur Mikalef (Michel) est autorisé à établir une porcherie dans la campagne qu'il habite près du fort l'Empereur, entre Alger et l'Agha.

Art. 2. — Le sieur Mikalef sera tenu de réparer et de tenir dans un état constant de propreté le ruisseau servant d'écoulement aux eaux de son établissement. Il sera tenu, en outre, de se conformer à toutes les autres mesures que l'administration locale jugera utile de prescrire au point de vue de l'hygiène et de la sécurité publique.   A. DE SAINT-ARNAUD.

AM. — 30 sept.-5 déc. 1853. — B. 448. — *Porcherie à Mustapha.*

Vu, etc.;

Art. 1. — Le sieur Dussap, fils aîné, est autorisé à établir une porcherie sur l'emplacement indiqué au plan des lieux ci-annexé et qui se trouve situé sur la plage de Mustapha Inférieur, derrière la maison dite *des Bains de mer.*

Art. 2. — Le sieur Dussap sera tenu de se conformer à toutes les mesures que l'administration locale jugera utile de prescrire en vue de l'hygiène et de la sécurité publique.   A. DE SAINT-ARNAUD.

AM. — 17 fév.-10 août 1854. — B. 457. — *Triperie à Mustapha.*

Vu, etc.;

Art. 1. — Le sieur Valin est autorisé à établir une triperie sur l'emplacement indiqué au plan des lieux ci-annexé et situé à Mustapha Inférieur, route d'Hussein-Dey.

Art. 2. — Le sieur Valin sera tenu, etc.   A. DE SAINT-ARNAUD.

AM. — 12 mai 13 juill. 1854. — B. 462. — *Porcherie au Zéramna (Philippeville).*

Vu, etc.;

Art. 1. — Le sieur Pégat est autorisé à établir une porcherie sur l'emplacement indiqué au plan des lieux ci-annexé, et qui se trouve situé sur l'oued Louad, dans la vallée du Zéramna.

Art. 2. — Le sieur Pégat sera tenu, etc.   VAILLANT.

AM. — 17 juill.-20 sept. 1854. — B. 446. — *Porcherie au Zéramna (Philippeville).*

Vu, etc.;

Art. 1. — Le sieur Portelli (François) est autorisé à établir une porcherie sur l'emplacement indiqué au plan des lieux ci-annexé, et situé entre l'oued Saf Saf et l'ancien lit du Zéramna.

Art. 2. — Le sieur Portelli sera tenu, etc.   VAILLANT.

AM. — 7 août-20 sept. 1854. — B. 468. — *Porcherie à Philippeville.*

Vu, etc.;

Art. 1. — Le sieur Ellul (Augustin) est autorisé à établir une porcherie sur l'emplacement indiqué au plan des lieux ci-annexé, et qui se trouve situé sur le bord de la route de Constantine à Philippeville, à 900 mètres environ de cette dernière ville.

Art. 2. — Le sieur Ellul sera tenu, etc.   VAILLANT.

AM. — 25 août-22 nov. 1854. — B. 470. — *Atelier de triperie à Oran.*

Vu, etc.;

Art. 1. — Le sieur Scotto est autorisé à établir une triperie sur l'emplacement indiqué au plan des lieux ci-annexé, et qui se trouve situé à la mosquée de Karguentah, banlieue d'Oran.

Art. 2. — Le sieur Scotto sera tenu, etc.   VAILLANT.

AM. — 4 déc. 1854-8 fév. 1855. — B. 474. — *Porcherie au Zéramna (Philippeville).*

Vu, etc.;

Art. 1. — Le sieur Collas est autorisé à établir une porcherie sur l'emplacement indiqué au plan des lieux ci-annexé et qui se trouve situé dans la vallée du Zéramna, à trois kilomètres de la route.

Art. 2. — Le sieur Collas sera tenu, etc.   VAILLANT.

§ 3. — MESURES SPÉCIALES DE POLICE.

AG. — 1er-18 mai 1854. — B. 459. — *Substances nuisibles. — Ustensiles et vases en métal.*

Considérant que de graves accidents sont résultés, soit de l'emploi de substances vénéneuses pour colorier les liqueurs, bonbons, dragées et pastillages, soit de la mauvaise qualité ou de l'altération des substances alimentaires, soit enfin du mauvais état, de la nature même des vases dans lesquels sont préparées ou conservées les substances livrées à la consommation; — Que des accidents ont été également causés par l'emploi des papiers coloriés avec des substances toxiques, dans lesquels on enveloppe des aliments pour les livrer au public;

Vu la loi des 16 et 24 août 1790 et celle du 22 juill. 1791; — La loi du 3 brum. an IX; — La loi du 27 mars 1851 (vol. Ier, p. 509), rendue exécutoire en Algérie. par décret du 14 septembre suivant, et les art. 319, 320, 471, § 15, et 477 c. pén.; — L'arrêté du 29 avr. 1852 qui interdit de renfermer les eaux de fleur d'oranger dans des vases en cuivre dits *estagnons* (eod.);

Tit. 1. — *Sucreries, liqueurs et pastillages.*

Art. 1. — Il est expressément défendu de se servir d'aucune substance minérale, le bleu de Prusse, l'outremer, la craie (carbonate de chaux) et les ocres exceptés, pour colorier les liqueurs, bonbons, dragées, pastillages, et toute espèce de sucreries et pâtisseries. — Il est également défendu d'employer, pour colorier les liqueurs, bonbons, etc., des substances végétales nuisibles à la santé, notamment la gomme-gutte et l'aconit napel. — Les mêmes défenses s'appliquent aux substances employées à la clarification des sirops et des liqueurs.

Art. 2. — Il est défendu d'envelopper ou de couler des sucreries dans des papiers blancs lissés ou coloriés avec des substances minérales, le bleu de Prusse, l'outremer, les ocres et la craie exceptés. — Il est défendu de placer des bonbons dans des boîtes garnies à l'intérieur, de papiers coloriés avec des substances prohibées et de les recouvrir avec des découpures de ces papiers.

Art. 3. — Il est défendu de faire entrer aucune préparation fulminante dans la composition des enveloppes de bonbons. — Il est également défendu de se servir de fils métalliques comme supports de fleurs, de fruits et autres objets en sucre et en pastillage.

Art. 4. — Les bonbons enveloppés porteront le nom et l'adresse du fabricant ou marchand; il en sera de même des sacs dans lesquels les bonbons ou sucreries seront livrés au public. — Les flacons contenant des liqueurs coloriées devront porter les mêmes indications.

Art. 5. — Il est interdit d'introduire dans l'intérieur des bonbons et pastillages des objets de métal ou d'alliage métallique, capables, par leur altération, de former des composés nuisibles à la santé. — Il ne pourra être employé que des feuilles d'or et d'argent fins pour la décoration des bonbons et pastillages. — Il en sera de même pour les liqueurs dans lesquelles on introduit des feuilles métalliques.

Art. 6. — Les sirops qui contiendront de la glucose (sirop de fécule, sirop de froment) devront porter, pour éviter toute confusion, les dénominations communes de sirops de glucose; en outre de cette indication, les bouteilles porteront l'étiquette suivante : *liqueurs de fantaisie à l'orgeat, à la groseille, etc.*

Art. 7. — Il sera fait des visites chez les fabricants et détaillants, à l'effet de constater si les dispositions prescrites par le présent arrêté sont observées.

Tit. 2. — *Sel de cuisine et autres substances alimentaires.*

Art. 8. — Il est expressément défendu à tous fabricants raffineurs, marchands en gros, épiciers et autres faisant le commerce de sel marin (sel de cuisine) en Algérie, de vendre et débiter, comme sel de table et de cuisine, du sel retiré de la fabrication du salpêtre ou extrait des varechs, ou des sels provenant de diverses opérations chimiques. — Il est également défendu

de vendre du sel altéré par le mélange des sels précédents ou par le mélange de toutes autres substances étrangères.

Art. 9. — Il est défendu d'ajouter frauduleusement au lait, aux fécules, amidons, farines, ou toute autre denrée, des substances étrangères, même quand ces substances n'auraient rien de nuisible.

Art. 10. — Les commissaires civils, les maires, les commissaires de police feront, à des époques indéterminées, avec l'assistance des hommes de l'art, des visites dans les ateliers, magasins et boutiques des fabricants, marchands et débitants de sel et de comestibles quelconques, à l'effet de vérifier si les denrées dont ils sont détenteurs sont de bonne qualité et exemptes de tout mélange.

Art. 11. — Le sel et toutes substances alimentaires ou denrées falsifiées seront saisis, sans préjudice des poursuites à exercer, s'il y a lieu, contre les contrevenants, conformément aux dispositions de la loi précitée du 27 mars 1851.

Art. 12. — Il est défendu d'envelopper aucune substance alimentaire quelconque avec les papiers peints et notamment avec ceux qui sont défendus par l'art. 2 du présent arrêté.

Tit. 3. — *Ustensiles et vases de cuivre et autres métaux; étamages.*

Art. 13. — Les ustensiles et vases en cuivre ou d'alliage de ce métal dont se servent les marchands de vins, traiteurs, aubergistes, restaurateurs, pâtissiers, confiseurs, bouchers, fruitiers, épiciers, etc., devront être étamés à l'étain fin et entretenus constamment en bon état d'étamage. — Sont exceptés de cette disposition les vases et ustensiles dit d'office, et les balances, lesquels devront être constamment entretenus en bon état de propreté.

Art. 14. — L'emploi du plomb, du zinc et du fer galvanisé est interdit dans la fabrication des vases destinés à préparer ou à contenir les substances alimentaires et les boissons.

Art. 15. — Sont maintenues les dispositions de l'arr. du 29 avr. 1852, qui interdit en Algérie, à tout distillateur ou détaillant, de se servir de vases en cuivre étamé, connus dans le commerce sous le nom d'estagnons, pour renfermer des eaux de fleurs d'oranger.

Art. 16. — Il est défendu aux marchands de vins et de liqueurs d'avoir des comptoirs revêtus de lames de plomb, aux débitants de sel, de se servir de balances de cuivre; aux nourrisseurs de vaches, crémiers et laitiers, de déposer le lait dans des vases de plomb, de zinc, de fer galvanisé, de cuivre et de ses alliages; aux fabricants d'eaux gazeuses, de bière ou de cidre et aux marchands de vin, de faire passer par des tuyaux et appareils de cuivre, de plomb ou d'autres métaux pouvant être nuisibles, les eaux gazeuses, la bière, le cidre ou le vin. Toutefois, les vases et ustensiles de cuivre dont il est question au présent article, pourront être employés s'ils sont étamés.

Art. 17. — Il est défendu aux raffineurs de sel de se servir de vases et instruments de cuivre, de plomb, de zinc et de tous autres métaux pouvant être nuisibles.

Art. 18. — Il est défendu aux vinaigriers, épiciers, marchands de vins, traiteurs et autres, de préparer, de déposer, de transporter, de mesurer et de conserver dans des vases de cuivre et de ses alliages, non étamés, de plomb, de zinc, de fer galvanisé, ou dans des vases faits avec un alliage dans lequel entrerait l'un des métaux désignés ci-dessus, aucuns liquides ou substances alimentaires susceptibles d'être altérés par l'action de ces métaux.

Art. 19. — La prohibition portée en l'article ci-dessus est applicable aux robinets fixés aux barils dans lesquels les vinaigriers, épiciers et autres marchands renferment le vinaigre.

Art. 20. — Les vases d'étain employés pour contenir, déposer, préparer ou mesurer les substances alimentaires ou des liquides, ainsi que les lames du même métal qui recouvrent les comptoirs des marchands des vins ou de liqueurs, ne devront contenir, au plus, que 10 p. 100 de plomb ou des autres métaux qui se trouvent ordinairement alliés à l'étain de commerce.

Art. 21. — Les lames métalliques recouvrant les comptoirs des marchands de vins ou de liqueurs, les balances, les vases et ustensiles en métaux défendus par le présent arrêté, qui seraient trouvés chez les marchands et fabricants désignés dans les articles qui précèdent, seront saisis et remis au service des domaines, pour être vendus au profit de l'Etat, après avoir été mis hors de service.

Art. 22. — Les étamages prescrits par les articles qui précèdent devront être toujours faits à l'étain fin, et être constamment entretenus en bon état.

Art. 23. — Les ustensiles et vases de cuivre ou d'alliage de ce métal, dont l'usage serait dangereux par le mauvais état de l'étamage, seront étamés aux frais des propriétaires, lors même qu'ils déclareraient ne pas s'en servir. — En cas de contestation sur l'état de l'étamage, il sera procédé à une expertise, et, provisoirement, ces ustensiles seront mis sous scellés.

TIT. 4. — *Dispositions générales.*

Art. 24. — Les fabricants et les marchands désignés dans le présent arrêté sont personnellement responsables des accidents qui pourraient être la suite de leurs contraventions aux dispositions qu'il renferme.

Art. 25. — Les contraventions seront poursuivies conformément à la loi, devant les tribunaux compétents, sans préjudice des mesures administratives auxquelles elles pourraient donner lieu. Comte RANDON.

V. ART MÉDICAL, § 4. — DÉBITANTS DE BOISSONS. Loi sur les fraudes.

Sauvetage.

V. TRAITÉS. 23 février 1853.

Stationnement (droit de).

V. MARCHÉS. 28 juin 1855.

Substances.

Alimentaires.

V. DÉBITANTS DE BOISSONS. — SANTÉ ET SALUBRITÉ, sect. II, § 3.

Vénéneuses.

V. ART MÉDICAL. 31 janv. 1853.

Successions vacantes (1).

V. VOL. 1er, p. 605. Ord. du 26 déc. 1842.

Surnuméraires.

V. FONCTIONNAIRES, § 1. Personnel administratif.

T

Tabacs.

DI. — 31 mai 1854-31 déc. 1855. — B. 490. — *Entrepôts de tabacs de France.*

Vu les art. 176 et 177 du tit. 5 de la loi du 28 avr. 1816 sur les tabacs ; — Voulant procurer aux habitants de l'Algérie la facilité de s'approvisionner directement, dans les magasins de la régie, de tabacs fabriqués dans les manufactures impériales de France.

Art. 1. — Il sera établi, dans les villes de l'Algérie où il existe des entrepôts de poudres à feu, des entrepôts de tabacs fabriqués, autres que les cigares, provenant des manufactures impériales de France.

Art. 2. — Ces entrepôts seront gérés par les entreposeurs des poudres à feu.

Art. 3. — Le prix de vente des tabacs mentionnés en l'art. 1er est fixé conformément au tableau ci-après :

Tabacs dits étrangers : en poudre, à fumer, en rôles, 7 fr. 30 cent. par kilo aux entreposeurs; 8 fr. aux consommateurs.

Tabacs dits ordinaires : en poudre, à fumer, 5 fr. 50 cent. par kilo aux entreposeurs; 6 fr. aux consommateurs.

Art. 4. — Les tabacs seront vendus dans les entrepôts par paquets fermés de 1 kilog. à 2 hectog. au moins, revêtus des vignettes de la régie et d'étiquettes spéciales. — Ils ne pourront

(1) Par décision du 7 juill. 1854, M. le ministre de la guerre, après s'être concerté avec M. le ministre des finances, a prescrit que l'acquittement des petites dettes privilégiées des successions vacantes, ainsi que l'examen et la discussion des comptes provisoires des curateurs, auraient lieu suivant le mode indiqué dans l'instruction générale du 23 avr. 1832, n° 29, aux préposés de la caisse des dépôts et consignations.

Cette instruction porte ce qui suit : « Il n'y a pas d'uniformité dans les départements sur le mode de payement » des petites dettes privilégiées des successions vacantes, » telles que les frais de maladie, d'enterrement, de » scellés, etc. Dans le ressort du tribunal de la Seine, » l'officier ministériel qui a fait la vente du mobilier paye » tous ces frais; le curateur, en sa qualité d'administra- » teur que lui défère le code civil, arrête le compte de cet » officier ministériel, en recettes et en dépenses, et le reli- » quat du produit de la vente est versé à la caisse du rece-

» veur de l'enregistrement et des domaines, chargé d'en » consigner le montant, pour être remis à qui par justice » sera ordonné.

» Les curateurs aux successions vacantes, dans votre » département, peuvent opérer de cette manière, qui est » aussi régulière qu'elle est simple. Quant aux comptes pro- » visoires exigés des curateurs, leur examen et leur discus- » sion ont été de nouveau réservés aux receveurs de l'en- » registrement par la décision du ministre des finances, » du 10 sept. 1829, rendue sur un avis conforme du conseil » d'Etat du 11 fév. de la même année.

» Les curateurs ne peuvent toucher aucune somme con- » signée pour le compte des successions vacantes qu'en » vertu d'une autorisation judiciaire; mais ils sont auto- » risés, lorsqu'il n'existe pas d'opposition, à consentir des » prélèvements au profit soit des créanciers privilégiés, soit » des créanciers ordinaires porteurs de titres ou de ju- » gements. »

être introduit et consommé en France. Toute infraction à cette disposition sera considérée comme une importation frauduleuse et punie comme telle.   NAPOLÉON.

Télégraphie.

DI. — 10 août-5 oct. 1853. — B. 414. — *Promulgation du décret du 27 déc. 1851.*

Vu le décret du 27 déc. 1851, sur les lignes télégraphiques; — Considérant que l'ouverture prochaine d'une ligne télégraphique électrique en Algérie nécessite de rendre applicables, dans ce pays, les dispositions relatives aux contraventions, délits et crimes concernant la télégraphie électrique :

Art. 1. — Le décret du 27 déc. 1851, sur les lignes télégraphiques, sera promulgué en Algérie.   NAPOLÉON.

Décret du 27 décembre 1851.

TIT. 1. — *Établissement et usage des lignes télégraphiques.*

Art. 1. — Aucune ligne télégraphique ne peut être établie ou employée à la transmission des correspondances que par le gouvernement ou avec son autorisation. — Quiconque transmettra, sans autorisation, des signaux d'un lieu à un autre, soit à l'aide de machines télégraphiques, soit par tout autre moyen, sera puni d'un emprisonnement d'un mois à un an, et d'une amende de 1,000 à 10,000 fr. — En cas de condamnation, le gouvernement pourra ordonner la destruction des appareils et machines télégraphiques.

TIT. 2. — *Des contraventions, délits et crimes relatifs aux lignes télégraphiques.*

Art. 2. — Quiconque aura, par imprudence ou involontairement, commis un fait matériel pouvant compromettre le service de la télégraphie électrique; — Quiconque aura dégradé ou détérioré, de quelque manière que ce soit, les appareils des lignes de télégraphie électrique ou les machines des télégraphes aériens, sera puni d'une amende de 16 à 300 fr. — La contravention sera poursuivie et jugée comme en matière de grande voirie.

Art. 3. — Quiconque, par la rupture des fils, par la dégradation des appareils ou par tout autre moyen, aura volontairement causé l'interruption de la correspondance télégraphique électrique ou aérienne, sera puni d'un emprisonnement de trois mois à deux ans, et d'une amende de 100 à 1,000 fr.

Art. 4. — Seront punis de la détention et d'une amende de 1,000 à 5,000 fr., sans préjudice des peines que pourrait entraîner leur complicité avec l'insurrection, les individus qui, dans un mouvement insurrectionnel, auront détruit ou rendu impropres au service un ou plusieurs fils d'une ligne de télégraphie électrique; ceux qui auront brisé ou détruit un ou plusieurs télégraphes, ou qui auront envahi, à l'aide de violences ou de menaces, un ou plusieurs postes télégraphiques, ou qui auront intercepté par tout autre moyen, avec violence et menaces, les communications ou la correspondance télégraphique entre les divers dépositaires de l'autorité publique, ou qui s'opposeront avec violences ou menaces au rétablissement d'une ligne télégraphique.

Art. 5. — Toute attaque, toute résistance avec violence et voies de fait envers les inspecteurs et les agents de surveillance des lignes télégraphiques électriques ou aériennes, dans l'exercice de leurs fonctions, sera punie des peines appliquées à la rébellion, suivant les distinctions établies au code pénal.

TIT. 3. — *Des contraventions commises par les concessionnaires ou fermiers de chemins de fer et de canaux.*

Art. 6. — Lorsque, sur la ligne d'un chemin de fer ou d'un canal concédé ou affermé par l'État, l'interruption du service télégraphique aura été occasionnée par l'inexécution soit des clauses du cahier des charges et des décisions rendues en exécution de ces clauses, soit des obligations imposées aux concessionnaires ou fermiers, ou par l'inobservation des règlements ou arrêtés, procès-verbal de la contravention sera dressé par les inspecteurs du télégraphe, par les surveillants des lignes télégraphiques, ou par les commissaires et sous-commissaires préposés à la surveillance des chemins de fer.

Art. 7. — Les procès-verbaux, dans les quinze jours de leur date, seront notifiés administrativement au domicile élu par le concessionnaire ou le fermier, à la diligence du préfet, et transmis, dans le même délai, au conseil de préfecture du lieu de la contravention.

Art. 8. — Les contraventions prévues en l'art. 7 seront punies d'une amende de 300 fr. à 3,000 fr.

TIT. 4. — *Disposition particulière concernant les télégraphes aériens.*

Art. 9. — Lorsque, sur une ligne de télégraphie aérienne déjà établie, la transmission des signaux sera empêchée ou gênée, soit par des arbres, soit par l'interposition d'un objet quelconque placé à demeure, mais susceptible d'être déplacé, un arrêté du préfet prescrira les mesures nécessaires pour faire disparaître l'obstacle, à la charge de payer l'indemnité qui sera fixée par le juge de paix. — Cette indemnité sera consignée préalablement à l'exécution de l'arrêté du préfet. Si l'objet est mobile et n'est point placé à demeure, un arrêté du maire suffira pour en ordonner l'enlèvement.

TIT. 5. — *Dispositions générales.*

Art. 10. — Les crimes, délits ou contraventions prévus dans la présente loi pourront être constatés par les procès-verbaux dressés concurremment par les officiers de police judiciaire, les commissaires et sous-commissaires préposés à la surveillance des chemins de fer, les inspecteurs des lignes télégraphiques, les agents de surveillance nommés ou agréés par l'administration et dûment assermentés. — Ces procès-verbaux feront foi jusqu'à preuve contraire.

Art. 11. — Les procès-verbaux dressés en vertu de l'article précédent seront visés pour timbre et enregistrés en débet. — Ceux qui auront été dressés par des agents de surveillance assermentés devront être affirmés dans les trois jours, à peine de nullité, devant le juge de paix ou le maire, soit du lieu du délit ou de la contravention, soit de la résidence de l'agent.

Art. 12. — L'administration pourra prendre immédiatement toutes mesures provisoires pour faire cesser les dommages résultant des crimes, délits et contraventions, et le recouvrement des frais qu'entraînera l'exécution de ces mesures sera poursuivi administrativement, le tout ainsi qu'il est procédé en matière de grande voirie.

Art. 13. — L'art. 463 c. pén. est applicable aux condamnations qui seront prononcées en exécution de la présente loi.

Art. 14. — En cas de conviction de plusieurs crimes ou délits prévus par la présente loi ou par le code pénal, la peine la plus forte sera seule prononcée.

LOUIS-NAPOLÉON BONAPARTE.

DI. — 7 janv.-25 fév. 1854. — B. 453. — *Promulgation des lois concernant la télégraphie électrique.*

Art. 1. — A partir de la promulgation du présent décret, les lignes de télégraphie électrique établies ou à établir en Algérie pourront être mises à la disposition des particuliers, en se conformant aux lois et règlements qui régissent en France la correspondance télégraphique privée.

Art. 2. — La loi du 3 juill. 1850, celle du 28 mai 1853, portant modification de la loi précédente, le décret du 17 juin 1852, portant règlement sur le service de la correspondance télégraphique privée, seront promulgués en Algérie à la suite du présent décret.   NAPOLÉON.

Loi du 3 juillet 1850.

Art. 1. — Il est permis à toutes personnes dont l'identité est établie de correspondre, au moyen du télégraphe électrique de l'Etat, par l'entremise des fonctionnaires de l'administration télégraphique. La transmission de la correspondance télégraphique privée est toujours subordonnée aux besoins du service télégraphique de l'Etat.

Art. 2. — Les dépêches, écrites lisiblement, en langage ordinaire et intelligible, datées et signées des personnes qui les envoient, sont remises par elles ou par leurs mandataires au directeur du télégraphe, et transcrites dans leur entier, avec l'adresse de l'expéditeur, sur un registre à souche. Cette copie est signée par l'expéditeur ou par son mandataire, et par l'agent de l'administration télégraphique. — Sont exemptés de la transcription sur le registre à souche les articles destinés aux journaux et les dépêches relatives au service des chemins de fer.

Art. 3. — Le directeur du télégraphe peut, dans l'intérêt de l'ordre public et des bonnes mœurs, refuser de transmettre les dépêches. En cas de réclamation, il en est référé, à Paris, au ministre de l'intérieur, et, dans les départements, au préfet ou au sous-préfet, ou à tout autre agent délégué par le ministre de l'intérieur. Cet agent, sur le vu de la dépêche, statue d'urgence. Si, à l'arrivée au lieu de destination, le directeur estime que la communication d'une dépêche peut compromettre la tranquillité publique, il en réfère à l'autorité administrative, qui a le droit de retarder ou d'interdire la remise de la dépêche.

Art. 4. — La correspondance télégraphique privée peut être suspendue par le gouvernement, soit sur une ou plusieurs lignes séparément, soit sur toutes les lignes à la fois.

Art. 5. — Tout fonctionnaire public qui viole le secret de la correspondance télégraphique est puni des peines portées en l'art. 187 c. pén.

Art. 6. — L'Etat n'est soumis à aucune responsabilité à raison du service de la correspondance privée par la voie télégraphique.

Art. 7. — Les dépêches télégraphiques privées sont soumises à la taxe suivante, qui est perçue au départ : Pour une dépêche de un à vingt mots, il est perçu un droit fixe de 3 fr., plus 12 centimes par myriamètre. Au-dessus de vingt mots, la taxe précédente est augmentée d'un quart pour chaque dizaine de mots ou fraction de dizaine excédant. Sont comptés dans l'évaluation des mots l'adresse, la date et la signature. Les chiffres sont comptés comme s'ils étaient écrits en toutes lettres. Toute fraction de myriamètre est comptée comme un myriamètre. Lorsqu'il sera établi un service de nuit, la taxe sera augmentée de moitié pour les dépêches transmises la nuit. Le ministre de l'intérieur est autorisé à concéder des abonnements à prix réduit, pour la transmission des nouvelles qui se rapportent au service des chemins de fer.

Art. 8. — En payant double taxe, les particuliers ont la faculté de recommander leurs dépêches. Toute dépêche recommandée est vérifiée par une répétition de la dépêche faite par le directeur destinataire.

Art. 9. — Indépendamment des taxes ci-dessus spécifiées, il est perçu, pour le port de la dépêche, soit au domicile du destinataire, s'il réside au lieu de l'arrivée, soit au bureau de la poste aux lettres, un droit de 50 cent., dans les départements, et de 1 fr. pour Paris. Si le destinataire ne réside pas au lieu d'arrivée, la dépêche lui sera transmise, sur la demande et aux frais de l'expéditeur, par exprès ou estafette. Les conditions de ce service seront fixées par le règlement à intervenir en vertu de l'art. 11 de la présente loi.

Art. 10. — Les dépêches sont transmises selon l'ordre d'inscription pour chaque destination. L'ordre des transmissions, entre les diverses destinations, est réglé de manière à les servir utilement et également. Toutefois, la transmission des dépêches dont le texte dépasserait cent mots peut être retardée pour céder la priorité à des dépêches plus brèves, quoique inscrites postérieurement. Les dépêches relatives au service des chemins de fer, qui intéresseraient la sécurité des voyageurs, pourront, dans tous les cas, obtenir la priorité sur les autres dépêches.

Art. 11. — La présente loi recevra son exécution à partir du 1er mars 1851. — Le service de la correspondance télégraphique privée, les conditions nécessaires pour constater l'identité des personnes, et les dispositions réglementaires de la comptabilité, seront réglés par un arrêté concerté entre le ministre de l'intérieur et le ministre des finances. Cet arrêté sera converti en un règlement d'administration publique dans l'année qui suivra la promulgation de la présente loi.

Décret du 17 juin 1852.

(Ce décret, relatif au règlement du service des bureaux, intéresse spécialement l'administration, et est d'ailleurs inséré, à sa date, dans les nouvelles éditions des *Codes français*, notamment dans celle de Bacqua. — Il est, dès lors, inutile de le reproduire textuellement).

Loi du 28 mai 1853.

Art. 1. — A partir du 1er juin 1853, les dépêches télégraphiques privées seront soumises à la taxe suivante, perçue au départ : — Pour une dépêche de un à vingt mots, il sera perçu un droit fixe de 2 fr., plus 10 cent. par myriamètre; — Au-dessus de vingt mots, la taxe précédente est augmentée d'un quart pour chaque dizaine de mots ou fraction de dizaine excédante. — La taxe est doublée pour les dépêches transmises pendant la nuit.

Art. 2. — Tout nombre, jusqu'au maximum de cinq chiffres, est compté pour un mot. Les nombres de plus de cinq chiffres représentent autant de mots qu'ils contiennent de fois cinq chiffres, plus un mot pour l'excédant. — Les virgules et les barres de division sont comptées pour un chiffre.

Art. 3. — Tout expéditeur peut exiger qu'on lui fasse connaître l'heure de l'arrivée de la dépêche, soit au bureau télégraphique, soit au domicile du destinataire, à charge par lui de payer en plus le quart de la somme qu'aurait coûtée la transmission d'une dépêche de un à vingt mots pour le même parcours, sans préjudice des frais ordinaires pour le port des dépêches.

Art. 4. — Quand une dépêche est adressée à plusieurs destinataires dans la même ville, la taxe est augmentée, pour frais de copies, d'autant de fois 50 cent. qu'il y a de destinataires, moins un.

Art. 5. — Le ministre de l'intérieur est autorisé à concéder des abonnements à prix réduits aux chambres de commerce, aux syndicats des agents de change et aux syndicats des courtiers de commerce, sous la condition que les dépêches seront immédiatement rendues publiques dans les formes déterminées par le ministre.

Art. 6. — Les dépêches déposées par les expéditeurs sont immédiatement numérotées. Elles sont rappelées sur le registre à souche par leur numéro, leur premier et leur dernier mot, sans y être transcrites en entier. Ce registre est signé par l'expéditeur ou son mandataire. — La minute de chaque dépêche est conservée et transcrite en entier, dans les vingt-quatre heures qui suivent sa transmission, sur un registre destiné à cet effet. — L'expéditeur ou le destinataire qui veut obtenir copie d'une dépêche par lui envoyée ou reçue, paye la taxe de copie fixée dans l'art. 4 ci-dessus.

Art. 7. — Les directeurs du télégraphe et les chefs du service télégraphique chargés de la perception des taxes fournissent un cautionnement dont la quotité est fixée conformément à l'art. 14 de la loi du 8 août 1847.

Le taux des remises attribuées pour frais de perception et de bureau aux directeurs du télégraphe par l'art. 4 de la loi du 25 fév. 1851, pourra être modifié, s'il y a lieu, par des arrêtés du ministre de l'intérieur, pris de concert avec le ministre des finances.

Art. 8. — Sont maintenues les dispositions de la loi du 29 nov. 1850 qui ne sont pas contraires à la présente loi.

DI. — 9 août-20 sept. 1854. — D. 460. — *Tarif.*

Art. 1. — A partir de la promulgation du pré-

sent décret en Algérie, les distances servant au calcul des taxes des dépêches télégraphiques privées seront prises à vol d'oiseau, depuis le bureau de départ jusqu'au bureau d'arrivée.

Art. 2. — Pour une dépêche de un à vingt-cinq mots, il sera perçu un droit fixe de 2 fr. plus 12 cent. par myriamètre.

Au-dessus de vingt-cinq mots, la taxe est augmentée d'un quart pour chaque dizaine de mots ou fraction de dizaine excédant.

NAPOLÉON.

Tarif pour la perception des taxes de la correspondance télégraphique privée, en exécution du décret impérial du 9 août 1854.

LIGNES.	DISTANCES en myriamètres.	NOMBRE DE MOTS									PAR DIZAINE en sus.
		De 1 à 25.	De 25 à 35.	De 36 à 45.	De 46 à 55.	De 56 à 65.	De 66 à 75.	De 76 à 85.	De 86 à 95.	De 96 à 105.	
		fr. c.	fr. c.	fr. c.	fr. c.	fr. c.	fr. c.	fr. c.	fr. c.	fr. c.	fr. c.
Alger à Blidah	5	2 60	3 25	3 90	4 55	5 20	5 85	6 50	7 15	7 80	0 65
Alger à Médéah	7	2 84	3 55	4 26	4 97	5 68	6 39	7 10	7 81	8 52	0 71
Blidah à Médéah	3	2 36	2 95	3 54	4 13	4 72	5 31	5 90	6 49	7 08	0 59
Oran à Arzew	4	2 48	3 10	3 72	4 34	4 96	5 58	6 20	6 82	7 44	0 62
Oran à Mostaganem	8	2 96	3 70	4 44	5 18	5 92	6 66	7 40	8 14	8 88	0 74
Arzew à Mostaganem	4	2 48	3 10	3 72	4 34	4 96	5 58	6 20	6 82	7 44	0 62

Nota. Toute fraction de myriamètre est comptée pour 1 myriamètre (art. 7 de la loi du 29 nov. 1850).

Le directeur des lignes télégraphiques d'Algérie, LAR.

DI. — 21 mars-28 avr. 1855. — B. 419. — *Organisation du personnel du service télégraphique. — Uniformes* (1).

Vu les décrets des 1er et 4 juin 1851 et 6 décembre suivant.

tion du personnel de la télégraphie en Algérie, de celle du personnel de la télégraphie dans la métropole. — Si une assimilation complète n'est pas possible, c'est que je me vois dans la nécessité de conserver longtemps encore le système aérien sur les lignes principales, au point de vue politique et militaire. Il ne faut pas, en effet, perdre de vue que nous sommes en pays conquis et que nous devons nous prémunir contre les éventualités d'agitations pendant lesquelles l'usage du télégraphe est le plus nécessaire. — Je n'ai pas besoin d'insister sur cette considération. Il me suffira de faire connaître à Votre Majesté comment mon département a cherché à allier les intérêts de la sécurité avec ceux des améliorations si remarquables apportées dans la télégraphie par l'usage du système électrique.

Actuellement, Alger est joint par des lignes aériennes avec les trois chefs-lieux de divisions, et, avant deux mois, tous les chefs-lieux de subdivisions seront en communication avec leur chef-lieu de division, et de là avec Alger. En outre, deux lignes, partant, l'une de Batna, l'autre de Médéah, s'enfoncent dans le sud jusqu'à Biskra et Boghar, et facilitent notre surveillance sur la partie méridionale de nos possessions. — De toutes ces lignes, les plus impor-

---

(1) *Rapport à l'empereur.*

Paris, le 21 mars 1855.

Sire, l'organisation du personnel du service télégraphique d'Algérie est encore réglée, en ce moment, par l'arrêté ministériel du 8 juin 1844. A cette époque, la télégraphie aérienne était seule en usage, et, par conséquent, les dispositions qui la régissaient ont dû être uniquement appliquées. — Aujourd'hui, Sire, les décrets des 1er et 4 juin et du 6 déc. 1854 ont complètement modifié l'organisation du personnel du service télégraphique de la métropole, auquel le service télégraphique de l'Algérie emprunte tous ses agents supérieurs et une partie de ses agents inférieurs. Il résulte de cette situation que, si la législation consacrée par l'arrêté ministériel du 8 juin 1844 n'était pas mise en rapport avec les décrets qui, en France, réglementent le personnel du service télégraphique, le personnel du service algérien se trouverait dans une position d'infériorité fâcheuse.

Après m'être concerté avec M. le ministre de l'intérieur, je viens soumettre à Votre Majesté un projet de décret qui a pour but de rapprocher, autant que possible, l'organisa-

Dispositions générales.

Art. 1. — Le personnel de la télégraphie, tant électrique qu'aérienne en Algérie, est mis, suivant les besoins du service, à la disposition de notre ministre de la guerre par notre ministre de l'intérieur.

Art. 2. — Les emplois de stationnaires sont, jusqu'à concurrence des deux tiers, conférés, sur la désignation de notre ministre de la guerre, à des sous-officiers libérés du service. — Les autres emplois de stationnaires sont accordés aux candidats mis à la disposition du département de la guerre par notre ministre de l'intérieur.

Art. 3. — Les fonctionnaires et agents de la télégraphie en Algérie sont nommés conformément à l'art. 9(1) du décret du 1er juin 1854 et à l'art. 2 (2) du décret du 6 décembre suivant.— Ils exercent en vertu de commissions délivrées par notre ministre de la guerre.

Art. 4. — Les fonctionnaires de la télégraphie employés en Algérie ainsi que les stationnaires sont considérés comme détachés pour un service public des cadres de la métropole dans lesquels ils sont aptes à rentrer avec leur grade après cinq années de service en Algérie. Toutefois, la rentrée en France peut également avoir lieu pour raison de santé et par suite d'avance-ment, quelle que soit la durée du séjour en Afrique.

CHAP. 1. — *Organisation du service télégraphique.*

Art. 5. — Le service de la télégraphie, tant aérienne qu'électrique, relève, en Algérie, d'un directeur principal placé sous l'autorité du gouverneur général. En cas d'absence ou d'empêchement, le directeur principal est remplacé par l'inspecteur en résidence à Alger.

Art. 6. — Un inspecteur établi au chef-lieu de chaque province contrôle, sous la surveillance du directeur principal, le service de tous les fonctionnaires et agents de la télégraphie employés dans la province. Les inspecteurs veillent à la construction et à l'entretien des lignes et tiennent la comptabilité des fonds du matériel.

Art. 7. — Les directeurs de stations sont chargés, sous la surveillance des inspecteurs, de la traduction, de la transmission et de l'expédition des dépêches tant électriques qu'aériennes. Ils tiennent la comptabilité des dépêches privées.

Art. 8. — Les chefs de station dirigent le service télégraphique dans les stations d'un ordre inférieur et prennent part à la manipulation des appareils.

---

tantes sont celles qui unissent Alger avec Oran et Constantine, et cette dernière ville avec Bône, où doit aboutir le télégraphe sous-marin.

Mon intention est de doubler ces lignes construites d'après le système aérien d'une ligne électrique: déjà les tronçons entre Oran et Mostaganem, entre Alger et Médéah, sont livrés à la télégraphie privée; cette année, Bône sera mise en communication par le même système avec Constantine, et il ne restera plus qu'à joindre Constantine à Alger pour que le chef-lieu de notre colonie soit à toute heure, et en un instant, en rapport avec Paris.

Dans ce système, des surveillants des lignes électriques sont remplacés par des stationnaires du service aérien chargés de visiter chaque jour la partie de la ligne qui leur est confiée. La ligne électrique est-elle rompue, ils la réparent; si la réparation par leurs propres soins n'est pas reconnue possible, ils rentrent dans leur poste, et transmettent les signaux aériens. De cette manière, quoi qu'il puisse arriver, il n'y a jamais interruption; de cette manière aussi, le nombre des stationnaires chargés de la surveillance de la ligne électrique est réduit de moitié, et, par conséquent, le doublement de la ligne aérienne par la ligne électrique constitue, sur le personnel des stationnaires, une économie proportionnelle.

Tel est, Sire, le système adopté; mais, pour qu'il soit possible, il faut que les deux lignes suivent le même tracé, afin que le surveillant de la ligne électrique puisse en même temps être stationnaire de la ligne aérienne. — J'ai cru devoir exposer ces détails à Votre Majesté, afin de bien lui faire connaître l'état d'avancement de la télégraphie en Algérie, et de lui faire apprécier la nécessité des modifications consacrées par le projet de décret.

Les quatre articles compris sous le titre de *Dispositions générales* sont le résumé de l'organisation générale actuelle. — L'art. 5 place le service télégraphique de l'Algérie sous les ordres d'un directeur principal, assisté de trois inspecteurs établis au chef-lieu des trois provinces. — L'inspecteur en résidence à Alger remplace le directeur principal en cas d'absence ou d'empêchement. — Les art. 6, 7, 8 sont empruntés aux décrets des 1er juin et 6 déc. 1854. — La division des stationnaires en stationnaires du service aérien et stationnaires du service électrique est posée par l'art. 9; l'art. 16 attribue des traitements différents à ces deux classes d'agents.

Les art. 10, 11, 12, 13 et 14 sont des mesures d'ordre qui ne sont pas de nature à soulever de difficultés. — Jusqu'à ce jour, mon département a accordé aux fonctionnaires du service télégraphique une indemnité coloniale du tiers en sus de leur traitement de France. — Avec l'assentiment de M. le ministre de l'intérieur, j'ai l'honneur de proposer à Votre Majesté de fixer cette indemnité au quart en sus seulement. Cette proportion est celle adoptée pour les autres services qui, comme ceux de l'enregistrement et des domaines, des douanes, des contributions diverses, empruntent leur personnel aux cadres de la métropole. — Je n'ai point vu de motif suffisant pour établir de distinction entre le service télégraphique et les services que je viens d'indiquer. — Il m'a paru juste, toutefois, de conserver aux agents qui sont actuellement en possession d'une indemnité coloniale du tiers en sus, les avantages dont ils jouissent; mais ils rentreront dans la règle commune, au fur et à mesure des avancements.

L'art. 16 fixe aussi les traitements des stationnaires du service aérien : 1,000 fr., 1,100 fr., 1,200 fr., tels sont les trois chiffres que j'ai l'honneur de proposer à Votre Majesté d'adopter pour les trois classes. Ces emplois sont réservés dans la proportion des deux tiers à d'anciens sous-officiers de l'armée. — De la première classe du service aérien, les stationnaires qui justifieront des connaissances nécessaires pourront passer dans la troisième classe du service électrique.

Les art. 17 à 20 sont empruntés presque textuellement au décret du 4 juin 1854; l'art. 17 y apporte toutefois une modification, puisqu'il ne parle pas des surveillants des lignes électriques qui, comme je l'ai expliqué plus haut, doivent être remplacés par des stationnaires du service aérien.

Tel est, Sire, le projet. — Il a pour but d'uniformiser l'organisation de deux services qui, à proprement parler, n'en font qu'un, d'appliquer aux fonctionnaires de la télégraphie d'Algérie les mêmes dénominations qu'en France, de les soumettre aux mêmes règles comme de les faire jouir des mêmes avantages. — Sous ces divers rapports, une lacune importante va se trouver remplie dans l'organisation et le fonctionnement d'un service dont l'utilité est plus grande encore en Algérie que partout ailleurs.

Le ministre de la guerre, VAILLANT.

(1) Art. 9. — Le directeur général de l'administration des lignes télégraphiques est nommé par nous. — Les inspecteurs généraux, les directeurs principaux, les inspecteurs et les directeurs de stations sont nommés par notre ministre de l'intérieur, sur la présentation du directeur général.

(2) Art. 2. — Il est créé dans le personnel de l'administration des lignes télégraphiques une nouvelle catégorie d'agents, sous le titre de *chef de station* — Ces fonctionnaires dirigeront le service télégraphique dans les stations d'un ordre inférieur et prendront part à la manipulation des appareils. — Les chefs de station seront nommés par le directeur général des lignes télégraphiques et prendront rang immédiatement après les directeurs de station.

Art. 9. — Les stationnaires se divisent en stationnaires du service aérien et stationnaires du service électrique. Ils manœuvrent les appareils et les machines et transmettent les dépêches.

Art. 10. — Notre ministre de la guerre détermine, sur la proposition du gouverneur général, le nombre des stationnaires à affecter à chaque poste aérien ou électrique ; il fixe également le nombre des stationnaires surnuméraires que le directeur principal pourra conserver à sa disposition.

Art. 11. — Les propositions d'avancement, de récompenses ou de rentrée en France concernant les fonctionnaires et agents du service télégraphique, sont adressées, par le directeur principal, au gouverneur général, qui les transmet à notre ministre de la guerre, lequel se concerte avec notre ministre de l'intérieur. En cas d'urgence et pour motifs graves, le gouverneur général peut suspendre les fonctionnaires et agents de la télégraphie. Il en rend compte immédiatement à notre ministre de la guerre.

Art. 12. — Les inspecteurs sont autorisés à exercer, dans la proportion des règlements en vigueur dans la métropole, des retenues sur le traitement des stationnaires qu'ils trouveraient en faute.

Art. 13. — L'avancement est soumis, en Algérie, aux conditions qui sont déterminées pour la France par l'art. 11 (1) du décret du 1er juin 1851.

Art. 14. — Le directeur principal correspond avec le directeur général des lignes télégraphiques, pour les affaires exclusivement télégraphiques, et notamment pour tout ce qui concerne l'emploi du vocabulaire, les modifications à faire subir au mécanisme. Dans tous les autres cas, il correspond avec le gouverneur général.

Art. 15. — En cas d'empêchement d'un directeur ou d'un chef de station et jusqu'à ce qu'il ait été pourvu à son remplacement, la direction du service appartient de droit au plus ancien stationnaire de la classe la plus élevée.

Chap. 2. — *Traitement, frais de route et de séjour alloués aux fonctionnaires et agents du service télégraphique d'Algérie.*

Art. 16. — Le directeur principal, les inspecteurs, les directeurs et chefs de station et les stationnaires du service électrique reçoivent, indépendamment du traitement fixe déterminé par l'art. 1er (2) du décret du 4 juin 1854 et l'art. 5 (3) du décret du 6 décembre de la même année, une indemnité coloniale du quart en sus. Les stationnaires du service aérien jouiront du traitement spécial ci-après : Stationnaires de 1re classe, 1200 fr. ; — Id. de 2e classe, 1,100 fr. — Id. de 3e classe, 1,000 fr. ; — Toutefois, les fonctionnaires et agents du service télégraphique dont le traitement (supplément colonial compris) est supérieur à celui qui est déterminé par le présent décret, conserveront leur traitement exceptionnel jusqu'à ce qu'ils soient promus à un grade leur donnant droit à un traitement au moins égal à celui dont ils jouissent aujourd'hui. Les nouveaux traitements affectés aux emplois de stationnaires du service électrique ne seront attribués aux titulaires qu'au fur et à mesure des avancements, et, dans ce cas, ils seront rangés dans celle des trois classes dont le traitement (supplément colonial compris) se rapprochera le plus de celui dont ils sont actuellement en possession.

Art. 17. — Les frais de séjour ou de route pour inspections extraordinaires ou missions des divers fonctionnaires et agents du service télégraphique, sont fixés ainsi qu'il suit, traitement non compris.

	Frais de séjour par journée.	Frais de route par myriam.
Directeur principal. .	10 fr.	4 fr.
Inspecteurs	8	3
Directeurs de station.	6	2 50
Chefs de station. . .	4	2
Stationnaires.	2	1 25

Les tournées périodiques du directeur principal et des inspecteurs ne leur donnent pas droit aux frais de route ou de séjour. L'inspecteur chargé d'une construction touche les frais de séjour pendant la durée des travaux, mais il n'a droit aux frais de route que pour l'aller et le retour.

Art. 18. — Les allocations pour frais de route accordées aux fonctionnaires et agents de la télégraphie qui se rendent de France en Algérie sont réduites à la moitié sur tous les trajets faits en chemin de fer. Il n'est accordé aucune indemnité pendant le séjour des agents à bord des bâtiments de l'Etat ou subventionnés par l'Etat.

Art. 19. — Les fonctionnaires et agents de la télégraphie changés de résidence ont droit aux frais de route énoncés en l'article précédent. Il ne leur est rien alloué si le changement de résidence a lieu sur leur demande ou par suite d'avancement.

Art. 20. — Les fonctionnaires et agents des lignes télégraphiques chargés de faire un intérim hors de leur résidence ont droit pendant cet intérim, en sus des frais de séjour, aux frais de route fixés par l'art. 17. Les surnuméraires appelés temporairement hors de leurs résidence pour remplacer un stationnaire empêché ou suppléer à l'insuffisance du personnel d'une station recevront les frais de route et de séjour déterminés par le même article.

Art. 21. — L'uniforme des fonctionnaires et agents du service télégraphique est le même en Algérie qu'en France (4). Les stationnaires qui

---

(1) Art. 11. — A partir du grade de stationnaire inclusivement, l'avancement ne peut avoir lieu d'une classe à l'autre et du grade inférieur au grade supérieur, qu'après deux ans de service. Mais, vu les exigences présentes du service, il pourra être dérogé à cette règle jusqu'à ce que les cadres soient remplis.

(2) Art. 1. — Le traitement des fonctionnaires et agents du service télégraphique est fixé ainsi qu'il suit :
Directeur général, 25,000 fr. ; — Inspecteurs généraux, 10,000 fr. ; — Directeurs principaux, 8,000 fr. ; — Inspecteurs de 1re cl., 6,000 fr. ; — Id. de 2e cl., 5,000 fr. ; — Id. de 3e cl., 4,000 fr. ; — Directeurs de station de 1re cl., 3,000 fr. ; — Id. de 2e cl., 2,400 fr. ; — Id. de 3e cl., 1,800 fr. ; — Stationnaires de 1re cl., 1,500 fr. ; — Id. de 2e cl., 1,200 fr. ; — Id. de 3e cl., 1,000 fr. ; — Surveillants 1,000 fr. ; — Piétons, 800 fr.

(3) Art. 5. — Les traitements des fonctionnaires et agents des lignes télégraphiques ci-après désignés sont fixés comme suit :
Directeur de station de 3e cl., 2,000 fr., — Chef de station, 1,800 fr. ; — Stationnaire de 1re cl., 1,600 fr. ; — Id. de 2e cl., 1,400 fr. ; — Id. de 3e cl., 1,200 fr. ; Surveillant de 1re cl., 1,200 fr. ; — Id. de 2e cl., 1,100 fr. ; — Id. de 3e cl., 1,000 fr. ; — Commis receveur de 1re cl., 2,100 fr. ; — Id. de 2e cl., 2,000 fr. ; — Id. de 3e cl., 1,600 fr. ; — Expéditionnaire de 1re cl., 1,800 fr. ; — Id. de 2e cl., 1,600 fr. ; — Id. de 3e cl., 1,400 fr.

(4) Art. 5 du décret du 4 juin 1851. — L'uniforme des différents fonctionnaires télégraphiques est fixé ainsi qu'il suit :

Grande tenue.

Habit en drap bleu de roi, semblable, quant au dessin

n'appartenaient pas précédemment aux cadres de la métropole reçoivent, lors de leur entrée en fonctions, une indemnité de première mise d'habillement. Ils doivent entretenir et renouveler cet habillement à leurs frais.

Art. 22. — Les arrêtés ministériels des 6 juin 1844 et 1er juillet 1848 sont rapportés.

NAPOLÉON.

Territoires civils.

V. RESSORTS CIVILS.

Territoires de colonisation.

V. CONCESSIONS, Sect. 2.

Théâtres.

DI. — 30 août-5 oct. 1853. — B. 444. — *Promulgation du décret du 30 déc. 1852 sur les ouvrages dramatiques.*

Art. 1. — Notre décret en date du 30 déc. 1852, relatif à la représentation des ouvrages dramatiques, sera promulgué en Algérie.

NAPOLÉON.

Décret du 30 déc. 1852.

Vu le décret du 8 juin 1806, les lois des 30 juillet 1850 et 30 juillet 1851 ; — Vu l'art. 9 de la constitution ; — Considérant que l'ordre public est intéressé à ce que les ouvrages dramatiques ne puissent être représentés sans l'autorisation préalable du gouvernement ;

Art. 1. — Les ouvrages dramatiques continueront à être soumis, avant leur représentation, à l'autorisation de notre ministre de l'intérieur à Paris, et des préfets dans les départements.

Art. 2. — Cette autorisation pourra toujours être retirée pour des motifs d'ordre public.

NAPOLÉON.

Timbre.

V. HYPOTHÈQUES. Loi sur la transcription hypothécaire et décrets relatifs à l'exécution de cette loi.

Traités.

DI. — 15 sept.-5 déc. 1853. — B. 448. — *Traité d'extradition avec le royaume des Deux-Siciles.*

Ayant vu et examiné la déclaration signée, le 18 août 1853, par notre ministre secrétaire d'État au département des affaires étrangères et l'envoyé extraordinaire et ministre plénipotentiaire de S. M. le roi du royaume des Deux-Siciles, et les deux gouvernements contractants ayant approuvé cette déclaration, dont la teneur suit :

« Le gouvernement de S. M. l'empereur des Français et le gouvernement de S. M. le roi du royaume des Deux-Siciles, désirant régler de concert les questions relatives à l'arrestation et à la remise des matelots déserteurs des navires de leurs États respectifs, sont convenus d'adopter les dispositions suivantes.

» Les consuls généraux, consuls et vice-consuls de France dans le royaume des Deux-Siciles et les consuls généraux, consuls et vice-consuls des Deux-Siciles dans l'empire français et ses possessions, pourront faire arrêter et renvoyer, soit à bord, soit dans leur pays, les matelots et toutes les autres personnes faisant régulièrement partie des équipages des bâtiments de leur nation respective, à un autre titre que celui de passager, qui auraient déserté desdits bâtiments. A cet effet, ils s'adresseront par écrit aux autorités locales compétentes, et justifieront par l'exhibition des registres du bâtiment et du rôle d'équipage, ou, si le navire était parti, par copie desdites pièces, dûment certifiées par eux, que les hommes qu'ils réclament faisaient partie dudit équipage. Sur cette demande ainsi justifiée, la remise ne pourra leur être refusée.

» Il leur sera donné de plus toute aide et assistance pour la recherche, saisie et arrestation desdits déserteurs, qui seront même détenus et gardés dans les prisons du pays, à la réquisition et aux frais des consuls, jusqu'à ce que ces agents aient trouvé une occasion de les faire partir. Si pourtant cette occasion ne se présentait pas dans un délai de trois mois à compter du jour de leur arrestation, les déserteurs seraient mis en liberté et ne pourraient plus être arrêtés pour la même cause.

» Néanmoins, si le déserteur avait commis, en outre, quelque délit à terre, son extradition pourra être différée par les autorités locales, jus-

---

de la broderie, à celui des ingénieurs des ponts et chaussées ; gilet blanc. Les broderies seront en argent sur drap bleu flore. Pantalon bleu avec bande d'argent. Chapeau français à plumes noires pour le directeur général, les inspecteurs généraux et directeurs principaux. Chapeau français uni pour les inspecteurs et directeurs de station. Épée à garde argentée. Boutons à l'aigle.

Pour le directeur général, broderie sur le collet et les parements, à l'écusson, sur les poches et autour de l'habit. Pour les inspecteurs généraux, broderie sur le collet, à l'écusson, sur les parements et poches, baguettes autour de l'habit. Pour les directeurs principaux, broderie sur le collet, à l'écusson, sur les parements et baguette autour de l'habit. Pour les inspecteurs, broderie sur le collet, à l'écusson et sur les parements. Pour les directeurs de station, broderie sur le collet et les parements. Pour les stationnaires, broderie sur le collet seulement.

Petite tenue.

Capote de drap bleu de roi, croisée sur la poitrine portant deux rangs de boutons ; collet et parements de drap bleu flore, pantalon bleu sans bande ; casquette de drap bleu avec galons indiquant le grade ; aigle dessus. — Directeur général : broderie avec double baguette au collet et aux parements, broderie autour de la casquette. — In-

---

specteurs généraux : broderie avec une baguette au collet et aux parements ; cinq galons d'argent superposés à la casquette. — Directeurs principaux : broderie sans baguette au collet et aux parements ; quatre galons d'argent à la casquette. — Inspecteurs : broderie sans baguette au collet seulement, trois galons d'argent à la casquette. — Directeurs de station : broderie sans baguette au collet seulement, deux galons d'argent à la casquette. — Stationnaires : Cols sans baguette au collet de la capote, un galon d'argent à la casquette. — Piétons : tunique d'infanterie en drap bleu de roi ; collet et parements en drap bleu flore, casquette sans broderie.

Surveillants : blouse en toile bleue ; collet en drap bleu sans galon ; pantalon de drap bleu sans bande, pour l'hiver ; pantalon de coutil bleu à raies pour l'été ; ceinture avec plaques portant ces mots : *Lignes télégraphiques*. Surveillants : Casquette sans broderie.

Les boutons d'uniforme porteront l'aigle, avec l'exergue : *Administration des lignes télégraphiques.*

Art. 9 du décret du 6 déc. 1854. — L'uniforme des chefs de station sera le même que celui des directeurs de station, mais la broderie aux parements de l'habit de grande tenue sera remplacée par une baguette dentelée. La capote d'uniforme portera le coin brodé encadré d'une baguette unie, et la casquette n'aura qu'un galon.

qu'à ce que le tribunal compétent ait dûment statué sur le dernier délit et que le jugement intervenu ait reçu son entière exécution.

» Il est également entendu que les marins ou autres individus faisant partie de l'équipage, sujets du pays où la désertion a lieu, sont exceptés des stipulations de la présente déclaration.

» En foi de quoi, les soussignés, au nom de leurs souverains respectifs, ont signé la présente déclaration en double original et y ont apposé le cachet de leurs armes.

» Fait à Paris, le 16 août 1853. »

Art. 1. — La susdite déclaration est ratifiée et recevra sa pleine et entière exécution.

NAPOLÉON.

23 fév. 1853. — *Traité avec les États-Unis.* — *Sauvetage.*
Circulaire du directeur général des douanes en date du 21 sept. 1853.

Un décret impérial du 11 de ce mois promulgue la convention qui a été conclue à Washington, le 23 fév. dernier, entre la France et les États-Unis d'Amérique, pour régler les attributions des consuls et agents consulaires des deux pays. L'art. 11 de cette convention, le seul qui touche au service des douanes, est ainsi conçu :

« Toutes les opérations relatives au sauvetage des navires français naufragés sur les côtes des États-Unis, et des navires américains naufragés sur les côtes de France, seront respectivement dirigées par les consuls généraux, consuls, vice-consuls de France aux États-Unis, et par les consuls généraux, consuls et vice-consuls américains en France, et, jusqu'à leur arrivée, par les agents consulaires respectifs, là où il existera une agence. Dans les lieux et ports où il n'existerait pas d'agence, les autorités locales auront, en attendant l'arrivée du consul dans l'arrondissement duquel le naufrage aurait eu lieu, et qui devrait être immédiatement prévenu, à prendre toutes les mesures nécessaires pour la protection des individus et la conservation des effets naufragés.

» Les autorités locales n'auront, d'ailleurs, à intervenir que pour maintenir l'ordre, garantir les intérêts des sauveteurs, s'ils sont étrangers aux équipages naufragés, et assurer l'exécution des dispositions à observer pour l'entrée et la sortie des marchandises sauvées.

» Il est bien entendu que ces marchandises ne seront tenues à aucun droit de douane, si elles doivent être réexportées, et que, si elles sont admises à la consommation, on leur accordera les modérations de droits consacrées par la législation douanière des pays respectifs. »

Il résulte de ces stipulations que, par dérogation spéciale aux prescriptions de l'art. 1er de l'arrêté du 17 floréal an IX, les consuls généraux, consuls et vice-consuls des États-Unis sont, relativement aux navires de leur nation qui feraient naufrage sur les côtes de France, substitués aux agents de la marine pour la direction des sauvetages et investis, sous ce rapport, de tous les droits que l'arrêté précité à ces agents; mais, comme l'a expliqué la circulaire n° 035, ils ne peuvent, en pareil cas, se faire suppléer par des employés de leur chancellerie, ni, à plus forte raison, par des étrangers. Seulement, quand il n'y aura pas de consul au lieu du naufrage, la convention autorise les agents consulaires qui pourraient y être établis à remplacer momentanément ces fonctionnaires pour la protection des intérêts de leurs nationaux.

Il demeure, du reste, entendu que le service des douanes conserve le droit et le devoir d'intervenir à l'effet, d'une part, d'empêcher l'introduction des marchandises frappées de prohibition, et, d'autre part, d'assurer l'application des taxes du tarif aux objets admissibles qui seraient déclarés pour la consommation.

J'invite les directeurs à porter ces dispositions à la connaissance du service et du commerce et à veiller à ce que, en ce qui concerne les douanes, elles soient exactement observées.

Transcription hypothécaire.

V. HYPOTHÈQUES.

Transportés politiques et autres.

DI. — 23 déc. 1853. 2 fév. 1854. — D. 452. — *Catégories de transportés dirigés sur l'Algérie.*

Vu la loi sur la transportation du 24 fév. 1850, et le règlement du 31 du même mois qui y est annexé; — Vu le décret du 8 déc. 1851; — Vu les décrets des 5 et 28 mars 1852; — Vu le décret du 31 mai 1852 (vol. 1er, p. 622); — Attendu que l'état du casernement à la Guyane ne permet pas en ce moment de diriger sur cette colonie les individus susceptibles d'y être transportés; — Considérant que le séjour prolongé de ces transportés en France présente des inconvénients :

Art. 1. — Les individus désignés par les commissions mixtes pour être transportés à la Guyane, et qui se trouvent en ce moment en France, seront dirigés provisoirement sur l'Algérie.

Art. 2. — Ils formeront une section disciplinaire de l'établissement de Lambessa, susceptible d'être envoyée partout où des travaux d'utilité publique devront être entrepris.

Art. 3. — La même destination sera donnée :
1° Aux transportés de 1848 et de 1852, qui seront dans le cas de recevoir l'application de l'art. 5 du décret du 5 mars 1852, et celle des art. 2 et 4 du décret du 31 mai 1852; — 2° Aux individus condamnés par les conseils de guerre, et qui ont obtenu ou qui obtiendront une commutation en transportation à la Guyane. — Toutefois, les transportés de 1848 et de 1852, qui auraient à subir la peine afflictive et infamante des fers, et qui, d'après les dispositions de l'art. 1 du décret du 31 mai 1852, seraient susceptibles d'être envoyés à la Guyane, devront être écroués provisoirement dans une prison militaire en Algérie. — Si leur peine vient à expirer avant qu'il ait été possible de les transférer à la Guyane, ils seront dirigés sur la section disciplinaire de l'établissement de Lambessa. — 3° Aux individus auxquels s'appliquent les dispositions des décrets des 8 déc. 1851 et 5 mars 1852.

Art. 4. — Les individus faisant partie de la section disciplinaire de l'établissement de Lambessa seront soumis, comme les transportés de cet établissement, aux dispositions de l'art. 3 de la loi du 24 janv. 1850.   NAPOLÉON.

DI. — 5 déc. 1855. — B. 400. — *Abrogation partielle du décret précédent.*

Attendu que les circonstances qui s'opposaient à l'installation, à la Guyane, des individus susceptibles d'y être envoyés, n'existent plus; — Considérant, d'un autre côté, qu'il importe de laisser à l'autorité toute latitude pour continuer à diriger sur l'Algérie, en cas de nécessité, les individus qui ne pourraient être transportés à la Guyane.

Art. 1. — Les dispositions du décret du 23 déc. 1853, qui ont suspendu la transportation à la Guyane, sont et demeurent abrogées.

Art. 2. — La section disciplinaire de l'établissement de Lambessa, en Algérie, est maintenue, et continuera de recevoir les individus qui ne pourront être transportés à la Guyane.

NAPOLÉON.

Trésorerie.

V. COMMUNES. 23 juin 1854.

U

Uniformes.

V. FONCTIONNAIRES, § 3.

V

Ventes.

§ 2. — VENTES MOBILIÈRES.

AM. — 5 mars-28 avril 1855. — B. 479. — *Règlement sur la profession de dellal.*

Considérant qu'il importe de réglementer la profession exercée en Algérie par les indigènes musulmans connus sous le nom de *dellals* (1) qui consiste à vendre aux enchères les objets mobiliers appartenant à des musulmans; — Arrête:

Art. 1. — La profession de dellal ne peut être exercée que par des indigènes musulmans, pourvus d'une autorisation délivrée dans les formes et conditions indiquées par les art. 3 et 4 du présent arrêté. — Cette autorisation est essentiellement révocable.

Art. 2. — Dans toutes les localités où cela sera reconnu possible, les dellals musulmans seront constitués, suivant le territoire, par arrêtés des généraux commandant les divisions ou des préfets des départements, en corporations placées sous la direction d'un amin (2) assisté d'un khodja (2). — La surveillance de ces corporations appartient à l'autorité administrative.

Art. 3. — Les dellals, leur amin et leur khodja sont nommés, en territoire militaire, par le général commandant la division; en territoire civil, par le préfet. — Le nombre des dellals est fixé proportionnellement aux besoins de chaque localité.

Art. 4. — Nul ne peut être admis à exercer la profession de dellal, s'il n'est âgé de vingt-cinq ans et s'il ne justifie: 1° d'un certificat de moralité; 2° du versement d'un cautionnement dont l'importance sera déterminée pour chaque localité par le général ou le préfet, et qui, en aucun cas, ne pourra dépasser 150 fr. — L'amin est soumis à un cautionnement double de celui

(1) Encanteurs.
(2) Syndic.
(3) Secrétaire.

du dellal. — Le khodja est dispensé de cautionnement, à moins qu'il ne soit pris parmi les dellals.

Art. 5. — L'amin distribue entre les dellals le travail des ventes et le service de garde nocturne du bureau où sera établie la caisse de la corporation. — La clef de cette caisse restera entre les mains de l'amin. — Il préside aux ventes, en reçoit et paye le montant. — Il est enfin chargé de la police de la corporation et de celle de la salle de vente. Il peut faire toutes réquisitions pour y maintenir l'ordre.

Art. 6. — Les dellals, leur amin et leur khodja prêtent serment, avant d'entrer en fonctions, entre les mains du délégué du général ou du préfet.

Art. 7. — Les objets mobiliers destinés à la vente seront, au moment même du dépôt, évalués par l'amin, assisté d'un dellal et du propriétaire desdits objets.

Art. 8. — Les objets seront ensuite inscrits sur un registre où seront mentionnés, sous un numéro d'ordre pour chaque objet: — La date du dépôt, — Le nom du propriétaire, — L'évaluation de l'objet, — Le nom du dellal chargé de la vente. — La date de la vente, — Le montant de la vente, — Le nom de l'acheteur, — Les droits perçus, — Et toutes observations qu'il y aura lieu. — Ce registre sera visé, coté et paraffé par l'autorité administrative et arrêté chaque jour par l'amin.

Art. 9. — Les lieu, jour et heure de vente dans chaque localité seront fixés par un règlement de l'autorité locale.

Art. 10. — Les objets à vendre pourront être mis à l'enchère dans tous les quartiers de la ville; mais l'adjudication définitive ne sera déclarée qu'au lieu désigné par l'autorité et en présence de l'amin. Elle ne pourra être prononcée au-dessous de l'estimation que du consentement du vendeur.

Art. 11. — Il sera délivré au vendeur un reçu des objets par lui déposés, avec indication de leur valeur estimative, et à l'acheteur un reçu du prix.

Art. 12. — La corporation est responsable des objets déposés et, après la vente, de leur prix. — L'actif de la corporation et l'ensemble des cautionnements sont affectés à cette garantie.

Art. 13. — Le vendeur aura toujours, avant l'adjudication, le droit de retirer, sans frais, un objet qu'il aura confié aux dellals. — Aussitôt après l'adjudication, il lui sera fait remise du prix, sur lequel seront retenus les droits de vente.

Art. 14. — L'amin percevra sur le prix d'adjudication, au profit de la société: — 5 p. 100, de 1 à 25 fr.; — 4 p. 100, de 25 à 50 fr.; — 2 et demi p. 100, de 50 à 100 fr.; — 2 p. 100, de 100 et au-dessus.

Art. 15. — La taxation déterminée par le tarif faisant suite aux arrêtés du 20 juillet 1848 (vol. 1er, p. 414) continuera à être appliquée aux dellals qui auront prêté leur ministère aux ventes faites par les cadis.

Art. 16. — Le premier de chaque mois, les bénéfices seront, après le prélèvement de tous les frais, partagés entre l'amin, les dellals et le khodja. — L'amin recevra deux parts; chacun des dellals et le khodja, une part.

Art. 17. — Il est interdit à l'amin et aux dellals de prêter leur ministère pour vendre des objets appartenant à des personnes frappées d'incapacité par la loi musulmane. — Il est, en outre, fait défense expresse aux amins, aux dellals et aux khodjas de se rendre directement ou indirectement adjudicataires des objets qu'ils sont chargés de vendre, et de se livrer ou d'être associés à aucun commerce ayant quelque rapport avec la profession de dellal.

Art. 18. — L'autorité administrative pourra prononcer contre le dellal qui se sera rendu coupable d'infraction aux règles prescrites ci-dessus, soit la révocation, soit la suspension de cinq jours à trois mois, avec privation, jusqu'à l'expiration de la peine, de toute part dans les bénéfices communs.

Art. 19. — Les perceptions non autorisées par le présent règlement, les soustractions, détournements et substitutions d'effets, seront punis conformément aux dispositions du code pénal.

Art 20. — Les dispositions du présent arrêté sont applicables aux dellals non réunis en corporation, dans tout ce qu'elles ne renferment pas de spécial à l'existence de ces associations.

VAILLANT.

Voirie.

DIVISION.

§ 1. — Routes. — Plantations. — Chemins vicinaux.

§ 2. — Plans et alignements des villes et villages.

§ 3. — Rues.

§ 4. — Constructions. — Égouts.

§ 1. — ROUTES. — PLANTATIONS. — CHEMINS VICINAUX.

ART. 1. — *Routes. — Plantations.*

AM. — 9 juin-23 août 1854. — B. 404. — *Plantations d'arbres le long des routes. — Primes.*

Art. 1. — Des primes seront accordées en Algérie aux propriétaires qui planteront des arbres sur leurs fonds, le long des routes et des chemins vicinaux de grande communication. — Un arrêté du gouverneur général déterminera chaque année les routes auxquelles la disposition précédente pourra être appliquée. — Toutefois, l'administration continuera d'être chargée des plantations sur les parties de ces routes où elles seront reconnues le plus nécessaires; le reste du parcours sera seul destiné aux plantations avec primes par les propriétaires riverains.

Art. 2. — La prime sera de 2 fr. par arbre; elle sera payée. — 1 fr. dans le mois d'octobre de la deuxième année, la plantation ayant alors traversé deux étés; — 0 fr. 50 c. au mois d'octobre, après le troisième été; — 0 fr. 50 c. au mois d'octobre, après le quatrième été.

Art. 3. — L'arbre devra être droit, à écorce lisse, sans mousse ni gerçure et avoir au minimum 15 centim. de circonférence, mesuré à 1 mèt. au-dessus du collet de la racine. — La hauteur du fût depuis le collet jusqu'à la couronne sera de 1 mèt. 80 c. au minimum.

Art. 4. — Tous les trois ans, le gouverneur général arrête la nomenclature des arbres dont la plantation donnera droit à la prime.

Art. 5. — Les primes seront accordées sur le vu des procès-verbaux dressés par les ingénieurs des ponts et chaussées en territoire civil, et par l'officier du génie de chaque subdivision, en territoire militaire.

Art. 6. — Des arrêtés des généraux commandant les divisions et des préfets des départements, portant autorisation de planter le long des routes et chemins vicinaux de grande communication, fixeront l'alignement des arbres et leur espacement. — Ces arrêtés seront délivrés sans autres frais que ceux du timbre.

Art. 7. — Il est interdit à tout propriétaire de couper ou faire couper, arracher ou détruire, sans la permission spéciale de l'autorité administrative, les arbres qu'il aura plantés sur son terrain le long des routes. — Les contraventions à cette prohibition seront déférées aux tribunaux de simple police, et punis des peines portées par les art. 471, n° 15 et 474 du code pénal.

VAILLANT.

AG. — 4-8 déc. 1854. — B. 471. — *Nomenclature des routes et chemins auxquels l'arrêté précédent est applicable pour l'année 1855.*

Art. 1. — La nomenclature des routes et chemins auxquels les dispositions de l'arrêté ministériel ci-dessus seront applicables est fixée ainsi qu'il suit :

PROVINCE D'ALGER.

Territoire civil.

Route d'Alger à Constantine. — Depuis l'extrémité sud du champ de manœuvres jusqu'au Fondouk, à l'exception des traverses d'Hussein Dey, la Maison-Carrée et la Médidja.

Chemin d'Alger au Fort-de-l'Eau. — Sur tout son parcours, entre la route d'Alger à Constantine et le village du Fort-de-l'Eau.

Route d'Aumale. — Depuis le gué de l'Harrach jusqu'à la limite du territoire civil.

Route d'Alger à Rovigo. — Depuis Sidi Moussa jusqu'à l'entrée de Rovigo.

Route du pied de l'Atlas. — 1re partie, depuis l'Harrach jusqu'à l'oued Sidi Hamouda; 2e partie, depuis un point situé à 800 mèt. en deçà de l'oued Djemmaa jusqu'à l'extrémité de la route construite au delà de l'Arba.

Chemin de la Maison-Carrée à l'Arba. — Depuis la borne kilométrique n° 20 jusqu'à la route du pied de l'Atlas.

Route d'Alger à Blidah par Douera. — Entre la borne kilométrique n° 6 et les Quatre-Chemins.

Route d'Alger à Koleah par Staoueli. — Entre la borne kilométrique n° 6 et la ville de Koleah.

Route du pied du Sahel. — Entre les Quatre-Chemins et le pont de Mocta Kera sur le Mazafran.

Route d'Alger à Médéah. — Entre l'oued Kerma et les Quatre-Chemins.

Chemin vicinal de Douera à Birkadem. — Sur tout le parcours.

Chemin vicinal de Douera à Baba Hassen et Drariah. — Sur tout le parcours.

Chemin vicinal de Drariah à Saoula. — Sur tout le parcours.

Chemin vicinal de Douera à Sainte-Amélie et Mahelma. — Sur tout le parcours.

Chemin vicinal de Douera à Saint-Ferdinand. — Sur tout le parcours.

Chemin vicinal de Saint-Ferdinand à l'oued Fayel. — Sur tout le parcours.

Chemin vicinal de Chéragas à Aïn Benian. — Sur tout le parcours.

Chemin vicinal de Dély Ibrahim à El Achour et Drariah. — Sur tout le parcours.

Chemin vicinal de Koleah à Aïn Fouka et Fouka maritime. — Sur tout le parcours.

Route de Cherchell à Millanah par la Bourkika. — 1° De la propriété Bocquet au pont de l'oued Djidjelly; 2° du pont de l'oued Bellah à l'oued bou Hamoud.

Route d'Alger à Millanah par Blidah. — Entre l'oued Anasseur et la limite du territoire civil.

Route de Millanah à Orléansville. — Entre Affreville et l'oued Béhann.

Route de Tenès à Orléansville. — Entre le pont d'Orléansville et la fin du territoire civil au N.

Chemin du Cimetière. — Sur tout le parcours.

Routes et chemins de l'arrondissement de Blidah. — Toutes les routes et chemins de cet arrondissement, à l'exception des traverses des villages.

Territoire militaire.

Route de Dellys à Ben-N'choud (dite par les jardins). — Sur tout le parcours.

Chemin vicinal de Dellys à Ben N'choud (dit par Bou M'las). — Sur tout le parcours.

Route de ... à Milianah. — De la limite du territoire civil à Milianah, sur les points où la route est à l'état d'entretien.

Chemin de Vesoul-Bénian. — De la sortie du village au point où le chemin rejoint la sortie de Blidah à Miliana, près du col du télégraphe.

Route d'Orléansville à Tenès. — Entre Tenès et Aïn Belda.

Route de Blidah à Cherchell. — Des limites du territoire civil jusqu'à l'oued Meurad.

Route de Marengo à Tipaza. — Partie comprise entre Marengo et pied du Sahel.

PROVINCE D'ORAN.

Territoire civil.

Route d'Oran à Mascara. — De ces deux villes aux limites de leur circonscription civile.

Route d'Oran à Tlemcen. — De ces deux villes aux limites de leur circonscription civile.

Route d'Oran à Mostaganem. — Par les colonies agricoles y compris l'embranchement d'Arzew.

Route de Mostaganem à Aboukir et à Bled Touaria. — Sur tout le parcours.

Route de Mostaganem à Tenès. — Partie comprise entre Mostaganem et Aïn Tédelès.

Chemin d'Oran à Sidi Chami. — Sur tout le parcours.

Chemin d'Oran à Mangin. — Sur tout le parcours.

Chemin d'Assi Ameur à Saint-Louis par Fleurus. — Sur tout le parcours.

Chemin de Mostaganem à Aïn Nouissy. — Sur tout le parcours.

Chemin d'Aïn Tédelès à Sourk el Mitou. — Sur tout le parcours.

Chemin de Tlemcen à Hennaya. — Sur tout le parcours.

Territoire militaire.

Route d'Oran à Tlemcen. — Parties comprises d'une part entre les limites du territoire de l'arrondissement d'Oran et le Rio Salado, et de l'autre des limites du district de Tlemcen au troisième pont.

Route d'Oran à Mascara. — Parties comprises d'une part entre les limites du territoire de l'arrondissement d'Oran et Sainte-Barbe, et de l'autre entre les limites du district de Mascara et l'oued Hammau.

Route d'Oran à Sidi bel Abbès. — Partie comprise entre Sidi bel Abbès et le point situé au-dessous du télégraphe des Oueld Ali.

Chemin de Sidi bel Abbès à Sidi Lhassen. — Sur la rive gauche de la Mekera.

PROVINCE DE CONSTANTINE.

Territoire civil.

Route de Philippeville à Constantine. — Parties comprises entre Philippeville et El Arrouch, et entre Constantine et le Hamma.

Route de Constantine à Bathna. — Partie comprise entre la ville et la limite du territoire civil.

Route de Constantine à Sétif. — Partie comprise entre la ville et la limite du territoire civil.

Route de Bône à Guelma. — Parties comprises entre Guelma et Guelaat bou Sba, et entre Nechmeya et l'enthièvre.

Route de Bône à Mondovi. — Partie comprise entre d'Uzerville et Mondovi.

Chemin de Bône au Fort génois. — Sur tout le parcours.

Chemin de Guelma au gué de la Seybouse. — Sur tout le parcours.

Territoire militaire.

Route de Constantine à Sétif. — Sur un parcours de 12 kilom., à partir du territoire civil de Constantine.

Route de Bône à Tébessa. — Entre Barral et Mondovi.

Route de Constantine à Bathna. — À partir de la limite du territoire civil de Constantine au 56e kilom. et de Bathna au 3e kilom.

Route de Saint-Charles à Bône. — Sur les parties exécutées de Saint-Charles à Sidi-Nassar.

Chemin de Jemmapes à Ahmed ben Ali. — Sur tout son parcours.

VOIRIE, § 1.

Chemin de Guelma à Petit. — Sur tout son parcours.

Chemin de Batna à Lambèse. — Sur tout son parcours.

Art. 2. — Toutefois l'administration continuera d'être chargée des plantations sur les parties de ces routes où elles seront reconnues le plus nécessaires; le reste du parcours sera seul destiné aux plantations avec primes par les propriétaires riverains.

Art. 3. — Les arbres, dont la plantation donnera lieu à la prime, devront appartenir aux essences indiquées ci-après, selon la nature du terrain : — Orme, chêne, noyer noir, noyer cendré, noyer pacan, micocoulier, frère, platane, érable sycomore, peuplier blanc, peuplier noir, caroubier, robinier blanc, févier d'Amérique, pin-pignon.   A. PÉLISSIER.

AG. — 12-31 déc. 1855. — D. 400. — *Même arrêté pour l'année 1856.*

Art. 1. — La nomenclature des routes et chemins auxquels les dispositions de l'arrêté ministériel ci-dessus seront applicables, est fixée ainsi qu'il suit pour l'année 1856.

Province d'Alger. — Comme à l'arrêté précédent en y ajoutant dans le territoire militaire : — Route de Médéah à Col-bar, sur tout le parcours.

Province d'Oran. — Comme à l'arrêté précédent en y ajoutant dans le territoire militaire : — Route d'Oran à Mascara. Parties comprises entre les limites du district de Mascara et de l'oued el Hammam.

Province de Constantine — Id. en ce qui concerne la route de Philippeville à Constantine, celle de Bône à Guelma, le chemin de Bône au fort Génois, le chemin de Guelma au gué de la Seybouse, la route de Constantine à Bathna en territoire civil, le chemin de Constantine à Sétif en territoire civil la route de Saint-Charles à Bône ainsi que les chemins de Bathna à Lambèse et de Jemmapes à Ahmed ben Ali en territoire militaire.

Dispositions nouvelles.

Territoire civil.

Route de Sétif à Alger. — Partie comprise entre un point situé à 500 mèt. en avant de la porte d'Alger à Sétif et l'oued Bousselame.

Route de Philippeville à Damrémont. — Partie comprise entre Philippeville et l'embranchement du chemin de Vallée à Damrémont.

Route de Philippeville à Bône (ancienne route). — Partie comprise depuis l'embranchement, sur le chemin de Vallée, jusqu'à la fontaine Begué.

Route de Philippeville à Bône (route neuve), par la vallée des Karézas. — Partie comprise dans la juridiction civile.

Chemin de Vallée (arrondissement de Philippeville). — Partie comprise entre le pont du Saf-Saf et la porte ouest du village Vallée.

Route de Bône à Tebessa. — Parties comprises entre Bône et Duzerville d'une part, et entre Barral et Mondovi, de l'autre.

Route de Bône à Edough. — Partie comprise entre la porte Damrémont à Bône et la borne no 2.

Chemin de Constantine à Bathna, par Aïn el Bey. — Entre les arcades romaines et le point où se termine la route nouvellement construite.

Chemin de Sétif à Aïn Sfa. — Partie comprise entre un point situé à 500 mèt. en avant de la porte de Biskara à Sétif et le village d'Aïn Sfa.

Territoire militaire.

Route de Constantine à Sétif. — Sur un parcours de 23 kilom. à partir du territoire civil de Constantine.

Route de Constantine à Bathna. — À partir de la limite du territoire civil de Constantine au 72e kilom. et de Bathna au 3e kilom., ainsi que sur les parties exécutées dans la plaine d'El Mader.

Art. 2. — (Comme à l'arrêté précédent).
       Comte RANDON.

Art. 2. — *Chemins vicinaux.*

DI. — 5 juil.-3 sept. 1854.—D. 465. *Règlement sur les chemins vicinaux.*

Vu la loi du 21 mai 1836 ;

Tit. I. — *Chemins vicinaux.*

Art. 1. — Les chemins vicinaux légalement reconnus sont à la charge des communes, et, pour les localités non érigées en communes, à la charge du budget local et municipal, sans préjudice des autres ressources créées par le présent décret.

Art. 2. — La déclaration de vicinalité sera prononcée par le préfet, après une enquête dont il déterminera la forme et la durée, et sur l'avis du conseil municipal.— L'arrêté du préfet fixera les dimensions et les limites des chemins.— Le déclassement des chemins vicinaux s'opérera de la même manière et après les mêmes formalités.

Tit. II.— *Ressources extraordinaires affectées aux chemins vicinaux.*

Art. 3. — En cas d'insuffisance des ressources ordinaires des communes ou des crédits portés au budget local et municipal pour cette nature de dépense, il sera pourvu aux travaux d'ouverture et d'entretien des chemins vicinaux à l'aide soit de prestations en nature, dont le maximum est fixé à trois jours de travail, soit d'une contribution spéciale. — Le conseil municipal pourra voter l'une ou l'autre de ces ressources ou toutes les deux concurremment.

Art. 4. — Tout habitant de l'Algérie, européen ou indigène, tout chef de famille ou d'établissement à titre de propriétaire, de régisseur, de fermier ou de colon portiaire, pourra être appelé à fournir chaque année une prestation de trois jours : 1° Pour sa personne et pour chaque individu mâle valide, âgé de dix-huit ans au moins et de cinquante-cinq ans au plus, membre ou serviteur de la famille ; — 2° Pour chacune des charrettes ou voitures attelées, et, en outre, pour chacune des bêtes de somme, de trait, de selle, au service de la famille ou de l'établissement dans la commune. — Le chef de famille ou d'établissement qui n'habiterait pas l'Algérie, ou qui, l'habitant, ne serait pas assujetti à la prestation pour sa personne, n'en sera pas moins soumis aux autres obligations imposées par les n° 1 et 2 du présent article. — Les indigents sont exemptés de la prestation.

Art. 5. — La prestation sera appréciée en argent, conformément à la valeur qui aura été attribuée annuellement pour la commune, ou pour les localités non érigées en communes à chaque espèce de journées, par le préfet, en conseil de préfecture. — La prestation pourra être acquittée en nature ou en argent, au gré du prestataire ; toutes les fois qu'il n'aura pas opté dans les délais prescrits, la prestation sera de droit exigible en argent. — Dans les localités non érigées en communes, le montant des prestations converties en argent sera perçu, à titre spécial, pour le compte du budget local et municipal, pour être affecté aux chemins vicinaux desdites localités. — La prestation non rachetée en argent pourra être convertie en tâches, d'après les bases et les évaluations préalablement fixées par le conseil municipal.

Art. 6. — Si le conseil municipal, mis en demeure, n'a pas voté dans la session désignée à cet effet les prestations et contributions spéciales, ou si la commune n'en a pas fait emploi dans les délais prescrits, le préfet pourra d'office imposer la commune à faire exécuter les travaux.

— Chaque année le préfet transmettra au gouverneur général un état des prestations établies d'office.

Art. 7. — Il sera dressé dans chaque commune ou dans chaque localité non érigée en commune, une matrice des personnes qui peuvent être tenues aux prestations. — Cet état sera rédigé par une commission composée du maire qui la présidera et de commissaires désignés par le sous-préfet, assistés, dans les communes, du receveur des contributions diverses. — Le nombre des commissaires sera de trois à neuf, selon l'importance des communes ou localités ; ils seront désignés, chaque année, par le sous-préfet, sur une liste de candidats d'un nombre double de celui des commissaires présentés par le maire.

Art. 8. — Cet état restera déposé à la mairie pendant un mois, pour être communiqué au public ; un registre sera ouvert pour recevoir les réclamations pendant le même délai. — A l'expiration du mois, l'état-matrice et les réclamations qui se seront produites seront mis sous les yeux du conseil municipal ; ce conseil rectifiera, s'il y a lieu, l'état-matrice qui devra être soumis à l'approbation du préfet, et révisé tous les ans, en procédant comme il est dit ci-dessus.

Art. 9. — L'état-matrice ainsi établi servira de base au rôle de prestation qu'il y aura lieu de rédiger par suite du vote du conseil municipal ou de la décision du préfet, prise d'office. — Les rôles de prestations seront certifiés par le maire et rendus exécutoires par les préfets.

Art. 10. — Le recouvrement des prestations sera poursuivi comme en matière de patente et les dégrèvements seront prononcés sans frais, les comptes seront rendus comme pour les dépenses communales ou celles qui sont portées au budget local et municipal.

Art. 11. — Les demandes en dégrèvement seront instruites par le service des contributions diverses ; elles seront communiquées à la commission chargée de rédiger l'état-matrice, pour avoir son avis. Il sera statué à leur égard comme en matière de patentes.

Art. 12. — Lorsqu'un chemin vicinal intéressera plusieurs communes ou plusieurs localités, le préfet, sur l'avis des conseils municipaux désignera les communes ou localités qui devront concourir à sa construction ou à son entretien, et fixera la proportion dans laquelle chacune d'elles y contribuera.

Tit. III. — *Chemins vicinaux de grande communication.*

Art. 13. — Les chemins vicinaux peuvent, selon leur importance, être déclarés chemins vicinaux de grande communication, par le gouverneur général en conseil de gouvernement, sur l'avis des conseils municipaux et sur la proposition du préfet. — Sur les mêmes avis et proposition, le gouverneur général détermine la direction de chaque chemin vicinal et désigne les communes qui doivent contribuer à sa construction ou à son entretien. — Le préfet fixe la largeur et les limites du chemin et détermine annuellement la proportion dans laquelle chaque commune doit concourir à la construction et à l'entretien de la ligne vicinale dont elle dépend ; il statue sur les offres faites par les particuliers, associations de particuliers ou de communes. — Dans le cas où un chemin de grande communication dessert les deux territoires, civil et militaire, la largeur et les limites en sont réglées par le gouverneur général.

Art. 14. — Les chemins vicinaux de grande communication, et dans les cas extraordinaires, les autres chemins vicinaux pourront recevoir des subventions, soit sur les fonds ordinaires du budget local et municipal, soit au moyen des impositions extraordinaires qui seraient autorisées au profit desdits chemins. — La distribution des subventions sera faite, en ayant égard aux ressources, aux besoins et aux sacrifices des communes, par le préfet, qui en rendra compte chaque année au gouverneur général. — Les communes acquitteront la portion des dépenses mises à leur charge au moyen de leurs revenus ordinaires, et, en cas d'insuffisance, au moyen de deux journées de prestations sur les trois journées autorisées par l'art. 3 et des ressources spéciales votées par le conseil municipal.

Art. 15. — Les chemins vicinaux de grande communication sont placés sous l'autorité du préfet; les dispositions de l'art. 5 du présent décret leur sont applicables.

Tit. IV. — *Dispositions générales.*

Art. 16. — Les chemins vicinaux reconnus et maintenus comme tels sont imprescriptibles.

Art. 17. — Jusqu'à ce qu'il en soit autrement ordonné, le service des ponts et chaussées continuera d'être chargé des projets, de l'exécution, de l'entretien, de la surveillance et de la police des chemins vicinaux. — Les indemnités à allouer aux ingénieurs pour ce service seront fixées par le ministre de la guerre.

Art. 18. — Toutes les fois qu'un chemin vicinal entretenu à l'état de viabilité sera habituellement ou temporairement dégradé par des exploitations de mines, de carrières, de forêts ou de toutes autres entreprises industrielles appartenant à des particuliers, à des établissements publics ou à l'État, il pourra y avoir lieu à imposer aux entrepreneurs ou propriétaires, suivant que l'exploitation ou les transports auront eu lieu pour les uns ou pour les autres, des subventions spéciales, dont la quotité sera proportionnée à la dégradation extraordinaire qui devra être attribuée aux exploitations. — Ces subventions pourront, au choix des subventionnaires, être acquittées en argent ou en prestations en nature, et seront exclusivement affectées à ceux des chemins qui y auront donné lieu. — Elles seront réglées annuellement sur la demande de l'autorité locale, par le conseil de préfecture, après les expertises contradictoires, et recouvrées comme en matière de patente. — Les experts seront nommés d'après le mode déterminé par l'article suivant. — Ces subventions pourront aussi être déterminées par abonnement; elles seront réglées dans ce cas par le conseil de gouvernement.

Art. 19. — Les extractions de matériaux, les dépôts ou enlèvements de terre, les occupations temporaires de terrains seront autorisés par arrêté du préfet, lequel désignera les lieux. Cet arrêté sera notifié aux parties intéressées au moins dix jours avant que son exécution puisse être commencée. — Si l'indemnité ne peut être fixée à l'amiable, elle sera réglée par le conseil de préfecture, sur le rapport d'experts nommés, l'un par le sous-préfet, et l'autre par le propriétaire. — En cas de désaccord, le tiers expert sera nommé par le conseil de préfecture.

Art. 20. — Les arrêtés des préfets portant reconnaissance et fixation de la largeur d'un chemin vicinal, attribuent définitivement au chemin le sol compris dans les limites qu'ils déterminent. — Le droit des propriétaires se résout en une indemnité qui sera réglée à l'amiable, par le juge de paix, sur le rapport d'experts nommés conformément à l'article précédent. — En cas de désaccord entre les experts nommés par le sous-préfet et le propriétaire, il sera procédé

dans les formes prescrites par l'art. 19 § 3.

Art. 21. — L'action en indemnité des propriétaires pour les terrains qui auront servi à la confection des chemins vicinaux et pour extraction des matériaux sera prescrite par le laps de deux ans.

Art. 22. — En cas de changement de direction ou d'abandon d'un chemin vicinal en tout ou en partie, les propriétaires riverains dans la partie de ce chemin qui cessera de servir de voie de communication, pourront faire leur soumission, s'en rendre acquéreurs et en payer la valeur qui sera fixée par des experts nommés dans la forme déterminée par les articles 19 et 20.

Art. 23. — Les plans, procès-verbaux, certificats, significations, jugements, contrats, marchés, adjudications de travaux, quittances et autres actes ayant pour objet exclusif la construction, l'entretien et la réparation des chemins vicinaux, seront enregistrés moyennant le droit fixe de 1 fr. — Les actions civiles intentées par les communes ou dirigées contre elles, relativement à leurs chemins, seront jugées comme affaires sommaires et urgentes, conformément à l'article 405 du code de procédure civile.

Art. 24. — Dans l'année qui suivra la promulgation du présent décret, chaque préfet fera, pour en assurer l'exécution, un règlement qui sera communiqué au conseil de gouvernement et transmis avec ses observations et l'avis du gouverneur général au ministre de la guerre pour être approuvé s'il y a lieu.

Tit. 5. — *Dispositions spéciales.*

Art. 25. — Dans les localités non érigées en communes, les attributions conférées aux maires par le présent décret seront remplies par les fonctionnaires en tenant lieu. — Celles conférées aux conseils municipaux seront exercées par une commission composée de huit membres désignés par le préfet et présidée par l'autorité remplissant les fonctions de maire. — Cette commission sera formée en territoire militaire comme en territoire civil; elle sera renouvelée par moitié et par la voie du sort pour la première moitié, tous les trois ans : les membres sortants pourront être renommés. — Les règles concernant la convocation et les délibérations des conseils municipaux lui sont applicables.

Art. 26. — En territoire militaire, les généraux commandants supérieurs des divisions, les commandants des subdivisions, les commandants de places, les directeurs des fortifications, les officiers chefs du génie exerceront les attributions correspondantes des préfets, sous-préfets, maires, juges de paix, ingénieurs en chef et ingénieurs ordinaires des ponts et chaussées.

Art. 27. — Toutes les fois qu'il s'agira de décisions devant être prises par les préfets en conseil de préfecture, les généraux commandants supérieurs des divisions rendront les mêmes décisions relativement au territoire militaire. — Les recours contre les décisions des généraux commandants supérieurs des divisions et contre celles des préfets, prises en conseil de préfecture en vertu du présent décret, seront portés devant le gouverneur général statuant définitivement, le conseil de gouvernement entendu.

Art. 28. — Le gouverneur général prendra toutes les mesures qu'il jugera convenable, en en rendant compte au ministre de la guerre, pour l'ouverture et l'entretien des chemins intéressant exclusivement les tribus administrées militairement, ainsi que pour l'établissement et l'emploi des prestations auxquelles elles pourront être imposées.   NAPOLÉON.

§ 2. — PLANS ET ALIGNEMENTS DES VILLES ET VILLAGES.

ART. 1. — *Province d'Alger.*

AM. — 11 juill.-30 oct. 1853. — B. 445. — *Adoption définitive des distributions, alignements et nivellements du village de Mouzaïa.*

AM. — 3 juill.-2 oct. 1854. — B. 467. — *Id. du quartier Bab-el-Rhaba à Blidah.*

AM. — 19 juill.-20 sept. 1854. — B. 400. — *Id. du village de Montpensier.*

AM. — 23 août-30 oct. 1854. — B. 468. — *Id. du village de Chebli.*

AM. — 15 sept.-22 nov. 1854. — B. 470. — *Id. du village de Beni-Mered.*

AM. — 10 nov.-29 déc. 1854. — B. 472. — *Id. du village de la Reghaïa.*

AM. — 27 avr.-13 juill. 1855. — B. 482. — *Id. du village de Staoueli.*

AM. — 25 juin-8 août 1855. — B. 484. — *Id. du village de El-Achour.*

AM. — 2 juill.-30 août 1855. — B. 485. — *Id. du village de Dely-Ibrahim.*

AM. — 6 juill.-30 août 1855. — B. 485. — *Id. du village de Guyotville.*

ART. 2. — *Province de Constantine.*

AM. — 6 août 1853-3 avril 1854. — B. 450. — *Id. du village de Jemmapes.*

AM. — (Même date.) — *Id. du village de* Robertville.

AM. — 6 août 1853, 30 juin 1854. — B. 461. — *Id. du village de Gastonville.*

AM. — 16 déc. 1853-3 avr. 1854. — B. 456. — *Id. du village de Mondovi.*

AM. — (Même date.) — *Id. du village de Penthièvre.*

AM. — 16 déc. 1853-20 avril 1854. — B. 457. — *Id. du village de* Barral.

AM. — 18 avr.-2 juin 1854. — B. 460 — *Id. du village* Petit.

AM. — 8 mai-13 juill. 1854. — B. 462. — *Id. du village* Damrémont.

AM. — 2 juin-3 août 1854. — B. 463. — *Id. du village* St-Antoine.

AM. — 12 juin-3 août 1854. — B. 463. — *Id. du village* d'Héliopolis.

AM. — 19 juill. 1854-30 mai 1855. — B. 480. — *Id. du village de* Bouhira (1).

AM. — 21 juill. 1854-30 mai 1855. — B. 480. — *Id. du village* M'Soud.

AM. — 25 août 1854-18 janvier 1855. — B. 473. *Id. de la ville de* Bougie.

AM. — 18 déc. 1854-30 mai 1855. — B. 480. — *Id. du village* Mahouan.

AM. — 20 déc. 1854-19 mars 1855. — B. 470. — *Id. de la ville de* Djidjelly.

AM. — 5 janv.-19 mars 1855. — B. 470. — *Id. de la ville de* La Calle.

AM. — 2 mars-30 mai 1855. — B. 480. — *Id. du village* d'Aïn-el-Arnat.

AM. — 11 juill.-30 août 1855. — B. 485. — *Id. du village de* Millesimo.

----

(1) Les villages de Bouhira, M'soud, Mahouan, et Aïn el Arnat ont été créés par la compagnie génevoise sur la concession par elle obtenue dans les environs de Sétif.

ART. 3. — *Province d'Oran.*

AM. — 23 juin-20 sept. 1853. — B. 443. — *Id. du village de* Henraya.

AM. — 14 déc. 1853-25 fév. 1854. — B. 453. — *Id. du village de* Saint-Cloud.

AM. — (Même date.) — *Id. du village de* Assi ben Okba.

AM. — 16 déc. 1853-25 févr. 1854. — B. 453. — *Id. du village de* Damesme.

AM. — 19 déc. 1853-25 févr. 1854. — B. 453. — *Id. du village de* Mangin.

AM. — (Même date.) — *Id. du village de* Méfessour.

AM. — 3 mars-30 avril 1854. — B. 458. — *Id. du village d'*Aboukir.

AM. — (Même date.) — *Id. du village d'*Assi-Ameur.

AM. — (Même date.) — *Id. du village d'*Assi-ben-Ferréah.

AM. — (Même date.) — *Id. du village d'*Assi-bou-Nif.

AM. — 6 mars-2 juin 1854. — B. 460. — *Id. du village de* Fleurus.

AM. — (Même date.) — *Id. du village de* Saint-Louis.

AM. — 8 mars-2 juin 1854. — B. 460. — *Id. du village de* Rivoli.

AM. — 26 avr.-13 juill. 1854. — B. 462. — *Id. du village de* St-Leu.

AM. — (Même date.) — *Id. du village de* Sainte-Léonie.

AM. — 28 avr.-13 juill. 1854. — B. 462. — *Id. du village de* Tounin.

AM. — (Même date.) — *Id. du village d'*Aïn Tedélès.

AM. — (Même date.) — *Id. du village de* Sourk-el-Mitou.

AM. — 30 avr.-13 juill. 1854. — B. 462. — *Id. du village de* Karouba.

AM. — 2 juin-3 août 1854. — B. 463. — *Id. du village de* Kleber.

AM. — 15 juill.-3 sept. 1854. — B. 465. — *Id. du village d'*Aïn-Noulsy.

AM. — 9 oct.-29 déc. 1854. — B. 472. — *Id. du village de* Bou-Sefer.

AM. — 10 avr.-13 juill. 1855. — B. 482. — *Id. du village de* Sainte-Barbe.

AM. — 21 mai-13 juill. 1855. — B. 482. — *Id. du village d'*El-Ouricia.

AM. — 6 juill.-8 oct. 1855. — B. 480. — *Id. du village de* Saint-Hyppolite.

§ 3. — RUES.

AM. — 19 mars 1853. — *Classement des rues d'Alger.*

Par une décision du 19 mars 1853, M. le ministre de la guerre a classé définitivement dans la grande voirie d'Alger les rues dont la dénomination suit :

Rue de la Marine, rue Bab-Azoun et du faubourg de ce nom; rue d'Isly, rue Rovigo et rue Bab el Oued.

Toutes les autres rues de la ville d'Alger sont classées dans la petite voirie.

AM. — 16 août-30 oct. 1853. — B. 445. — *Nom de rue à Philipperille.*

Vu la délibération, en date du 21 mai 1853,

par laquelle le conseil municipal de Philippeville
a émis le vœu que la rue de Mahelma prît le nom
du commandant de Gourgas, ancien chef de bataillon au 50e de ligne, décédé dans cette ville
au mois de décembre 1852; Vu, etc. — Considérant que les services rendus à la colonisation
dans l'arrondissement de Philippeville par le
commandant de Gourgas justifient l'hommage
qu'il s'agit de décerner à sa mémoire;

Art. 1. — Est approuvée la délibération ci-
dessus visée du conseil municipal de Philippeville ayant pour objet de substituer au nom de
Mahelma, donné à l'une des rues de ladite ville,
celui du commandant de Gourgas.

A. DE SAINT-ARNAUD.

§ 4. — CONSTRUCTIONS. — ÉGOUTS.

A. — 18 avr. 1854. — *Arrêté de police municipale spécial à la ville d'Alger qui réglemente*
les saillies des bannes ou tentes et stores ou
rideaux à demeure sur la voie publique.

A. — 3 août 1854. — *Id. qui impose à tous les
propriétaires de maisons couvertes en terras-
ses et non garnies de murs d'appui ou de
garde-fous l'obligation de faire établir des
parapets en maçonnerie de 90 cent. au moins
d'élévation, sous les peines portées par l'art.
471 c. p.*

V. COMMUNE (sect. IV, § 2). 22 nov. 1853. Autorisation à la ville d'Oran de s'imposer une
contribution de 300,000 fr. pour construction
d'égouts.

Voitures.

V. MARCHÉS. 28 juin 1855. Droits de place. —
ROULAGE (Police du).

APPENDICE [1]

Abatage.

Décis. M. — 18 déc. 1855-8 mars 1856. — B. 402. — *Approbation donnée par le ministre à l'arrêt du gouverneur général, du 17 nov. 1855, portant application à la ville de Nemours, de l'arrêté du 23 juill. 1842 (suprà, p. 1).*

Agriculture.

§ 2. — CULTURE DU COTON.

AM — 25 fév. 1856. — *Répartition des primes et règlement pour l'année 1856.*

TIT. 1. — *Distribution des graines.*

Art. 1. — (Comme aux arrêtés des 15 fév. 1854 et 2 mars 1855. — *Suprà*, p. 11.)

TIT. 2. — *Prix d'achat de colons.*

Art. 2, 3, 4. — (Comme à l'arrêté du 2 mars 1855.)

TIT. 3. — *Concours pour les machines.*

Art. 5. — (Comme à l'arrêté du 2 mars 1855, sauf le dernier paragraphe, ainsi modifié) : — En outre soixante primes (vingt par province) représentant chacune 50 p. 100 du prix de revient de chaque machine, seront accordées par les jurys provinciaux pour soixante petites machines exploitées sur les plantations et qui auront été reconnues les plus avantageuses et les plus utilement employées pour l'égrenage du coton longue soie ou courte soie.

Art. 6 et 7. — (Comme à l'arrêté du 15 fév. 1854.)

TIT. 4. — *Prix de l'empereur.*

Art. 8. — (Comme à l'arrêté du 2 mars 1855, sauf le § 4 ainsi modifié) : 4° S'il exploite à l'aide de domestiques, journaliers ou métayers, et, en cas de métayage, si l'exploitation constitue une seule ou plusieurs métairies.

La déclaration devra être accompagnée d'une copie certifiée par l'autorité locale, de la convention intervenue au sujet du concours entre le concurrent, ses fermiers, ses associés ou métayers.

Les métairies peuvent être représentées au concours, soit par le propriétaire, soit par le métayer, soit par tous deux à titre d'associés. S'il y a concurrence entre eux, la question sera tranchée par le jury.

Si une plantation faite par métayage est présentée au concours d'une part pour le prix de l'empereur, d'autre part pour l'un des prix provinciaux, le jury central statuera définitivement sur les prétentions réciproques des ayants droit.

Dans tous les cas, le propriétaire devra justifier d'une participation suffisante à la direction et aux risques de l'entreprise.

Art. 9, 10. — (Comme à l'arrêté du 2 mars 1855.)

TIT. 5. — *Prix provinciaux.*

Art. 11. — (Comme à l'arrêté du 2 mars 1855.)

TIT. 6. — *Dispositions communes au prix de l'empereur et aux prix provinciaux.*

Art. 12. — Les lauréats qui auront obtenu au concours de 1854 ou de 1855 la totalité de l'un des prix portés dans le programme de ce concours, ne pourront concourir en 1856 que pour des prix supérieurs.

Ceux qui n'auront obtenu dans les concours précédents que le partage d'un prix seront admis à concourir en 1856 pour l'intégralité du même prix.

Le lauréat au prix de l'empereur au concours de 1855 ne sera admissible à celui de 1856 que pour le rappel honorifique de son prix.

Art. 13. — Nul ne pourra concourir pour deux prix à la fois. Chaque concurrent devra, en conséquence, indiquer dans sa déclaration le prix pour lequel il se présente au concours.

Néanmoins, il sera loisible de concourir en même temps pour l'un des prix accordés aux ensemencements de l'année et pour l'un de ceux offerts aux cotonnières vivaces.

Les planteurs cultivant moins d'un hectare seront dispensés de toute désignation de prix, leur classement sera opéré par les jurys.

Art. 14. — Le mérite des concurrents sera jugé sur l'étendue, l'aspect et le bon état de leurs plantations, et sur la qualité des produits constatés par les jurys pendant leurs tournées.

Art. 15. — (Comme à l'art. 16 de l'arrêté du 2 mars 1855, dont l'art. 15 n'est pas reproduit.)

TIT. 7. — *Des jurys.*

Art. 16, 17, 18, 19, 20, 21. — (Comme aux art. 17, 18, 19, 20 de l'arrêté du 2 mars 1855; 20 et 21 de l'arrêté du 15 fév. 1854.)

Art. 22. — Sur les points éloignés du centre, les jurys provinciaux pourront être exceptionnellement suppléés par des commissions locales désignées par le gouverneur général, sur les propositions des généraux et des préfets.

Les rapports écrits de ces commissions serviront d'éléments pour la décision des jurys qui seuls ont le droit de statuer en conformité des art. 7 et 21 du présent arrêté.

TIT. 8. — *Dispositions générales.*

Art. 23, 24. — (Comme aux art. 22 et 23 de l'arrêté du 15 fév. 1854.)   VAILLANT.

Concessions.

SECT. II, § 1. — CRÉATION DE CENTRES DE POPULATION.

DT. — 22 déc. 1855-27 janv. 1856. — B. 401. — *Création du village de Aïn Kial (Province d'Oran).*

Vu, etc. ;

Art. 1. — Il est créé dans la province d'Oran, sur la route d'Oran à Tlemcen, au lieu dit Aïn

---

(1) La publication tardive au *Bulletin officiel des actes du gouvernement* ou au *Moniteur algérien* de quelques documents remontant à l'année 1855 ou spécialement utiles pour l'année 1856 n'ayant pas permis de les insérer à leur date dans ce recueil, il a paru convenable de les reproduire dans un appendice.

Kial, un centre de population de soixante-huit
feux, qui prendra le nom d'Aïn Kial.

Art. 2. — Un territoire agricole de 3,135 hectares 95 ares 60 centiares est affecté à ce centre
de population.   NAPOLÉON.

Hôpitaux.

AG. — 8-27 janv. 1856. — B. 491. — *Arrêté
qui fixe à la somme de 1 fr. 50 cent., pour
l'année 1856, le prix de la journée de traitement à rembourser par les malades admis à
titre de pensionnaires de première classe dans
les hôpitaux civils de l'Algérie.*

---

(1) *Rapport à l'empereur.*

Sire, le 25 oct. 1841, le gouverneur général de l'Algérie, usant du pouvoir qu'il tenait de l'art. 5 de l'ord.
du 22 juill. 1834, a pris un arrêté déterminant le mode
de procéder en matière de propriété domaniale, pour ou
contre l'Etat, devant les tribunaux. — La première partie
de cet arrêté, qui règle les formalités à remplir avant l'introduction des instances, impose au demandeur, Etat ou
particulier, sous peine de refus d'audience, la remise d'un
mémoire énonçant l'objet de l'action intentée (art. 1, 2
et 3). — La seconde partie, concernant les formalités à
remplir pour l'instruction de l'instance introduite, prescrit
de faire cette instruction et de prononcer le jugement sur
mémoires et sur conclusions écrites du ministère public ;
en d'autres termes, sans discussion orale ou plaidoirie
(art. 4 et 5).

Mais l'administration domaniale ayant invoqué, dans un
procès, cette dernière disposition, la cour de cassation,
par arrêt du 16 juin 1854, a déclaré que ledit arrêté du
25 oct. 1841 était abrogé par l'ord. du 16 avr. 1843, qui,
sous la réserve de certaines modifications étrangères au
point en question, a rendu le code de procédure civile applicable à notre colonie, et a d'ailleurs statué, art. 11,
qu'en Algérie, toutes les matières sont réputées sommaires, qu'elles sont jugées sur simples conclusions déposées
par les défenseurs, et que la cause doit être plaidée, soit
le jour de ce dépôt, soit le jour indiqué par le tribunal.

Tout en m'inclinant devant cette décision de la cour su-
prême, j'ai pensé qu'elle m'imposait l'obligation d'examiner s'il ne convenait pas de faire revivre légalement, à
côté de l'ord. du 16 avr. 1843, pour l'instruction des
procès en matière domaniale, les dispositions spéciales
édictées par l'arrêté du 25 oct. 1841. — La question a
été étudiée successivement par M. le gouverneur général,
en conseil de gouvernement, par le comité consultatif de
l'Algérie, enfin par MM. les ministres de la justice et des
finances ; et il est résulté de ces diverses études un projet
de décret joint au présent rapport, et dont je prie Votre
Majesté de me permettre de lui exposer les dispositions
principales.

Tous les avis ont été unanimes sur la nécessité d'a-
mender, pour les affaires domaniales, les prescriptions de
l'ord. du 16 avr. 1843, par un décret impérial dont les
dispositions pourraient être empruntées à l'arrêté du
25 oct. 1841 ; mais ils se sont partagés au sujet de quelques modifications à apporter à cet arrêté. — L'attention
s'est fixée, en premier lieu, sur l'obligation réciproque
qu'il imposait, tant aux particuliers qu'à l'Etat, demandeurs, d'énoncer dans un mémoire l'objet du litige avant
l'introduction de l'instance. — Tout le monde a été d'avis
qu'il convenait de maintenir cette obligation à l'égard des
particuliers, et de ne pas priver le domaine de l'Etat, en
Algérie, d'un avantage qui lui est attribué en France par
la loi du 5 nov. 1790. Mais la question de savoir s'il convenait de la maintenir également envers le domaine a été
diversement appréciée.

Les partisans de la non-réciprocité ont dit que, si l'intérêt public faisait une nécessité de l'avis préalable donné
à l'administration du domaine quand on veut attaquer celui-ci, l'intérêt privé, qui sait toujours se défendre, n'a-
vait pas besoin d'une plus grande protection contre le domaine poursuivant que contre tout autre prétendant droit
à la propriété, et qu'il était en conséquence inutile de
prescrire en Algérie, pour ce cas spécial, une formalité

Justice.

SECT. I, § 3.—LOIS ET RÈGLEMENTS DE PROCÉDURE.

DI. — 28 déc. 1855. — *Instances domaniales.
Procédure* (vol. 1er, p. 309) (1).

Vu la loi du 5 nov. 1790, l'avis du conseil
d'Etat, du 28 août 1823, et la loi du 16 juin
1851, sur la propriété en Algérie ;

Art. 1. — Préalablement à toute action contre
le domaine de l'Etat ou le domaine départemental de l'Algérie, les demandeurs seront tenus de se pourvoir devant le préfet du départe-

---

que la loi précitée du 5 nov. 1790 n'avait pas jugée nécessaire en France ; et ils ont ajouté que, si la réciprocité
consacrée par l'arrêté de 1841 avait paru indispensable à
l'époque où la propriété n'était pas encore clairement constituée en Algérie, elle n'aurait plus aujourd'hui sa raison d'être.

Mais en faveur de l'opinion contraire, on a fait observer que la notification, par chacune des parties, d'un mémoire contenant l'exposé de leurs prétentions, remplace avec
avantage le préliminaire de conciliation dont les instances
intéressant le domaine sont dispensées par l'art. 49 c. pr.
civ. ; que cette formalité, qui a pour objet de prévenir, par
une discussion amiable, des procès téméraires, concilie en
toute occasion l'intérêt du domaine avec celui des particuliers, et que, si le principe de son application réciproque
n'est pas écrit dans la loi, il est du moins passé en pratique en France, en vertu d'un arrêté du ministre des
finances, en date du 3 juill. 1834, lequel prescrit aux directeurs des domaines de remettre au préfet un mémoire
énonciatif de la demande à introduire, et dont il doit être
donné connaissance aux parties. — M. le ministre de la
justice, tout en déclarant se ranger à ce dernier avis, n'a
pas cru devoir insister pour qu'une disposition formelle en
ce sens fût insérée dans le projet de décret ; mais il a appelé mon attention sur la convenance d'y suppléer au
moyen d'instructions adressées aux agents de l'administration domaniale en Algérie. — Le principe de la réciprocité écrit dans l'arrêté du 25 oct. 1841, puisant force et
consécration dans la pratique de la métropole, j'estime de
mon côté qu'il convient de le poser formellement, au lieu
de ne le reconnaître en quelque sorte que tacitement, dans
une instruction, qui, adressée en même temps que le décret, pourrait paraître y constituer une dérogation.

Les dispositions de l'arrêté de 1841, qui refusent au
domaine et à ses adversaires le droit de défense orale, ont
été également l'objet d'un examen approfondi. Tous les
avis se sont réunis pour déclarer que l'interdiction du
débat oral, en matière domaniale, interdiction empruntée,
à tort, à la loi du 22 frim. an VII sur l'enregistrement, c'est-
à-dire à une législation combinée en vue d'exigences
particulières, était, en matière domaniale, une dérogation
inutile au mode de procédure dont la loi et la jurisprudence
ont consacré l'usage devant les tribunaux de la métropole.
On a d'ailleurs fait remarquer qu'en Algérie même et
sous l'empire de l'arrêté de 1841, on avait depuis longtemps, dans la pratique, renoncé à cette interdiction.

J'estime également, quant à moi, qu'il convient, tout
en maintenant comme règle que les affaires domaniales
seront instruites et jugées sur simples mémoires, de réserver aux parties la faculté de constituer, à leurs frais, un
défenseur. — Telles sont, sire, les principales modifications
qu'il a paru opportun de faire subir à l'arrêté du 25 oct.
1841, lequel a reçu, d'ailleurs, d'autres changements de
détails, nécessités pour la plupart par la nouvelle organisation de l'administration algérienne, et dont il serait su-
perflu d'entretenir spécialement Votre Majesté. — En résumé, le projet de décret ci-joint me paraît se recommander
dans ses dispositions de principe, par une conformité parfaite avec la législation et avec la pratique de la métropole
en matière domaniale ; et, dans ses dispositions de détail,
par le soin avec lequel cette législation et cette pratique
ont été adaptées à l'état du pays où elles doivent être mises
en vigueur. — Je ne puis donc que proposer à Votre Majesté de vouloir bien l'approuver.

Le ministre de la guerre, VAILLANT.

ment, par simple mémoire avec production de pièces à l'appui. Ce mémoire devra contenir élection de domicile au siége du tribunal compétent. — Il en sera délivré un récépissé, qui interrompra la prescription de l'action, lorsqu'il aura été, dans les trois mois de sa date, suivi d'une assignation en justice. — Dans les quarante jours, à partir de la date du récépissé, le préfet notifiera aux parties, dans la forme administrative et au domicile élu, les réponses de l'administration.

Art. 2.—Nulle action relative à une propriété domaniale ou départementale ne pourra être portée devant les tribunaux au nom de l'Etat ou des départements, si, préalablement, le préfet n'a fait notifier, en la forme administrative, aux parties intéressées, l'objet et les motifs de la demande, avec invitation de faire connaître leurs observations en réponse, dans les quarante jours, à partir de la notification. Cette notification interrompra la prescription de l'action, comme il est dit en l'art. 1.—Après l'expiration de ce délai de quarante jours, il sera procédé et statué ainsi qu'il appartiendra. — Communication des pièces, sans déplacement, sera donnée aux parties, si elles le requièrent.

Art. 3. — Toute audience sera refusée au demandeur, s'il n'est justifié de l'accomplissement des formalités prescrites par les art. 1 et 2 ci-dessus. — L'assignation donnée avant que ces formalités aient été remplies et que les délais soient expirés, sera considérée comme nulle et non avenue.

Art. 4. — L'instruction aura lieu et le jugement sera rendu sur simples mémoires respectivement signifiés. — Toutefois, les parties pourront, après cette signification, constituer défenseur, mais, dans ce cas, les frais résultant de

cette constitution et des plaidoiries demeureront à la charge de la partie qui les aura occasionnés.

Art. 5. — Il ne sera statué par le tribunal qu'après communication au ministère public, dont les conclusions seront mentionnées au jugement.

Art. 6.—Toutes notifications ou significations de mémoires, pièces, actes judiciaires ou extra-judiciaires, en matière domaniale, seront faites au préfet, en la personne du directeur des domaines, ou, à défaut, du receveur résidant au siége du tribunal, qui devra connaître de l'action. Ce fonctionnaire délivrera le récépissé prescrit par l'art. 1, et fournira les communications dont il est parlé dans l'art. 2.

Art. 7. — Les requêtes civiles et tierces oppositions seront introduites et jugées, conformément aux dispositions qui précèdent.

Art. 8. — Il ne pourra, valablement, être transigé sur les actions litigieuses intéressant le domaine, sans l'autorisation préalable de notre ministre de la guerre. — Cette autorisation est également nécessaire pour l'acquiescement aux jugements de première instance qui auront rejeté les demandes de l'administration, ou prononcé contre elle des condamnations.

Art. 9. — Les règles posées par le présent décret s'appliqueront aux instances en matière domaniale à suivre dans les territoires militaires. Les fonctionnaires et les services civils y seront substitués par les autorités, et les services militaires dans l'ordre de leurs attributions.

Art. 10. — Les instances relatives à l'enregistrement, au timbre et aux autres prescriptions confiées à l'administration des domaines, continueront à être réglées par les lois spéciales concernant la matière.   NAPOLÉON.

FIN DE L'APPENDICE.

TABLE CHRONOLOGIQUE

DES LOIS, ORDONNANCES, DÉCRETS, ARRÊTÉS ET DÉCISIONS

PUBLIÉS AU BULLETIN OFFICIEL DES ACTES DU GOUVERNEMENT

ou

mentionnés dans le Supplément au Dictionnaire de la Législation algérienne.

FIN DE LA TABLE.

Paris.—Imprimé par E. Thunot et Cⁱᵉ, rue Racine, 26.